Kategorien und Tipps im Buch

Die Erlebnis-Stationen im Buch sind in sechs Kategorien eingeteilt, von denen jede in einer eigenen Farbe dargestellt ist (siehe unten). Diese Farbe findet sich auf den einzelnen Seiten dann oben rechts bzw. links in der Ecke beim Ort. Zusätzlich zu den genannten Kategorien sind in den Rubriken auch immer wieder besondere Tipps, redaktionelle Themen oder Infoseiten eingestreut. Ein komplettes Inhaltsverzeichnis folgt auf den nächsten Seiten, ganz am Ende (ab Seite 654) haben wir dann noch einmal alle Stationen nach Kategorien aufgelistet.

Freizeitspaß

Baden & Wellness

Sehenswürdigkeiten

Unsere Symbole, Öffnungszeiten und Preisangaben

An der Oberseite jeder Erlebnis-Station im Buch finden Sie einen Balken mit unseren Symbolen. So haben Sie auf den ersten Blick die wichtigsten Eigenschaften parat und können auch einmal auf die Schnelle durchs Buch blättern. Wichtig: Wir konnten nicht immer die exakten Daten für Saisonbeginn und -ende ermitteln, insbesondere bei wetterabhängigen Angeboten, wie z.B. Freibädern. Hier bitten wir Sie, im Zweifelsfall auf die angegebene Internetseite zu schauen oder einfach mal anzurufen ...

Kinderfreundlich gestaltet und immer spannend für die Kleinen.

Ganzjährig nutzbare Erlebnis-Station. Oft nicht abhängig vom Wetter.

Hier gibt es viel zu erleben. Gerne mehr Zeit einplanen (>2h).

Leicht zugänglich, und ein Besuch ist körperlich nicht anstrengend.

Informative Internetseite vorhanden. Daten werden regelmäßig aktualisiert.

DB – Mit Angeboten der Deutschen Bahn erreichbar. (Mehr Seite 18 oder www.bahn.de)

Bei den Öffnungszeiten sind alle wesentlichen Informationen auf einem Minimum an Platz dargestellt. Die Wochentage sind mit den üblichen zwei Buchstaben abgekürzt (Mo, Di, usw.), dazu kommt Ft für Feiertag. Steht dazwischen ein Bindestrich (-), heißt das, dass von..bis geöffnet ist, ein / bedeutet „und". Finden Sie also eine Angabe Mi-Mo/Ft 10-13 Uhr, hat die Station an allen Wochentagen außer Dienstag und an Feiertagen von 10 bis 13 Uhr geöffnet.
Was die Eintrittspreise angeht, haben wir immer den aktuellen Preis von 2011 für Erwachsene und einen ermäßigten Preis angegeben. Manchmal gibt es mehrere Ermäßigungsoptionen. Dann ist nach Möglichkeit der Preis für ein zwölfjähriges Kind angegeben.
Bitte schauen Sie im Zweifelsfall einfach auf der jeweiligen Website nach oder rufen Sie kurz an.

Amberg Stadt

Lkr. Amberg-Sulzbach

Ansbach Stadt

Lkr. Ansbach

 Verzeichnis nach Kategorien ab Seite 654

Werte Leserschaft,

FRÄNKISCHER TAG Buchverlag

GUIDEMEDIA

schon zum 16. Mal dürfen wir Sie auf der ersten Seite eines neuen Buches willkommen heißen, und wir können stolz sagen, dass wir wieder einen wichtigen Gipfel erklommen haben. Diesmal sind wir durch die gesamte Metropolregion Nürnberg gereist, immerhin ein Gebiet so groß wie Hessen, und haben 21 Landkreise und 12 kreisfreie Städte unter die Lupe genommen. Im vorliegenden Erlebniswegweiser finden Sie quasi ein Derivat der Freizeitkultur der Metropolregion: Badeseen, Thermen, Schwimmbäder, Museen, Ausstellungen, historische Gebäude, Sehenswürdigkeiten, Burgen, Ruinen, Schlösser, Parks, Freizeitaktivitäten (z.B. (Mini-)Golf, Kart, Buggyracing, Sommerrodeln, Wintersport, Wandern, Klettern, Radfahren, Fallschirmspringen, Ballonfahren etc.), Feste, Kirchweihen, Großveranstaltungen, Brauereien, Heckenwirtschaften, Restaurants ...

Das Buch ist gedacht für alle, die hier im aktiven Herzen Europas leben oder Urlaub machen, und natürlich auch als Aushängeschild unserer schönen Heimat für diejenigen, die es noch nicht bis hierher geschafft haben. Wir möchten Sie noch darauf hinweisen, dass es sich hier – wie in allen unseren Werken – nicht um eine Sammlung von Werbeanzeigen handelt, sondern um das Ergebnis einer unabhängigen journalistischen Recherche. Sie können also sicher sein, dass wir jeden Tipp persönlich besucht und erlebt haben, und Ihnen damit ein objektives Bild vermitteln. Für jedes Gebiet präsentieren wir Ihnen die Highlights auf 18 Seiten, insgesamt ca. 40-50 Tipps, was Sie wann, wo und wie erleben können. Unsere Icons helfen Ihnen dabei, zu sehen, wo Sie etwas mehr Zeit einplanen sollten oder beispielsweise den richtigen Ort für einen Familienausflug mit Kindern finden. Natürlich gibt es auch sportliche Aktivitäten, die eine bestimmte Ausrüstung etc. erfordern.

In unserem neuen Erlebniswegweiser steckt die Arbeit von fünf Jahren, und es gab natürlich auch viele Institutionen und Personen, die uns bei der Realisation unterstützt haben. Wir möchten uns bedanken, in allererster Linie beim Marketingverein der Europäischen Metropolregion Nürnberg e.V., der uns seit Jahren begleitet und nun auch „sein" Buch möglich gemacht hat. Dann bei der Deutschen Bahn, namentlich Hubert Rottmann, der ebenfalls ein Begleiter seit den ersten Stunden ist und uns schon über so manche Klippe geholfen hat. Außerdem sind wir unendlich dankbar für die Hilfe der Mitarbeiter der Tourismusbüros der Städte, Landkreise und Tourismusgebiete, die uns viele Informationen und Tipps gegeben und auch so manche Türe geöffnet haben.

Und dann gibt es natürlich noch das Team, ohne das so ein Buch gar nicht möglich wäre. Allen voran der Fränkische Tag Buchverlag mit seinem Geschäftsführer Bernd Müller und unser GuideMedia-Team Ingeborg Essel, Jofrey Kollmann, Frank Märzke, Nicole Schramm, Benjamin Strüh und unsere jeweiligen besseren Hälften.

Danke!

GUIDEMEDIA

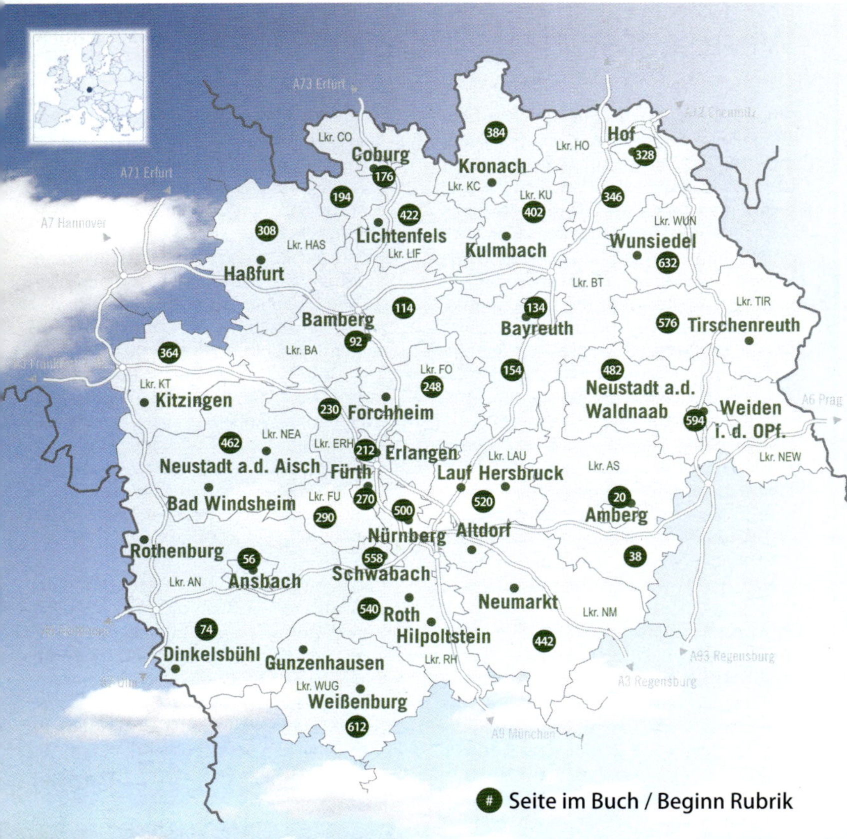

Die Metropolregion Nürnberg / Buchaufbau

Die Metropolregion Nürnberg besteht momentan aus 33 Gebietskörperschaften (Städte und Landkreise). Ihnen gehört im Buch jeweils eine eigene Rubrik, so dass Sie gezielt Ausflüge in eine bestimmte Region planen können. Die Städte und Landkreise erscheinen in alphabetischer Reihenfolge. Auf obiger Karte sehen Sie die Seitenzahl, bei der die jeweilige Rubrik beginnt. Dort finden Sie nach einer Einleitung etwa 15 Tipps, die uns besonders gut gefallen haben und meist noch weitere interessante Stationen im Text enthalten. Am Ende haben wir nochmals weitere Tipps für Sie gesammelt, damit Ihnen auch bei einem längeren Aufenthalt nicht langweilig wird. Natürlich erheben wir keinen Anspruch auf Vollständigkeit und freuen uns auf Ihre Anregungen für die nächsten Auflagen.

Dem Entdecken dieser einzigartigen Region steht nun wirklich nichts mehr im Wege!

Bamberg Stadt

Lkr. Bamberg

Bayreuth Stadt

Lkr. Bayreuth

Weiter auf der nächsten Seite ... ▶

Coburg Stadt

Lkr. Coburg

Erlangen Stadt

Lkr. Erlangen-Höchstadt

Verzeichnis nach Kategorien ab Seite 654

Lkr. Forchheim

Fürth Stadt

Lkr. Fürth

Lkr. Haßberge

Weiter auf der nächsten Seite ... ▶

Hof Stadt

Lkr. Hof

Lkr. Kitzingen

Lkr. Kronach

Verzeichnis nach Kategorien ab Seite 654

Lkr. Kulmbach

Lkr. Lichtenfels

Lkr. Neumarkt/OPf

Lkr. Neustadt-Bad Windsheim

Weiter auf der nächsten Seite ... ▶

Lkr. Neustadt/Waldnaab

Nürnberg Stadt

Lkr. Nürnberger Land

Lkr. Roth

Verzeichnis nach Kategorien ab Seite 654

Schwabach Stadt

Lkr. Tirschenreuth

Weiden

Lkr. Weißenburg-Gunzenhausen

Weiter auf der nächsten Seite ... ▶

Lkr. Wunsiedel

Sonstige Themen

Basis-Wissen & Info

Verzeichnis nach Kategorien ab Seite 654

IMPRESSUM

Mediengruppe Oberfranken
Buch- und Fachverlage
GmbH & Co. KG
E.-C.-Baumann-Str. 5
95326 Kulmbach

Produktion & Gestaltung:
GuideMedia GbR, Bamberg

Druck: creo Druck & Medienservice, Bamberg

ISBN-13: 978-3-936897-87-6

Grüner Markt 15
96047 Bamberg
Tel.: 0951-5194166
Fax: 0951-2084263
www.guidemedia.de

Haftungsausschluss

Der Inhalt des vorliegenden Buches ist nach bestem Wissen, Gewissen und mit Sorgfalt zusammengetragen worden. Für die Korrektheit, Vollständigkeit oder Qualität der bereitgestellten Informationen, des Kartenmaterials und der Tipps kann keinerlei Gewähr übernommen werden. Haftungsansprüche, welche sich auf Schäden materieller oder immaterieller Art beziehen, die durch die Nutzung oder Nichtnutzung der dargebotenen Informationen bzw. durch die Nutzung fehlerhafter und unvollständiger Informationen verursacht wurden, sind grundsätzlich ausgeschlossen.

Kommen. Staunen. Bleiben.

Die Europäische Metropolregion Nürnberg

WWW.METROPOLREGION-NUERNBERG.DE

Natürlich kennen Sie die Metropolregion Nürnberg. Vom Vorbeifahren. Aber was macht unsere Region zu einer lohnenswerten Entdeckung? Der Flughafen, die Messe, der Hafen oder die Top-Infrastruktur? Nein – es ist ein unverwechselbarer Charakter mit einer tiefgründigen Seele, markigen Persönlichkeiten, markanten Landschaften und einer viel gerühmten kulinarischen Tradition.

Einst wurden der erste Globus und die erste Taschenuhr hier entwickelt. Heute sind es der MP3-Player, der Computertomograph und die Hochleistungs-Röntgentechnik. In der Metropolregion Nürnberg steht die Wiege der professionellen Marktforschung – hier operiert eines der größten Rechenzentren Europas. DAX-Konzerne und mittelständische Weltmarktführer sind hier zu Hause. Und die Gründerkultur blüht. Für Ihr Business erwarten Sie über drei Millionen neugierige Kunden und jede Menge Mitarbeiter. Fleiß und Erfindergeist sind die Baustoffe unserer innovativen Dienstleistungen. So schaffen wir einen gesunden Mix aus alter und neuer Industrie. Mit Erfolg entwickeln wir Produkte und verkaufen neue Ideen.

Die Lebensqualität in der Metropolregion Nürnberg kann man kaum beschreiben, man muss sie mit allen Sinnen erleben. Zentrales und doch ruhiges Wohnen, kurze Wege, Naturnähe, urig-kultivierte Gastlichkeit, ein überraschendes Gefühl von Geborgenheit. Weiträumige und doch überschaubare Dimensionen. Das Kulturangebot, von internationalen Topevents bis zu Szene-Acts um die Ecke, begeistert jeden. Albrecht Dürer und

Richard Wagner werden lebendig – in der blauen Nacht, beim Opernball oder auf einem der größten Klassik-Open-Air-Konzerte. Namhafte Universitäten und Forschungseinrichtungen sorgen für kreativen Schub weit über die Region hinaus. Die älteste Kunsthochschule Deutschlands fördert Kreativität und Gestaltungskraft.

Die „Pfeffersäcke" erschlossen im Mittelalter neue Handelswege, die Grundigs und Dasslers eroberten Weltmärkte. Einige der attraktivsten Kompetenzfelder im Freistaat Bayern haben ihre Denkzentrale hier bei uns – Siemens steuert von hier aus seine weltweit erfolgreichsten Geschäftsbereiche. Internationale Messen und Kongresse ziehen wir dynamisch an – mit Innovationen und Infrastruktur, vor allem aber mit Service und Gastfreundlichkeit.

Der internationale Menschenrechtspreis ist eine Auszeichnung von weltweitem Gewicht – ein Produkt aus Geschichtsbewusstsein und visionärem Denken unserer Region. Wir glauben, Toleranz und Weltoffenheit können nicht früh genug beginnen. Deshalb ist unsere internationale Schule das Angebot für unser wichtigstes Potenzial: die Kinder.

Als einzige Europäische Metropolregion in Deutschland werben wir mit Zusatzschildern an den Autobahnen und mit selbstbewussten Understatements rücken wir uns als die „Heimliche Liebe der Süddeutschen" ins rechte Licht.

DER ENTDECKERPASS

Ihre offizielle Freizeitkarte für die Metropolregion Nürnberg.

EUROPÄISCHE METROPOLREGION NÜRNBERG

Mit ihm können Einheimische oder Gäste große und kleine Top-Freizeiteinrichtungen in der Region ein Kalenderjahr lang jeweils einmal kostenfrei oder deutlich ermäßigt besuchen. Und damit nicht genug: Dazu gibt's einen Tag VGN-Nutzung sowie attraktive Spezialvergünstigungen – z.B. Brotzeit- sowie Verzehrgutscheine regionaler Gaststätten, Brauereien und Cafés.

Bereits über 100 Attraktionen sind mit an Bord. Darunter so namhafte Freizeiteinrichtungen wie der Erlebnispark Schloss Thurn in Heroldsbach, der Tierpark Nürnberg, die Burg Pappenheim, das Brauereimuseum in Bayreuth oder die Obermaintherme in Bad Staffelstein. Ob Action oder Entspannung: Freuen Sie sich auf neue Erlebnisse in der Metropolregion.

Sie erhalten den EntdeckerPass bei vielen Tourist-Infos, Rathäusern, Landratsämtern und Sparkassenfilialen in der Metropolregion oder ab zwei Pässen online unter www.entdeckerpass.com. Auf dieser Internetseite finden sich zudem eine tagesaktuelle Akzeptanzstellenübersicht, Hintergrundinfos und Geschäftsbedingungen.

Fragen zum EntdeckerPass beantwortet die EntdeckerPass-Hotline unter der Telefonnummer 0921 - 802 576.

Bild: Abenteuerpark Betzenstein

Übrigens: Wir haben in diesem Buch alle Freizeitstationen, die am Entdeckerpass teilnehmen, mit diesem Logo gekennzeichet:

ENTDECKER PASS.COM
FREIZEIT ERLEBNIS KULTUR

Auch im Verzeichnis ab Seite 654 finden Sie einen entsprechenden Hinweis.

Mit der Bahn durch die Metropolregion

WWW.BAHN.DE

Das Entdecken der erlebnisreichen Metropolregion Nürnberg macht natürlich mit Familie, Freunden und Bekannten gleich doppelt so viel Spaß. Wenn das Auto mal in der Garage bleiben soll, bietet die Deutsche Bahn genau das Richtige an.

Ob Fahrten in der Gruppe oder alleine, mit dem günstigen Bayern-Ticket und dem Bayern-Ticket Single sind Sie in Bayern in den Nahverkehrszügen, in Verkehrsverbünden und in zahlreichen Bussen einen Tag lang günstig mobil. Auch für den Wanderstock und weitere Ausrüstungsgegenstände findet sich hier immer ein Platz.

Alle weiß- und grünfarbigen Bahnhöfe sind mit dem *BAYERN-TICKET* erreichbar.

- Strecken mit Fern- und Nahverkehr
- Strecken mit Nahverkehr
- Touristikverkehr *(Zahnrad-, Museums- bzw. Ausflugsbahn, z. T. nur an bestimmten Tagen)*
- Strecke wird Montag bis Freitag mindestens stündlich bedient *(einzelne Taktlücken möglich)*
- Strecke wird nicht mindestens stündlich bedient
- Strecke mit S-Bahn-Verkehr *(mindestens stündlich)*
- Strecke nur mit Fernverkehr oder außerhalb Bayerns, ggf. sind nicht alle Haltestellen dargestellt
- Knotenbahnhof
- Bahnhof wird Montag bis Freitag mindestens stündlich bedient *(einzelne Taktlücken möglich)*
- Bahnhof wird nicht mindestens jede Stunde bedient
- Hier gilt das *BAYERN-TICKET* nicht!

Kursiv gedruckte Bahnhöfe liegen außerhalb von Bayern.

Dargestellt ist die Bedienung im Nahverkehr – Montag bis Freitag – tagsüber pro Richtung. Zusammen mit dem Fernverkehr ergeben sich oft zusätzliche Fahrmöglichkeiten. Die S-Bahnhöfe in München und Nürnberg sind nur teilweise dargestellt.

Mehr Infos siehe
www.bahn.de

Amberg – die Eisenstadt an der Vils

Rund 60 Kilometer östlich von Nürnberg entwickelte sich in der Oberpfalz, dem „Ruhrgebiet des Mittelalters", mit Ammenberg ein Handelszentrum für Eisen und Eisenerz. Über die Vils gelangte das im Amberger Land abgebaute Erz bis nach Regensburg. Die bis heute erhaltene Altstadt zählt zu den besterhaltenen mittelalterlichen Stadtanlagen Europas und beherbergt viele große und kleine Sehenswürdigkeiten. Am offensichtlichsten sind die gigantischen Stadtmauern der Stadt Amberg, die bis zum spanischen Erbfolgekrieg 1703 nie ernsthaft belagert wurde. Vor den über 100 Türmen der zweireihigen Mauer lag noch ein tiefer Wassergraben – der langjährige Regierungssitz der Oberpfalz war ein imposanter Anblick. Zu der Befestigung gehörte über Jahrhunderte auch eine große Garnisonsanlage, die heute unter anderem Sitz des Stabes der Panzerbrigade „Oberpfalz" ist. Bis 2007 existierte auch ein Bundeswehrkrankenhaus, in dem nun ein privater Gesundheitspark eingerichtet werden soll.

Historische Altstadt (S. 26)

DB **Bahnhof:** Hauptbahnhof Amberg (Liniennetz siehe Seite 18)

Stadtmuseum (S. 30)

Historische Altstadt (S. 26)

Plättenfahrten auf der Vils (S. 22)

Heute leben etwa 44.000 Bürger in der liebenswerten Einkaufs- und Kulturstadt, zu deren bekanntesten Vertretern sicherlich Mildred Scheel, die Frau des ehemaligen Bundespräsidenten und Gründerin der Deutschen Krebshilfe und der frühere Kultusminister Hans Zehetmair gehören. Wir haben Ihnen auf den folgenden Seiten einige Anregungen zum Erkunden dieser spannenden Metropole zusammengetragen und wünschen viel Spaß, ob auf den Mauern, auf dem Wasser oder in der Luft ...

Plättenfahrten auf der Vils

WWW.AMBERG.DE

EINTAUCHEN UNTER DER STADTMAUER

Eine Plätte ist ein kielloser, weitgehend kastenförmiger hölzerner Vilskahn, mit dem in alten Tagen Güter aller Art auf dem Fluss-System Vils - Naab - Donau transportiert wurden. Heutzutage startet man unweit der „Stadtbrille" vier Mal täglich zu einer Fahrt durch das ehemalige Landesgartenschau-Gelände bis zur Drahthammerwiese. Gebucht werden kann einfach oder mit Rückfahrt.

Fahrzeiten

1. Mai bis 31. Oktober: Sa, So/Ft
Abfahrtstelle Schiffbrücke (Altstadt)
14 Uhr, 15 Uhr, 16 Uhr, 17 Uhr
Abfahrtstelle Drahthammerwiese
14.30 Uhr, 15.30 Uhr, 16.30 Uhr

Fahrpreise

Erwachsene 2,50 Euro, Kinder 1 Euro

Unser Tipp

Nehmen Sie sich auf jeden Fall die Zeit für einen Spaziergang im LGS-Gelände, es gibt auch einen Abenteuer- und Piratenspielplatz!

Stadttheater

WWW.STADTTHEATER-AMBERG.DE

Öffnungszeiten
Spielplan und Ticketpreise siehe www.stadttheater-amberg.de

Anschrift
Schrannenplatz 8
92224 Amberg
Tickets: 09621-10-233

Unser Tipp
Zum Saisonstart Mitte September gibt es einen Tag der offenen Tür, dann können Sie mal hinter die Kulissen schauen!

LUSTSPIELE IM KLOSTER

In der ehemaligen Franziskanerkirche aus dem 13. Jahrhundert gab es schon einmal ein Intermezzo, als zwischen 1555 und 1624 ein Pädagogium eingerichtet wurde. Dann kamen die Mönche zurück und verwandelten den Bau wieder in eine Barockkirche, bevor nach der Säkularisation der Melber Thomas Bruckmüller das Gebäude kaufte und ein Theater daraus machte. Es öffnete am 12. Oktober 1803 mit dem Stück „Die Dienstpflicht". 1873 übernahm die Stadt das Haus und schuf 100 Jahre später mit einem spektakulären Umbau eines der schönsten Kleintheater Deutschlands. Auf die Bühne kommen Gastspiele und -konzerte, jedes Jahr mit viel Sachverstand für das Amberger Publikum zusammengestellt.

Erlebnis-Stadtführungen/Turmführungen

WWW.AMBERG.DE

MIT DEM HENKER UND AUF DEN TURM

Das historische Amberg kann unter verschiedenen Motti besichtigt werden. Wem die klassische Stadtführung (samstags 10 Uhr am Rathaus) nicht genügt, der kann beispielsweise mit dem Henker die Schauplätze der blutigsten Prozesse Ambergs besichtigen (jeden dritten Freitag im Monat am Eichenforstplatz, Karten an der Tourist-Info) oder auch einfach mal die Sache von oben unter die Lupe nehmen, bei einer Turmführung (samstags 11.45 Uhr am hinteren Eingang der Martinskirche, Karten an der Tourist-Info). Besonders schön ist das zur Weihnachtszeit, wenn man abends auf die beleuchtete Altstadt blicken kann.

Führungszeiten

Siehe Beschreibungstext

Preise

Stadtführung:
Erw. 2,50 Euro/Erm. frei, ca. 1,5 Std.
Mit dem Henker durch Amberg:
Erw. 12,-/Erm. 10,- Euro, ca. 1,5 Std.
Turmführung:
Erw. 3,- /Erm. 1,50 Euro , ca. 1 Std.

Kontakt/Buchung

Tourist-Information am Hallplatz
Hallplatz 2
92224 Amberg
Tel.: 09621-10-239

Unser Tipp

Eine weitere Variante ist die Bierführung mit Bruder Barnabas. (Montags, Karten in der Tourist-Info)

Kurfürstenbad

WWW.KURFUERSTENBAD-AMBERG.DE

Öffnungszeiten
Ausführliche Infos mit Details zu Angeboten und Öffnungszeiten: www.kurfuerstenbad-amberg.de

Eintrittspreise
Kurfürstenbad:
Erw. 8,80/Erm. 4,50 Euro, tgl. 9-20 Uhr
Hockermühlbad:
Erw. 3,50/Erm. 2,- Euro, tgl. 8-20 Uhr

Unser Tipp
Saunafreunde sollten die Even-Aufgusswochen nicht verpassen. (Infos auf der Website)

OASE MIT WASSER-DISCO

Im Grunde wirkt die Bezeichnung „Bad“ wie echtes Understatement. Schließlich warten sieben Becken, 82-Meter-Rutsche, Wildwasserkanal, Aqua-Fitness, Sauna, Solarien und Wellness-Bereich auf die Gäste. Kurzum: Hier kann man es sich so richtig gut gehen lassen, sowohl als Familie, verliebtes Pärchen oder Entspannungssuchender in den besten Jahren. Wer es etwas ursprünglicher angehen möchte, kann auch in den 500 Meter entfernten Ableger namens Hockermühlbad gehen. Das „hocko“ liegt mitten in einer riesigen Parkanlage – ideal für Fans des klassischen Freibades.

Anschrift
Kurfürstenbad:
Kurfürstenring 2, 92224 Amberg
Tel.: 09621-603-830

Hockermühlbad:
Hockermühlstraße 34, 92224 Amberg
Tel.: 09621-603-851

Historische Altstadt

WWW.AMBERG.DE

EINE MAUER MIT FÜNF TOREN

Neben den vier klassischen Toren (Nabburger Tor, Ziegeltor, Vilstor und Wingershofer Tor) stellt die später noch näher behandelte „Stadtbrille" ein Tor für Schiffe und Boote dar. Ansonsten steht die Ringmauer noch fast vollständig rund um den historischen Stadtkern Ambergs. Sehenswert sind unter anderem das gotische Rathaus aus dem 15. Jahrhundert, das Kurfürstliche Schloss (hauptsächlich aus dem 15. und 17. Jahrhundert), die Regierungskanzlei aus dem 16. Jahrhundert, die Basilika St. Martin von 1421 und die Wallfahrtskirche Maria Hilf auf dem gleichnamigen Berg (siehe Bergfest).

Unser Tipp

Amberg war lange Zeit, wie sein früherer Lehensherr Bamberg, eine wahre Bierstadt. Es gibt auch immer noch einige Brauereien bzw. deren Wirtshäuser, die beim Rundgang zum Verweilen auf ein Glas einladen.

Eh`häusl

WWW.EHEHAEUSL.DE

Anschrift

Seminargasse 8
92224 Amberg
Tel. 09621-378-54

Unser Tipp

Nachdem nur zwei Personen hineinpassen, sollte man unbedingt reservieren!

DAS WOHL KLEINSTE HOTEL DER WELT

Diese von außen eher unscheinbare Attraktion sollten Sie trotzdem einmal besucht haben. In der Seminargasse 8 klaffte im Jahre 1728 eine zweieinhalb Meter große Lücke zwischen zwei Häusern. Hier kam ein findiger Kaufmann auf die Idee, den heiratswilligen Paaren der Stadt eine Freude zu machen. Die mussten nämlich damals bei der Hochzeit eigenen Grundbesitz nachweisen können. Mit zwei Wänden und einem Dach in eben jener Lücke war das Problem gelöst. Die Eheleute kauften das Haus vor der Hochzeit und verkauften es danach an das nächste Paar. So kam das Anwesen zu seinem Namen, ist heute im Besitz der Stadtbau und wird als Mini-Luxus-Hotel betrieben.

Stadtbrille

Unser Tipp

Am schönsten ist die Stadtbrille vom Wasser aus, z.B. bei einer Plättenfahrt.

BRILLE MIT DREI AUGEN

Das „fünfte Tor" führt die Amberger Stadtmauer über die Vils und ermöglicht zugleich Schiffen die Durchfahrt. Die zwei Bögen spiegeln sich dabei im Wasser und führten zum Kosenamen dieses Amberger Wahrzeichens, „Stadtbrille". Die erste Erwähnung stammt aus dem Jahr 1454, nach mehreren Um- und Ausbauten erhielt die Brücke 1698 ihr heutiges Aussehen. Vor einigen Jahren öffnete man allerdings den zwischenzeitlich aufgefüllten dritten Bogen - was in der Bevölkerung nicht nur gut ankam – war doch die typische „Brillen"-Optik gestört. Eine kleine Mauer grenzt allerdings das dritte Auge ab, weswegen sich im Grunde nicht wirklich viel geändert hat.

Foto: Stadtmarketing Amberg e.V./Clemens Zahn

Luftkunstort Amberg

WWW.LUFTMUSEUM.DE

Öffnungszeiten
Di-Fr 14-17 Uhr
Sa/So/Ft 11-17 Uhr

Eintrittspreise
Erw. 3,50 Euro / Erm. 2,- Euro

Anschrift Museum
Eichenforstgäßchen 12
92224 Amberg
Tel.: 09621-420883

Unser Tipp
Das Luftmuseum ist auch ein beliebter Ort für Kindergeburtstage. Bei weiterer Anreise kann man ja auch die Bahnfahrt mit ins Programm integrieren ...

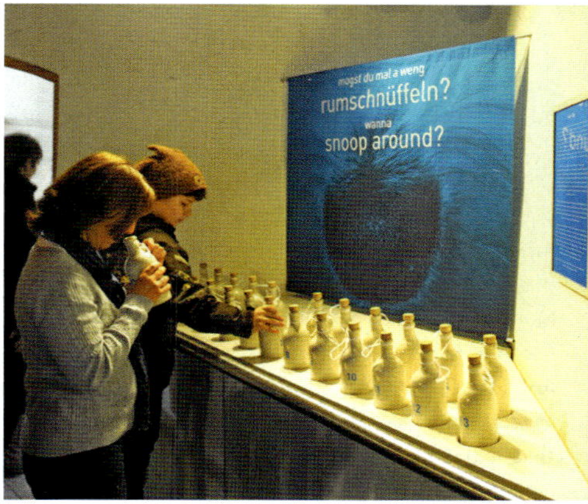

ES LIEGT WAS IN DER LUFT...

Mit der Gründung des Luftmuseums im Klösterl am Eichenforst im Jahr 2006 durch den Künstler Wilhelm Koch wurde Amberg zum „Luftkunstort". Das Klösterl, auch Engelsburg genannt, stammt aus dem 14. Jahrhundert und bietet auf 650 Quadratmetern Ausstellungsfläche 21 Räume für seine Ausstellung. Träger ist der 2006 gegründete Luftmuseum e.V., der den Betrieb aus eigenen Mitteln finanziert. Zu sehen gibt es allerlei Alltägliches und Nichtalltägliches zum Thema Luft, darunter beispielsweise auch einen Riesenflipper, an dem man stundenlang spielen könnte, wären da nicht die anderen Besucher. Für Kinder lohnt sich das Samstagsluftwerken im „Fliegenden Klassenzimmer", zu dem man sich allerdings vorher anmelden sollte.

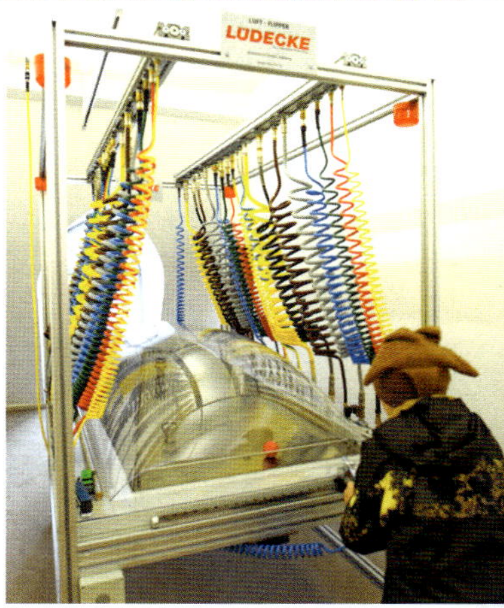

Stadtmuseum Amberg mit Michael-Mathias-Prechtl-Kabinett

WWW.STADTMUSEUM.AMBERG.DE

Öffnungszeiten
Di-Fr 11-16 Uhr
Sa/So 11-17 Uhr

Eintrittspreise
Erw. 3,- Euro / Erm. 2,50 Euro

Anschrift
Zeughausstraße 18
92224 Amberg
Tel. 09621-10284

Unser Tipp
Schauen Sie sich das Museum ruhig auch mal von außen an. Die beiden historischen Flügel stammen aus dem 15. Jahrhundert und waren früher der Baustadel, Lager- und Zeughaus der Stadt.

EMAIL AUS ALTEN ZEITEN

Die viele Jahrhunderte alte Geschichte von Amberg lässt sich wohl am besten im Stadtmuseum verfolgen. Hier finden sich neben Waffen, Möbeln und Münzen auch viele Gegenstände der Handwerksbetriebe der Churfürstenstadt. Am interessantesten dürften die Stücke der Steingut-, Fayence- und der Email-Werkstätten sein. Spektakulär ist das Michael-Mathias-Prechtl-Kabinett, in dem man die bedeutendsten Werke des aus Amberg stammenden Malers, Graphikers und Karikaturisten (1926-2003) bewundern kann. Am bekanntesten dürfte seine Darstellung des himmelfahrenden Bayernkönigs Ludwig II. sein, der frivol mit Strumpfbändern und Seidenhöschen verziert war.

Stadtgalerie ALTE FEUERWACHE

WWW.STADTMUSEUM.AMBERG.DE

Öffnungszeiten
Di-Fr 11-16 Uhr
Sa/So 11-17 Uhr

Eintrittspreise
Erw. 3,- Euro / Erm. 2,50 Euro
(zugleich Eintritt ins Stadtmuseum)

Anschrift
Zeughausstraße 18
92224 Amberg
Tel. 09621-10284

Unser Tipp
Bei so vielen Ausstellungen ergibt sich relativ oft die Gelegenheit, bei einer Vernissage dabei zu sein, das sollten Sie nutzen!

KUNST UND ARCHÄOLOGIE

Im Haus der Alten Feuerwache ist nicht nur die Stadtgalerie untergebracht, sondern auch das vom Klösterl hierher umgezogene Archäologische Museum der Oberpfalz. Zu sehen ist unter anderem die Rekonstruktion einer Grabkammer aus dem 6. Jahrhundert vor Christus. Der andere Teil des Hauses widmet sich mit 170 Quadratmetern Ausstellungsfläche der bildenden Kunst. Meist sind es zeitgenössische Künstler aus dem ostbayerischen Raum, deren Gemälde, Grafiken, Plastiken, Fotografien oder Installationen hier zu bewundern sind. Die Ausstellungen wechseln etwa acht Mal im Jahr, das Jahresprogramm steht auf der Internetseite.

Altstadtfest

WWW.ALTSTADTFEST-AMBERG.DE

Termine

2012: 16. und 17. Juni

Angebot

Infos und Programm:
www.altstadtfest-amberg.de

Unser Tipp

Im Stadtgraben beim Englischen Garten gibt es einen Spieleparcours für alle Altersgruppen.

AMBERGER ALLERLEI

Was vielleicht ein bisschen nach Beliebigkeit klingt, ist eher ein Ausdruck der Vielfalt, die sich den Ambergern und ihren Besuchern an dem Wochenende Mitte Juni bietet. Die gesamte Altstadt teilt sich dann in unterschiedliche Bühnen, garniert mit kulinarischen Ständen von Haifischsteak und Gyros bis zur traditionellen Bratwurst mit Bier. Sehenswert ist zum Beispiel die Kaolinbahn, die auf dem Gelände des historischen Lokschuppens seit 2011 Fahrten mit der Handhebel- und Motordraisine sowie viele Infos rund um die Amberger Eisenbahngeschichte anbietet.

Bergfest auf dem Mariahilfberg

WWW.MARIAHILFBERGFEST.DE/COM

Termine

2012: 30. Juni bis 8. Juli

Angebot

Infos und Programm:
www.mariahilfbergfest.de

Unser Tipp

Wer gut zu Fuß ist, kann den WasserWanderWeg rund um den Mariahilfberg gehen, das bietet u.a. schöne Blicke auf das Fest und die Stadt (www.wasserwanderweg-amberg.de).

BIER ZU FÜSSEN DER KIRCHE

Im Dreißigjährigen Krieg kamen nicht nur zahlreiche Soldatentruppen nach Amberg, sondern auch die Pest. Die Amberger versprachen der Gottesmutter Maria eine große Kirche nebst jährlicher Wallfahrt, wenn sie verschont würden. Im Laufe der Jahre wurden aus einer in den 1630er Jahren erbauten Kapelle nach und nach größere Bauten, bis 1696 mit dem Bau der heutigen barocken Wallfahrtskirche mit allerlei Sehenswürdigkeiten begonnen werden konnte. Noch heute ziehen viele Wallfahrten den 529 Meter hohen Mariahilfberg hinauf, die bedeutendste freilich zum Mariahilfbergfest, das immer in der Woche um Mariä Heimsuchung (2. Juli) stattfindet. Gefeiert wird in großen Festzelten der Brauereien, die zu Füßen der Kirche aufgestellt sind.

Kindertheaterfestival

WWW.STADTTHEATER-AMBERG.DE

Termine

2012: 11. bis 16. März

Angebot

Tickets: 09621-10-233
Info: www.stadttheater-amberg.de

Unser Tipp

Damit das Vergnügen garantiert ist, wird ein Mindestalter angegeben, auf das auch strikt geachtet wird.

THEATER FÜR DIE KLEINEN

Als die Idee zum Kindertheaterfestival 2005 entstand, dachte noch keiner im Kulturamt, dass sich innerhalb kürzester Zeit eine Veranstaltung mit nationaler Tragweite ergeben würde. Mittlerweile kommen Ensembles aus ganz Deutschland, um den Kindergarten- und Grundschulkindern eine breite Palette unterschiedlichster Kunstformen zu bieten. Dabei sind Highlights wie Zauber-, Unterwasser- oder auch Nähmaschinentheater. Wichtig: Sichern Sie sich Ihre Karten rechtzeitig, die Nachfrage ist riesig!

Anschrift

Jugendzentrum „Klärwerk"
Bruno-Hofer-Straße 8
92224 Amberg
Tickets: 09621-10-233
www.stadttheater-amberg.de

Amberger Luftnacht

WWW.STADTMARKETING-AMBERG.DE

Termine

2012: 7. September

Unser Tipp

Die Luftkunst macht selbst vor den Kirchen nicht halt – erleben Sie ein Orgelkonzert mit schwebenden Kunstobjekten!

VON LUFT SATT WERDEN?

Diese Frage stellt sich angesichts der Aussicht auf Luftkulinarik schon. Andererseits hat die erste Luftnacht 2010 den Ambergern gut gefallen. Tausende Besucher säumten die Straßen und amüsierten sich bei Luftkunst und Luftmusik sowie den zahlreichen luftigen Aktionen der Geschäfte- und Gastronomie-Inhaber. Die Kreativität reichte von luftiger Mode über Luftwatte und Luftschokolade bis zur Frischluftmalerei. Dazwischen standen viele Kunstwerke, die vor allem Nachts ein wundervolles Ambiente gaben. Freuen Sie sich auf die Neuauflage 2012!

Casino

WWW.CASINO-WIRTSHAUS.DE

Öffnungszeiten

Täglich ab 10 Uhr
Montag Ruhetag

Speisen & Getränke

Kummert/Amberg: Helles, Zoigl, verschiedene Weizenbiere, Dunkles. Zusätzlich ein wechselndes Aktionsbier aus einer kleinen fränkischen oder Oberpfälzer Brauerei (vom Fass). Spezialitäten aus der Küche: Selbstgemachte Oberpfälzer Erdäpfelknödel (So), verschiedene Bräten (So), saisonale Gerichte.

Anschrift

Schrannenplatz 8
92224 Amberg
Tel. 09621-22664

Unser Tipp

Probieren Sie die Oberpfälzer Erdäpfelknödel!

KIRCHE EINMAL ANDERS

Nicht nur in Amberg einzigartig: Hier speist man vor bzw. in der Kirche, in deren anderem Teil das Stadttheater untergebracht ist. Vor über 150 Jahren übernahm der Bürger-Casino-Verein das Gebäude. Heute steht Johann Graf hinter Herd und Tresen. Der ehemalige Nürnberger Rechtsanwalt konnte sich hier vor einigen Jahren einen lange gehegten Traum erfüllen, nämlich den Kochlöffel an einer historischen Stelle zu schwingen und dabei eine regionale und saisonale Küche zu bieten. Ganz vorbildlich sind sogar die Lieferanten in der Speisekarte verzeichnet, auf der auch ÖKO und BIO zu finden sind.

Weitere Tipps

Amberger Hexennacht
Buntes Treiben an Weiberfasching mit Open-Air-Faschingsparty - www.stadtmarketing-amberg.de Termin 2012: 16. Februar

Rußwurmhaus
Gutes Bier und feines Essen direkt an der Vils - Eichenforstgäßchen 14 - Tel. 09621-21316

Winkler Bräuwirt
Wunderschöner Biergarten mit vielen Schmankerln, unter anderem Zoigl-Bier - Untere Nabburger Straße 34 - Tel. 09621-913455 - www.winkler-braeuwirt.de

Zum Kummert Bräu
Traumbiergarten unter riesigen Kastanien - Raigeringerstraße 11 - Tel. 09621-15259 - www.zumkummertbraeu.de

Schießl Wirtshaus
Zoigl im urigen Innenhof, Grundmauern aus dem 14. Jahrhundert - Untere Nabburger Straße 8 - Tel. 09621-12612 - www.schiessl-wirtshaus.de

Militärhistorische Sammlung
Geschichte der Amberger Kaserne am historischen Ort, Führung nach Vereinbarung - Leopoldstr. 8 - Tel 09621-7847-4020 - www.panzerjaegerkompanie110.de/museum_amberg.htm

Provinzialbibliothek
Moderne Bibliothek, über die aber auch der historische Lesesaal aus der Jesuitenzeit und seine Altbestände besichtigt werden können - Malteserplatz 4 - Tel. 09621/6028-0 - www.provinzialbibliothek-amberg.de

Amberger Skulpturenweg
Etwa 25 Kunstwerke, großteils Hinterlassenschaften der Landesgartenschau, bilden den nagelneuen Skulpturenweg, der an der Stadtbrille startet. An der Tourist-Info gibt es einen Flyer zu dem etwa 3,5 km langen Weg.

Martinsturm Amberg
Fast 300 Jahre bauten die Amberger an ihrem Kirchturm, der mit 92 Metern Höhe direkt an der Vils aufsteigt. Die verschiedenen Baustufen kann man von außen nachvollziehen, für innen lohnt die Führung.

Landesgartenschau-Gelände Flusslandschaft
Auch nach der Landesgartenschau 1996 investiert die Stadt jedes Jahr an die 200.000 Euro in die Pflege dieses Naherholungsgebietes mit Kunstwerken, Spielplätzen und jeder Menge Grün. Zufahrt zum Parkplatz über die Werner-von-Siemens-Straße.

Wallfahrtskirche Maria Hilf
Die Wallfahrtskirche auf dem Mariahilfberg ist nicht nur zum Bergfest ein Highlight. Viele Kunstwerke und eine prachtvolle Decke mit Motiven aus der Pestzeit machen einen Besuch immer lohnenswert.

Sommerfestival
Im romantischen Innenhof der Stadtbibliothek finden von Ende Juli bis Anfang August zahlreiche Open-Air-Veranstaltungen statt, von Kabarett über Konzert bis zum Theater. Bei schlechtem Wetter im Bibliothekssaal.

Kinos
Es gibt das Park-Kino-Center (Franziskanergasse 5, 92224 Amberg) und das Ring-Theater (Spitalgraben 2a, 92224 Amberg)

Glasmacherkathedrale
Das ehemalige Glaswerk wurde von Walter Gropius im Auftrag der Rosenthal AG geplant und steht als Einzeldenkmal in der Bayerischen Denkmalliste. Rosenthalstr. 12, 92224 Amberg.

Jüdischer Friedhof
Am Ende der Philipp-Melanchthon-Straße erinnern Einzel- und Reihengräber an 16 Opfer der NS-Zeit.

Touristinfo:

Hallplatz 2, 92224 Amberg
Tel.: 09621-10-239 | Fax 09621-10-863
E-Mail: tourismus@amberg.de
Web: www.amberg.de

Bildquellen (Seite): Kulturamt Amberg (22-27,33-35), Clemens Zahn (28,35), Martin Rosner (31), MG Fotografie (32), ACC (32), Lukas Rode (33), Karin Schäfer (34)

Ergebnis einer Zwangsheirat

Erst in der NS-Zeit wurde Sulzbach mit der Bergbaugemeinde Rosenberg zu einer gemeinsamen Stadt vereint. Heute ist die Doppelstadt mit knapp 20.000 Einwohnern die größte Gemeinde im Landkreis um Amberg und auch von historischer wie industriegeschichtlicher Bausubstanz überragend, man denke nur an Nordbayerns größte Schlossanlage oder die mittlerweile stillgelegte Maxhütte. Sehenswert ist auch Vilseck, die ehemals dritte Gerichtsstadt (neben Amberg und Sulzbach) mit ihrem Türmermuseum, die bis 1803 zum Hochstift Bamberg gehörte.

Klosterburg Kastl (S. 44)

Bahnhöfe: Neukirchen bei Sulzbach-Rosenberg, Sulzbach-Rosenberg, Sulzbach-Rosenberg-Hütte, Amberg, Vilseck, Freihung und Thansüß. (Liniennetz siehe Seite 18)

Waldbad Sulzbach-Rosenberg (S. 43)

Monte Kaolino (S. 40)

Juradistl-Lamm (S. 54)

Überhaupt prägte vor der Erzindustrie vor allem die Kirche das Gebiet, in dem so bedeutende Klosteranlagen wie Kastl, Michelfeld und Ensdorf liegen. Heute merkt man die christliche Tradition unter anderem an der ausgeprägten Kirwa-Tradition, wo die Bürger in unregelmäßigen Abständen durch die Lande ziehen und das Weihefest der jeweiligen Ortskirche begehen. Mit deftigem Essen und gutem Bier, versteht sich!

Monte Kaolino

WWW.MONTEKAOLINO.EU

Öffnungszeiten

Details und weitere Infos auf der Website: www.montekaolino.eu

Eintrittspreise

Lift: Erw. 2,50 / Erm. 1,50
Dünenbad: Erw. 2,- / Erm. 1,50
Hochseilgarten: Erw. 23,- / Erm. 17,-
Monte Coaster: Erw. 3,- / Erm. 2,50

Unser Tipp

Besonders spektakulär ist das ganze aus der Luft. Infos zum Ballon- oder Gleitschirmtrip finden sich hier: www.ballonfahrten-regensburg.de

EIN HOCH AUF PORZELLAN!

Die weiße Erde, mit dem chinesischen Fremdwort Kaolin (= hohe Bergkette) bezeichnet, ist einer der wichtigsten Rohstoffe für die Porzellanindustrie und wird hier bei Hirschau schon seit 1833 abgebaut. Die Überreste bildeten nach und nach einen neuen Berg, den Monte Kaolino, der ein 2007 komplett runderneuertes Freizeitgelände beherbergt. Dazu gehören ein Schwimmbad namens Dünenbad, ein Sandhang für Ski- und Snowboardfahrer (mit Verleih), auf dem sogar internationale Meisterschaften stattfinden, ein Hochseilgarten, eine spektakuläre Sommerrodelbahn – der Monte Coaster, ein Geopark mit zwölf Stationen, ein Campingplatz und ein wunderschöner Kinderspielplatz. Außerdem finden sich noch weitere Attraktionen im Umfeld, wie eine Inlinerstrecke oder der Farbenwald mit seinen zehn Coloritquarz-Stelen. Sie sehen, hier ist jede Menge los, das muss man einfach erlebt haben!

Anschrift

Der Monte Kaolino ist in und um Hirschau ausgeschildert, zudem nicht zu übersehen.

Infos unter der Tel.: 09622-81-502

Felsenlabyrinthe Sackdilling und Königsteiner Steinberge

Anschrift

Sackdilling
91275 Auerbach
bzw.
92281 Königstein

Unser Tipp

Königstein verfügt seit dem Sommer 2011 über ein schönes Naturbad mit Café (Bad: 09665-300, Strandcafé: 09665-9549610)

GEHEIMNISVOLLE OBERPFALZ

Glücklicherweise noch nicht vom großen Tourismus heimgesucht, finden sich bei Sackdilling und rund um Königstein interessante Steinformationen. Das Felsenlabyrinth ist eher etwas für geübtere Wanderer, zumindest sollten Sie gutes Schuhwerk tragen. Fans finden auch noch einige Höhlen, darunter die zwei Bauernlöcher. Durch die Felslandschaften führen mehrere markierte Wanderwege. Die Felsen in der gesamten Frankenpfalz sind übrigens großteils mit Kletterrouten erschlossen.

Waldbad Sulzbach-Rosenberg

WWW.SULZBACH-ROSENBERG.DE

Öffnungszeiten

Ende April bis Mitte September 9 bis 19 Uhr. Genaue Daten siehe www.sulzbach-rosenberg.de

Eintrittspreise

Erw. 3,- Euro / Erm. 1,70 Euro / Familienkarte 7,- Euro

Anschrift

Oberschwaig 7
92237 Sulzbach-Rosenberg
Tel.: 09661-6167

Unser Tipp

Eigentlich ist immer Zeit für einen echten Schwimmbad-Klassiker: Pommes Rot-Weiß für zwei Euro!

BADESPASS BEI FAST JEDEM WETTER

Dadurch dass die Becken immer gut geheizt sind (Fernwärme, bis 2002 aus der Maxhütte), kann man auch an kälteren Tagen den Sprung ins nicht ganz so kühle Nass wagen. Wer gerade nicht schwimmen mag, kann sich auch mit Volleyball, Fußball oder Tischtennis fit halten, oder aber am Kiosk oder einem der Grillplätze für das leibliche Wohl sorgen.

Klosterburg Kastl

Anschrift

92280 Kastl

Unser Tipp

Am 29. Januar 1319 verstarb die dreijährige Tochter von Ludwig IV. während eines Aufenthaltes in Kastl. Sie wurde hier beerdigt. Die Mumie der Prinzessin Anna war bis vor kurzem zu sehen, mittlerweile ersetzt ein Foto das Original.

MÄCHTIGE GESCHICHTE

Das Kloster und die Siedlung Kastl sind schon aus der Entfernung ein imposanter Anblick und laden zu einem lohnenswerten Spaziergang ein. Die Gründung der Benediktinerabtei geht auf das Jahr 1098 und eine karolingische Burg zurück. Schnell wurde sie zu einem der mächtigsten und reichsten Klöster des Reiches und stand auch Namenspate für die Kastler Reform, mit der humanistische Ideen ins Klosterleben kamen und die Gebetstexte teils drastisch reduziert wurden. 1413 efolgte die Erhebung in den Reichsstand, gefolgt allerdings vom Niedergang im 16. Jahrhundert und der Auflösung 1556. Nach Jesuiten und Maltesern zog schließlich der bayerische Staat in die Gemäuer ein.

Historische Altstadt Sulzbach-Rosenberg

WWW.SULZBACH-ROSENBERG.DE

Anschrift

92237 Sulzbach-Rosenberg

Unser Tipp

Zur Einkehr lockt die Brauereigaststätte Sperber in der Rosenberger Straße 14, Tel.: 09661-87090.

ROT UND WEISS

In der Altstadt dominieren das Rot des wunderschönen gotischen Rathauses und das Weiß des Schlosses, das als größtes in Nordbayern gilt. Vervollständigt wird das Ensemble durch die Stadtkirche St. Marien, die erhaltene historische Synagoge und viele schöne Bürgerhäuser. Ein eher modernes Gegenstück bildet die evangelische Christuskirche des Münchner Architekten Gustav Gsaenger.

Asam-Kloster Michelfeld

WWW.REGENS-WAGNER-MICHELFELD.DE

Anschrift

Klosterhof 2-10
91275 Auerbach in der Oberpfalz
Tel. 09643-300-0

Unser Tipp

Nach der Besichtigung der Kirche mit den Fresken der Brüder Asam lohnt ein Besuch im gut sortierten Klosterladen.

FÜR MENSCHEN MIT BEHINDERUNG

Bischof Otto von Bamberg gründete am 6. Mai 1119 das Benediktinerkloster und stattete es mit zahlreichen Ländereien und Wäldern sowie Mönchen vom Bamberger Michaelsberg aus. Nach einer Zeit wirtschaftlicher Blüte folgten Brände und Plünderungen im 15. und der Wiederaufstieg im 16. Jahrhundert, das allerdings auch 1556 die Aufhebung mit sich brachte. 140 Jahre später kamen die Benediktiner zurück, die bis zur Säkularisation wieder ein blühendes Klosterleben aufbauten. Heute ist im Kloster eine Einrichtung für Menschen mit Behinderung von Regens Wagner untergebracht.

Asam-Kloster Ensdorf

WWW.KLOSTER-ENSDORF.DE

Anschrift
Hauptstraße 9
92266 Ensdorf
Tel. 09624-9200-0

Unser Tipp
Hinter dem Gebäude finden Sie einen sehenswerten Kräutergarten.

WO DIE JUGEND SICH BILDET

Wie das Kloster Michelfeld wurde auch das Benediktinerkloster Ensdorf vom Bamberger Bischof Otto gegründet und gut ausgestattet. Die Mönche kamen allerdings von St. Blasien im Schwarzwald. Zu einer Blüte kam es aber erst im 15. Jahrhundert, sie währte aber nur etwa 100 Jahre, nach denen das Kloster unter weltliche Herrschaft gelangte. 1669 kehrten auch hier die Benediktiner zurück, die vor allem in wissenschaftlicher Hinsicht Bedeutendes vollbrachten. Nach der Säkularisation kam das Kloster in die Hände des Staates, bis es 1861 das Bistum Regensburg großteils kaufte. Heute leben die Salesianer Don Boscos hier und betreiben unter anderem ein Jugendbildungshaus.

Gut Matheshof / Pferdesport- und Turnierzentrum

WWW.GUT-MATHESHOF.DE

Anschrift
Kreuth 2
92286 Rieden
Tel.: 09624-919-0

Unser Tipp
Das Größte für Pferdenarren ist die Hochzeit mit der festlich geschmückten Hochzeitskutsche des Hauses!

WELLNESS FÜR PFERDEFREUNDE

Natürlich kommen nicht nur die Pferdefreunde auf ihre Kosten, aber die haben die Nase vorn in Europas größtem Pferdesport- und Turnierzentrum (Ostbayernhalle). Regelmäßige Turniere in verschiedenen Disziplinen, Reitanlagen und auch die Möglichkeit zur Fortbildung locken Reiter aus der ganzen Welt in die Oberpfalz. Auch Nichtreiter können sich den Tieren nähern, beim Ponyführen oder einer Kutschfahrt. Zwischendurch locken die verschiedenen Restaurants mit einem breiten kulinarischen Angebot.

Kultur-Schloss Theuern / Bergbau- und Industriemuseum

WWW.KULTUR-SCHLOSS-THEUERN.DE

Öffnungszeiten
Di - Sa 9 - 17 Uhr
So/Ft 10 - 17 Uhr

Eintrittspreise
Erw. 2,- Euro / Erm. 1,- Euro

Anschrift
Portnerstraße 1
92245 Kümmersbruck
Tel. 09624-832

Unser Tipp
Im Strommuseum werden auch die regenerativen Energien ausführlich behandelt – lobenswert und informativ!

DAS ALTE HAMMERHERRENSCHLOSS

Am 25. August 1780 wurde laut Kirchenbuch der Grundstein zu diesem spätbarocken Schloss gelegt, dessen Vorgängerbauten mindestens 300 Jahre zurück datieren. Heute beherbergen die sehenswerten Räume das Bergbau- und Industriemuseum Ostbayern mit seiner umfangreichen Sammlung zur Bergmannsgeschichte der Region. Zum Museum gehören auch einige Außenanlagen: Hammerwerk, Polierwerk, Schachtanlage Bayerland und das Strommuseum.

Erstes Deutsches Türmermuseum Vilseck

WWW.TUERMERMUSEUM.DE

ÜBER DEM HAFNERTOR

Nicht zu übersehen thront der Vogelturm mit dem Türmermuseum mitten in der Stadt. Zu erkunden sind die Wohnräume des Türmers, aber auch viele interessante Gegenstände. Zahlreiche Veranstaltungen und Workshops runden das Angebot dieses kleinen aber spannenden Museums ab.

Öffnungszeiten

Fr/Sa/So/Ft 14-17 Uhr
Ansonsten bei der Glocke der Tourist-Info läuten

Eintrittspreise

Erw. 2,- Euro / Erm. 0,50 Euro

Anschrift

92249 Vilseck

Unser Tipp

Unter dem Motto „Kinder ins Türmermuseum" gibt es ein umfangreiches Programm für Kinder. (Infos auf der Website)

Stadtmuseum Sulzbach-Rosenberg

WWW.SULZBACH-ROSENBERG.DE

Öffnungszeiten
Mi-So 13.30-16.30 Uhr
Mi-Fr/So auch 9-12 Uhr

Eintrittspreise
Erw. 1,50 Euro / Erm. 0,50 Euro

Anschrift
Neustadt 14-16
92237 Sulzbach-Rosenberg
Tel.: 09661-87768-00

Unser Tipp
Besonders interessant ist der Abschnitt zur Maxhütte mit vielen Originaldokumenten auch zum Kampf um den Erhalt des Werkes.

ENTDECKER PASS.com
FREIZEIT ERLEBNIS KULTUR

MIT BERGBAUSTOLLEN

Ein historisches Ackerbürgerhaus aus dem 14. Jahrhundert beherbergt die äußerst umfangreiche Sammlung des Stadtmuseums Sulzbach-Rosenberg. Neben historischen Wandmalereien ist vor allem die Bergbau- und Industriegeschichte des Ortes dargestellt. Die Geschichte von Stadt und Burg Sulzbach bildet einen zweiten Schwerpunkt.

Freilandmuseum Goglhof

WWW.FREILANDMUSEUM-GOGLHOF.DE

Öffnungszeiten

April bis Oktober am zweiten Sonntag im Monat von 14 bis 16 Uhr und nach Vereinbarung unter Tel. 09664-8276.

Anschrift

Eberhardsbühl 6
92265 Edelsfeld
Tel.: 09664-8276

Unser Tipp

Leider nur alle zwei Jahre steigt das Goglhoffest im August. Diesen Termin sollten Sie sich fest im Kalender eintragen!

MIT ZIEGE UND HAHN AUF DU UND DU

Margarete Jäkel lebt mit ihren Hennen und Ziegen im neueren Anbau des historischen Goglhofes. Sie kaufte das Anwesen 1991 und restaurierte es Stück für Stück, nicht ohne Kämpfe mit der Denkmalpflege. Allerdings musste sie eher darum kämpfen, das historische Aussehen wieder herstellen zu dürfen, als um Modernisierungen. Heute sind alle Räume wieder im Urzustand, und man kann das Leben der Menschen vor weit über 100 Jahren direkt nachvollziehen.

Kirwan und Bergfeste im Amberg-Sulzbacher Land

WWW.AMBERG-SULZBACHER-LAND.DE

Termine

Verschiedene Termine finden Sie im Veranstaltungskalender des Landkreises unter www.kreis-as.de

Unser Tipp

Auf der Sulzbacher Woizkirwa gibt es an drei Tagen ausschließlich unverstärkte Volksmusik zu hören, für die einen Ohrenschmaus, und die anderen müssen ja nicht hingehen ...

KULTURGUT NORDBAYERNS

Die Oberpfalz, aber auch Teile Mittel- und Oberfrankens haben eins gemeinsam: Fast überall gibt es eine fünfte Jahreszeit, die Kirwa (Kirchweih/Kerwa). Eingeläutet wird das Fest zur jeweiligen Weihe der Kirche mit dem Spruch „Wer hod Kirwa? Mir hom Kirwa!" Und dann geht es los, auf katholisch meistens fünf Tage von Donnerstag bis Montag, in der evangelischen Variante in der Regel nur zwei oder drei Tage von Freitag bis Sonntag. Dazu gehören allerlei Traditionen, vom Fassbegraben über Fischerstechen und Lindentanz bis zum Hahnenschlag, am besten, Sie schauen einfach mal vorbei!

Juradistl-Lamm

WWW.JURADISTL.DE

Unser Tipp

Auf der Juradistl-Website finden Sie auch zahlreiche Rezepte für Lammgerichte. Das Fleisch können Sie auch direkt beim Schäfer vorbestellen. Teich & Steinkamp: Tel.: 0941-696 5995

PRO TIER UND NATUR

Das Juradistl-Lamm entspringt einer Initiative der vier Landschaftspflegeverbände Amberg-Sulzbach, Neumarkt i. d. OPf., Regensburg und Schwandorf. Die Lämmer wachsen mit Muttermilch auf den kräuterreichen Trockenrasen der Jurahänge bei echten Schäfern auf. Die sorgen zudem auch noch für eine ökologisch sinnvolle Beweidung dieser Flächen, die sonst zuwachsen würden. Wir haben die Juradistl Schäferei Teich & Steinkamp besucht, die verschiedene Flächen der Oberpfalz, unter anderem auch die Hänge am Fuß der Walhalla beweidet. Infos zum Betrieb: www.walhalla-lamm.de.

Weitere Tipps

Heimatmuseum Kastl
Anna Maria Weiß verwaltet die von ihr und ihrem verstorbenen Mann Franz liebevoll zusammengetragene Sammlung, die in einem uralten Bauernhaus untergebracht ist. Geöffnet jeden ersten Sonntag von 13-17 Uhr und auf Anfrage. Hohenburger Straße 44, 92280 Kastl, Tel. 09625 / 91173 oder 1742

Kräutergarten Schnaittenbach
Inspiration für alle Naturliebhaber mit besonderer Atmosphäre. Rosenbühlstraße 1, 92253 Schnaittenbach, Tel.: 09622-702518 / -1224, Mai bis Oktober tägl. 8-20 Uhr, www.kraeutergarten.schnaittenbach.de

Bergbau-Schaustollen Max
Eindrucksvolle Einblicke in die Bergbaugeschichte mit Schaustollenführer Herrn Josef Rieder (09621/63472). Anmeldung auch über 09661/510110 oder 09661-4332. Erw. 2,-/Erm. 1,-. Schießstätte 29, 92237 Sulzbach-Rosenberg

Akanthusaltäre im Amberg-Sulzbacher Land
Überall in der Oberpfalz und im benachbarten Böhmen finden sich Akanthusaltäre mit ausladenden und vergoldeten Ranken oder Blätterkelchen nachgebildeter Akanthuspflanzen. Beispiele: Freudenberg, Hirschau, Holzhammer, Sulzbach, Reuth, Thumsenreuth oder Poppenreuth.

Maislabyrinth Hahnbach
Mit dem Bulldog zieht Thomas Trummer jedes Jahr seine Kreise im Maisfeld, um von Juli bis September ein spannendes Labyrinth zu schaffen, jedes Jahr neues Thema. Erw. 3,-/Erm. 2,-, www.maislabyrinth-hahnbach.de, Vogelloh 7 - 92256 Hahnbach.

Literaturarchiv Sulzbach-Rosenberg e.V.
Hier treffen sich Autoren und Leser, um zu lesen und zu lauschen, aber auch um das Museum zu besichtigen. www.literaturarchiv.de. Di-Fr 9-17, So 14-17. Erw. 3,-/Erm. 2,-, Rosenberger Str. 9, 92237 Sulzbach-Rosenberg, Tel. 09661-2659

Osterhöhle
Die kleine Höhle in der Nähe von Trondorf/Neukirchen kann im Sommer besichtigt werden. Interessant ist auch die Gaststätte mit dem singenden Wirt. www.osterhoehle.de, von Karfreitag bis zum letzten Sonntag im Oktober Sa 14-22, So/Ft 10-20 Uhr, Anmeldungen nur telefonisch unter 09661-6962 oder 09663-1718

Burg Dagestein Vilseck
Burganlage mit Ringmauer, Torbau, Zehntscheune, Zwinger und fünfgeschossigem, romanischem Bergfried. Außenbesichtigung jederzeit, Bergfried April-September Sa/So 14-17 Uhr, Erw. 2,-/Erm. 1,50, 92249 Vilseck.

Fünf-Flüsse-Radweg
Der Fünf-Flüsse-Radweg führt auch ungeübte Radler in fünf Etappen als Rundweg durch die südliche Oberpfalz und ins Nürnberger Land. Infos: www.fuenf-fluesse-radweg.de

Naturbad Königstein
Nach dem Umbau präsentiert sich das Bad in Königstein als echter Geheimtipp für Bade- und Naturfreunde, mit Zeltplatz, Im Winter Eisstockschießen / Schlittschuhlaufen. Geöffnet täglich von 10-19 Uhr, Tel. 09665-300, Erw. 2,- / Erm. 1,-, 92281 Königstein.

Erstes Bayerisches Schulmuseum
Drei nachgestellte Klassenzimmern der Epochen um 1870, 1920 und 1950 geben mit Fotos und Einrichtung einen guten Einblick in den Wandel des Bildungssystems. Schlossbergweg 10a, 92237 Sulzbach Rosenberg, Tel. 09661-7533. Geöffnet So-Do 10-12 & 14-16, Erw. 2,- / Erm. 1,-

Hopfenmuseum und Hopfenpfad Illschwang
Illschwang gehört zu den kleinsten Hopfenanbaugebieten der Welt, auch der Ort ist einen Rundgang wert. Museum: Ulrichstraße, 92278 Illschwang, Tel.: 09666-91310 / -188272, Mai bis Oktober So 14-16 Uhr. www.illschwang.de

Erzweg
Der Qualitätswanderweg Erzweg führt auch durch den Landkreis Amberg-Sulzbach. Wir empfehlen die Etappe Sulzbach-Rosenberg – Amberg, man kann mit dem Zug zurückfahren: www.erzweg.de

Touristinfo:

Tourist-Info Amberg-Sulzbach
Hallplatz 2
92224 Amberg
Tel. 09621-10239
www.amberg-sulzbacher-land.de

Bildquellen (Seite): Landratsamt Amberg-Sulzbach (42), Kulturwerkstatt Sulzbach-Rosenberg (43), Gut Matheshof (48), Wolfgang Steinbacher (53), Uli Piehler (53), Schäferei Teich&Steinkamp (54)

Zwischen Preußen und Bayern

Die Klostergründung aus dem Jahr 748 taucht erstmals 1221 als Stadt in den Urkunden auf. 110 Jahre später kam Ansbach zu den Hohenzollern, die sie 1361 zu ihrer Hauptstadt machten. Der Aufstieg der Herrschaftsfamilie zu den Kurfürsten von Brandenburg ließ zuerst Brandenburg-Ansbach eigenständig bestehen, 1791 fiel es aber dann doch an Preußen, bevor Bayern nach den napoleonischen Kriegen die Herrschaft übernahm. Der Zweite Weltkrieg ging relativ spurlos an der Stadt vorbei, große Bedeutung hat Ansbach heute als Regierungssitz von Mittelfranken.

Innenhöfe (S. 64)

DB **Bahnhöfe:** Ansbach; (Liniennetz siehe Seite 18)

Rokoko-Festspiele (S. 66)

Bachwoche (S. 69)

Markgrafen-Gruft (S. 63)

Die Markgrafen haben nicht nur viele beeindruckende Bauten hinterlassen, sondern auch für das Entstehen der Fayence-Manufaktur gesorgt. Es gelang ihr unter anderem das Kopieren des chinesischen Dekors der Grünen Familie, was die Stadt berühmt machte. Eine andere bestimmende Thematik für Ansbach ist die Geschichte um ein Findelkind namens Kaspar Hauser, das am 17. Dezember 1833 in Ansbach unter mysteriösen Umständen starb und immer noch die Gemüter beschäftigt. Sein Grabstein auf dem Ansbacher Friedhof trägt die lateinische Inschrift: „Hier liegt Kaspar Hauser, Rätsel seiner Zeit, unbekannt die Herkunft, geheimnisvoll der Tod."

Hörspielführung mit dem Audio-Guide

WWW.ANSBACH.DE

DIE STADT IM OHR

Ansbach bietet Ihnen ein ganz spezielles Angebot zur Erkundung der Stadt und ihrer Sehenswürdigkeiten, den Audio-Guide. Dabei erhalten Sie einen Kopfhörer und ein kleines Kästchen, auf dem die Stationen und auch jeweils viele Bilder zu sehen sind. Während Ihres Rundganges gehen Sie von der Gumbertuskirche über 17 weitere Punkte bis zum Rathaus. Auf dem Weg sehen Sie unter anderem die Schwanenritterkapelle, die Markgrafengruft, den Schlossplatz, die Synagoge und das Markgrafen-Museum. Shoppingfreunde können den Zwischenstopp im Brücken-Center, wo man nach Herzenslust auf Schnäppchen-Jagd gehen kann, genießen.

Öffnungszeiten

Verleihstellen:

Tourist-Info
Johann-Sebastian-Bach-Platz 1
91522 Ansbach
Tel.: 0981-51243
Mo-Fr 9-17, Sa 10-14 Uhr

Markgrafen-Museum
Kaspar-Hauser-Platz 1
Tel.: 0981-9775056
Tel.: 14-17, So 10-17 Uhr

Preise

Tagesausleihe 8,- Euro

Unser Tipp

Zu einem schönen Stadtspaziergang gehört auch ein gutes Essen. Wir empfehlen das Hotel Schwarzer Bock, eines der besten Wirtshäuser Bayerns. Pfarrstraße 31, 91522 Ansbach, Tel.: 0981-421240, www.schwarzerbock.com. Mo-Sa 11.30-14 & 18-22, So 11.30-14 Uhr.

Aquella

WWW.MYAQUELLA.DE

Öffnungszeiten

Freibad: Mai-September Mo 9.30-20, Di 7-20, Sa/So/Ft 8-20 Uhr
Freizeitbad: Mo-Fr 9.30-21.30, Sa/So/Ft 9.30-20 Uhr

Eintrittspreise

Freibad:
Erw. 3,20 Euro / Erm. 1,50 Euro
Freizeitbad:
Erw. 9,90 Euro / Erm. 4,90 Euro

Anschrift

Am Stadion 2
91522 Ansbach
Tel.: 0981-8904-500 / -505 / -530

Unser Tipp

Nach dem Baden lohnt sich ein kleiner Ausflug aufs Land zu Brotzeit oder Abendessen. Zum Hotel-Gasthof Rangau nach Elpersdorf sind es nur fünf Kilometer. Laurentiusstraße 5, 91522 Ansbach, www.hotel-gasthof-rangau.de. Tel. 0981-61551. Mi-Sa/Mo 11.30-14 & 17-21, Di 17-21, So 11.30-14 Uhr.

ZWEI BÄDER IN EINEM

Die Ansbacher freuen sich über das nach der Renovierung 2008/2009 entstandene Freizeitjuwel. Das Aquella bietet Ihnen im Sommer ein herrliches Freibad mit großen Liegewiesen, Biergarten und natürlich jede Menge Badespaß mit vielen Becken und Spielmöglichkeiten. In der kälteren Jahreszeit lockt das Hallenbad, das auch über einen Außenbereich verfügt. Strömungskanal, Wellenbecken, Rutsche, Kinderbecken und Saunabereich versprechen Spaß und Entspannung für alle Gäste.

Markgräfliche Residenz

WWW.SCHLOESSER.BAYERN.DE

Öffnungszeiten

Di-So April-September 9–18 Uhr,
Oktober-März 10-16 Uhr
Führungen stündlich bis 17 Uhr, im Winter bis 15 Uhr

Eintrittspreise

Erw. 4,50 Euro / Erm. 3,50 Euro

Anschrift

Promenade 27
91522 Ansbach
Tel.: 0981-9538390
www.schloesser.bayern.de
Restaurant Orangerie
Tel.: 0981-2170
www.orangerie-ansbach.de
Di-So 11-18 Uhr

Unser Tipp

Besuchen Sie den barocken Hofgarten, der im Zweiten Weltkrieg weitgehend zerstört und nur teilweise wiederhergestellt wurde. Hier erlitt Kaspar Hauser seine tödliche Stichwunde. Am Haupteingang finden Sie einen Kräutergarten mit vielen Heilpflanzen, die Orangerie beheimatet ein Restaurant.

PORZELLAN UND DECKENFRESKO

Die heutige Residenz entstand in drei Bauabschnitten aus einer mittelalterlichen Anlage. In der großen gotischen Halle mit ihren Kreuzrippengewölben steht die größte Sammlung von Fayencen und Porzellan aus der ehemaligen Ansbacher Manufaktur. In den restlichen Räumen hat sich die prunkvolle Innenausstattung aus den Jahren 1734 bis 1745 nahezu vollständig erhalten, weil nach der Übergabe an Preußen 1791 die Gebäude nicht mehr als Herrschaftssitz benutzt und deswegen auch nicht mehr renoviert wurden. Eindrucksvoll sind auch das Deckenfresko des Festsaales und die vielen Gemälde aus der markgräflichen Galerie.

St. Gumbertus

WWW.GUMBERTUS.DE

Anschrift
Gumbertusplatz 1
91522 Ansbach
Tel.: 0981-2681

Unser Tipp
Nach so viel Kirche ist es Zeit für eine kleine Sünde. Bestens geeignet dafür ist das La Corona mit seiner guten Weinauswahl. Johann-Sebastian-Bach-Platz 20, 91522 Ansbach, Tel.: 0981-9090130, www.lacorona.de. Do-Sa 18-22 Uhr

VOM KLOSTER ZUR HOFKIRCHE

Der heute heilige Gumbert gründete 748 am Zusammenfluss der Rezat und des Onoldsbaches ein Benediktinerkloster, dem er selbst als Abt vorstand. Später wurde die Kirche evangelisch und diente den Markgrafen als Hofkirche. Dazu ließen sie an der einstigen spätromanischen Hauptkirche, der heutigen Schwanenritterkapelle, einen imposanten Repräsentationsbau errichten. Orgelfans sollten eine Gelegenheit nutzen, die Wiegleb-Orgel in der Gumbertuskirche und die Steinmeyer-Orgel in der Schwanenritterkapelle zu hören. Gottesdienste und Konzerte finden Sie auf der Website. Der Orden unserer Schwanenritterorden ist der älteste Ritterorden des preußischen Hauses und hat neben Ansbach noch Sitze in Brandenburg, Heilsbronn und Kloster Banz (www.schwanenritter-orden.de).

Synagoge

WWW.SYNAGOGE-ANSBACH.DE

Öffnungszeiten
Mai-September 2./4. So/Monat
15-17 Uhr und auf Anfrage

Anschrift
Rosenbadstraße
91522 Ansbach
Tel.: 0981-51243

Unser Tipp
Am Lenauweg neben einem Kindergarten befindet sich der Eingang zum ehemaligen jüdischen Friedhof der Stadt, von dem nach den Zerstörungen in der NS-Zeit noch 117 Grabsteine erhalten sind.

MUSEALES GOTTESHAUS

Nachdem die jüdische Bevölkerung im 16. Jahrhundert aus Ansbach vertrieben worden war, erlaubte Markgraf Joachim Ernst schon 1609 wieder deren Ansiedlung. Schon während des Dreißigjährigen Krieges zogen jüdische Familien vom Land in die Stadt, später versorgten die so genannten „Hofjuden" die Residenz mit ausländischen Luxusgütern und übernahmen auch diplomatische Aufträge. Zu ihren Privilegien gehörte die Errichtung einer Synagoge, die dann von 1744 bis 1746 nach Plänen des Hofbaumeisters Leopoldo Retty gebaut wurde. Obwohl die jüdische Bevölkerung im 19. Jahrhundert rechtlich gleichgestellt war, verlor die jüdische Gemeinde nach dem Weggang der Markgrafen ihre Haupteinnahmequelle und schrumpfte bis auf etwa 200 Personen. Schon 1922 hielt Julius Streicher im Ansbacher Hofgarten eine Hetzrede gegen Juden, nach der Machtergreifung durch Hitler starteten Boykott und Vertreibung – im Februar 1939 verließen die letzten Juden die Stadt. Nach dem Krieg kamen zwar wieder jüdische Einwohner als Displaced Persons in die Stadt, es kam aber nie zu der Errichtung einer Kultusgemeinde. Seit 1964 ist die wiederhergestellte Synagoge museales und symbolisches Gotteshaus.

Markgrafen-Gruft

WWW.GUMBERTUS.DE

Öffnungszeiten
Sommer: Fr/Sa 15-17 Uhr,
So 11-12 und 15-17 Uhr

Eintrittspreise
Erw. 1,- Euro / Schüler und Stud. frei

Anschrift
Gumbertusplatz 1
91522 Ansbach
Tel.: 0981-2681

Unser Tipp
Um die Ecke liegt das Bürger-Palais mit einem rustikalen Restaurant. Neustadt 48, 91522 Ansbach, Tel.: 0981-95132, www.hotel-buerger-palais.de. Mo-Fr ab 17, So 11.30-14 und 17-22 Uhr

DIE GRABLEGE DER MARKGRAFEN

Nachdem Heilsbronn 1631 von den Soldaten Tillys geplündert und zerstört worden war, richtete Markgraf Albrecht V. eine neue Grabstätte unter der Stadtpfarrkirche St. Johannis ein. Nach erheblichen Beschädigungen durch die Umweltbedingungen verlegte man die Särge 1976 in das Gewölbe unter dem Chor der Stiftskirche St. Gumbertus, wo sie heute zusammen mit der Krypta zu besichtigen sind. Die Särge zeugen von den jeweiligen Kunstströmungen vom prunkvollen Hochbarock bis zur schlichten Aufklärung. Unter ihnen ist auch der Sarg von Friederike Luise, der Schwester Friedrichs des Großen, die mit dem Ansbacher Markgrafen Carl Wilhelm Friedrich verheiratet worden war.

Innenhöfe

Anschrift

Johann-Sebastian-Bach-Platz
91522 Ansbach

Unser Tipp

Weitere Innenhöfe und viel Hintergrundwissen gibt es bei der Höfe-Führung von Alexander Biernoth, Stadt Ansbach, Tel.: 0981-9775512

HINTER DEN KULISSEN

Ansbach hat viele schöne Innenhöfe zu bieten, die man aber erst entdecken muss. Hier drei interessante Adressen:

Nennichshof, Johann-Sebastian-Bach-Platz 7. Ehemalige Stiftsdekanei mit vierseitigem Innenhof, 16.-18. Jahrhundert.

Kronenhof, Johann-Sebastian-Bach-Platz 20. Seckendorff-Palais, ehem. Stiftshof, ursprünglich Absteige des Klosters Heilsbronn, dann Wohnung der markgräflichen Witwen, ab 1792 Gasthof.

Beringershof, Johann-Sebastian-Bach-Platz 5. Stiftsküsterei des Gumbertus-Stiftes, später Absteigequartier des Heilsbronner Abtes.

Markgrafen-Museum

WWW.ANSBACH.DE

Öffnungszeiten
Oktober-April Di-So 10-17 Uhr
Mai-September tägl. 10-17 Uhr

Eintrittspreise
Erw. 2,50 Euro / Erm. 1,- Euro

Anschrift
Kaspar-Hauser-Platz 1
91522 Ansbach
Tel.: 0981-9775056

Unser Tipp
Hier finden Sie auch noch ein begehbares Stück der historischen Stadtmauer von Ansbach.

DIE MARKGRAFEN UND KASPAR HAUSER

Erleben Sie die Geschichte von Stadt und Fürstentum Ansbach, aufbereitet nach modernsten museumspädagogischen Aspekten. Neben Porzellan und vielen Gemälden aus dem Besitz der Markgrafen finden Sie auch eine Abteilung, die sich mit der Geschichte um Kaspar Hauser beschäftigt. Unter anderem sehen Sie die Details zu den Gen-Untersuchungen, die wohl die Legende widerlegten, Hauser wäre ein als Baby ausgetauschter Säugling aus dem badischen Herzogtum gewesen.

Rokoko-Festspiele

WWW.ROKOKO-FESTSPIELE.DE

WENN DER ALTE FRITZ ZU BESUCH KOMMT

Der Ansbacher Heimatverein lässt die Zeit um Markgraf Carl Wilhelm Friedrich von Brandenburg-Ansbach (1712-1757) wieder lebendig werden. Zu den Veranstaltungen gehören spezielle Stadtführungen „Auf den Spuren der Hohenzollern", ein sommerliches Maskenfest am Freitagabend im Hofgarten, eine Truppenparade am Sonntagmorgen und anschließend die „Fürstliche Gartenlust", ein Amüsement für Groß und Klein. Mit Gauklern, Reitergespannen, Zauberern und Kutschfahrten. Karten zu den einzelnen Veranstaltungen gibt es auf der Website oder telefonisch.

Termine

2012: 29. Juni bis 4. Juli 2012
Info Tel.: 0981-51243

Unser Tipp

Die Rokoko-Festspiele haben sich aus dem Theaterstück „Der Wilde Markgraf" des Heimatdichters Konrad Friedrich entwickelt. Es wurde am 10. Juni 1894 uraufgeführt. Weitere Theaterstücke kamen hinzu, auch historische Umzüge. Die Gewänder der heutigen Laiendarsteller sind nach Vorbildern auf historischen Gemälden hergestellt.

PHOTO: JIM ALBRIGHT

PHOTO: JIM ALB

PHOTO: JIM ALBRIGHT

Kaspar-Hauser-Festspiele

WWW.KASPAR-HAUSER-ANSBACH.DE

Termine

2012: 29. Juli bis 5. August

Unser Tipp

Von Kaspar Hauser stehen zwei Bronze-Figuren in der Stadt, einmal als 16jähriger Junge und einmal als Erwachsener in dem Alter, in dem er war, als er starb. Kaspar-Hauser-Denkmal, Platenstraße, 91522 Ansbach

WÜRDIGE ANERKENNUNG

Nach den Gen-Untersuchungen von 1996 beschloss Eckart Böhmer, ein Kenner der Materie, in Zusammenarbeit mit der Stadt Ansbach, ab 1998 alle zwei Jahre Festspiele zu veranstalten, die der Geschichte um Kaspar Hauser und seine Person eine würdige Anerkennung verleihen. An den historischen Schauplätzen können die Gäste Theater, Tanz, Musik, Film, bildende Kunst, Vorträge, Seminare und spezielle Stadtführungen erleben. Außerdem zeigen die Museen thematisch passende Ausstellungen. Falls Sie es noch nicht wussten: Kaspar Hauser tauchte am 26. Mai 1828 in Nürnberg auf. Der etwa 16jährige und geistig anscheinend zurückgebliebene, wortkarge Jugendliche behauptete später, mit Wasser und Brot in einem dunklen Raum aufgewachsen zu sein. Am 14. Dezember 1833 kam er mit einer tödlichen Schnittwunde nach Hause und behauptete, Opfer eines Attentäters geworden zu sein. Es kann sich aber auch um Selbstverletzungen gehandelt haben.

Bachwoche Ansbach

WWW.BACHWOCHEANSBACH.DE

Termine

2013: 2. bis 11. August

Unser Tipp

Während der Bachwoche finden hochklassige Workshops für Kinder und Jugendliche statt, die sowohl während der gesamten Zeit, als auch nur einzelne Tage besucht werden können.

EHRE FÜR DEN THOMASKANTOR

1947 riefen Musikkenner die Bachwoche in Pommersfelden ins Leben. Ein Jahr später zog die Veranstaltung ins weitgehend unzerstörte Ansbach um, weil Kulissen wie die Orangerie im Hofgarten, der Prunksaal im Markgrafenschloß sowie die Johannis- und Gumbertuskirche lockten. Nach über 60 Jahren ist eine GmbH entstanden, die alle zwei Jahre große Konzert-Highlights rund um den Thomaskantor an die Fränkische Rezat holt. Zu den Ausführenden zählen internationale Künstler, aber auch der Chor der Bachwochen-Helfer, bei dem die vielen fleißigen Hände auch mal auf der Bühne zu sehen sind. Geprobt wird während der Arbeit auf der Bachwoche.

Grüne Nacht

WWW.ANSBACH.DE

Termine

2012: 21. Juli

Unser Tipp

So richtig schön wird es verständlicherweise erst nach Sonnenuntergang ab 22 Uhr. Gerade die Feuershows ziehen dann die Gäste in ihren Bann.

NICHT NUR GRÜN

Wenn die Stadt zur Grünen Nacht einlädt, erstrahlt die gesamte Ansbacher Innenstadt in farbigem Licht, vor allem natürlich in grün. Dazu überraschen Gaukler, Feuerschlucker und Stelzenläufer die Besucher in den Straßen und Gässchen der Stadt. Auf mehreren Bühnen spielen Bands für das Publikum, und auch die Stände der vielen beteiligten Gastronomien zeigen sich in leuchtendem Grün. Selbst die Ansbacher tragen an diesem Tag grün, entweder als T-Shirt oder, zumindest einige, als blinkendes Plastiklichtchen auf dem Kopf ...

Ansbacher Bratwurst

Unser Tipp

Natürlich sollten Sie die guten Stückchen auch verkosten, am besten im Traditionsrestaurant Bratwurst-Glöckle (seit 1540). Uzstraße 4, 91522 Ansbach, Tel.: 0981-4661111, www.bratwurst-gloeckle.com. Di-So 11.30-14.30 und 17.30-21.30 Uhr.

DAS BESONDERE WÜRSTCHEN

Natürlich sind für die Ansbacher ihre Bratwürste die besten der Welt. Mit 12 bis 18 Zentimetern Länge und etwa drei Zentimetern Dicke sind sie weitaus größer als ihre Nürnberger Gegenstücke. Außerdem bestehen sie ausschließlich aus Schweinefleisch und werden im Schweinedarm abgefüllt. Durch den recht hohen Fettanteil wirken die Ansbacher wesentlich saftiger als ihre Verwandten in Mittel- und Oberfranken. Das Fett läuft beim Braten zum Teil aus der gut gewürzten Bratwurst und wird im Anschluss gerne über Wurst und Kraut gegossen.

Grüner Pfad

WWW.GRUENER-PFAD.NET

BIERPROBEN IM GETREIDEFELD

Mit Wilhelm Heubeck wird die Bierprobe zum Erlebnis. Bewaffnet mit einem kleinen Klapptisch und zahlreichen Weizen-, Gersten-, Roggen-, Dinkel-, Emmer-, Hanf- und Hirsebieren geht es dann mit den Besuchern ins Kornfeld. Davor oder danach kann man noch die Pflanzenschau „Grüner Pfad" besichtigen, die Namensgeber und Grund für den Biergarten ist. Über 100 verschiedene Pflanzensorten zeigen die Macher des mit dem Innovationspreis der bayerischen Land- und Forstwirtschaft dekorierten Naturpfades.

Öffnungszeiten

Vom zweiten Juli-Wochenende bis Erntedank Sa/So ab 14 Uhr

Anschrift

Egloffswinden 23
(direkt an der Ortseinfahrt)
91522 Ansbach
Tel.: 0981-85783
Fax: 0981-2021402

Unser Tipp

Verschiedenste Getreidebiere

Weitere Tipps

Gasthaus Zum Mohren
Gutes Lokal mit Biergarten und Weinkeller, Pfarrstr. 9, 91522 Ansbach, Tel.: 0981-96693, www.zummohren.de. Tägl. ab 11 Uhr (Winter 14-17 Uhr geschlossen)

Herrieder Tor
Eines der Wahrzeichen Ansbachs mit 47 Meter hohem Turm. Maximilianstraße 1, 91522 Ansbach

Jägerndorfer Heimatstuben
Geschichte des sudeten-schlesischen Herzogtums und der Stadt Jägerndorf, die einmal zu Ansbach gehörten. Martin-Luther-Platz 1, 91522 Ansbach, Tel.: 0981-51243, April-Oktober Mi 14-16 Uhr. www.jaegerndorf-sudetenland.de Eintritt frei!

Bismarckturm
1903 nach dem Entwurf „Götterdämmerung" gebauter Bismarckturm, der am Tag des offenen Denkmals in den ungeraden Jahren bestiegen werden kann. Am Bismarckturm, 91522 Ansbach

Altstadtfest
Erleben Sie die Ansbacher Innenstadt als Festmeile voller Flair. Mit großem Musikprogramm und Kinderflohmarkt. 6.-10. Juni 2012. www.ansbach.de

Ansbach open
Drei Open-Air-Tage auf der Reitbahn neben der Gumbertus-Kirche. 15.-17. Juni 2012. www.ansbach.de

Kirchweih
Veranstaltung auf dem Festplatz Inselwiese mit Festzug, Festbier und jeder Menge Musik. Abschluss mit Feuerwerk. 5.-11. Juli 2012. www.ansbach.de

Weihnachtsmarkt
Etwa 40 Holzbuden stehen zwischen St. Johannis und St. Gumbertus, das Angebot ist vor allem regional und wird am Abend durch viel Musik von Ansbacher Chören und Musikgruppen begleitet. 30. November-23. Dezember 2012. Mo-Do 11-19.30, Fr/So 11-20.30, Sa 10-20.30 Uhr. www.ansbach.de

Stadtgrabenfest mit Kinderfest
Beliebtes Fest mit viel Musik und eigenem Kinderprogramm. 20.-21. Juli 2012. www.ansbach.de

Ansbacher Skulpturenmeile
Im der zweiten Jahreshälfte zeigt die Stadt viel Kunst im öffentlichen Raum. 2011 waren es 14 Großplastiken und 60 weitere Arbeiten. www.ansbach.de

Kontakta
Informations- und Verkaufsmesse am Festplatz Hofwiese und im Onoldia-Saal. 29. August bis 2. September 2012 tägl. 10-18 Uhr. www.kontakta-ansbach.de

Wassermühle Höllmühle
Historische Mühle mit Gebäudekern aus dem 18. Jahrhundert. Höllmühle, 91522 Ansbach-Käferbach

Theater Ansbach
Theater, Konzert und Kino unter einem Dach. Promenade 29, 91522 Ansbach, Tel.: 0981-970400, www.theater-ansbach.de

Capitol Kino
Uriges Kinocenter von 1956, zweimal ausgebaut und modernisiert. Kanalstr. 13, 91522 Ansbach, Tel.: 0981-2700, www.capitol-kino-ansbach.de

St. Laurentius Elpersdorf
Denkmalgeschütztes Ensemble aus Kirche, Pfarrhof und Käfermühle. Laurentiusstraße 3, 91522 Ansbach, www.laurentius-elpersdorf.de. Tel.: 0981-460024

Touristinfo:

Johann-Sebastian-Bach-Platz 1
91522 Ansbach
Tel.: 0981-51243
www.ansbach.de

Romantik rund um Rothenburg

Das Gebiet des heutigen Landkreises Ansbach gehörte vor 1800 überwiegend zum Fürstentum Ansbach, den Reichsstädten Rothenburg ob der Tauber und Dinkelsbühl sowie kleineren Herrschaftsgebieten. 1939 entstanden die Landkreise Ansbach, Dinkelsbühl, Feuchtwangen, Heilsbronn und Rothenburg ob der Tauber, 1972 schließlich wurde der Landkreis Ansbach in seiner heutigen Form geschaffen. Er ist auch heute noch geprägt von den ehemals freien Reichsstädten, die nicht nur historisch, sondern auch von der touristischen Attraktivität die wichtigsten Orte darstellen.

Wolframs-Eschenbach (S. 89)

Bahnhöfe: Schnelldorf, Dombühl, Sachsen, Wicklesgreuth, Heilsbronn, Petersaurach, Neuendettelsau, Windsbach, Triesdorf, Oberdachstetten, Hartershofen, Schweinsdorf, Rothenburg o.d.T.; (Liniennetz siehe Seite 18)

Dennenloher Weiher (S. 78)

Rothenburg (S. 88)

Naturkundemuseum Wassertrüdingen (S. 82)

Eine Besonderheit ist, dass sich unter anderem in Leutershausen und Dinkelsbühl urige Flussbäder erhalten haben, in denen das Baden besonders viel Spaß macht. Ein weiteres Highlight ist der Ort Dennenlohe mit seinen zahlreichen Attraktionen. Und wir haben einige Kleinodien gefunden, die auf die mutige Initiative von Einzelpersonen zurückzuführen sind und von ihnen leben. Dazu gehören die kleine Gotthardbahn in Reichelshofen, das Naturkundemuseum in Wassertrüdingen und das Museum Wiegen und Messen in Königshofen.

Schloss und Park Dennenlohe

WWW.DENNENLOHE.DE

Öffnungszeiten

April bis Anfang November
Park tägl. 9-17 Uhr

Eintrittspreise

Normal 6,- Euro , Klangtage 8,- Euro, Gartentage 10,- Euro

Anschrift

Dennenlohe 1
91743 Unterschwaningen

Unser Tipp

Nehmen Sie sich ausreichend Zeit, der Garten ist mit über 13 Hektar der größte Bayerns ...

DAS FREIZEIT-PHÄNOMEN

In Dennenlohe ist der Urlaub zuhause – so in etwa könnte man das Ensemble aus Schloss, Badeweiher, Museum, Biergarten und Park beschreiben. Am besten, Sie machen es wie wir, beginnen mit einem ausführlichen Spaziergang durch den wunderschönen Rhododendronpark, gefolgt von einem gemütlichen Nachmittag im Biergarten.

ENTDECKER PASS.COM
FREIZEIT ERLEBNIS KULTUR

Faszination Gotthardbahn

WWW.GOTTHARD-MODELLBAHN.DE

Öffnungszeiten
Mi/Fr 14-18 Uhr
Sa 10-18 Uhr
So 10-17 Uhr

Eintrittspreise
Erw. 5,- Euro / Erm. 2,50 euro

Anschrift
Reichelshofen 28
91628 Steinsfeld
Tel.: 09865-941898

Unser Tipp
Im kleinen Café gibt es Kaffee und Kuchen, im Shop allerlei Modellbahn-Zubehör.

DIE FAMILIEN-EISENBAHN

Vater, Mutter und Tochter arbeiten seit über zehn Jahren an der maßstabsgetreuen Umsetzung eines Teils der berühmten Gotthardbahn. Schon vor dem Museum begrüßt eine Originallokomotive die Besucher, drinnen wandelt man dann auf 250 Quadratmetern entlang der Nordrampe. Das wichtigste dabei ist, dass nicht nur die Strecke originalgetreu nachgebaut wurde, sondern auch die einzelnen Häuser und Gebäude an der Strecke. Deswegen fährt Familie Köttgen auch regelmäßig in den Urlaub zum Original, um sich weitere Häuser anzusehen und Fotos für den Nachbau anzufertigen.

Dennenloher Weiher

Anschrift

Dennenlohe
91743 Unterschwaningen

Unser Tipp

Campingfreunde mit Kindern finden viele Sport- und Spielmöglichkeiten, Lagerfeuer und einfach jede Menge Platz!

BADEWANNE MIT FISCH

Als kleinster der großen Seen des Seenlandes ist der Dennenloher See ein Paradies für Angler (Aal, Karpfen, Schleie, Hecht, Zander und Wels – Angelkarten am Kiosk oder Gasthaus Schlicker, Oberschwaningen) und Surfer und hat mit den Einrichtungen des Campingplatzes auch noch eine richtige Infrastruktur zu bieten. Und auch die Badefreunde haben das Gewässer für sich erobert, sobald das Wetter passt, herrscht hier fröhliches Treiben.

Wörnitz-Strandbad

WWW.DINKELSBUEHL.DE

Öffnungszeiten
Tägl. 10-19 Uhr

Eintrittspreise
Erw. 2,50 Euro / Erm. 1,50 Euro

Anschrift
Bleichweg 2
91550 Dinkelsbühl
Tel. 09851-9498

Unser Tipp
Wem das etwas rudimentäre Kiosk-Angebot nicht genügt, der sollte die wenigen Meter zum Biergarten des Wilden Mannes rübergehen, der perfekte kulinarische Zwischenstopp!

TRAUM-FLUSSBAD

Wenn die Japaner bei 40 Grad im Schatten durch die romantische Altstadt streifen, schnappen sich die Dinkelsbühler Badehose und Bikini und pilgern in ihr Wörnitz-Strandbad mit beheizten Kinderbecken. Dort befindet sich eine wahre Spaßoase mit jeder Menge Trubel und Spielmöglichkeiten wie Volleyball, Fußballplatz, Boccia und einem Paddel- und Tretbootverleih. Selbst Sonnenschirme, Liegen, Surfbretter und Lkw-Reifenschläuche können geliehen werden.

Schillingsfürst mit Schloss und Jagdfalkenhof

WWW.BAYERISCHER-JAGDFALKENHOF.DE

Öffnungszeiten
April bis Ende Oktober
Täglich 10-17 Uhr

Eintrittspreise
Erw. 7,- Euro / Erm. 4,- Euro

Anschrift
Am Wall 14
91583 Schillingsfürst
Tel.: 09868-6941

Unser Tipp
Es gibt auch kostenlose Fütterungstouren zum Luchs- und Wolfgehege, dabei kann man diese Tiere hautnah beobachten.

WO DIE SCHLAUEN VÖGEL WOHNEN

Der Bayerische Jagdfalkenhof ist einer der ältesten und renommiertesten Falkenhöfe Deutschlands. Man hat sich zum Ziel gesetzt, bei Flugvorführungen (11 und 15 Uhr) mit Greifvögeln, den Menschen die Tiere und ihre Lebensweise näher zu bringen. Dazwischen lohnen ein Besuch im Schloss mit dem Hohenloher Barockmuseum (10, 12, 14 und 16 Uhr) oder einfach nur ein Rundgang durch die mächtige Anlage.

Miniatur-Erlebniswelt Dietenhofen

WWW.MINIATUR-ERLEBNISWELT.DE

Öffnungszeiten
Do/Fr 12-18 Uhr
Sa/So 10-18 Uhr

Eintrittspreise
Erw. 6,- Euro / Erm. 5,- Euro

Anschrift
Langenzenner Str. 10
90599 Dietenhofen
Tel.: 09824-923120

Unser Tipp
Hilflose Modelleisenbahner können sich den Profi sogar nach Hause kommen lassen, um die eigene Anlage auf Vordermann zu bringen!

EISENBAHN GANZ KLEIN

Hartmut Lennert startete vor 20 Jahren in seine Modellbahn-Zukunft und begann, eine Anlage in N-Spur zu verwirklichen, die heute Deutschlands größte ist. In liebevoller Kleinarbeit erdachte er eine vielschichtige Phantasiestadt mit mehreren Ortschaften und als ersten Ausbau einen Flughafen. Derzeit folgen weitere Ausbaustufen, man kann also gespannt sein, was den Dietenhofenern noch so alles einfällt ...

Naturkundemuseum Wassertrüdingen

WWW.NATURKUNDEMUSEUM-WASSERTRUEDINGEN.DE

Öffnungszeiten

Geöffnet jederzeit nach telefonischer Vereinbarung unter 09832-1344

Eintrittspreise

Erw. 2,- Euro / Erm. 1,50 Euro

Anschrift

Marktstraße 3
91717 Wassertrüdingen
Tel.: 09836-96833 o. 09832-1344

Unser Tipp

Highlights sind die präparierten Vögel (u.a. diverse Adler) und der Raum mit Fossilien.

EIN MUSEUM MIT HERZ

Mit viel Herzblut haben die Mitglieder des Fischereivereins Wassertrüdingen ihr Museum im „Törle" (Nordtor) eingerichtet. Ihre Kleinodien sind in dem verwinkelten Fachwerkhaus in Themenwelten mit den jeweils passenden Tieren aufgeteilt. Dies gilt nicht nur für Winter- und Moorlandschaften, sondern auch für Unterwasserpanoramen, in denen die Fische je nach Lebensraum eingesetzt sind. Im Sommer sind täglich über 50.000 Besucher im Museum – kein Scherz, denn ein echtes Bienenvolk lebt hinter einer Glasfassade – ein faszinierndes Anschauungsobjekt für alle Naturfreunde.

Oldtimermuseum Dennenlohe

WWW.FV-OLDTIMERMUSEUM.DE

Öffnungszeiten
Mai bis Ende September
Mi-Fr 13-17 Uhr
Sa/So/Ft 11-17 Uhr

Eintrittspreise
Erw. 3,- Euro / Erm. 1,50 Euro

Anschrift
Dennenlohe 1
91743 Unterschwaningen

Unser Tipp
Einige Fahrzeuge kann man sogar als Hochzeitsauto mieten.

ECHTE MÄNNERWELT

Die historischen Gefährte stehen in einer 300 Jahre alten Scheune auf über 1.100 Quadratmetern Fläche. Jedes Mitglied des Fördervereins Oldtimermuseum Ansbach e.V. hat hier quasi Stellplätze für seine Lieblinge, die dann aufwändig dekoriert und natürlich perfekt restauriert zur Schau gestellt werden. Mit dabei auch Klassiker wie der Adenauer-Mercedes, mit dem Adenauer, Brandt und Kennedy seinerzeit durch Berlin fuhren, ein historischer Faltwohnwagen oder auch ein Opel Blitz Feuerwehrauto von 1965.

Deutsches Pinsel- und Bürstenmuseum

WWW.PINSELMUSEUM-BECHHOFEN.DE

Öffnungszeiten

Anfang April bis Ende Oktober
Mi und Sa 14 bis 17 Uhr
So und Feiertage 13.30 bis 17 Uhr

Eintrittspreise

Erw. 2,50 Euro / Erm. 1,50 Euro

Anschrift

Dinkelsbühler Straße 23
91572 Bechhofen a. d. Heide
Tel.: 09822-209 o. 09822-10829

Unser Tipp

Für Malfreunde bietet sich ein ausführlicher Besuch des Museumsshops an.

ALLES ÜBER PINSEL UND BÜRSTEN

Eine haarige Angelegenheit ist es immer, das Arbeiten mit dem Pinsel, dass es allerdings so viele verschiedene Varianten des Malwerkzeuges gibt, lernt man hier im Deutschen Pinsel- und Bürstenmuseum kennen. Darüber hinaus geht es auch um die Herstellung von Pinsel, Bürste & Co. und um die damit verbundenen bayerischen Handwerkszünfte. Die nahmen mit dem Handwerker Johann Caspar Bühler, der um 1790 im Bechhofener Ortsteil Königshofen lebte, ihren Anfang. Mit und nach ihm entwickelte sich Bechhofen zur Pinselmetropole – ein Aufstieg, den der Verein Deutsches Pinsel- und Bürstenmuseum e.V. in seinen Ausstellungsräumen umfangreich demonstriert.

Fränkisches Museum Feuchtwangen

WWW.FRAENKISCHES-MUSEUM.DE

Öffnungszeiten
Mai bis September:
Mittwoch bis Sonntag 11 - 17 Uhr
16. Juni bis 13. August bis 20.15 Uhr
März, April, Oktober bis Dezember:
Mittwoch bis Sonntag 14 - 17 Uhr

Eintrittspreise
Erw. 3,- Euro / Erm. 1,50 Euro

Anschrift
Museumsstraße 19
91555 Feuchtwangen
Tel.: 09852-2575 oder -615224

Unser Tipp
Für Kinder gibt es eigene Führungen der Museumspädagogik, auch außerhalb der Öffnungszeiten.

LIEBESBRIEFE AUS DER VERGANGENHEIT

Das Fränkische Museum bietet einen außerordentlich breiten Querschnitt durch die fränkische Geschichte. Neben den eigentlichen Räumen finden sich ein Museumsgarten unter anderem mit einer historischen Hammerschmiede und ein moderner Ausstellungsbau. Sie finden viele Spezialsammlungen mit spannenden Exponaten wie zum Beispiel Liebesbriefen aus dem Biedermeier, historischen Töpfer-Plagiaten oder niedlichen Puppenstuben und Kaufläden.

ENTDECKER PASS.COM
FREIZEIT ERLEBNIS KULTUR

Museum vom Kloster zur Stadt Heilsbronn

WWW.MUSEUM-HEILSBRONN.DE

Öffnungszeiten
Mi-So 14-16 Uhr (Jan/Feb nur So)

Eintrittspreise
Erw. 2,- Euro / Erm. 1,- Euro

Anschrift
Hauptstraße 5
91560 Heilsbronn

Unser Tipp
Von ganz oben ergeben sich tolle Blicke, sowohl auf den Klosterhof als auch auf die Altstadt.

ERSTMAL GANZ HOCH

Hier muss man erstmal einige Meter erklimmen (idealerweise mit dem Aufzug), bis man im Dachgeschoss des Konventhauses die Geschichte von Kloster und Stadt Heilsbronn nachvollziehen kann. Das Zisterzienserkloster wurde 1132 von Rapoto von Abenberg gegründet und erfreute sich einer fast immer prosperierenden Geschichte. Besonders in der Zeit der Zugehörigkeit zu Preußen profitierte das Kloster von Schenkungen des deutschen Kaisers, der hier öfters zu Gast war. Das Stadtrecht erhielt die Gemeinde 1932.

Flughistorisches Museum Gustav Weisskopf

WWW.WEISSKOPF.DE

Öffnungszeiten

Ostern bis einschließlich Oktober
Di bis Fr 10 bis 12 Uhr,
Mi/So 14 bis 16 Uhr

Eintrittspreise

Erw. 3,- Euro / Erm.1,50 Euro

Anschrift

Plan 6
91578 Leutershausen
Tel.: 09823-9510 o. 09823-927352

Unser Tipp

Auch hier sollten Sie sich Zeit mitbringen, denn ein Großteil der Geschichte des Flugpioniers ist bisher kaum bekannt, weswegen man sich erst einmal hineindenken muss.

ICH FLOG VOR DEN WRIGHTS!

Eigentlich finden Sie hier zwei Museen. Neben den Räumlichkeiten, die dem Flugpionier gewidmet sind, können Sie auf mehreren Stockwerken die Heimatgeschichte und Handwerkertradition von Leutershausen kennen lernen. Doch die wiederentdeckte Bedeutung von Gustav Weißkopf, der am 14. August 1901 den ersten Motorflug der Geschichte absolvierte, ist natürlich der spannendste Teil dieses von einem Verein mit viel Engagement aufgebauten Museum. Am eindrucksvollsten ist der Nachbau der Nr. 21, seines Flugzeuges, mit dem er etwa eine halbe Meile weit fliegen konnte. Zahlreiche historische Fotos und eine Filmdokumentation vervollständigen die Ausstellung.

Stadt Rothenburg und Kriminalmuseum

WWW.ROTHENBURG.DE

Öffnungszeiten

Jan. und Feb. täglich 14 bis 16 Uhr
März täglich 13 bis 16 Uhr
April täglich 11 bis 17 Uhr
Mai bis Okt. täglich 10 bis 18 Uhr
November täglich 14 bis 16 Uhr
Dezember täglich 13 bis 16 Uhr

Eintrittspreise

Erw. 4,- Euro / Erm. 2,40 Euro

Anschrift

Burggasse 3-5
91541 Rothenburg ob der Tauber
Tel.: 09861-5359

Unser Tipp

Einmal im Jahr erinnert der „Meistertrunk" an die Rettung vor der Zerstörung durch Tillys Heer. Infos: www.meistertrunk.de

MITTELALTER PUR

Rothenburg gilt heute vor allem bei Touristen als Synonym für die deutsche mittelalterliche Stadt. Vielleicht auch, weil die Amerikaner die Stadt mehr oder weniger aus Versehen bombardierten und nach dem Krieg große Summen für den Wiederaufbau spendeten. Der Tourismus bringt die üblichen Begleiterscheinungen mit sich, allerdings finden sich auch immer wieder gemütliche und schöne Ecken, die man in Ruhe genießen kann. Unter den Museum sind das Reichsstadtmuseum (www.reichsstadtmuseum.rothenburg.de) und das Kriminalmuseum am interessantesten. Im letzteren werden auf mehreren Etagen die Gesetze und Strafen der letzten 1.000 Jahre deutscher Geschichte dargestellt.

Wolframs Eschenbach und Museum Wolfram von Eschenbach

WWW.WOLFRAMS-ESCHENBACH.DE

Öffnungszeiten

April bis Oktober
Di bis So 14 bis 17 Uhr
So zusätzlich 10.30 bis 12 Uhr
November bis März
Sa und So 14 bis 17 Uhr

Eintrittspreise

Erw. 2,- Euro / Erm. 1,- Euro

Anschrift

Wolfram-von-Eschenbach-Platz 9
91639 Wolframs-Eschenbach
Tel.: 09875-975534

Unser Tipp

Sehr spannend fanden wir die Weltkarte, auf der neben den Umrissen der mittelalterlichen Welt des Dichters auch die Orte aus seinen Werken eingezeichnet sind.

EIN STÄDTCHEN FÜR EINEN DICHTER

Seinen neuen Namen bekam Obereschenbach erst 1917 vom letzten bayerischen König, Ludwig III. Der taufte die Stadt per Dekret in Wolframs-Eschenbach um. Auf diese Weise ist die fast vollständig erhaltene mittelalterliche Stadt auf ewig mit einem der bekanntesten mittelalterlichen Dichter verbunden. Dass Obereschenbach seine Heimat war, geht auf Forschungen in seinen Werken zurück, die diesen Schluss nahelegten. Mehr dazu im Museum Wolfram von Eschenbach, das sich der Frage in seinem Logo stellt: Kann man Literatur ausstellen? Die Antwort ist leicht: Ja, man kann. Das Ganze geht dann zwar etwas eigene Wege, allerdings finden wir, dass das auch gut so ist. Es muss ja nicht jedes Museum gleich aussehen.

Kinderzeche Dinkelsbühl und Stadt

WWW.KINDERZECHE.DE | WWW.DINKELSBUEHL.DE

Termine

Kinderzeche-Termine:
2012 vom 13. bis 22.07.
2013 vom 12. bis 21.07.

Unser Tipp

Interessant ist auch ein Besuch im Museum 3. Dimension am Nördlinger Tor. Erw. 10,-/Erm. 8,-; geöffnet tägl. 11-16 Uhr

DER RING DER GESCHICHTE

Dinkelsbühl gehört zu den wenigen Städten, die über eine komplette Stadtmauer verfügen, und bei der die Erweiterungen des 19. und 20. Jahrhunderts alle außerhalb dieser Mauer angelegt wurden. So wandelt man also buchstäblich im Mittelalter und kann auch die historische gewerbliche Struktur der Stadt genauestens nachverfolgen. Noch genauer geht das im Haus der Geschichte am Altrathausplatz 14 (geöffnet tägl. von 10-17 Uhr). Ein Erlebnis ist auch die jährlich mehrmals im Juli aufgeführte Kinderzeche, die Erinnerung an den historischen Schülerausflug am Ende des Schuljahres.

Weitere Tipps

Altmühl-Flussbad Leutershausen
Ein wunderschönes Flussbad mit jeder Menge Flair. Der Eintritt ist kostenlos! Schillingsfürster Straße, 91578 Leutershausen

Naturfreibad Weißbachmühle
Herrlicher Mühlenweiher mit Campingplatz und zugehöriger Infrastruktur. Erw. 1,-/Erm. 0,50, Weißbachmühle 3, 91732 Merkendorf

Klosterkapelle Dietenhofen
Romantisch gelegener Biergarten mit zahlreichen verschiedenen Hausmacher Brotzeiten aus eigener Schlachtung. Tägl. ab 11.30 Uhr. Münchzell 1, 90599 Dietenhofen. Tel. 09105-990622.

Blauer Angler Wörnitzhofen
Uriger Gasthof mit schönem Biergarten, der neben guter fränkischer Küche auch eine große Auswahl Whisk(e)ys anzubieten hat. Wörnitzhofen 3, 91744 Weiltingen, Tel.: 09853-3663, www.zumblauenangler.de. Di bis Fr ab 17 Uhr, Sa/So/Ft ab 10.30 Uhr.

Heimatstuben Musikinstrumentenmuseum
ÖZ: Di+Sa 10-12, Mi-Fr 15-18 Uhr
Eintritt frei; Hauptstraße 20, 91560 Heilsbronn
www.museum-heilsbronn.de

Museumsweinberg Rothenburg
Auf den Weinbergen von Albert Thürauf wachsen über 120 historische, teils ausgestorben geglaubte Reben. Plönlein 1, 91541 Rothenburg ob der Tauber, Tel. 09861-958990, www.glocke-rothenburg.de. Täglich ab 11 Uhr geöffnet.

Stadt Merkendorf
Romantisches Fachwerkstädtchen mit zahlreichen erhaltenen historischen Bauten und vollständiger Stadtmauer. www.merkendorf.de.

Museum Wiegen und Messen
Eine einmalige Sammlung zu Maßen, Behältnissen und Gewichten. Geöffnet jederzeit nach telefonischer Absprache, Eintritt frei. Pfarrer-Kneipp-Str. 1, 91572 Bechhofen/Königshofen, Tel. 09822/5856.

Freibad Heilsbronn
Modernes Freibad mit jeder Menge Wasserspaß. Täglich ab 8 Uhr geöffnet. Erw. 3,-/Erm. 1,50. Am Philosophenweg 1, 91560 Heilsbr., Telefon 09872-956715.

Limeseum Ruffenhofen
Auf insgesamt 40 Hektar sind das römische Kastell und die Zivilsiedlung Ruffenhofen unüberbaut erhalten. Es gibt einen Kastell-Nachbau im Maßstab 1:10, und im Laufe des Jahres 2012 wird auch das zugehörige Museum fertiggestellt sein. www.limeseum.de. Weiltingen/Ruffenhofen.

Kletterwald Rothenburg
Vor den Stadttoren Rothenburgs sind sieben Parcours mit über 90 Kletterelementen entstanden. Fr-Mo 10-18 Uhr, Erw. 18,-/Erm. 11,-, www.kletterwald-rothenburg.com. Anfahrt über Rothenburg, dort der Beschilderung „Schrozberg" folgen oder anrufen: 0170 -9835575.

Waldschwimmbad Nordenberg mit Barfußpfad
Neben dem Schwimmbad mit seinem Wasserspielplatz lockt der Barfußpfad mit 17 Stationen auf 1,5 Kilometern Länge. In Nordenberg den Wegweisern zum Waldschwimmbad folgen. Eintritt frei! 91635 Windelsbach/Nordenberg

Hesselberg
Rund um den Hesselberg finden sich viele Wanderwege, über die man sich die Vielfalt der Natur erschließen kann. Der schönste ist der Gipfelrundweg Hesselbergpfad. www.hesselberg.de

Parkbad Herrieden
Freibad mit vielen Spielmöglichkeiten und Minigolfplatz. Täglich ab 8 Uhr geöffnet, Freitag ab 12 Uhr. Erw. 2,50/Erm. 1,-. Steinweg, 91567 Herrieden, Telefon 09825-808-0.

Reichstadt-Festtage in Rothenburg
Historienfest mit jeder Menge Mittelalter-Touch am ersten Septemberwochenende. Samstag mit Feuerwerk und Kanonendonner. www.rothenburg.de.

Touristinfo:

Am Kirchberg 4
91598 Colmberg
Tel.: 09803-94141
www.romantisches-franken.de

Die Weltkulturerbe-Flaniermeile

Die über 1000jährige Traumstadt der Deutschen ist in touristischer Hinsicht ein wahrer Superlativ. Höchste Brauereidichte der Welt, größte historische Altstadt Deutschlands, Weltkulturerbe, kulturelles und kulinarisches Zentrum, Fazit: Hier muss man einfach gewesen sein! Zu den Sehenswürdigkeiten zählen Dom, Hofhaltung und Residenz, Bamberger Reiter und Brückenrathaus, aber auch Rosengarten und Landesgartenschau. Dazwischen erwartet Sie eine einmalige Shopping-Landschaft mit vielen individuellen Geschäften, die es zu entdecken gilt.

metropolregion **nürnberg**

Domplatz/Rosengarten (S. 98)

DB **Bahnhöfe:** Bamberg Hauptbahnhof; (Liniennetz siehe Seite 18)

Bierkeller (S. 107)

Sandkerwa (S. 105)

Kunst in Bamberg (S. 102)

Brose Baskets (S. 110)

Stadtführungen (S. 94)

Zwischendurch oder am Abend lockt die Gastronomie, die sich in der Bierstadt natürlich vor allem dem Gerstensaft verschrieben hat. Am bekanntesten dürfte das Rauchbier sein, traditionell hergestellt von den Brauereien Schlenkerla und Spezial. Dieses Bier polarisiert, obwohl es eigentlich nur Bier in seiner fränkischen Urform ist. Schließlich musste das Malz auch früher schon getrocknet werden, was nur mit Feuer – und damit Rauch – ging. Also schmeckte vor der Erfindung moderner Methoden jedes Bier mehr oder weniger nach Rauch. Heutzutage ist das Rauchbier ein Alleinstellungsmerkmal der Stadt, am besten, Sie probieren mal eins, zwei oder drei ...

Stadtführungen des Tourismus & Kongress Service

WWW.BAMBERG.INFO

Eintrittspreise

Erw. 7,- Euro / Erm. 4,- Euro

Anschrift

Geyerswörthstraße 5
96047 Bamberg
Tel.: 0951-2976200

Unser Tipp

Wer das Außergewöhnliche liebt, kann auch eine der Themenführungen oder geführten Radtouren beim TKS buchen, z.B. Nachtwächterführung, auf den Spuren der Hexenverfolgung, „Hörnla, Bier und Zwiebeltreter" oder die Sams-Führung, bei der Sie die Kulissen der in Bamberg gedrehten Filme „Das Sams" und „Sams in Gefahr" aufsuchen, und mit etwas Glück auch den in Bamberg lebenden Autor der Sams-Geschichten, Paul Mahr, treffen können. Führung „Faszination Weltkulturerbe" April-Oktober tägl. 10.30 und 14 Uhr, November-März 14 Uhr, Treffpunkt Tourist-Info

Der beste Weg, sich der über 1.000jährigen Weltkulturerbe-Stadt zu nähern, ist eine Stadtführung. Die gibt es unter den verschiedensten Motti beim Tourismusbüro in der Geyerswörthstraße, dem umgebauten ehemaligen Stadtbad. Jeden Tag startet die Führung unter dem Label „Faszination Weltkulturerbe", bei der Sie in etwa zwei Stunden die einzigartige Magie der Stadt entdecken können. Wer ganz flexibel sein möchte, kann sich auch den praktischen Audio-Guide ausleihen, der mit Bild und Ton durch die Stadt führt und auf Wunsch sogar noch spezielle Themenwege bietet, beispielsweise auf den Spuren des Dichters E.T.A. Hoffmann oder entlang des Flusses und des Ludwig-Donau-Main-Kanales.

DAS FRÄNKISCHE ROM KENNEN LERNEN

TOURIST
INFORMATION

Shopping in der Inselstadt

WWW.MYBAMBERG.DE

DAS EINKAUFSPARADIES

Man mag es kaum glauben, aber bei den regelmäßigen Befragungen, welches Thema bei den Bamberg-Besuchern im Vordergrund steht, taucht der Punkt Shopping oft noch vor den Sehenswürdigkeiten und der Bier- und Kneipenkultur auf. Kein Wunder, gibt es doch in der Inselstadt eine seltene Vielfalt an kleinen, heimeligen Läden, in denen noch die Besitzer und ihre Familien jeden Tag persönlich für die Kunden da sind. Dazu gehören Klassiker wie zum Beispiel die Hutmacher oder Bekleidungsgeschäfte, aber auch innovative Konzepte wie das Mohrenhaus (Tee, Einrichtung & Accessoires) oder Schwesterherz (zwei Schwestern verkaufen ihre Lieblingsklamotten). Größte Sehenswürdigkeit der Innenstadt ist das Alte Rathaus aus dem 14. Jahrhundert, das auf Eichenpfählen mitten im Fluss steht. Es besticht neben seiner Lage vor allem durch die Fassadenmalereien von 1755 mit realen 3D-Elementen. Im Rathaus finden Sie mit der Sammlung Ludwig eine der größten Porzellansammlungen Europas. (Di-So 9.30-16.30 Uhr, Erw. 3,50 Euro / Schüler 1,- Euro)

Öffnungszeiten

Folgende Straßen sind gute Anlaufstellen: Grüner Markt, Maximiliansplatz, Austraße, Lange Straße, Obstmarkt, Obere Brücke (alle 96047 Bamberg). Sammlung Ludwig, Tel.: 0951-87187 (www.museum.bamberg.de)

Unser Tipp

Um die große Vielfalt kennen zu lernen, sollten Sie am besten in der Fußgängerzone rund um den Gabelmann-Brunnen anfangen und sich dann „scheibchenweise" in die Straßen der Umgebung vorarbeiten. Viele Geschäfte finden Sie in der Mitgliederliste des Stadtmarketing Bamberg, unter www.mybamberg.de und dem Punkt Verein, oder auf der Seite www.bamberg-guide.de unter Tourismus & Freizeit in der Shopping-Rubrik.

Kanufahrt auf der Regnitz

WWW.KANUTOUREN-BAMBERG.DE

Öffnungszeiten
Treffpunkt 9 oder 15 Uhr
(Termin tel. vereinbaren)

Eintrittspreise
Erw. 15,- Euro / Erm. 12,- Euro

Kontakt/Buchung
Reimund Frank
Raiffeisen-Platz 11
96135 Stegaurach
Tel.: 0951-2971479
Mobil: 0174-7273653

Unser Tipp
Nach der Fahrt sollte man das Erlebte bei einem guten Abendessen oder einer deftigen Brotzeit Revue passieren lassen. Dafür eignet sich entweder der nahe gelegene Griesgarten (www.griesgarten.de) oder einer der Bamberger Gastronomien direkt am Fluss (www.brudermuehle.de, www.bischofsmuehle-mueller.de, www.klosterbraeu.de, www.hotel-nepomuk.de, www.weinfass-bamberg.de)

DAS WELTKULTURERBE VOM WASSER AUS

Dank Reimund Frank gibt es die tolle Gelegenheit, die Stadt auch vom Wasser aus zu erkunden. Dabei startet man im Stadtteil Bug und folgt der Regnitz am Wasserschloss Concordia vorbei durch die Schleuse 100 des Ludwig-Donau-Main-Kanals (mit Schleusung) bis zur zauberhaften Kulisse vom Alten Rathaus, Kranen und Klein Venedig. Endstation ist zwei Stunden später die Konzerthalle an der Regnitz, wo man auch den perfekten Blick auf das Kloster Michaelsberg hat. Vor und während der Tour wird man von Reimund und seinem Team bestens umsorgt, sowohl was die Sicherheit und das Verhalten auf dem Wasser angeht, als auch mit Informationen zu den Sehenswürdigkeiten und der Rolle, die Fluss und Kanal für die Entwicklung der Stadt hatten.

Domplatz

WWW.BAMBERG.INFO

WO SCHON IMMER REGIERT WURDE

Der Bamberger Domplatz war vor über 1.000 Jahren das Zentrum des Heiligen Römischen Reiches. Damals gründete Kaiser Heinrich II. 1007 das Bistum und machte die Stadt zu seiner Hauptstadt. Um ihn und seine Frau Kunigunde ranken sich viele Sagen, beide sind heiliggesprochen und die Schutzpatrone Bambergs. Im heutigen Kaiserdom aus dem 13. Jahrhundert (die beiden Vorgängerbauten wurden durch Brände zerstört) steht neben dem berühmten Bamberger Reiter auch das Grab der beiden, auf dem mehrere Legenden um Heinrich und Kunigunde dargestellt sind. Neben dem Dom stehen auf dem Domplatz noch die Alte Hofhaltung, der Regierungssitz aus dem 15. Jahrhundert mit Gerichtslinde, Palas und Kapelle, und die Neue Residenz, der Sitz der Fürstbischöfe aus dem späten 17. Jahrhundert. Hier stürzte sich nicht nur ein napoleonischer Marschall in den Tod, 1862-1867 residierte das griechische Königspaar im Exil in den Räumen, 1919 die bayerische Regierung. In dieser Zeit wurde auch die erste demokratische bayerische Verfassung in Bamberg verabschiedet. Neben der Besichtigung der Residenz (April-September 9-18 Uhr, Oktober-März 10-16 Uhr, Erw. 4,50 Euro / Erm. 3,50 Euro) lohnt auch ein Besuch des Rosengartens mit einem schönen Blick über die Stadt. Wenige Meter bergauf regiert heute noch der Bamberger Erzbischof in seinem Palais. Zum Erzbistum Bamberg gehören die Suffraganbistümer Würzburg, Speyer und Eichstätt.

Unser Tipp

Der Bamberger Domschatz gehört zu den bedeutendsten in Europa, auch wenn sich die Kronen von Heinrich und Kunigunde in der Münchner Residenz befinden. Zu besichtigen ist der Domschatz mit Exponaten wie dem Sternenmantel des Kaisers, dem Papstornat von Clemens II., der in Bamberg als einziger Papst nördlich der Alpen begraben ist, und dem Domkreuz im Diözesanmuseum Bamberg (Di-So 10-17 Uhr, Erw. 4,-/Kinder frei).

Anschrift

Domplatz
96049 Bamberg
Residenz: Tel. 0951-519-390 / -39114
(www.schloesser.bayern.de)

Diözesanmuseum: Tel. 0951-502-316 / -329
(www.eo-bamberg.de)

Michaelsberg

WWW.BAMBERG.INFO

BIER UND WEIN

Der Michaelsberg ist einer von sieben Hügeln, auf denen Bamberg gebaut ist. Hier steht seit fast 1.000 Jahren das Benediktinerkloster Michaelsberg, in dem eine der ältesten Brauereien der Welt für die Versorgung der Mönche sorgte. Heute ist in den Räumlichkeiten der 1969 geschlossenen Brauerei das sehenswerte Fränkische Brauereimuseum untergebracht (April-Oktober Mi-Fr 13-17 Uhr, Sa/So/Ft 11-17 Uhr, Erw. 3,- Euro / Erm. 2,50 Euro). Die heutige Kirche stammt aus dem 12. Jahrhundert, der Vorgängerbau wurde 1117 durch ein Erdbeben zerstört. Ein Brand 1610 erforderte umfassende Renovierungsarbeiten, etwa 100 Jahre später entstanden die vorgeblendete Barockfassade und die Terrasse. Berühmt sind vor allem die Malereien an der Kirchendecke, die – 1617 vollendet – ein Herbarium mit fast 600 verschiedenen Pflanzen zeigen. Im Klostergarten unterhalb der Orangerie haben die Bamberger zur Landesgartenschau 2012 einen Weinberg mit Silvanerreben angelegt. Damit wurde die ehedem zugunsten des Bieres aufgegebene Weintradition der Stadt wiederbelebt. Auf der Terrasse des vor Ort gelegenen Restaurants „Da Francesco" lässt sich der schöne Ausblick über Bamberg bei mediterranen Köstlichkeiten wunderbar genießen (Öffnungszeiten siehe www.francesco-bamberg.de).

Unser Tipp

In der Krypta der Kirche befindet sich das Grab des heiligen Bischofs Otto, der unter anderem Pommern christianisierte. Gemäß einer Bamberger Tradition hilft ein Kriechen durch den Durchschlupf des Grabes gegen Rückenleiden, probieren Sie es doch einfach aus.

Anschrift
Michaelsberg
96049 Bamberg

Brauereimuseum
Tel.: 0951-53016
(www.brauereimuseum.de)

Kunst in Bamberg (Symphoniker, Theater, Künstlerhaus)

DER BAMBERGER MUSEN-DREIKLANG

Auch wenn es in der Domstadt generell eine große Vielfalt an kulturellen Angeboten gibt, stechen drei Institutionen daraus besonders hervor. Die Bamberger Symphoniker – Bayerische Staatsphilharmonie – entstanden nach dem Ende des Zweiten Weltkrieges vor allem aus vertriebenen Musikern aus dem gesamten ehemaligen Deutschen Reich und sind heute eines der zehn besten Orchester des Landes. Mit der Konzert- und Kongresshalle Bamberg verfügen Sie über eine eigene Spielstätte mit hervorragender Akustik und einer großen Nähe zwischen Orchester und Publikum.

Unser Tipp

Am Schillerplatz können Sie im E.T.A.-Hoffmann-Haus die Lebens- und Wirkungsstätte des Künstlers besichtigen und im Zaubergarten wandeln. Schillerplatz 26, 96047 Bamberg, www.etahg.de, Mai-Okt. Di-Fr 15-17, Sa/So/Ft 10-12 Uhr, Erw. 2,- Euro / Erm. 1,- Euro

Im Bamberger Theater war der heute namensgebende Schriftsteller und Komponist E.T.A. Hoffmann ab 1808 musikalischer Leiter. Heute bespielen das eigene Ensemble und Gastspiele die drei Bühnen des Hauses, in dem auch regelmäßig die Bayerischen Theatertage stattfinden. Die dritte Institution ist auch gleichzeitig die jüngste: Das internationale Künstlerhaus Villa Concordia wurde 1997 durch das bayerische Wissenschaftsministerium gegründet. Jährlich bis zu zwölf Künstlerinnen und Künstler der Bildenden Kunst, Literatur und Musik aus Deutschland und jeweils einem anderen Land, leben in dem barocken Wasserschloss aus dem 17. Jahrhundert und bereichern die Stadt mit Ausstellungen, Lesungen und Konzerten.

Anschrift

Symphoniker: Mußstraße 1,
96047 Bamberg, Tel.: 0951-9647200,
www.bamberger-symphoniker.de

Theater: E.T.A.-Hoffmann-Platz 1,
96047 Bamberg, Tel.: 0951-873030,
www.theater-bamberg.de

Künstlerhaus: Concordiastraße 28,
96049 Bamberg, Tel.: 0951-955010,
www.villa-concordia.de

Gärtnerstadt und Landesgartenschau

WWW.BAMBERG2012.DE

Öffnungszeiten

Landesgartenschau vom 26. April bis 7. Oktober täglich 9-18 Uhr

Eintrittspreise

Erw. 15,- Euro / Kinder 3,- Euro

Unser Tipp

Als eine der aktivsten Gärtnereien hat die Gärtnerei Böhmer aus einem Teil ihres Geländes den Veranstaltungsort Böhmerwiese gemacht. Hier finden regelmäßig Gartenschauen, Feste und (Weihnachts-)Märkte statt. Heiliggrabstraße 57, 96052 Bamberg, Tel.: 0951-20999083, www.boehmerwiese.de.

ZWIEBELN UND SÜSSHOLZ

Die Gärtnerstadt ist ein erheblicher Teil des UNESCO-Weltkulturerbes, und auch noch heute gibt es eine beachtliche Zahl an Gärtnereien im Stadtgebiet, die ihre Waren regelmäßig auf dem Grünen Markt feilbieten. Die langjährige Gärtnertradition zeichnet auch für den Spitznamen der Domstädter verantwortlich. Die Zwiebeltreter mussten früher die „Schlotten" bei einer bestimmten Größe umtreten, damit die Nährstoffe dem Wachstum der Zwiebel zugutekamen und nicht in das Kraut flossen. Ein weiterer Bamberger Exportschlager war das Süßholz, das heute nur noch in Bamberg von einigen Gärtnereien sowie der Bamberger Süßholzgesellschaft angebaut wird. Während der Landesgartenschau 2012 wird auch die Gärtnerstadt eine entscheidende Rolle spielen, mit einem großen Aussichtsturm und dem dann komplett neu gestalteten Gärtner- und Häckermuseum. Spannend wird auch die Entwicklung der ehemaligen Industriebrache der Spinnerei ERBA zu einem Landschaftspark mit Fischpass und Sams-Spielplatz sein. Freuen Sie sich zudem auf die Spaziergänge entlang der neuen Uferwege, über die man zwischen ERBA und Hain hin und her pendeln kann.

Sandkerwa

WWW.SANDKERWA.DE

Termine
2012: 23.-27. August

Anschrift
Sandstraße
96049 Bamberg

Unser Tipp
Kompliziert ist die jährliche Terminfindung. Der 24. August (St. Bartholomäus) soll mit in die Kirchweih eingebunden werden. Diese aber währt immer von Donnerstag bis Montag. Fällt der 24. also auf einen Dienstag oder Mittwoch, ergibt sich ein Problem. Doch die kreativen Bamberger nehmen die Sperrstunde einfach mit ins Boot, weswegen ein Bartholomäus-Dienstag zumindest eine Stunde in den letzten Sandkerwatag (Montag) integriert werden kann (dann ist vom 19. bis 23.8. Kerwa). Sollte der Tag auf einen Mittwoch fallen, muss die Sandkerwa danach beginnen (vom 25.8 bis 29.8.).

DIE FÜNFTE JAHRESZEIT IN BAMBERG

Aus einer eher kleinen Kirchweih, im Jahre 1951 nach den Kriegswirren wiederbelebt, ist das größte und schönste Volksfest Oberfrankens mit 250.000 Besuchern geworden. Gerade für alle ehemaligen Bamberger bietet sich gegen Ende August eine gute Gelegenheit zum Wiedersehen mit alten Bekannten und Verwandten. Am Donnerstag eher noch ein Fest für die Bürger, verwandelt sich Freitag bis Sonntag das Sandgebiet in ein Multi-Kulti-Bierfest (mittlerweile sind auch Teile der Langen Straße und das Mühlenviertel mit Schloss Geyerswörth integriert worden). Jeder auch nur halbwegs verwendbare Freiraum um und hinter den Häusern wird für Stände und Bars genutzt und eine bunte Vielfalt an Kulinarischem feilgeboten. Zumindest für diese Tage ist jeder Sandbürger auch ein Wirt. Die Highlights sind das traditionelle Fischerstechen am Sonntag und das Hochfeuerwerk am Montag.

Weihnacht in Bamberg

WWW.BAMBERG.INFO

Termine

Weihnachtsmarkt Maxplatz:
24.11.11 - 23.12.11 / 29.11.12 bis 23.12.12 Mo-Sa 9-20, SO 11-20 Uhr,
www.weihnachtsmarkt-bamberg.de

Adventsmarkt im Sand:
25.11.11 - 27.11.11 / 30.11.12 bis 02.12.12 Fr 16-20.30, Sa 11-20.30, So 11-18 Uhr
www.interessand.net

Weitere Weihnachtsmärkte:
www.bamberg.info

Unser Tipp

Spazierengehen in der Bamberger Weihnachtszeit heißt Krippen sehen. Auf dem Bamberger Krippenweg entdecken Sie über das gesamte Stadtgebiet verteilt über 40 Stationen mit insgesamt über 400 Krippen. Zu den Stationen gehören auch Bamberger Museen und Kirchen, und natürlich die Großkrippe auf dem Schönleinsplatz, die regelmäßig ihr Erscheinungsbild ändert (Stationen unter www.bamberg.info).

DIE WEIHNACHTSSTADT

Zur Advents- und Weihnachtszeit verwandelt sich die gesamte Innenstadt Bambergs in einen riesigen Weihnachtsmarkt. Hüttchen, Stände und Buden säumen das Gebiet vom Alten Rathaus bis zum Max(imilians)platz, auf dem ein richtiges kleines Weihnachtsdorf errichtet ist. In seinen Gässchen findet man allerlei Schönes vom Kunsthandwerk bis zu Gebrauchsartikeln, und natürlich Glühwein in zahlreichen Variationen. Geheimtipp ist der Obstweinstand vom Ehepaar Erlwein. Jeden Adventssamstag findet ein kleines Weihnachtskonzert in der Martinskirche und anschließendes Turmblasen statt. Die jüngeren Bamberger treffen sich nach der Arbeit am großen Müller-Glühweinstand am Gabelmann oder an der Oberen Brücke zur Feuerzangenbowle (zum selber machen!) vorm Cador oder „Karl-Friedrich" nebenan bei Riffelmacher's. Weitere Weihnachtsmarkt-Tipps in der Stadt sind noch der historische Weihnachtsmarkt in Schloss Geyerswörth, der Weihnachtsmarkt im Sand und der Kunsthandwerker-Weihnachtsmarkt an der Jakobskirche.

Brauereien und Bierkeller

WWW.BIER.BY

Die Bamberger Brauereien

Ambräusianum (Dominikanerstraße 10, 96049 Bamberg, Tel: 0951-5090262, www.ambraeusianum.de, Di-So ab 11 Uhr)

Fässla (Obere Königsstraße 19-21, 96052 Bamberg, Tel.: 0951-26516 / 22998, www.faessla.de, Mo-Sa ab 8 Uhr, So 8-13 Uhr)

Greifenklau (Laurenziplatz 20, 96049 Bamberg, Tel.: 0951-53219, www.greifenklau.de, Di-Sa ab 10.30 Uhr, So 10-14 Uhr)

Kaiserdom (Gaustadter Hauptstraße 26, 96049 Bamberg, Tel: 0951-965140, www.hotel-kaiserdom.de, Di-So ab 17 Uhr)

Keesmann (Wunderburg 5, 96050 Bamberg, Tel: 0951-9819810, www.keesmann-braeu.de, Mo-Fr ab 10 Uhr, Sa 9-15 Uhr)

Klosterbräu (Obere Mühlbrücke 3, 96049 Bamberg, Tel.: 0951-52265, www.klosterbraeu.de, Mo-Fr ab 10.30 Uhr, Sa/So ab 10 Uhr)

Mälzerei Weyermann (Brennerstr. 17/19, 96052 Bamberg, Tel.: 0951-9322033, www.weyermann.de, Mo-Do 10-12 Uhr und 13-16 Uhr, Fr 10-12 Uhr und 13-15 Uhr)

Mahr's Bräu (Wunderburg 10, 96050 Bamberg, Tel.: 0951-915170, www.mahrs-braeu.de, tägl. ab 9.30 Uhr)

Schlenkerla (Dominikanerstraße 6, 96049 Bamberg, Tel.: 0951-56060, www.schlenkerla.de, tägl. ab 9.30 Uhr)

Spezial (Obere Königstraße 10, 96052 Bamberg, Tel.: 0951-24304, www.brauerei-spezial.de, tägl. ab 9 Uhr, Sa 9-14 Uhr)

DIE HAUPTSTADT DES BIERES

Bamberg braucht keine Zusätze, ob wahr oder heimlich, mit zehn Brauereien in der Stadt und über 100 weiteren im Umland kann der Domstadt in Sachen Gerstensaft keine andere das Wasser reichen. Doch es ist nicht nur die Zahl der Brauereien, es ist auch die Biervielfalt, die jedes Jahr so viele Bierfreunde ins Herz Oberfrankens führt. Schließlich gibt es in jeder Braustätte die unterschiedlichsten Rezepturen, vom ungespundeten Keller- und Lagerbier über spezielle Bockbiere bis zum berühmten Bamberger Rauchbier, es ist nun wirklich für jeden Geschmack etwas dabei. So mancher Bamberg-Besucher hatte schon diesen Aha-Effekt, dass Bier eben nicht ein Getränk für den berauschten Abend, sondern ein echter Genussfaktor für wahre Kenner und Genießer ist. Zu dem guten Gerstensaft bieten die Bamberger Gastronomen auch eine „bierige" Küche an, was bedeutet, dass viele Gerichte unter Verwendung von Bamberger Bier zubereitet worden sind. Das wohl bekannteste ist die Bamberger Zwiebel in Rauchbiersoße.

Bierschmecker- und Bierkennertour

WWW.BIERKENNERTOUR.DE | WWW.BIERSCHMECKERTOUR.DE

Unser Tipp

Am spannendsten ist der Bamberg-Besuch für Bierfreunde zur Bockbierzeit zwischen Michaeli im September und Georgi im April. Die Anstiche sind mittlerweile zentrale Ereignisse in der Domstadt, wo sich ganze Stadtviertel um ihre jeweilige Brauerei scharren – alles nur, um ein oder mehrere Bockbiere verkosten zu können.
Info: www.bamberg-guide.de (Bier&Bierkultur->Bockbieranstiche, dort sind auch die Anstiche der näheren Umlandbrauereien vermerkt).

bierkennertour
Franken die letzten Biergeheimnisse entlocken

BAMBERGER BIERKULTUR ERLEBEN

Wer die Bamberger Bierkultur mit etwas Anleitung und Know How kennen lernen möchte, hat zwei Möglichkeiten. Die BierSchmeckerTour, ein Angebot des TKS, bietet Ihnen eine erlebnisreiche Bierwanderung. Sie erhalten an der Tourist-Info für 20 Euro einen Rucksack mit Info-Broschüre, Bierdeckeln und einem Stein-Bierkrug sowie fünf Gutscheinen für ein Seidla (0,5l) Bier, den Eintritt in das Fränkische Brauereimuseum oder einen Flaschenöffner beim TKS. So können Sie von Brauerei zu Brauerei tingeln und Ihrer Bierlust freien Lauf lassen. Das andere Angebot namens BierKennerTour richtet sich an Gruppen ab zehn Personen, die eine individuelle Biertour unternehmen möchten. Schon im Vorfeld Ihres Besuches planen die Organisatoren (Die Autoren dieses Buches!) Ihre Bausteine wie beispielsweise Brauereiführung, Bierseminar, Mälzereiführung, Biermenü, Brennereiführung etc. Informieren Sie sich einfach auf der zugehörigen Website.

Weitere Tipps

Bambados
Erstes Hallenbad Europas, das nach Passivhaus-Standard-Richtlinien gebaut wurde. Pödeldorfer Straße 174, 96050 Bamberg, Tel.: 0951-775000, www.bambados.de. Tageskarte Erw. 9,50/Erm. 6,50

Antiquitäten-Wochen
In Bamberg finden sich viele Antiquitätenhändler, von denen einige zu den führenden des Landes zählen. Parallel zu den Richard-Wagner-Festspielen in Bayreuth veranstalten sie die Bamberger Antiquitätenwochen. 25. Juli bis 28. August 2012. www.bamberger-antiquitaeten.de

Altenburg
Mittelalterliche Burg, in der E.T.A. Hoffmann zeitweilig wohnte, Turm kann bestiegen werden, Mit Restaurant. Altenburg 1, 96049 Bamberg, www.restaurant-altenburg.de. Tel.: 0951-56828. Di-So 12-14 und 18-21 Uhr

Bamberger Marionettentheater
Phantastisches Theater mit einer Bühne aus dem Jahr 1821 und nur 31 Sitzplätzen. Untere Sandstr.30, 96049 Bamberg, Tel.: 0951-67600, www.bamberger-marionettentheater.de. Schauspiele 16,-/Opern 21,-

Puppenbühne Herrnleben
Eine der traditionsreichsten und populärsten Puppenbühnen Deutschlands. Luisenstr. 14, 96047 Bamberg, Tel.: 0951-24959, www.bamberger-kasperl.de

Theater der Schatten
Faszinierende Schattenspiele, wahrscheinlich die älteste Kunstform der Welt. Regelmäßige Aufführungen in der Katharinenkapelle auf dem Domplatz. Buchung über den TKS, Tel.: 0951-2976200. www.bamberg.theater-der-schatten.de, 12,-/Person. Mai-Oktober Sa 17 und 19.30, So 11 Uhr

Historisches Museum
Umfangreiche Sammlung zu Kultur und Geschichte der Domstadt von der Vorgeschichte bis zum 20. Jahrhundert. Domplatz 7, 96049 Bamberg. Tel.: 0951-5190746, www.museum.bamberg.de. Mai-Oktober Di-So 9-17 Uhr, Erw. 5,-/Schüler 1,-

Villa Dessauer
Repräsentative Villa des jüdischen Hopfenhändlers Dessauer, Galerie für moderne Kunst mit ganzjährig wechselnden Ausstellungen. Hainstraße 4a, 96047 Bamberg, Tel.: 0951-871861, www.museum.bamberg.de. Di-Do 10-16, Fr-So 12-18 Uhr, Erw. 3,50/Schüler 1,-

Naturkunde-Museum
Über 200jähriges Museum, u.a. mit dem historischen Naturalienkabinett im berühmten Vogelsaal sowie regelmäßigen Sonderausstellungen. Fleischstr. 2, 96047 Bamberg, Tel.: 0951-8631249, www.naturkundemuseum-bamberg.de. April bis September 9-17, Oktober bis März 10-16 Uhr

Schifffahrten auf der Regnitz
Verschiedene Touren führen durch Bamberg und in den Hafen der Stadt. Abfahrt am Kranen. Kapuzinerstraße 5, 96047 Bamberg, Tel.: 0951-26679, www.personenschiffahrt-bamberg.de Erw. 8,-/Erm. 5,-

Restaurant Weierich
Restaurant mit sehr guter Küche, Schauplatz des Bamberger Bierkrieges von 1907, komplett erhaltene Bierstube aus der Kaiserzeit. Lugbank 5, 96049 Bamberg, Tel.: 0951-2999390, www.restaurant-weierich.de. April-Oktober Di-So ab 11, November-März Di-Fr ab 17 und Sa/So/Ft ab 11 Uhr

Karmelitenkloster Bamberg
Barocke Kirche mit Kreuzgang aus dem 14. Jahrhundert, sowie vorbildlichem Klosterladen. Karmelitenplatz 1, 96049 Bamberg, Tel.: 0951-95290, www.karmelitenorden.de. Laden Tel.: 0951-5098932

Katakomben
Ausgedehntes mittelalterliches Katakombensystem, das u.a. im Zweiten Weltkrieg zur Auslagerung der Industrieproduktion genutzt wurde. Info und Buchung über den TKS, Tel.: 0951-2976330, www.bamberg.info

Bamberger Hörnla
Was woanders Croissant heißt, ist in Bamberg das Hörnla und ein echtes Politikum, um das schon Prozesse geführt wurden. Erhältlich bei den Bamberger Bäckern, für uns das Beste: Bäckerei Seel, Lugbank 8, 96049 Bamberg, Tel.: 0951-57985, www.baeckerei-seel.de

Touristinfo:

Geyerswörthstraße 5
96047 Bamberg
Tel.: 0951-2976200
www.bamberg.info

Top-Tipp

Die Basketball-Sensation

WWW.BROSEBASKETS.DE

Sportlich gesehen ist Bamberg seit einigen Jahren die Basketball-Hauptstadt der Republik. Das letzte Jahrzehnt brachte vier Deutsche Meisterschaften (2005, 2007, 2010, 2011), zwei Pokalsiege (2010, 2011) und zwei Siege im BBL Champions-Cup.

Außerdem gab es beeindruckende Auftritte auf internationalem Parkett, beispielsweise gegen den Euroleague-Champion Piräus oder gegen Charleroi. Garant für diese Serie sind die treuen Fans, die die knapp 7.000 Plätze der Stechert-Arena regelmäßig bis zum letzten Platz füllen und für die Gegner die Hölle von Freak-City daraus machen. Es gibt wohl kaum ein intensiveres Sporterlebnis als den Bamberger Basketball.

FACTS

Die heutigen Brose Baskets gingen aus der ersten Mannschaft des 1.FC 01 Bamberg hervor, die 1970 erstmals in der Bundesliga spielte. 1992 gab es mit dem Pokalsieg den ersten Titel. Als GHP Bamberg errang man mit Trainer Dirk Bauermann 2005 die erste Deutsche Meisterschaft. Bekannte und beliebte Spieler sind neben Kapitän Casey Jacobsen der deutsche Nationalspieler Tibor Pleiß und das Eigengewächs Steffen Hamann, ebenfalls in der Nationalmannschaft, der mittlerweile beim Liganeuling Bayern München spielt. Die Spielstätte Stechert-Arena wurde 2001 als Forum Bamberg errichtet und ist nach vier Eigentümern, fünf Betreibern und drei Namenswechseln nun in den Händen der Stadt. Die drittgrößte Multifunktionshalle Bayerns schrieb 2011 erstmals schwarze Zahlen. Hier finden auch zahlreiche überregional bedeutende Events wie Kabarett oder Konzerte statt.

Mehr Informationen unter:
www.brosebaskets.de, www.beko-bbl.de, www.stechert-arena.com

Viel zu entdecken...

Der Bamberger Landkreis zählt mit 140.000 doppelt so viele Einwohner wie die Stadt, stand und steht aber seit jeher in ihrem Schatten. Grund hierfür ist sicherlich die Lage zwischen Steigerwald, Fränkischer Schweiz und Haßbergen, die eine einheitliche Identität bis heute schwierig macht. Daher kennzeichnet vor allem die Bierkultur das Bamberger Land, das mit über 70 aktiven Brauereien mit Abstand an Oberfrankens Spitze steht. So ist dann auch die typische Bamberger Umlandgastronomie mit einer Brauerei gesegnet, dazu kommen

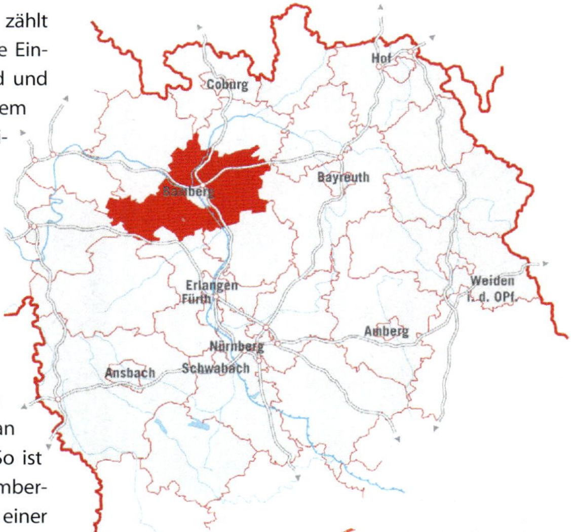

metropolregion **nürnberg**

Schloss Seehof (S. 124)

DB **Bahnhöfe:** Manndorf, Reckendorf, Baunach Zapfendorf, Ebing, Breitengüßbach, Hallstadt, Strullendorf, Hirschaid, Buttenheim; (Liniennetz siehe Seite 18)

Freibad Hallstadt (S. 121)

Monsterbaggerpark (S. 117)

Bierrekordland (S. 130)

Giechburg (S. 125)

in der Regel Hausschlachtung und eigene Jagd, oft ist auch noch eine Bäckerei oder Konditorei in der Inhaberfamilie, deren Stammbaum sicherlich eine mehrhundertjährige Tradition vorweisen kann. Aber der Landkreis kann nicht nur Kulinarisch, es gibt auch viele historische Sehenswürdigkeiten wie beispielsweise das Ebracher Kloster, Schloss Weißenstein oder viele Burgen und Kirchen, aber auch ganz spektakuläre Attraktionen wie den Monsterbaggerpark in Rattelsdorf und viele hochmoderne Schwimmbäder.

Georgiritt

DIE PFERDEWALLFAHRT

Die Georgikapelle auf dem Senftenberg bei Buttenheim ist alljährlich Schauplatz des Georgirittes, einer Prozession am Sonntag nach dem Georgsfest (23. April). Bereits im 16. Jahrhundert ritten einzelne Bauern zum Senftenberg, um den heiligen Georg um Hilfe zu bitten. Die heutige Kapelle von 1668/69 ist schon das dritte dem Heiligen geweihte Gotteshaus an dieser Stelle, die spätestens seit 1618 auch Schauplatz wundersamer Erhörungen sein soll. Die Wallfahrt ging über Jahrhunderte, nahm bald die Ausmaße eines Volksfestes an und fand 1848 ein jähes Ende, als zwei Männer bei einer Rauferei ums Leben kamen. Nach dem Zweiten Weltkrieg erteilte das Bistum Bamberg die Erlaubnis, das Spektakel wieder aufzunehmen, und so fand der Georgiritt nach über 100 Jahren am 26. April 1951 wieder statt. Was nicht mehr dazugehört ist der Ritt der Pferde DURCH die Kapelle, bei dem man sich Segen für die Tiere versprach.

Termin
2012: 29. April

Anschrift
Senftenberg
96155 Buttenheim

Unser Tipp
Ein weiterer Georgiritt findet mit über 100 Pferden am Ostermontag in Effeltrich (Lkr. Forchheim) statt.

Monsterbaggerpark

WWW.MONSTERBAGGER.DE

Öffnungszeiten
Mo-Fr 9-13 Uhr, Sa/So 10-18 Uhr

Eintrittspreise
Tageskarten 18,- und 48,- Euro (inkl. 30 Minuten Monsterbagger fahren)

Anschrift
Im Stock 11
96179 Rattelsdorf
Tel.: 09547-304 / -8735540

Unser Tipp
Wer es wirklich ernst meint, sollte gleich ein Baggerwochenende inkl. Übernachtung, Wettbaggern und Führung buchen.

WO ECHTE MÄNNER WERKELN

Jede Menge großer und kleiner Bagger, der größte mit 200 Tonnen, erwarten die Besucher dieses wohl männlichsten aller Freizeitparks. Baggerfreunde können entweder das „kleine" Ticket lösen und Hand an mehr oder weniger normale Maschinen legen, oder mit dem „großen" Ticket bzw. den Exklusivbaggern auch die größten der Maschinen fahren. Richtig Spaß macht auch das Wettbaggern Vater gegen Sohn oder Mutter gegen Tochter, oder es baggern sogar alle zusammen ...

Aquarena Zapfendorf

WWW.ZAPFENDORF.DE

DAS AUSGEBAUTE FREIZEITBAD

Seit den neuesten Ergänzungen finden die Badefreunde hier nicht nur jede Menge Spaß und Unterhaltung, sondern auch Erholung mit türkischem Dampfbad, Softsauna und Wellnessbereich. Geblieben sind natürlich die 120-Meter-Riesenrutsche, die Liegewiese mit ihren 26.000 Quadratmetern und der große Kinder- und Familienbereich. Die gute Schwimmbadgaststätte ist auch außerhalb der Öffnungszeiten des Schwimmbades geöffnet, man kann Speisen auch zum Mitnehmen bestellen und nach dem Baden mit nach Hause bzw. ins Hotel nehmen (www.hofmann-aquarena.de).

Öffnungszeiten

Hauptsaison tägl. 9-20.30, sonst Mo-Fr 13-20.30, Sa/So/Ft 9-19 Uhr

Eintrittspreise

Erw. 3,50 Euro / Erm. 2,- Euro

Anschrift

Laufer Str. 49
96199 Zapfendorf
Tel.: 09547-8671

Unser Tipp

Das Freibad ist auch die Trainingsstätte des fünffachen Deutschen Meisters im Unterwasser-Rugby, dem Unterwasser-Rugby Team des Tauchclub Bamberg e.V. Vielleicht haben Sie ja ein paar Einblicke ins Training.

Frankenlagune Hirschaid

WWW.FRANKEN-LAGUNE.DE

Öffnungszeiten
Mo-Fr 12-21, Sa 13-21,
So/Ft/Ferien 10-21 Uhr

Eintrittspreise
Zwei Stunden
Erw. 4,- Euro / Erm. 2,50 Euro

Anschrift
Georg-Kügel-Ring 6
96114 Hirschaid
Tel.: 09543-9559

Unser Tipp
Regelmäßige Events im Saunabereich sowie die Spezialaufgüsse machen die Frankenlagune besonders attraktiv für die Freunde der heißen Entspannung.

BADESPASS FÜR DIE GANZE FAMILIE

Auch die Frankenlagune in Hirschaid hat sich in den letzten Jahren zu einem richtigen Badetempel gemausert. Angefangen von den ganz Kleinen (Planschbecken und Häschenrutsche) über die Älteren (Wasserrutsche und Erlebnisbecken), bis zu den Bahnenschwimmern und Aquafitnessfreunden und den Sauna-Fans kommen hier alle auf ihre Kosten. Im Wellnessbereich gibt es neben den vielen Saunen auch einen Biergarten und ein richtiges Fitness-Studio.

AcquaSana Naturbad Ebrach

WWW.ACQUASANA.DE

DAS NATURBAD

Öffnungszeiten

Mai tägl. 13-20 Uhr,
Juni-Saisonende 10.30-20 Uhr

Eintrittspreise

Erw. 3,- Euro / Erw. 1,50 Euro

Anschrift

Schwimmbadweg
96157 Ebrach
Tel.: 09553-1370

Unser Tipp

Nach dem Bad sollten Sie einen Abstecher zu den nur wenige Kilometer entfernten Weinorten Kammerforst und Handthal machen. Wir empfehlen u. a. den Weinausschank Stollberg auf dem höchsten fränkischen Weinberg. Stollberg 50, 97516 Oberschwarzach-Handthal, Tel.: 09382-8418, www.wein.by. Tägl. ab 10.30, So/Ft ab 9.30 Uhr

Durch die biologisch-mechanische Wasseraufbereitung spart man sich in Ebrach den Einsatz von Chemikalien, selbst die Wassererwärmung besorgt die Natur. Das Bad an sich kann auf eine lange Tradition zurückblicken, schon aus den 1920er Jahren sind Badefreuden belegt. Im modernen AcquaSana erwarten Sie neben dem großen Sportbecken auch ein Nichtschwimmer- und ein Baby-Planschbecken. Die integrierte Gastronomie bietet auch nicht badenden Besuchern schöne Ausblicke und gute Schwimmbad-Klassiker.

Freibad Hallstadt

WWW.HALLSTADT.DE

Öffnungszeiten
Mai-August täglich 9-20 Uhr,
September 9-19 Uhr

Eintrittspreise
Erw. 2,50 Euro / Erm. 1,50 Euro

Anschrift
Michelinstraße 65
96103 Hallstadt
Tel.: 0951-75345

Unser Tipp
Anschließend versprechen wir Ihnen den perfekten Tagesausklang im Alten Rathaus Unterhaid. Hauptstraße 27, 96173 Unterhaid, Tel.: 09503-7583, www.weinstube-altesrathaus.de. Mi-Sa ab 17.30, So/Ft ab 16 Uhr.

SEEPFERDCHEN MIT POMMES

Hier haben unter anderem auch die Autoren des vorliegenden Buches ihre ersten Runden gedreht und stolz das Seepferdchen auf der Badehose präsentiert. Große Wasserrutsche, Minigolf und eine riesige Liegewiese mit Volleyballplätzen versprechen auch Ihnen einen richtig schönen Tag, die integrierte Gastronomie lässt mit Pommes und Currywurst zudem das klassische Freibad-Feeling aufkommen.

Schloss Weißenstein

WWW.SCHOENBORN.DE

FRÄNKISCHER BAROCK IN REINSTFORM

Der Bamberger Fürstbischof und Kurfürst von Mainz, Lothar Franz von Schönborn, ließ das Schloss zwischen 1711 und 1718 errichten. Schon von weiter Ferne erkennt man den markanten Bau, auf dem die Familie Schönborn auch heute noch teilweise wohnt. Am imposantesten dürfte das Treppenhaus sein, es umschließt über 8.000 Kubikmeter Raum. Bis heute wurde das Schloss nur einmal, im Siebenjährigen Krieg von den Preußen, geplündert und beschädigt. Seit 2005 findet hier die Veranstaltung Faszination Garten statt, während der rund 150 Aussteller Pflanzenraritäten, Gartenmöbel, Pflanzgefäße und Gartenkunst anbieten.

Öffnungszeiten

April-Oktober tägl. 10-17 Uhr
Park ganzjährig geöffnet
Faszination Garten 18. bis 20. Mai 2012
www.faszination-garten.de

Anschrift

Schloss Weißenstein
96178 Pommersfelden
Tel.: 09548-98180

Unser Tipp

Auf der Website finden Sie auch verschiedene Themenführungen, beispielsweise zu dem Film „Die drei Musketiere", der unter anderem auf dem Schloss und in Bamberg gedreht wurde.

Regnitzfähre bei Pettstadt

Öffnungszeiten
März-Oktober täglich 9-19 Uhr

Preise
Auto 3,- Euro / Rad 1,- Euro / Fugänger 0,50 Euro

Anschrift
Tel.: 09502-8331
96175 Pettstadt

Unser Tipp
Bekannt im Bamberger Land ist auch die Redensart „Mach's wie der Pettstadter Schmied". Dies rührt von einer Begebenheit um 1900, als der örtliche Schmied nicht der Anordnung des Gendarmes nachkommen wollte ein Lokal zu vorgerückter Stunde zu verlassen. Seine Antwort war „Des mach ich, wie ich mooch." Dies ließ auch der Richter im späteren Prozess so stehen, weswegen man nun den oben genannten Ratschlag gibt, wenn jemand die Entscheidung selbst fällen soll.

OBERFRANKENS EINZIGE GIERFÄHRE

Über 550 Jahre währt die Tradition der Regnitzfähre bei dem kleinen Ort. Seit 1948 betreibt die Gemeinde den Fährbetrieb, heute in Person des von ihr eingestellten Fährmanns Reinhold Schuhmann, der mittlerweile sogar die Schiffsführerscheinprüfung absolviert hat. Vor allem Wanderer und Radfahrer nutzen die Fährverbindung, bei der allein die Wasserströmung die an einem Seil befestigte Fähre zwischen den beiden Ufern pendeln lässt. Oberhalb des Ufers mit dem Fährmannshäuschen liegt auch der Schrauder-Keller, einer der schönsten und beliebtesten Bierkeller der Region (Tägl. ab 14.30 Uhr, So/Ft ab 10 Uhr).

Schloss Seehof

WWW.SCHLOESSER.BAYERN.DE

Öffnungszeiten
April-Oktober Di-So 9-18 Uhr

Eintrittspreise
Zugang zum Park frei
Führung: Erw. 4,-/Erm. 3,-
Wasserspiele Mai bis 7. Oktober
10-17 Uhr zur vollen Stunde

Anschrift
Schloss Seehof
96117 Memmelsdorf
Tel.: 0951-409571

Unser Tipp
Die Gastronomie in der Orangerie ist ein Ableger des Bamberger Feinkostladens Müller, also quasi ein Geheimtipp, insbesondere zum Frühstück oder Kaffee am Nachmittag. Schloss Seehof 14, 96117 Memmelsdorf, Tel.: 0951-4071640, www.schlossseehof.de. Mo-Sa 10-18 Uhr, So/Ft 9-18 Uhr

DIE SOMMERRESIDENZ DER FÜRSTBISCHÖFE

Schloss Seehof gehört heute zur Gemeinde Memmelsdorf, Eigentümer ist die bayerische Schlösser- und Seenverwaltung. Ursprünglich ließ der Bamberger Fürstbischof Marquard Sebastian Schenk von Stauffenberg zwischen 1687 und 1696 den vierflügeligen Bau errichten, der an das Schloss Johannisburg in Aschaffenburg erinnert. Den Schlossgarten ergänzten seine Nachfolger Lothar Franz von Schönborn und Adam Friedrich von Seinsheim, der u. a. Wasserspiele und Skulpturen ergänzte. Nach der Säkularisation verwahrloste das Schloss über 150 Jahre, bis 1075 der Staat das Anwesen übernahm und sanierte. Die über alle Welt verstreuten Kunstgegenstände und Skulpturen gelangen auch nach und nach zurück in ihre Heimat.

Giechburg und Gügel

Anschrift

Giechburg
96110 Scheßlitz
Gastronomie Tel.: 09542-424

Gügelweg
96110 Scheßlitz
Gastronomie Tel.: 09542-1221

Unser Tipp

Ein imposantes Naturschauspiel ist der Mondsee bei Ludwag, der im dortigen Steinbruch entstanden ist. Der Steinbruch wird nach und nach renaturiert und von der örtlichen Jugend gerne zum Baden und für Picknicks genutzt (in Ludwag der Straße „Am Kulm" bis zum Ortsausgang folgen, dann links, bis Sie nach ca. 100 Metern den Einfang zum Steinbruch sehen).

JEDEM BAMBERGER BEKANNT

Schon in der Steinzeit war das Areal auf dem Plateau besiedelt, die Burg selbst entstand wohl im zehnten Jahrhundert, als die Ungarn das Ostfrankenreich bedrohten. Später bauten die Bamberger Bischöfe die Burg so weit aus, bis sie als der sicherste Ort im ganzen Hochstift galt, und zeitweise lagerten sie ihren Domschatz hier. Nach der Zerstörung durch Markgraf Albrecht Alcibiades bauten die Bamberger die Burg zwar wieder auf, allerdings verlor sie ihre militärische Bedeutung und war nach und nach dem Verfall preisgegeben. Heute gehört sie dem Landkreis Bamberg und ist als Halbruine beliebtes Ausflugsziel. Unweit der Burg liegt die Wehr- und Wallfahrtskirche Gügel, 1610 nach mehreren Zerstörungen neu gebaut. Sehenswert sind neben der Kirche an sich der Hochaltar von 1630/32 und die Kanzel, die ursprünglich im Bamberger Dom stand.

DB

Ehem. Zisterzienserkloster Ebrach

WWW.EBRACH.DE

DAS GEFÄNGNIS-KLOSTER

Das 1127 als erstes rechtsrheinisches Zisterzienserkloster in Deutschland gegründete Kloster Ebrach erlebte schnell eine Blütezeit, in der unter anderem die Tochterklöster Heilsbronn und Langheim entstanden. Der 42. Abt, Alberich Degen, wird gemeinhin als Begründer der Frankenweintradition angesehen. Er soll die ersten Silvanerreben aus Österreich eingeführt haben. Nach der Säkularisation richtete der Staat ab 1851 eine Haftanstalt in den Klostermauern ein. Nutzen Sie unbedingt die Gelegenheit zu einer Führung in den Kaisersaal (der nur so heißt, weil sich der Abt wünschte, der Kaiser würde kommen und die Abtei reichsunmittelbar machen, was aber nie geschah). In der Kirche sollten Sie die wunderschöne Rosette über der Orgel beachten und eventuell auch ein Orgelkonzert besuchen. Ab 2012 sollen wieder alle drei Orgeln an ihrem Platz sein, zudem locken die Veranstaltungen des Ebracher Musiksommers. Im Gebäude ist auch ein sehenswertes Museum zur Ebracher Geschichte untergebracht.

Zeiten / Preise

Kirche Mitte April bis Oktober 10-12 und 14-18 Uhr (1,-)
Führung Treppenhaus und Kaisersaal April-Oktober tägl. 10.30 und 14.30 Uhr (1,50)
Museum der Geschichte Ebrachs April-Oktober tägl. 14-16 Uhr (2,-)

Anschrift

Marktplatz 1
96157 Ebrach
Tel.: 09553/17-0
www.justizvollzug-bayern.de
www.ebracher-musiksommer.de

Unser Tipp

Etwa zehn Kilometer entfernt liegt in Theinheim eine der kleinsten und feinsten Brauereien Frankens. Schulterbachstraße 15, 96181 Rauhenebrach-Theinheim, Tel.: 09554-293, Di-So ab 9 Uhr, www.bayer-theinheim.de.

Bauernmuseum Bamberger Land

WWW.BAUERNMUSEUM-FRENSDORF.DE

Öffnungszeiten
April-Oktober Di-Fr 14-17 Uhr,
So/Ft 13-17 Uhr

Eintrittspreise
Erw. 2,- Euro / Erm. 1,- Euro

Anschrift
Hauptstraße 3-5
96158 Frensdorf
Tel.: 09502-8308

Unser Tipp
Neben der guten Gastronomie im Museum locken gegenüber im Gasthof Pickel ein Chateaubriand und einer der sensationellen Rotweine des Hauses. Marktplatz 5, 96158 Frensdorf, Tel.: 09502-334, www.landgasthof-pickel.de. Mi-Mo 11-14.30 und ab 16.30 Uhr.

TREFFPUNKT FÜR VOLKSKULTUR UND HEIMATPFLEGE

Der ehemalige Fischerhof beherbergt mehrere Gebäude mit Ausstellungsräumen. Dahinter liegt ein kleiner Museumsgarten mit einem Barfußweg und vielen alten Kulturpflanzen. Die ältesten Gebäude stammen aus der Zeit um 1810, etwa 100 Jahre später war der Hof einer der reichsten in Frensdorf. Besonders sehenswert sind die Trachten im obersten Stock des Wohnhauses. Das Museumsteam bietet zudem für Gruppen aller Altersstufen zahlreiche museumspädagogische Aktionen wie Brotbacken, Waschtag oder Papierschöpfen an.

Geburtshaus Levi Strauss Museum

WWW.LEVI-STRAUSS-MUSEUM.DE

Öffnungszeiten

Di/Do 14-17, Sa/So/Ft 11-17 Uhr

Eintrittspreise

Erw. 2,60 Euro / Erm. 1,30 Euro

Anschrift

Marktstraße 33
96155 Buttenheim
Tel.: 09545-442602

Unser Tipp

Buttenheim ist gesegnet mit Bierkultur. Es warten gleich zwei Brauereien mit ihren Brauereigaststätten und ihren beiden Bierkellern auf Sie. Im Georgenbräu finden Sie sogar ein Levi-Strauss-Bier (www.kellerbier.de / www.loewenbraeu-buttenheim.de).

JEANS & KULT

Ein Buttenheimer erfindet eine Hose. Was sich eigentlich ganz banal anhört, ist heutzutage eine Sensation. Denn die Hose war nicht irgendeine Hose, sondern die Jeans. Und der Buttenheimer war Levi Strauss, der noch heute Namensgeber einer der bedeutendsten Jeans-Marken der Welt ist. Die Geschichte von der Auswanderung Levis bis zum Siegeszug der Hose können Sie im Buttenheimer Museum nachvollziehen, mit Originaldokumenten und multimedialen Elementen. Außerdem ist seit neuestem auch ein kleiner Shop integriert, in dem man die passende Kleidung zum Museumsbesuch kaufen kann. Endlich mal ein wirklich sinnvolles Souvenir...

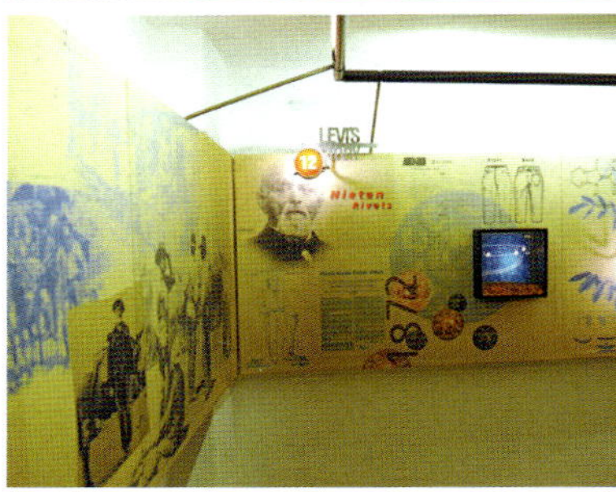

Stadtmuseum Schlüsselfeld

WWW.SCHLUESSELFELD.DE

Eintrittspreise
Erw. 2,- Euro / Erm. 1,- Euro

Anschrift
Marktplatz 25
96132 Schlüsselfeld
Tel.: 09552-1763 /-92220

Unser Tipp
Auch hier lohnt ein großer Schluck von der Bierkultur, es gibt zwei Brauereien, Schwarzer Adler (Marktplatz 6, 96132 Schlüsselfeld, Tel.: 09552-359) und Scheubel Sternbräu (Kirchplatz 12, 96132 Schlüsselfeld, Tel.: 09552-320).

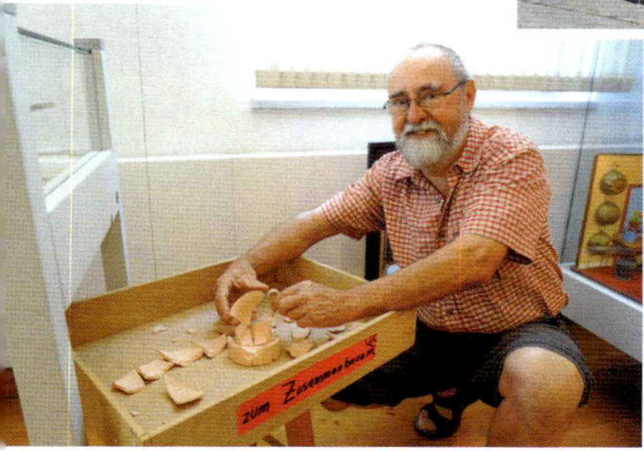

EIN MUSEUM ZUM MITMACHEN

Ausgehend von einer Reise durch die Geologie beginnt man beim Steigerwald von vor 170 Millionen Jahren, lernt seine Natur kennen und schließlich die Menschen, die den Lebensraum besiedelten. Hier finden Sie Exponate aus Handwerk und Handel (beispielsweise den Webstuhl, dessen Gegenstück bei dem Brand auf dem Bamberger Domplatz im Juni 2002 zerstört wurde, bevor es jemand zu Gesicht bekam), aber auch Stücke aus dem geselligen Leben. Interessant fanden wir auch die Geschichte des Flugpioniers Adam Maid und die riesige Sammlung von Salz- und Pfefferstreuern. Immer wieder finden sich auch Mitmachstationen im Museum, so dass auch die Kleinen auf ihre Kosten kommen. Das Stadtmuseum ist der westlichste Punkt der Porzellanstraße, was die Tassenpyramide vor dem Haus auch deutlich macht. Das Weiße Gold kam aus der Reichmannsdorfer Manufaktur, einem der ältesten deutschen Porzellanorte außerhalb von Thüringen.

Bierrekordland/Bockbieranstiche

WWW.BIERLAND-OBERFRANKEN.DE

DER BIERNABEL

Unser Tipp
Viele Brauereien bieten auch die Gelegenheit zu einer Brauereiführung, das sollten Sie unbedingt wahrnehmen.

Wie schon bei der Stadt Bamberg erwähnt, befinden Sie sich hier im absoluten Zentrum der Bierkultur – weltweit! An die 100 Brauereien mit ihren Brauereigaststätten und Bierkellern warten darauf von Ihnen entdeckt zu werden. Für die Bierkeller versteht es sich von selbst, dass der Besuch in diesen Auschankstätten über ehemaligen Bierlagerkellern vor allem bei sommerlichen Temperaturen Sinn macht. Was die Brauereien angeht, lohnt sich auch, zu einem der Bockbieranstiche vorbeizuschauen. Die gibt es meistens zwischen Michaeli im September (Weihnachtsbock) und Georgi im April (Maibock). Gut essen können Sie dort natürlich in der Regel auch, auf den echten Bierkellern dürfen Sie allerdings auch ihre Speisen mitbringen. Mehr Infos finden Sie auch in unseren Büchern zum Thema (Kurzvorstellungen siehe Inhaltsverzeichnis -> redaktionelle Themen) bzw. auf den Internetseiten www.bier.by bzw. www.bamberg-guide.de.

Weitere Tipps

Kürbisfest Altendorf
Buntes Fest rund um das gelb-orangene Gemüse am ersten Sonntag im Oktober. 7. Oktober 2012

Heilig-Blut-Fest Burgwindheim
Auf ein Hostienwunder zu Fronleichnam 1465 zurückgehendes Kirchenfest mit Wallfahrt und Lichterprozession. Jährlich in den Tagen nach Fronleichnam. www.erzbistum-bamberg.de

Methusalemweg
Neun imposante alte Bäume liegen entlang dieses etwa vier Kilometer langen Weges im Steigerwald. Auch weitere besonders alte Exemplare werden nach und nach mit einem großen M für Methusalem gekennzeichnet. Startpunkt: Radstein-Parkplatz an der Bundesstraße 22 bei Ebrach.
Für den Flyer (Tour 4) geben Sie auf der Seite www.bund-naturschutz.de das Stichwort „Methusalem" im Suchfeld ein.

Fränkischer Theatersommer
Von einem Verein organisierte Theater- und Musikveranstaltungen über ganz Nordfranken verteilt. www.theatersommer.de

Drei Kronen Straßgiech
Eventuell die älteste Brauerei der Welt, legendäres Essen. Mi-Fr ab 16 Uhr, Drosendorfer Straße 24, 96110 Scheßlitz-Straßgiech, Tel.: 09542-7741255, www.zoiglstube.net

Drei Kronen Memmelsdorf
Urige Brauerei mit gehobener Biergastronomie. Hauptstraße 19, 96117 Memmelsdorf, Tel.: 0951-944330, www.drei-kronen.de. Tägl. ab 7 Uhr (So Abend und Mo Mittag geschlossen)

Schloss Greifenstein
Sehenswertes Schloss, auf dem heute noch die Familie Stauffenberg wohnt, deren Vorfahr Fürstbischof Marquard Sebastian Schenk von Stauffenberg es 1691 erhielt. www.schloss-greifenstein.de. Besichtigungstermine siehe Website, Erw. 4,50/ Erm. 2,40 Euro

Schloss Wernsdorf
Mittelalterliches Schloss, 1620 umgebaut, Heimat der Capella Antiqua Bambergensis. www.capella-antiqua.de. Schloss Wernsdorf, 96129 Wernsdorf, Tel.: 09543-440500

Burg Lisberg
Frühmittelalterliche Burg (eine der ältesten in Franken) auf einem Bergsporn mitten in der Gemeinde Lisberg. Weinfest im Juli. Besichtigung auf Anfrage. www.lisberg.de

Heiligenstadt
Sehenswerter Markt in der Fränkischen Schweiz mit viel Fachwerk, der imposanten St.-Veit- und St.-Michaels-Kirche und einem sehenswerten Judenfriedhof. www.markt-heiligenstadt.de

Osterbrunnen
Brauchtum, bei dem am Karsamstag die öffentlichen Dorfbrunnen mit Blumen, Eiern etc. geschmückt werden, z.B. Heiligenstadt und Bieberbach (bei Effeltrich im Lkr. FO, Guinness-Rekord)

Kunst- und Kulturbühne Hirschaid
Museen, Konzert, Lesung und Theater in dem aufstrebenden Ort. Museen: Alte Schule (Schwerpunkt Ortsgeschichte, Kirchplatz 4, 96114 Hirschaid, Di/Sa/So 13-17 Uhr, Erw. 1,50/Erm. 1,-) und Tropfhaus (Kleinstes Freilichtmuseum Bayerns, Pfarrer-Hopfenmüller-Straße 7, 96114 Hirschaid-Sassanfahrt, April-Oktober 1. und 3. So/Monat 13-17 Uhr, Erw. 1,-/Erm. 0,50)

Confiserie Storath
Feinste Schokoladenkunst aus Stübig (Scheßlitz), Ladengeschäfte in Bamberg (Lange Straße 26), Bayreuth (Maximilianstr. 75). www.confiserie-storath.de

Skulpturenwege in der Fränkischen Toskana
Moderne Kunst entlang der „Straße der Skulpturen". www.fraenkische-toskana.com

Bierecke im östlichen Steigerwald
13 Brauereien an der Grenze zu Weinfranken, besonders trinkenswert z.B.: Roppelt, Kundmüller, Zehendner und Herrmann. www.bierecke-steigerwald.de

Touristinfo:

Geyerswörthstraße 5
96047 Bamberg
Tel.: 0951-2976200
www.bamberg.info

Bildquellen (Seite): Gemeinde Buttenheim (116), Landratsamt Bamberg (118-122)

Rund um Bamberg ist Genuss angesagt...

WWW.GENUSSWEGWEISER.DE

Herzlich willkommen in Bamberg, Weltkulturerbe, Bierhauptstadt und Genussmetropole. Dieses einmalige Ensemble ist Grund genug für Hunderttausende von Touristen, jedes Jahr die Stadt an der Regnitz und ihr Umland zu besuchen. Die Gäste, aber auch die 70.000 Domstädter und 150.000 Landkreis-Bewohner haben ein gemeinsames Hobby: Ausgehen.

Egal, ob zum Mittagessen, auf ein gemütliches Seidla Bier oder zu einem abendlichen Jazzkonzert, hier kommt jeder auf seine Kosten. Grund genug für uns, Ihnen unsere Heimatstadt in ihrer vollen Vielfalt zu portraitieren. Dabei liegt der Schwerpunkt auf der fränkischen Küche, aber auch Cafés, Eisdielen, Italiener, Chinesen, Spanier, Kneipen und Clubs finden sich hier zuhauf.

Bamberg – die Traumstadt auch für Genießer wartet darauf, entdeckt zu werden!

Buchdaten:
Autoren: Bastian Böttner / Markus Raupach
Der Genusswegweiser – Bamberg Stadt und Land
Verlag: GuideMedia Verlag Bamberg
264 Seiten, ISBN: 978-3981269314
Preis: 9,90

Im Buchhandel oder auf www.bierpaket.de

Jetzt im Buchhandel!
264 Seiten mit über 210 Gastroportraits
unabhängig recherchiert
Markus Raupach | Bastian Böttner
Der Genuss Wegweiser
Bamberg Stadt & Land
Mit 120 fränkischen Genusstipps
Damit nicht genug! Drehen Sie dieses Buch um und entdecken Sie die besten Internationalen Küchen, Cafés & Kneipen der Domstadt.
Markus Raupach | Bastian Böttner
Bamberg-Guide.de
Die besten Kneipen
100 Tipps aus der Domstadt
Küche | Cafés | Kneipen | Bars
9,90 Euro
nur
9,90 €
Verlag GUIDEMEDIA
Bestellung und Infos auch unter: www.genusswegweiser.de

Die Wagnerstadt

Oberfrankens Hauptstadt genießt vor allem wegen der Bayreuther Festspiele Weltruf. Auf dem berühmten Grünen Hügel strömen alljährlich Ende Juli bis Ende August die Wagner-Freunde der Welt zusammen, um die immer wieder neu inszenierten Werke des Komponisten zu erleben. An Karten für die Vorstellungen zu kommen, ist nicht leicht, wird aber leichter. Seit 2008 gibt es auch eine kostenfreie Open-Air-Übertragung einzelner Aufführungen, wodurch die Festspiele eine weitere Attraktion gewonnen haben.

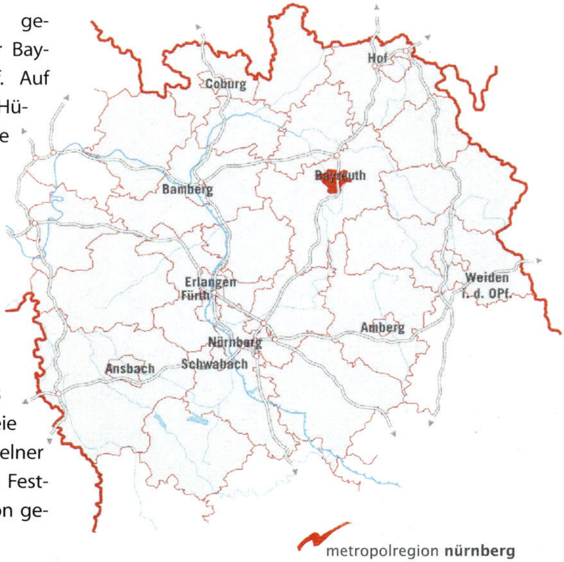

Eremitage (S. 138)

DB **Bahnhöfe:** Bayreuth, Bayreuth St. Georgen, Laineck; (Liniennetz siehe Seite 18)

Lohengrin Therme (S. 137)

Herzogkeller (S. 150)

Urwelt-Museum (S. 148)

Festspielhaus und Festspiele (S. 140)

Doch auch ansonsten hat die Stadt viel zu bieten. Die Brauerei Maisel steht mittlerweile nicht nur für das national bekannte Weißbier, sondern hat auch mit der Übernahme der Bayreuther Bierbrauerei und der Initiative zu den Bayreuther Bio-Brauern viel zum Erhalt und Ausbau der Bierkultur der Stadt beigetragen. Katakomben und Brauereimuseum zählen ebenfalls zu Attraktionen der Brauerei. Zahlreiche weitere Museen und Sammlungen bereichern das kulturelle Leben, dazu kommen viele auch in den Landkreis übergreifende Veranstaltungen wie zum Beispiel die Residenztage Bayreuth.

Stadtrundgang

WWW.BAYREUTH.DE

BAYREUTH IN ZWEI STUNDEN

Es gibt viele Möglichkeiten, Bayreuth zu erkunden. Der einfachste Weg für Individualreisende ist die Teilnahme an einem geführten Stadtrundgang. Gemeinsam mit einem Gästeführer geht es durch den historischen Stadtkern, das historische Museum (mit Besichtigung) und auf den Schlossturm. Dort sieht man auch das Türmerstübchen, bevor man über das Neue Schloss mit Markgrafenbrunnen und Hofgarten das Haus Wahnfried und die Grabstätte der Wagners erreicht.

Öffnungszeiten

Mai-Oktober tägl. 10.30 Uhr
November-April Sa 10.30 Uhr

Preise

Erw. 5,50 Euro / Erm. 3,- Euro

Anschrift

Treffpunkt Tourist-Information
Opernstraße 22
95444 Bayreuth
Tel.: 0921-88588

Unser Tipp

Vom liebevoll ausgestatteten Türmerstübchen hoch über der Stadt hat man einen schönen Rundblick bis hin zum Fichtelgebirge. Man kann den Schlossturm auch separat besichtigen, Erw. 1,- Euro / Kinder bis 15 Jahren frei

Lohengrin Therme

WWW.LOHENGRIN-THERME.DE

Öffnungszeiten
Täglich 9-22 Uhr

Eintrittspreise
Tageskarte
Erw. 14,50 Euro / Erm. 12,- Euro

Anschrift
Kurpromenade 5
95448 Bayreuth
Tel.: 0921-792400

Unser Tipp
Wer die Therme einmal genau unter die Lupe nehmen möchte, kann täglich um 10.30 Uhr zur kostenlosen Führung kommen.

WASSER UND WÄRME

Im Stadtteil Seulbitz ist Entspannung angesagt. Zumindest seit 1999 die Lohengrin Therme ihre Pforten öffnete. Das Heilwasser kommt aus einer Tiefe von 1.122 m, ist stattliche 20.000 Jahre alt und hat an der Sohle eine Temperatur von 36° Celsius. Das mineralienhaltige Urzeitwasser lindert so manche Beschwerden, zudem man auch Physiotherapie und weitere Wellness-Anwendungen dazubuchen kann. Saunafreunde finden eine ganze Saunalandschaft von Löyly bis Soft, alles unter dem Motto „Sauna ist mehr als nur schwitzen". Bäckermeister Thomas Zimmer aus Bayreuths ältester Brauerei hat zudem vor kurzem das Thermalbrot entwickelt, ein unverwechselbares Geschmackserlebnis aus dem Wasser der Heilquelle – zum Mitnehmen in der Therme oder in der Bäckerei in der Jean-Paul-Straße 7.

Altes Schloss und Hofgarten Eremitage

WWW.BAYREUTH-WILHELMINE.DE

Öffnungszeiten

April-September tägl. 9-18 Uhr,
1.-15. Oktober tägl. 10-16 Uhr

Eintrittspreise

Erw. 4,50 Euro / Erm. 3,50 Euro

Anschrift

Eremitage 1
95448 Bayreuth
Tel.: 0921-7596937

Unser Tipp

Die Wasserspiele starten täglich von 10-17 Uhr zur vollen Stunde an der Oberen Grotte, 15 Minuten später an der Unteren Grotte.

EIN GESCHENK FÜR WILHELMINE

Die historische Parkanlage mit Wasserspielen gehört zu den großen Sehenswürdigkeiten Bayreuths. Im 17. Jahrhundert noch umzäuntes Waldgebiet für die Jagdgelüste des Hofes, entstand hier zu Beginn des 18. Jahrhunderts nach und nach die heutige weitläufige Anlage. Weil Hofstaat und Regentenpaar hier quasi ein Eremitenleben führten, tagsüber in einem der verstreuten Pavillons und nur abends gemeinsam im Alten Schloss, erhielt das Anwesen den Namen Eremitage. Später ließen Markgraf Friedrich und seine Frau Wilhelmine die Anlage weiter ausbauen, unter anderem mit dem Neuen Schloss und ausgedehnten Wasserspielen. 1945 zerstörten amerikanische Truppen bei der Einnahme Bayreuths, die sonst weitgehend kampflos verlief, das Neue Schloss fast komplett, ebenso Teile des Alten und des Marstalles. Seitdem wurde viel restauriert, seit 2005 erstrahlt das Alte Schloss unter anderem mit Marmorsaal, chinesischem Spiegelkabinett und Lackzimmer wieder in altem Glanz.

Markgräfliches Opernhaus

WWW.BAYREUTH-WILHELMINE.DE

Öffnungszeiten

April-September tägl. 9-18 Uhr,
Oktober-März tägl. 10-16 Uhr

Eintrittspreise

Erw. 5,50 Euro / Erm. 4,50 Euro

Anschrift

Opernstraße 14
95444 Bayreuth
Tel.: 0921-7596922

Unser Tipp

Hier finden auch Konzerte des Bayreuther Opernfestivals statt, das jährlich an Ostern zu Gunsten krebskranker Kinder veranstaltet wird.

EIN ECHTES JUWEL

Es gibt nicht viele Theater und Opernhäuser aus der Mitte des 18. Jahrhunderts die im Original erhalten sind. Im Inneren ist das Logentheater mit drei Rängen komplett aus Holz gefertigt. Die Fürstenloge wurde interessanterweise selten vom Markgrafenpaar genutzt. Stattdessen stellen die beiden lieber goldene Sessel in die erste Reihe und waren dem Geschehen auf der Bühne dort ganz nah. Auch Richard Wagner war von dem imposanten Bau fasziniert, als er Bayreuth als Ort für seine Festspiele erwählte. Zur Feier der Grundsteinlegung seines späteren Festspielhauses dirigierte der Komponist Beethovens 9. Sinfonie im Opernhaus.

Festspielhaus und Bayreuther Festspiele

WWW.BAYREUTHER-FESTSPIELE.DE

INTERNATIONAL BEKANNT

Richard Wagner selbst entwarf sein Festspielhaus auf dem Grünen Hügel. Die Akustik des Hauses war zu seiner Fertigstellung 1875 bereits legendär und gilt bis heute als eine der besten. Auf Bayreuth gekommen war der Komponist wegen der großen Bühne des Opernhauses, allerdings missfiel ihm dann vor Ort der zu kleine Zuschauerraum, erhielt allerdings von der Stadt das Grundstück am Grünen Hügel geschenkt. Der Bau sollte dann mit Patronatsscheinen finanziert werden. Der schleppende Verkauf sorgte für eine Verzögerung, bis König Ludwig II. schließlich mit 400.000 Talern das Projekt absicherte. Das Geld zahlte die Familie übrigens wieder zurück. Die heutigen Festspiele sind ein Großprojekt der Bayreuther Festspiele GmbH, unter der Leitung von Eva und Katharina Wagner.

Öffnungszeiten

Führungen Dezember-April Di-So 10 und 14 Uhr, September/Oktober 10,11,14 und 15 Uhr, November Sa 14 Uhr

Anschrift

Festspielhügel 1-2
95445 Bayreuth
Tel.: 0921-78780

Unser Tipp

Die Kartenbestellung kann eine langwierige Prozedur sein, oft braucht es mehrere Anläufe, bis man die begehrten Tickets in Händen hält. Mutige fahren auch auf gut Glück zu den Festspielen, um vor Ort Restkarten zu erstehen.

Neues Schloss und Hofgarten

WWW.BAYREUTH-WILHELMINE.DE

Öffnungszeiten
April-September tägl. 9-18 Uhr
Oktober-März Di-So 10-16 Uhr

Eintrittspreise
Erw. 5,50 Euro / Erm. 4,50 Euro

Anschrift
Ludwigstraße 21
95444 Bayreuth
Tel.: 0921-7596921

Unser Tipp
Integriert sind das Museum „Das Bayreuth der Wilhelmine" (Eintritt frei) und die Sammlung Bayreuther Fayencen (Erw. 4,- Euro / Erm. 3,- Euro)

DER NEUE REGIERUNGSSITZ

Nachdem der Wechsel der Hauptstadt von Kulmbach nach Bayreuth schon 1604 vollzogen war, musste nach dem Brand in der alten Residenz, dem Alten Schloss, ein neues Schloss gebaut werden. 1758 war es soweit, und die Räumlichkeiten konnten bezogen werden. Der Baumeister Joseph Saint-Pierre hatte beim Bau verschiedene bereits bestehende Gebäude integriert. Der 13 Hektar große Hofgarten war zwar 1789 in einen englischen Garten umgewandelt worden, allerdings hat man heute einen Teil der ursprünglichen barocken Gestaltung wieder hergestellt.

Shopping/Weihnachten

WWW.BAYREUTH.DE

Öffnungszeiten

Weihnachtsmarkt vom 30. November bis zum 23. Dezember 2012
Mo-Sa 10-19 Uhr, So 11-19 Uhr

Anschrift

Maximilianstraße
95444 Bayreuth

Unser Tipp

Weitere schöne Märkte in der Altstadt sind der Pfingstmarkt, Künstlermarkt zum Bürgerfest und der Martinimarkt (www.bayreuth.de)

EINE ALTSTADT ALS SHOPPING MALL

Bayreuth bietet viele gute Gelegenheiten für einen Einkaufsbummel. Sowohl in der Altstadt rund um die Maximilianstraße als auch im Rotmain-Center kann man viele interessante Geschäfte mit kreativen und ausgefallenen Ideen finden. Besonders schön ist das Shoppen natürlich in der Adventszeit, nicht zuletzt, weil man dann auch auf der Suche nach Geschenken ist. Der Weihnachtsmarkt erstreckt sich dann vom neuen Stadtparkett auf dem Marktplatz bis zur von-Römer-Straße. Etwa 50 Stände locken zum weihnachtlichen Bummel, vor allem natürlich mit Bratwürsten, Lebkuchen und Glühwein.

Katakomben der Aktien Brauerei AG

WWW.BAYREUTHER-BIER.DE

Öffnungszeiten
Führung Mo-So 16 Uhr

Eintrittspreise
Erw. 4,- Euro / Erm. 2,- Euro

Anschrift
Kulmbacher Straße 60
95445 Bayreuth
Tel.: 0921-401234

Unser Tipp
Anschließend kann man die Biere im gemütlichen Bräustüberl mit der original Wirtshausatmosphäre aus der guten alten Zeit verkosten. Planen Sie ruhig etwas mehr Zeit ein.

GANZ TIEF UNTER DER ERDE

Die kühlen Felsenkeller werden in Franken seit alters her zum Lagern der einzigartigen Bierspezialitäten verwendet. Während auf dem Lande viele kleinere Gewölbe zu finden sind, können viele Städte kilometerlange Katakomben aufweisen. In Bayreuths beeindruckender Unterwelt liegt der Ursprung der handwerklichen Brautradition begründet. So bietet sich dem Besucher in den Katakomben der AKTIEN-Brauerei eine ganz besondere Bier-Tour. Hier unten erfährt er viel über die Brauereigeschichte und die Stadtgeschichte.

Maisel Brauereimuseum

WWW.MAISEL.COM

Öffnungszeiten
Führung Mo-So um 14 Uhr

Eintrittspreise
Erw. 4,- Euro / Erm. 2,- Euro

Anschrift
Kulmbacher Straße 40
95445 Bayreuth
Tel.: 0921-401234

Unser Tipp
Nachdem in den tiefen Lagerkellern die letzten Geheimnisse der Braukunst gelüftet wurden, endet die Tour in der „Alten Abfüllerei" bei einer frischen Maisel's Weisse.

MIT GUINNESS-REKORD

Das zinnengeschmückte Stammhaus der Brauerei Gebr. Maisel aus dem 19. Jahrhundert beherbergt heute auf über 2.400 Quadratmetern ein weltweit einzigartiges Biermuseum. Bereits 1988 erfolgte der Eintrag in das Guinness-Buch der Rekorde. Während der einstündigen Führung durch 20 Räume bestaunen die Besucher die Brauanlagen noch an den originalen Wirkungsstätten. Highlights des Museums sind neben der komplett erhaltenen historischen Brauerei zwei Räume mit 400 seltenen Emailleschildern verschiedener Brauereien und Biermarken. Ebenfalls ein Glanzpunkt: In zwei großen Vitrinengewölben werden über 5.400 Biergläser und Krüge sowie eine Bierdeckelsammlung kunstvoll in Szene gesetzt.

Franz-Liszt-Museum

WWW.BAYREUTH.DE

Öffnungszeiten
Tägl. 10-12 Uhr und 14-17 Uhr
Juli/August 10-17 Uhr

Eintrittspreise
Erw. 2,- Euro / Erm. 1,- Euro

Anschrift
Wahnfriedstraße 9
95444 Bayreuth
Tel.: 0921-5166488

Unser Tipp
Liszts Grabkapelle befindet sich auf dem Bayreuther Stadtfriedhof (Erlanger Str. 42, 95444 Bayreuth)

DAS WUNDERKIND

Für Franz Liszt war die Musik Ausdruck des Göttlichen und der Natur, passend dazu kleidete er sich auch entsprechend außergewöhnlich und lebte sein Anderssein als genialer Künstler. Das Wunderkind nach dem Vorbild Mozarts spielte vor begeisterten und ausverkauften Rängen und war auch bei den Frauen hoch im Kurs. Später zog er sich ins Klosterleben zurück und trug nach den ersten Weihen den Titel Abbé. Im Bayreuther Museum finden Sie seit 1993 über 300 Exponate zu dem in der Stadt gestorbenen und begrabenen Komponisten.

ENTDECKER PASS.COM
FREIZEIT ERLEBNIS KULTUR

Historisches Museum Bayreuth

WWW.BAYREUTH.DE

STREIFZUG DURCH 800 JAHRE STADTGESCHICHTE

Öffnungszeiten

Di-So 10-17 Uhr
Juli/August auch Mo 10-17 Uhr

Eintrittspreise

Erw. 2,- Euro / Erm. 1,- Euro

Anschrift

Kirchplatz 4
95444 Bayreuth
Tel.: 0921-7640111

Unser Tipp

Wer nach der Besichtigung standesgemäß essen möchte, dem empfehlen wir Dötzer´s Restauration. Sophienstr. 22, 95444 Bayreuth, Tel.: 0921-7867250, www.doetzers.de. Mo-So ab 11.30 Uhr

Das 1996 eröffnete Historische Museum in der alten Lateinschule am Kirchplatz bietet 34 Ausstellungsräume mit insgesamt 1.200 Quadratmetern Ausstellungsfläche, verteilt auf drei Stockwerken. Die Exponate beschäftigen sich mit Politik und Wirtschaft, Kunst und Kultur sowie den Problemen und Freuden des alltäglichen, privaten Lebens in früheren Jahrhunderten. Eine Besonderheit stellt die Sammlung Bayreuther Fayencen dar, mit vielen hochwertigen Stücken, die für Kunden aus den höfischen Schichten hergestellt wurden.

Jean-Paul-Museum

WWW.BAYREUTH.DE

Öffnungszeiten
Tägl. 10-12 Uhr und 14-17 Uhr
Juli/August 10-17 Uhr

Eintrittspreise
Erw. 2,- Euro / Erm. 1,- Euro

Anschrift
Wahnfriedstraße 1
95444 Bayreuth
Tel.: 0921-5071444

Unser Tipp
Jean Pauls Grab befindet sich auf dem Bayreuther Stadtfriedhof (Erlanger Str. 42, 95444 Bayreuth). Weitere Denkmäler und Gedächtnisstätten sind über die Stadt verteilt.

ENTDECKER PASS.COM
FREIZEIT ERLEBNIS KULTUR

EIN HAUS FÜR DAS SPRACHGENIE

Der 1763 in Wunsiedel geborene Johann Paul Friedrich Richter, genannt Jean Paul, wird auch heute noch für seine bildhafte, kreative Sprache geschätzt. Über Bayreuth, in dem auch viele Geschichten des Dichters spielen, sagte er einmal:„man sollte sich einbohren in dich, um nimmer heraus zu können." Über den Alkoholkonsum von Jean Paul ist sich die Wissenschaft nicht so ganz einig. Fest steht, dass er das Bayreuther Bier liebte und an einer Leberzirrhose verstarb. Bis zu seinem Sterbetag im November 1825 arbeitete er an einer Gesamtausgabe seiner Werke. Im Museum finden Sie die Sammlung des Stifters Dr. Philipp Hausser, die ab 1980 hier ausgestellt ist und 1994 deutlich erweitert werden konnte.

Urwelt-Museum

WWW.URWELT-MUSEUM.DE

ALS OBERFRANKEN EINE MEERESKÜSTE HATTE

Öffnungszeiten

Di-So 10-17 Uhr

Eintrittspreise

Erw. 3,- Euro / Erm. 2,- Euro

Anschrift

Kanzleistraße 1
95444 Bayreuth
Tel.: 0921-511211

Unser Tipp

Eine gute Gelegenheit zu einer zünftigen Stärkung bietet das 100 Meter entfernte Wirtshaus Oskar. Maximilianstraße 33, 95444 Bayreuth, Tel.: 0921-5160553, www.oskar-bayreuth.de. Tägl. ab 8 Uhr.

Schon im Museumsgarten warten bis zu 15 Meter hohe Dinosaurier auf die Besucher, die im Museum dann die verschiedenen Räume durchwandern können. In der Bärenhöhle und im Drachenkeller erwarten Sie beeindruckende Installationen, auf dem weiteren Weg erfahren Sie mehr über Muschelkalk- und Fischsaurier. In einem separaten Bereich befindet sich das Lebenswerk von Traute und Sepp Hauptman, die die wohl umfangreichste und vollständigste Sammlung an fossilen Pflanzen aus der untersten Liaszeit zusammengetragen haben. Mineralien und versteinerte Meerestiere runden die Zeitreise ab.

Sommernachtsfest in der Eremitage

WWW.BAYREUTH.DE

Termine
2012: 28. Juli

Eintrittspreise
ca. 10 Euro

Anschrift
Eremitage 1
95448 Bayreuth

Unser Tipp
Im Rahmen des Sommerfestes bietet die Studiobühne verschiedene Theaterevents an, darunter auch Kinderstücke.

ROMANTISCHSTES FEST DER STADT

Eines der schönsten und mit Sicherheit romantischsten Feste Frankens steigt jedes Jahr Ende Juli/Anfang August. 1969 belebte man mit der Veranstaltung ein altes Fest der Markgrafen wieder zum Leben, die ihre Untertanen regelmäßig zu einem fröhlichen Sommerfest in die ehemalige Einsiedelei, in der die markgräfliche Gesellschaft Zerstreuung fern der höfischen Etikette zu finden hoffte, einlud. Heute finden sich zahlreiche Besucher rund um den Riesenbiergarten mit über 10.000 Plätzen ein, folgen dem Kulturprogramm, bis es dann am Abend mit Feuershow dem großen Highlight entgegengeht: Ein fulminantes Hochfeuerwerk vor der Kulisse der Eremitage.

Herzogkeller

WWW.HERZOGKELLER.DE

Öffnungszeiten

Ende April bis Mitte September
täglich ab 16, So/Ft ab 12 Uhr

Anschrift

Hindenburgstraße 9
95445 Bayreuth

Unser Tipp

Der Herzogkeller ist auch eine prima Veranstaltungskulisse. Auf der Website finden Sie die aktuell geplanten Events.

BAYREUTHS BIERGARTEN

Er verweist alle anderen in der Stadt auf die Plätze: Der Herzogkeller. Mit über 1.000 Plätzen und einer ehrwürdigen Historie (seit 1888) steht er für die Bierkultur in der Markgrafenstadt. Das Seidla kostete damals noch zehn Pfennig ... Mit dem ersten Weltkrieg allerdings endete der erste Teil der Geschichte. Nach der Wiedereröffnung im Juli 1990 sitzen die Bayreuther aber wieder gerne wie einst Kronprinz Ludwig über den alten Felsgewölben und lassen sich das Bier der Bayreuther Bierbrauerei schmecken.

Weitere Tipps

Maisel's Weißbierfest
Vier Tage Fest auf dem Brauereigelände mit viel guter Musik und dem Maisel's FunRun. Eine Woche vor Himmelfahrt. 10.-13. Mai 2012. www.maisel.com

Ökologisch-Botanischer Garten
Naturnah gestaltete Vegetationstypen aus aller Welt. Universitätsstraße 30, 95447 Bayreuth, Tel.: 0921-552961. Mo-Fr nur Freigelände 8-17, So/Ft auch Gewächshäuser 10-16 Uhr. www.obg.uni-bayreuth.de, Eintritt frei!

Deutsches Freimaurer-Museum
Entwicklung der Freimaurerei - sehr sehenswert. Im Hofgarten 1, 95444 Bayreuth, Tel.: 0921-69824. Di-Fr 10-12 und 14-16, Sa 10-12, Festspielzeit Mo-So 10-16 Uhr. www.freimaurermuseum.de. Erw. 2,-/Erm. 1,50

Iwalewa-Haus
Haus zur Erforschung der Gegenwartskultur Afrikas. Münzgasse 9, 95444 Bayreuth, Tel. 0921-554600. Di-So 14-18 Uhr. www.iwalewa.uni-bayreuth.de, Di-So 14-18 Uhr, Sonderausstellungen Erw. 3,-/Erm.2,-

Porzellanmuseum Walküre
Museum der Porzellanfabrik Walküre. Acht Stationen von 1899 bis 1999. Gravenreutherstraße 5, 95445 Bayreuth, Tel.: 0921-78930760. Mo-Fr 10-16, Sa 10-13 Uhr, www.walkuere.de. Erw. 1,50/Erm. 1,-

Stadtbad
Runderneuertes Bad mit dem erhaltenen Flair der 1920er Jahre. Kolpingstraße 7, 95444 Bayreuth, Tel.: 0921-600382, www.bvb-bayreuth.de. Mo 15-18, Di-Fr 11-21.30, Sa 10-19.30, So/Ft 10-18.30 Uhr. Zwei Stunden Erw. 3,80/Erm. 2,-

Bayreuther Plakatmuseum
Zeitgenössische Plakatkunst in vier Ausstellungen pro Jahr. Friedrich-Puchta-Straße 12, Tel.: 0921-82458. Di/Do 16-18 Uhr, www.bayreuth.de. Eintritt frei!

Kreuzsteinbad
Freibad mit zahlreichen Becken, Wellenbad und Strömungskanal. Universitätsstraße 20-24, 95447 Bayreuth, Tel.: 0921-600384, www.bvb-bayreuth.de. Mai-September tägl. 7-20 Uhr, Erw. 3,50/Erm. 2,-

Freiluftbad Bürgerreuth
Licht-, Luft- und Sonnenbad, Kneippanlage (kein Schwimmbad!). An der Bürgerreuth, 95445 Bayreuth, Tel.: 0921-12428, www.bvb-bayreuth.de. Mai-September tägl. 8-20 Uhr, Erw. 1,10/Erm. 0,60

Bürgerfest
Jedes Jahr am ersten Juli-Wochenende feiern die Bayreuther sich und ihre Stadt. Guter Platz: Lamperie mit Vogelsgarten, Friedrichstr. 13, 95444 Bayreuth, Tel: 0921-50709426, www.lamperie.de. Termin 2012: 6.-8. Juli, www.bayreuth.de

SVG-Hallenbad
Hallenbad des Bayreuther Schwimmvereins mit Sauna und Sprungbecken. Am Sportpark 5, 95448 Bayreuth, Tel.: 0921-98614. Mo/Di/Do 13-21, Mi/Fr 10-21, Sa 8-18, So 9-17 Uhr, www.svb-hallenbad.de. Erw. 3,-/Erm. 1,50

Archäologisches Museum im Neuen Schloss
Einziges Spezialmuseum für vor- und frühgeschichtliche Funde in Oberfranken. Sammlung des Historischen Vereins. Ludwigstraße 25b, 95444 Bayreuth, Tel.: 0921-65307. Ende April-Anfang November Sa 10-15, erster So/Monat 10-12 Uhr. www.hvo.franken.org, Erw. 1,-/Erm. 0,50

Staatsgalerie - Malerei des Spätbarock
Niederländische und deutsche Gemälde des 17. und 18. Jahrhunderts in den Galerieräumen des Neuen Schlosses. Ludwigstraße, 95444 Bayreuth, Tel.: 0921-7596921. April-September tägl. 9-18, Oktober-März Di-So 10-16 Uhr

Becher-Bräu
Traditionsbrauereigasthof mit urigem Ambiente. St. Nikolausstraße 25, 95445 Bayreuth, Tel.: 0921-68993, www.becherbraeu.de. Tägl. ab 9 Uhr

Kunstmuseum Bayreuth
Moderne Kunst und die tabakhistorische Sammlung der British American Tobacco im Alten Rathaus, Maxstraße 33, 95444 Bayreuth, Tel. 0921/7645310. Di-So 10-17, Juli/August auch Mo 10-17 Uhr. www.kunstmuseum-bayreuth.de, Erw. 2,-/Erm. 1,-

Touristinfo:

Opernstraße 22
95444 Bayreuth
Tel.: 0921-88588
www.bayreuth.de

Bildquellen (Seite): Lohengrin Therme (137), Stadt Bayreuth (141,142,149), Bayreuther Bierbrauerei (143), Maisel (144)

Top-Tipp

Auf den Spuren eines großen Mannes

WWW.JEANPAUL-OBERFRANKEN.DE

Jean Paul Friedrich Richter (1763-1825) verbrachte den größten Teil seines Lebens in Oberfranken. Auf fast 200 Kilometern Länge kann man auf dem Jean-Paul-Weg die Stationen des Lebens des Dichters nachvollziehen und mehrere Museen und Gedenkstätten besuchen.

Die Strecke führt von Joditz, dem Ort der Jugend Jean Pauls, bis nach Sanspareil im Landkreis Kulmbach. Das letzte Teilstück von Bayreuth bis Sanspareil befindet sich aktuell noch in der Fertigstellung und soll zum 250. Geburtstag des Genies am 21. März 2013 vollendet sein. Näheres zu dem fränkischen Dichterfürsten erfahren Sie in den beiden Museen in Joditz (S. 357) und Bayreuth (S. 147).

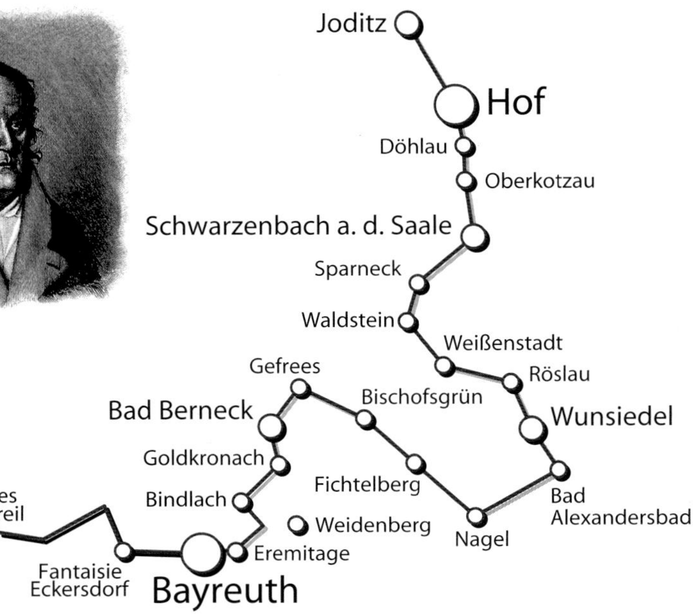

Wegverlauf

Joditz (Gemeinde Köditz) - Hof/Saale - Döhlau - Oberkotzau - Fattigau - Schwarzenbach a.d.Saale - Hallerstein - Sparneck - Großer Waldstein - Saalequelle - Ruppertsgrün - Weißenstadt - Grub - Egertal - Röslau - Bibersbach - Valetsberg - Wunsiedel - Katharinenberg - Bad Allexandersbad - Luisenburg - Reichenbach - Nagel - Fichtelsee - Fichtelnaabquelle - Weißmainfelsen - Karches - Oberes Weißmaintal - Fröbershammer - Bischofsgrün/Rangen - Schweinsbach - Metzlersreuth - Entenmühle - Ölschnitztal - Bad Berneck - Galgenberg - Geseeser Höhe - Goldkronach - Kottersreuth - Katzeneichen - Deps - Bindlacher Berg - Röhrig - Bindlach - Allersdorf - Oschenberg-Nordhang - Tal der Warmen Steinach - Hilpertsgraben - Rodersberg - Bayreuth/Eremitage - Bayreuth /Stadt - Eckersdorf/Schloss Fantaisie - Gemeinde Wonsees/Schloss Sanspareil.

Wanderkarten und Informationen:
Fritsch Wanderkarte Nr. 64, Hofer Land | Fritsch Wanderkarte Nr. 52, Naturpark Fichtelgebirge
www.jeanpaul-oberfranken.de, www.jean-paul-gesellschaft.de, www.bayern-fichtelgebirge.de
www.jean-paul-2013.de

Von Aufseß bis Zipline

Im Landkreis Bayreuth, der sich zwischen Fränkischer Schweiz und Fichtelgebirge erstreckt, finden sich viele Naturschauspiele wie die Teufels- und Sophienhöhle oder das Felsenbad in Pottenstein. Außerdem entwickelte sich hier ein richtiges Skigebiet mit ausgedehnten Pisten für die Bretterfreunde. Mittlerweile haben sich die Leute aber auch Gedanken dazu gemacht, wie man im Sommer mit den Hängen und Seilbahnen Geld verdienen kann. Dabei entstanden teils sehr spektakuläre Freizeiteinrichtungen wie der Zipline-Park, in dem man sich

Zipline Park (S. 158)

Bahnhöfe: Ramsenthal, Bindlach, Friedrichsthal, Döhlau, Untersteinach, Görschnitz, Weidenberg, Stockau, Seybothenreuth, Kirchenlaibach, Haidenaab-Göppmannsbühl, Creußen, Schnabelwaid, Pegnitz; (Liniennetz siehe Seite 18)

Sommerrodebahn Bischofsgrün (S. 159)

Kristall Radon-Sole-Therme (S. 162)

Gleißinger Fels (S. 165)

Burg Rabenstein (S. 164)

todesmutig einen halben Kilometer an einer Rolle in die Tiefe stürzt. Des Weiteren prägt den Landkreis auch die Bierkultur, der man sich in den vielen Brauereien nähern kann. Nicht nur Motorradfahrer schätzen die Gegend um Aufseß, das mit vier Brauereien bei 1.350 Einwohnern einen Eintrag im Guinness-Buch bekam. Das Bier kann man sich auch erwandern, beispielsweise auf dem Fünfseidlasteig.

Abenteuerpark Betzenstein

WWW.ABENTEUERPARK-BETZENSTEIN.DE

SPASS UND NERVENKITZEL

Öffnungszeiten

Mi-Fr 13-19, Sa/So/Ft 10-19 Uhr, bayer. Ferien tägl. 10-19 Uhr

Eintrittspreise

Erw. 22,- Euro / Erm. 17,- Euro

Anschrift

Hauptstraße 68
91282 Betzenstein
Tel.: 09244-985916

Unser Tipp

Nach Bad und Seil knurrt sicherlich der Magen. Abhilfe schafft der Waldgasthof Reuthof, u.a. mit Speisen vom heißem Stein. Reuthof 11, 91282 Betzenstein, Tel.: 09244-310, www.reuthof.de, Sa-Do ab 10 Uhr

Der große Hochseilgarten lässt für alle, die hoch hinaus wollen, keine Wünsche offen. Die vielen Plattformen in den Bäumen sind über Brücken, Seilbahnen und Tunnel miteinander verbunden. Eines der Highlights der Anlage ist der Freibadflug. Diese 230 m lange Seilbahn überquert in schwindelnder Höhe das Betzensteiner Freibad. Bevor man sich an derartige Mutproben heranwagen kann, bekommt man eine Sicherheitseinweisung durch das Personal und ist dann während der gesamten Kletterpartie durch Führungsseile gesichert. Wer trotzdem ins Schwitzen kommt, kann nach dem Klettern kostenlos das angrenzende Freibad besuchen.

Dévalkartbahn Oberwarmensteinach

WWW.SKILIFTE-DEVALKARTBAHN.DE

Öffnungszeiten

Tägl. 10-18 Uhr (bei Regen geschlossen)

Eintrittspreise

Erw. 2,50 Euro / Erm. 2,- Euro (Geburtstagskinder bekommen fünf Freifahrten!)

Anschrift

An der Straße zwischen Fichtelberg und Oberwarmensteinach
95485 Warmensteinach
Tel.: 09277-310

Unser Tipp

Am Zieleinlauf hat Familie Nickl einen schönen Biergarten aufgebaut, damit man sich zwischen den Fahrten stärken kann oder es den Wartenden nicht zu langweilig wird.

STEILHANG MAL ANDERS

Wo im Winter emsig Ski gefahren wird, gibt's im Sommer ein ganz besonderes Vergnügen. Mit einer Mischung aus Bobby- und Kettcar stürzt man sich den Hang hinunter. Hinauf kommt man mit dem Schlepplift. Bei dieser Erfindung aus Frankreich ist der Spaß wirklich garantiert, für die kleinen einfach runterfahren, für die Großen mit Führerschein durchaus eine Herausforderung, mal an die Grenzen zu gehen.

Zipline-Park Ochsenkopf

WWW.ZIPLINEPARK.INFO

Anschrift

Fleckl 13
95485 Warmensteinach
Tel.: 09244-982499

Unser Tipp

Die passende Gelegenheit zur Entspannung nach der großen Tour bietet der Gasthof Hammerschmiede. Fröbershammer 8, 95493 Bischofsgrün, Tel.: 09276-310, www.hammerschmiede-bischofsgruen.de, Do-Mo ab 10 Uhr

WIE IM FLUG DEN BERG HINUNTER

Die Skiregion Fichtelgebirge lässt sich so manche Sache einfallen, die Hänge auch im Sommer gewinn- und spaßbringend zu nutzen. Hier in Fleckl hat man sich gedacht: Wenn man an Seilen den Berg hinauf kommt, warum sollte man nicht daran auch hinunter sausen? Also installierte das Team der Abenteuerwerkstatt zwölf steile Seilstrecken (so genannte Ziplines), die man mit einer Seilrolle und ordentlich Dampf dahinter herunter fährt. Zwischendurch erholt man sich auf 20 Meter hoch gelegenen Baumplattformen und tollem Ausblick auf das Geschehen. Nach über zwei Kilometern Fahrt an Ziplines bis 460 Metern endet die Strecke an der Talstation in Fleckl.

Sommerrodelbahn Bischofsgrün

WWW.SOMMERRODELBAHN-OCHSENKOPF.DE

Öffnungszeiten
Tägl. 9.30-17 Uhr

Eintrittspreise
Erw. 4,50 Euro / Erm. 4,- Euro
(inkl. 1,50 Euro Seilbahn)

Anschrift
Fröbershammer 27
95493 Bischofsgrün
Tel.: 09276-604

Unser Tipp
Nach dem Rodeln hat man Appetit, wir empfehlen den Jägerhof. Hauptstraße 12, 95493 Bischofsgrün, Tel.: 09276-257, Fr-Mi ab 10 Uhr. www.jaegerhof-bischofsgruen.de

DEN OCHSENKOPF RUNTERSAUSEN

Der zweithöchste Berg des Fichtelgebirges bietet schon seit vielen Jahren eine beliebte Attraktion: An der Zwischenstation des Nordlifts starten die zehn Steilkurven der Sommerrodelbahn, die auf über 1.000 Metern 140 Meter Höhenunterschied überwinden lässt. Ein bisschen fühlt man sich wie im Jamaika-Bob, aber ist sofort angesteckt für die nächste Tour. Um Geld zu sparen, kann man auch den Berg für den nächsten Trip hochlaufen, aber glauben Sie uns, die 1,50 sind gut investiert...

Sommerrodelbahn Pottenstein

WWW.SOMMERRODELBAHNEN-POTTENSTEIN.DE

Öffnungszeiten

März bis Ende Oktober
tägl. 10 bis 17 Uhr

Eintrittspreise

Erw. 2,50 Euro / Erm. 2,- Euro

Anschrift

An der B 470
(gegenüber dem Felsenbad)
91278 Pottenstein
Tel.: 09243-92200

Unser Tipp

Die netten Betreiber haben auch eine Kamera installiert, weswegen man nach der Fahrt auch ein Foto von sich erwerben kann.

BAHN FREI!

Wenn einen der Lift nach oben gezogen hat, geht es einen ganzen Kilometer lang geschwind bergab. Dabei bietet die Sommerrodelbahn die Wahl zwischen zwei Bahnen (einer Bob- und einer Rodelbahn). Spaß macht beides, der Vorteil der Bobbahn ist, dass man sie bei jedem Wetter befahren kann. Zusätzlich gibt es an der Talstation einen kleinen Kiosk – und man kann Bungee-Trampolin springen.

Klettergarten Bischofsgrün

WWW.OXENKOPF.DE

Öffnungszeiten
Fr-So 11-18 Uhr,
bayer. Ferien tägl. 11-18

Eintrittspreise
Erw. 20,- Euro / Erm. 16,- Euro

Anschrift
Fröbershammer 27
95493 Bischofsgrün
Tel.: 09276-926958

Unser Tipp
Wer nicht in die Höhe streben will, kann sich auch auf den Jagdbogenparcours begeben und während einer drei Kilometer langen Waldwanderung auf Tier(scheiben) jagd gehen. Preise und ÖZ wie Kletterwald plus 2,- Euro/Pfeil.

VON GRÜN BIS EXTREM

Neun Parcours erwarten die Gäste hier, angefangen von Einsteigerübungen über schwierigere Strecken bis hin zum Extrem-Parcours auf einer Höhe von 22 Metern. Beispielsweise darf man über Bierbänke laufen, die in 15 Metern Höhe schweben. Den Teamtrainings-Parcours muss man vorher absprechen, den schafft man wirklich nur gemeinsam und hat am Ende einen Freifallsprung aus 18 Metern Höhe. Für Sicherheit und das richtige Equipment ist natürlich gesorgt.

Kristall Radon-Sole-Therme

WWW.KRISTALLTHERME-FICHTELBERG.DE

Öffnungszeiten
Mo/Mi/Do/So 9-22 Uhr,
Di/Fr/Sa 9-23 Uhr

Eintrittspreise
Tageskarte
Erw. 14,80 Euro / Erm. 7,80 Euro

Anschrift
Mühlberg 11
95686 Fichtelberg
Tel.: 09272-493

Unser Tipp
Dienstag und Freitag ist ab 19 Uhr textilfreies Baden angesagt!

DIE QUELLE IHRES WOHLBEFINDENS

So definieren die Fichtelberger ihre Therme. Und da haben sie nicht unrecht. Schließlich ist es heilend und entspannend, sich in das über 30 Grad warme Solewasser zu begeben. Anschließend erwarten Sie neun Saunen von der Heu- (75° C) über die Profi- (100° C) bis zur unterirdischen Meilersauna (90° C). Abkühlung verspricht die Eisnebelgrotte, die auf Knopfdruck eiskalten Nebel über Ihnen versprüht. Mit zum Gesamtprogramm gehört natürlich auch ein Wellness-Bereich mit Massagen, Kosmetik und der Black-Mud-Schlammbehandlung.

Felsenbad und Teufelshöhle Pottenstein

WWW.FELSENBAD.EU | WWW.TEUFELSHOEHLE.DE

Infos / Kontakt

Felsenbad:
Anfang Mai bis Ende September
tägl. 9.30 bis 19 Uhr
Erw. 3,50 Euro / Erm. 1,50 Euro
Pegnitzer Straße 35
91278 Pottenstein
Tel.: 09243-700592
www.felsenbad.eu

Teufelshöhle:
April-Anfang November tägl.
9-17 Uhr
Erw. 3,80 Euro / Erm. 2,- Euro
An der B470
91278 Pottenstein
www.teufelshoehle.de

Unser Tipp

Die Teufelshöhle ist auch Bühne für das Programm „Kultur in der Teufelshöhle“ mit interessanten Konzerten und Theateraufführungen (siehe Website).

BADEN ZWISCHEN UND WANDERN IN FELSEN

Das wunderschöne Naturschwimmbad vor der eindrucksvollen Felsenkulisse ist heute auch Seebühne und Biergarten. Bei seiner Eröffnung 1926 beeindruckte das Ensemble aus damals 1300 Quadratmetern Schwimmbecken und in die Felsen gehauenen Sprungplattformen die Besucher vor allem wegen seiner absoluten Einzigartigkeit. Mit dem Konzept eines „Naturbades“ erreichte der 1993 gegründete Förderverein, dass das Paradies 2001 wieder zum Leben erweckt werden konnte. Die Wasserfläche, jetzt 1620 Quadratmeter, ist zur Hälfte Biotop. Zweites interessantes Ziel ist die größte und touristisch am besten erschlossene Höhle der Fränkischen Schweiz, die Teufelshöhle. Begleitet von einem Führer geht es auf schmalen Wegen und über viele Treppen knapp einen Kilometer durch die Unterwelt mit ihren vielfältigen Tropfsteinen. Durch die ganzjährig konstante Temperatur und die sehr hohe Luftfeuchtigkeit, wird die Höhle auch als Therapiestation für Atemwegserkrankungen genutzt.

Burg Rabenstein

WWW.BURG-RABENSTEIN.DE

MITTELALTER ERLEBEN

Infos / Preise

Burgführungen: Di-Fr 11/14/16.30 und Sa/So/Ft 11-17 Uhr Erw. 3,50/Erm. 2,50

Sophienhöhle: April-Oktober Di-So 10.30-17 Uhr Erw. 6,50/Erm. 5,-

Falknerei: Di-So jeweils 15 Uhr Flugvorführungen (im Burgeintritt enth.)

Mittelaltermarkt: Mitte Juni und Mitte August

Gutsschenke: April-Oktober Di-So 11-18 Uhr, Abendessen in der Burg 18-21 Uhr (bitte reservieren)

Anschrift

Rabenstein 33
95491 Ahorntal
Tel.: 09202-9700440

Unser Tipp

Auf der Burg finden jede Menge begeisternder Veranstaltungen statt, suchen Sie sich einfach eine aus, ob Konzert oder Wildschwein-Grillbuffet, hier sind Sie immer richtig!

Da ist ganz schön was los auf der Burg Rabenstein. Denn abgesehen davon, dass man natürlich die Burg selbst besichtigen kann, gibt es in unmittelbarer Nähe noch die Falknerei, die Sophienhöhle, das Keltendorf, die Gutsschenke mit Biergarten und den Promenadenweg. In der über 800 Jahre alten Burg können verschiedene Prunksäle besichtigt werden. Zweimal im Jahr findet ein großer Mittelaltermarkt statt und versetzt die Besucher zurück in diese spannende Epoche. Mehr dazu im Internet.

Gold- und Silbereisenbergwerk „Gleißinger Fels“

WWW.BERGWERK-FICHTELBERG.DE

Öffnungszeiten
April-Oktober 10-17 Uhr

Eintrittspreise
Erw. 5,50 Euro / Erm. 4,50 Euro

Anschrift
Panoramastraße
95686 Fichtelberg
Tel.: 09272-848

Unser Tipp
Wenn Sie zu Ihrer nächsten Geburtstagsfeier mal was ganz Besonderes machen möchten, dann verlegen Sie Ihre Party doch einfach unter Tage und feiern Sie hier. Infos auf der Website.

WO MAN GOLD WASCHEN KANN

Beim Besuch in dem mittelalterlichem Bergwerk können Sie für 3,50 Euro/Pfanne auch auf Goldsuche gehen, vorher sollten Sie aber die etwa einstündige Führung mitgemacht haben, die Ihnen dieses älteste Bergwerk in Nordbayern nahebringt. Besonders interessant sind die über 20 Millionen Jahre alten Gesteinszeichnungen, die man in den Gängen vorfindet, außerdem erhalten Sie einen Überblick zur ältesten Technik der Menschheitsgeschichte, dem Bergbau.

Schmutzlerzeche und „Mittlerer Name Gottes“

WWW.GOLDBERGBAUMUSEUM.DE

ZWEI BERGWERKE FÜR HÖHLENFORSCHER

Eintrittspreise

„Mittlerer Name Gottes“
Erw. 3,50 Euro / Erm. 1,50 Euro

Schmutzlerzeche
Erw. 1,50 Euro / Erm. 0,50 Euro

Anschrift

Am Goldberg (ausgeschildert)
95497 Goldkronach
Tel.: 09273-502026

Unser Tipp

Nutzen Sie die Gelegenheit für eine Wanderung auf dem Humboldtweg, ein Flyer kann auf der Website heruntergeladen oder vor Ort mitgenommen werden.

Das Bergwerk „Mittlerer Name Gottes“ finden Sie auf dem Humboldtwanderweg. Hinein gelangt man nur mit einer Führung (Tel.: 09273-9840) außerhalb der Winterzeit, in der die Fledermäuse hier wohnen. Im Bergwerk kann man die viele Jahrhunderte währende Arbeit der Bergleute nachvollziehen und ihren Weg an den Quarzgängen verfolgen. Die Schmutzlerzeche liegt ebenfalls versteckt im Wald, ist aber jeden Sonntag von 11 bis 17 Uhr geöffnet. Der Besuch ist insbesondere für die Kleinen geeignet. Die Kinder erleben unter anderem das „Blut des Berges“, eine eisenhaltige Verbindung, die aus der Stollenwand herauszuquellen scheint.

Goldbergbaumuseum Goldkronach

WWW.GOLDBERGBAUMUSEUM.DE

Öffnungszeiten
April bis dritter Advent
So/Ft 13-17 Uhr

Eintrittspreise
Erw. 2,- Euro / Erm. 1,- Euro

Anschrift
Bayreuther Straße 21
95497 Goldkronach
Tel.: 09273-502026

Unser Tipp
Im Museumsgarten können Sie sich als Goldwäscher versuchen.

WIE KOMMT DAS ERZ AUS DEM BERG?

Das Fichtelgebirge ist viel älter als die Alpen und birgt viele Erzadern, was im Mittelalter zu einem bescheidenen Wohlstand der Bürger und großer strategischer Bedeutung geführt hat. Abgebaut wurden vor allem Gold, Silber, Eisen und Zinn, aber auch Granit für die Burggrafen von Nürnberg und späteren Markgrafen von Bayreuth-Kulmbach. Hier wirkte auch der Naturforscher Alexander von Humboldt. Nach dem Ende des Bergbaus 1928 spielte der Tourismus eine immer wichtigere Rolle. Über diese Geschichte informiert das Goldbergbau- und Heimatmuseum, das auch über eine originale Goldschlägerwerkstatt verfügt.

Waldhaus Mehlmeisel

WWW.WALDHAUS-MEHLMEISEL.DE

Öffnungszeiten

April bis Oktober Di-So 10-17 Uhr, sonst Sa/So/Ft 10-16 Uhr

Eintrittspreise

Erw. 2,50 Euro / Erm. 2,- Euro

Anschrift

Waldhausstraße 100
95694 Mehlmeisel
Tel.: 09272-909812

Unser Tipp

Wenn die Entdecker danach Hunger bekommen haben, lohnt ein Besuch im Gasthaus zur Linde. Oberwarmensteinacher Straße 91, 95485 Warmensteinach, Tel.: 09277-975056, Mai bis Mitte September tägl. ab 11 Uhr, sonst Fr-Mi tägl. ab 11 Uhr, Do ab 18 Uhr

DER PLATZ FÜR ENTDECKER

Das Waldhaus Mehlmeisel bietet spannende Einblicke in die Tier- und Pflanzenwelt sowie die Nutzungsgeschichte des Waldes im Fichtelgebirge. Im umliegenden Entdeckerpfad für die Sinne riechen Sie die Natur, fühlen die Flora und Fauna, hören die Geräusche des Waldes und sehen die Wunder der Natur, das Ganze auf zwölf Stationen. Die letzte Station ist das Waldtierfreigehege, wo Sie Rot- und Schwarzwild aus dem Fichtelgebirge hautnah erleben und beobachten können.

ENTDECKER PASS.COM
FREIZEIT ERLEBNIS KULTUR

Fränkische-Schweiz-Museum Tüchersfeld

WWW.FSMT.DE

Öffnungszeiten

April bis Oktober Di-So 10-17 Uhr,
sonst So 13.30-17 Uhr

Eintrittspreise

Erw. 3,- Euro
Kinder bis 16 Jahren frei

Anschrift

Am Museum 5
91278 Pottenstein
Tel.: 09242-1640

Unser Tipp

Im Anschluss sollten Sie nach Pottenstein fahren und die imposante Kulisse der Stadt von Bruckmayer's Biergarten aus bewundern.
Am Stadtgraben 1-3, 91278 Pottenstein, Tel.: 09243-924450, www.hotel-bruckmayer.de, tägl. ab 12 Uhr

FRAGEN – STAUNEN – MITMACHEN

Die Fränkische Schweiz hat eine interessante Vergangenheit von der Frühzeit, über Mittelalter und frühe Neuzeit bis in unsere Tage. Diese lange Zeitspanne ist hier im Herzen der Region liebevoll zusammengetragen – das Haus zählt zu den sehenswertesten Museen Frankens. Es ist untergebracht im sogenannten Judenhof, einem Gebäudeensemble des 18. Jahrhunderts, das durch seine Lage unterhalb zweier steil aufragender, markanter Felstürme weltweit bekannt ist und ein Markenzeichen der Fränkischen Schweiz darstellt.

ENTDECKER PASS.COM
FREIZEIT ERLEBNIS KULTUR

La Statione

WWW.LASTATIONE.DE

Öffnungszeiten
1. und 2. So im Monat von 10.30-16 Uhr

Eintrittspreise
Erw. 6,- Euro / Erm. 3,50 Euro

Anschrift
Kemnather Straße 7
95469 Speichersdorf
Tel.: 0171-7721151

Unser Tipp
Das Café Termini in der Mitte der Bahnen bietet eine gute Gelegenheit für Kaffee und Kuchen oder Bier und Brotzeit. 50 Cent des Eintrittspreises werden vergütet und man hat einen perfekten Blick auf die kleinen Bähnchen.

EINE ZEITREISE MIT DER MODELLBAHN

220 Züge im Maßstab H0 (1:87) fahren hier auf über 1.000 Quadratmetern durch das wunderschön gestaltete Gelände. Dargestellt wird die gesamte Entwicklung der Eisenbahn in Deutschland, angefangen vom Beginn des 20. Jahrhunderts bis zur heutigen Zeit. Fünf getrennte Anlagen zeigen die jeweiligen Epochen. Besonders schön: Die Führerstandsmitfahrt – hier sieht man auf einem Monitor die Perspektive des Mini-Lokführers. Fünf getrennte Anlagen zeigen die jeweiligen Epochen. Im zugehörigen Shop namens Bahnbude finden Sie jede Menge Bahnliteratur und eine große Auswahl an Modellbahnen und Zubehör.

Weitere Tipps

Krügemuseum Creußen
Sehenswertes Museum rund um das Creußener Steinzeug. Ostern bis 31. Oktober Mi/Sa/So 10-12 und 14-17, sonst Sa 14-17, So 10-12 und 14-17 Uhr, Erw. 1,50/ Kinder frei. Am Rennsteig 8, 95473 Creußen, Tel.: 09270-5805, www.kruegemuseum.de

Therme Obernsees
Badewelt und Saunaparadies mit großem Wellnessbereich. An der Therme 1, 95490 Mistelgau, Tel.: 09206-993000, www.therme-obernsees.de. Mai bis September Mo-Sa 9-22, So/Ft 8.30-20, sonst Mo-Do 9-22, Fr/Sa 9-23, So/Ft 8.30-22 Uhr, Tageskarte Erw. 13,50/Erm. 10,-

Museumsscheune in der Fränkischen Schweiz
Alte Handwerksberufe aus dem Hollfelder Land und landwirtschaftliche Gerätschaften in einer alten Bauernscheune. Judengasse 10, 96142 Hollfeld, Tel.: 09274-9800, Mai-Oktober Sa/So 14-16 Uhr, Erw. 2,-/Erm. 1,-

Freibad Hollfeld
Saniertes Freibad mit großem Freizeitangebot. Badstraße, 96142 Hollfeld, www.hollfeld.de, Tel.: 09274-9800. Ab Mitte Mai tägl. 10-20 Uhr, Erw. 3,-/ Erm. 2,-

Museum Hummelstube
Uriges Bauernmuseum im Stil des Hummelgaus. Bayreuther Str. 42, 95503 Hummeltal, Tel.: 09201-9186235, www.hummelstube.de. März bis November Mi/Do/So 14-17, sonst Mi/So 14-17 Uhr, Erw. 2,-/Erm. 1,-

Schloss Unteraufseß
Residenz der Adelsfamilie von Aufseß. Führungen nach Vereinbarung. Unteraufseß, 91347 Aufseß, www.schloss-unteraufsess.de Tel.: 09198-998217, Erw. 1,-/Erm. 2,50

NaturKunstRaum Neubürg
Kunstwanderweg auf dem Tafelberg Neubürg. Kostenlos und frei zugänglich. Wohnsgehaig, 95490 Mistelgau, Tel.: 09279-923241

Burg Pottenstein
Schutzburg der Hl. Elisabeth, mit über 1.000 Jahren älteste Burg der Fränkischen Schweiz. 91278 Pottenstein, www.burgpottenstein.de, Tel.: 09243-7221, Mai-Oktober Di-So 10-17 Uhr, Erw. 5,-/Erm. 2,50

Steinklopfplatz Hohenmirsberger Platte
Gehen Sie selbst auf die Suche nach Versteinerungen. Am Aussichtsturm, 91278 Hohenmirsberg, Tel.: 0170-8861400, April bis Mai und September bis Oktober Sa/S0 10-17, Oster- und Pfingstferien sowie von Juni- 10. September Di-So 10-17 Uhr.

Minigolfplatz Pottenstein
Minigolf zwischen Burg und Biergarten. Am Stadtgraben, 91278 Pottenstein, Tel.: 09243-812 / 1607. Mai-Oktober tägl. 10-18 Uhr, Erw. 2,-/Erm. 1,50

Ruine Leienfels
Schöne Ruine mit toller Aussicht am Ortsrand von Leienfels, 91278 Pottenstein

Brauereigasthof Konrad Krug
Uriger Brauereigasthof mit Kultbier. Breitenlesau 1b, 91344 Waischenfeld, Tel: 09202-835, www.krug-braeu.de. April-Oktober Di-So ab 9, sonst Mi-So ab 9 Uhr

Held-Bräu
Spitzenbier mit dem kultigsten Brauereilogo der Welt. Sehr schöner Biergarten mit Wohlfühlgarantie direkt an der Brauerei. Oberailsfeld 19, 95491 Ahorntal, Tel: 09242-295, www.held-braeu.de, Do-Di ab 10 Uhr

Kathi Bräu Heckenhof
Beliebtester Motorradtreff der Fränkischen Schweiz mit gutem Lagerbier. Heckenhof 1, 91347 Aufseß, Tel: 09198-277, tägl. ab 9 Uhr

Gasthausbrauerei Hufeisen
In der umgebauten Brauerei können Sie beim Brauen zuschauen. Hauptstraße 38, 91278 Pottenstein, Tel: 09243-260, www.hufeisen-braeu.de, März-Oktober Di-So ab 11 Uhr

Touristinfo:

Rathaus
95686 Fichtelberg
Tel.: 09272-969030
www.tz-fichtelgebirge.de

Bildquellen (Seite): Abenteuerwerkstatt GmbH (158), Kristall Radon-Sole-Therme (162), Felsenbad Pottenstein (163), Burg Rabenstein (164), Fränkische Schweiz Museum (169), La Statione (170)

Märchen, Indianer und Drachen

WWW.WUNDERLAND.DE

Seit seiner Eröffnung 1976 befindet sich das **Fränkische Wunderland in Plech** in einem steten Evolutionsprozess. Waren es am Anfang noch die Märchen, die im Vordergrund standen, kamen schnell Indianer und Westernhelden in Mode. Mittlerweile hat man den Park noch um eine riesige Spiel- und Aktionshalle erweitert, in der die Kinder nach Herzenslust springen und klettern können.

Wunderland AG
Zum Herrlesgrund 13
91287 Plech/Ofr.
Tel.: 09244-989-0
Fax 09244-7429
info@wunderland.de
www.wunderland.de

Öffnungszeiten
April bis Anfang Oktober täglich geöffnet von 9 bis 18 Uhr (genaue Öffnungszeiten siehe Website)

Preise
Erwachsene und Kinder über 1,40 m: 12,50 Euro
Kinder von 1 m bis 1,40 m: 11 Euro
Kinder unter 1 m frei!

Tipp:
Slingshot „Fort Laramie"

Die Fränkische Bierkellerbibel

WWW.BIER.BY

Auch in seiner vierten Auflage zeigt „Frankens schönste Bierkeller und Biergärten", das seit 2006 schon 35.000 mal verkauft wurde, dass es sich immer wieder lohnt, die stets lebendige Bierkellerkultur Frankens zu erlesen. Viele Neuerungen und ein frisches Layout begleiten dabei den nächsten Schritt unseres geliebten Bestsellers.

Neben den bekannten unabhängigen Recherchen, Tipps, Hintergrundstories und hilfreichen Informationen wie Speisekarte, Öffnungszeiten und nächster Haltestelle gibt es nun unter anderem einen Familienkompass. Hier empfehlen wir den Lesern mit Nachwuchs, wo es die schönsten Spielplätze, die spannendste Natur oder einfach den Freizeitpark oder die Sommerrodelbahn um die Ecke gibt.

Außerdem konnten wir 32 Seiten zulegen, insgesamt wieder viele neue Geheimtipps und Klassiker aufnehmen und die gesamte Metropolregion Nürnberg durchkämmen. Dabei stießen wir Autoren, Markus Raupach und Bastian Böttner bis in die Oberpfalz vor und sind auch dort fündig geworden. In einem Zwölf-Seiten-Special geben wir einen ersten Einblick in die Bierkultur von Amberg, Neumarkt & Co.

Komplett neu gestaltet wurden die im Buch enthaltene Faltkarte und die zugehörige Website www.bier.by, über die man auch eine kostenlose Bier-App mit allen Biergärten fürs Smartphone herunterladen kann.

Buchdaten:

Autoren: Markus Raupach / Bastian Böttner
Titel: Frankens schönste Bierkeller und Biergärten (4. Auflage)
Verlag: Fränkischer Tag Buchverlag
672 Seiten, ISBN: 978-3936897821
Preis: 19,90 Euro

Jetzt erhältlich im Buchhandel und in allen Geschäftsstellen von Fränkischer Tag, Coburger Tageblatt, Saale Zeitung, Die Kitzinger und Bayerischer Rundschau sowie unter Tel.: 09221/949-311 oder online auf www.ft-buchverlag.de

MARKUS RAUPACH & BASTIAN BÖTTNER
FRANKENS SCHÖNSTE
BIERKELLER
UND BIERGÄRTEN
600 TIPPS - UNABHÄNGIG RECHERCHIERT
Mit Familien-Kompass
NEU: ERWEITERT UM DIE METROPOLREGION NÜRNBERG
DB
FRÄNKISCHER TAG Buchverlag

Im Zeichen des Mohren

Die Residenzstadt der Herzöge von Sachsen-Coburg kam vor allem durch die kluge Heiratspolitik des Hauses zu Ruhm und Ehre. Die heutige Familie, bestehend aus Prinz Andreas, Prinzessin Carin, Prinzessin Stephanie, Prinz Alexander, Prinzessin Kelly und Erbprinz Hubertus ist unter anderem mit den Herrscherhäusern von Belgien, Portugal, Großbritannien und Bulgarien verwandt. Insbesondere bei Besuchen des Hochadels in Coburg oder Hochzeiten wie vor kurzem in London sind sich die Coburger dieser Tatsache besonders bewusst und sind Großteils aus dem Häuschen.

Veste Coburg (S. 183)

Bahnhöfe: Creidlitz, Coburg, Coburg-Neuses, Coburg-Nord; (Liniennetz siehe Seite 18)

Naturkundemuseum (S. 185)

Schlossplatzfest (S. 190)

Weihnachten (S. 187)

Samba Festival (S. 188)

Der Mohr im Wappen stellt den Heiligen Mauritius dar, ein legendärer römischer Legionskommandeur, der sich als Christ weigerte, gegen andere Christen zu Felde zu ziehen. Er starb mit seinen Männern als Martyrer. Er tauchte um 1380 zum ersten Mal auf einer Coburger Pfennigmünze auf und wurde ab 1500 zum Wappenzeichen der Stadt. Seit dem 30. Mai 2005 führt Coburg den Beinamen Europastadt. Mit diesem Beinamen bezeichnen sich Städte, die sich dem Gedanken der europäischen Verständigung besonders verschreiben.

Landestheater Coburg

WWW.LANDESTHEATER-COBURG.DE

Anschrift

Schlossplatz 6
96450 Coburg
Tel.: 09561-898900
(Kasse 09561-898989)

Unser Tipp

Nach dem Theater bietet der schöne, benachbarte Schlosspark eine schöne Gelegenheit, sich an frischer Luft über das Gesehene auszutauschen.

WO DER HERZOG SELBST MITSPIELTE

Die Institution Theater hat in der alten Residenzstadt eine lange Tradition. Schon 1630 ist die Uraufführung eines Stückes von Hofkapellmeister Melchior Franck im Gymnasium Casimirianum belegt. Später gab es mehrere eigene Theaterbauten, bis 1840 zum Geburtstag von Herzogin Marie am 17. September das heutige Gebäude eingeweiht wurde. Nach kurzer Zeit beim Freistaat Coburg kam das Theater nach dessen Vereinigung mit Bayern in die dortige Obhut. Bayern finanziert auch heute noch das Landestheater zu 40 Prozent mit und garantiert dessen Bestand. Jedes Jahr bringen die rund 350 Mitarbeiter des Theaters eine breite Palette an Schauspielen, Opern, Konzerten und Kammermusik zur Aufführung.

Kletterzentrum der DAV Sektion Coburg

WWW.KLETTERZENTRUM-COBURG.DE

Öffnungszeiten

Juni-September Di-Fr 18-22 und So 13-18, Oktober-Mai Di-Fr 18-22 und Sa 13-18 sowie So 13-21 Uhr

Eintrittspreise

Erw. 7,- Uhr / Erm. 5,- Uhr

Anschrift

Dammweg 4
96450 Coburg
Tel.: 09561-92007

Unser Tipp

Anschließend sollten Sie sich gut stärken, beispielsweise im Henneberger Haus. Goethestraße 3, 96450 Coburg, Tel.: 09561-92839. Do-Di ab 10 Uhr, www.henneberger-haus-coburg.de

GEFAHRLOS KLETTERN ÜBEN

Klettern will gelernt sein, schließlich hängt man im Ernstfall an steilen Überhängen und muss sich auf die Mitglieder der Seilschaft verlassen können. Damit in den Alpen oder der Fränkischen Schweiz auch alles glatt geht, oder einfach aus Spaß an der Freude, kann man hier im Kletterzentrum der Alpenvereinssektion Coburg unter professioneller Anleitung die beiden Kletterwände erklimmen. Ein Team von über 20 Helfern ist dabei stets bemüht, dass Sie auch den richtigen Weg nach oben finden. Die nötigen Gerätschaften können geliehen werden.

Aquaria Coburg

WWW.AQUARIA-COBURG.DE

Öffnungszeiten

Freibad tägl. 8-20 Uhr

Eintrittspreise

Erw. 4,20 Euro / Erm. 2,90 Euro
Hallenbad siehe Website

Anschrift

Rosenauer Straße 32
96450 Coburg

Unser Tipp

Wenn es anschließend ein besonderes Wirtshaus-Erlebnis sein soll: Hopfen & Malz, Oberer Bürglaß 12, 96450 Coburg

WASSERSPASS IN COBURG

Aus dem ehemals kleinen Coburger Schwimmbad ist ein richtiger Erlebnistempel geworden. Wellenbecken, Beach-Volleyball, Basketball, Planschbecken, Strömungskanal, Riesenrutsche, Sprungturm, diverse Innen- und Außenbecken und natürlich ein großer Wellnessbereich, was will das Herz des Wasserfreundes mehr? Sogar FKK-Freunde finden einen eigenen Bereich, alle anderen können vergessene Badekleidung auch ausleihen.

Goldbergsee

Anschrift
Zum Sulzbach
96450 Coburg

Unser Tipp
Eine richtig tolle Location für den kulinarischen Zwischenstopp ist der Hessenhof. Glender Straße 36, 96450 Coburg, www.hessenhof-coburg.de, Tel.: 09561-234861. Mo-Fr 9-14 und 16-22 (außer Mo/Di), Sa 12-22, So 10.30-21 Uhr.

EIN NAGELNEUER SEE

Es ist selten, dass Städte ein komplettes Naherholungsgebiet geschenkt bekommen. Im Falle von Coburg und dem Goldbergsee ist das allerdings so. Um den Hochwassern von Itz und Lauter zu begegnen, entschloss man sich 2003, zusätzlich zum bestehenden Froschgrundsee bzw. Schönstädtspeicher ein weiteres Rückhaltebecken für den Sulzbach bei Neuses aufzustauen – die Idee für den Goldbergsee war geboren. 2006 erfolgte der Spatenstich, 2010 begann die Aufstauung. Mittlerweile ist ein wunderschönes Naherholungsgebiet entstanden, das sowohl zu ausgedehnten Spaziergängen als auch im Sommer zum Baden einlädt.

Innenstadt Coburg mit Schloss Ehrenburg und St. Moriz

WWW.SGVCOBURG.DE

WO PRINZ ANDREW SEINE ERSTE BRATWURST VERKOSTETE

Die langjährige Residenzstadt Coburg überstand mit ihrer historischen Bausubstanz den Zweiten Weltkrieg nahezu unbeschadet. Insbesondere der im 19. Jahrhundert neu gestaltete Schlossplatz und der Marktplatz mit dem berühmten Rathaus sollten Pflichtstationen bei Ihrem Besuch sein. Am Schlossplatz steht neben dem schon beschriebenen Landestheater vor allem das Schloss Ehrenburg aus dem 16. Jahrhundert, das ab 1816 ein neues Aussehen bekam. Am zentralen Marktplatz steht das mehrmals umgestaltete Rathaus mit der heute sichtbaren Rokokofassade, einer Mauritiusfigur und dem beliebten Bratwurstmännle. Nicht verpassen sollten Sie auch die älteste Kirche der Stadt, die Morizkirche mit dem berühmten Alabasterepitaph aus dem 16. Jahrhundert.

Öffnungszeiten

April-September tägl. 9-18 Uhr
Oktober-März tägl. 10-16 Uhr
montags geschlossen

Eintrittspreise

Führungen stündlich
Erw. 4,50 Euro / Erm. 3,50 Euro

Anschrift

Schloss Ehrenburg
96450 Coburg
Tel.: 09561-808832

Unser Tipp

Neben der Coburger Bratwurst vom kleinen Grillstand gehört auch ein Pfannkuchen vom Café Pfannküchle zur Pflichtkost für Besucher. Markt 11, 96450 Coburg, Tel.: 09561-358240, tägl. ab 9 Uhr

Veste Coburg mit Museen

WWW.KUNSTSAMMLUNGEN-COBURG.DE

Öffnungszeiten
Tägl. 9.30-17 Uhr

Eintrittspreise
Erw. 5,- Euro / Erm. 2,50 Euro

Unser Tipp
Was liegt näher als ein zünftiges Essen in der Burgschänke? Veste Coburg 1b, 96450 Coburg, Tel.: 09561-2343194, tägl. ab 10 Uhr

DIE ZWEITGRÖSSTE ERHALTENE BURG DEUTSCHLANDS

Bei der ersten Erwähnung im Jahre 1225 besaßen die Herzöge von Meranien die Coburger Burg. Aus dieser Zeit sind auch Teile erhalten, allerdings haben Archäologen die Ursprünge auf das 10. Jahrhundert datiert. Später gelangte die Anlage über mehrere Stationen Mitte des 14. Jahrhunderts an die Wettiner, die sie bis zum Ende der Monarchie behielten. Heute ist die Bayerische Schlösserverwaltung zuständig. Neben der imposanten Befestigung, in der sich übrigens auch Martin Luther einige Monate aufhielt, sind auch die Museen und Sammlungen einen Besuch wert, allen voran die Kunstschätze der Coburger Herzöge.

Schloss Callenberg mit Schützenmuseum

WWW.SCHLOSS-CALLENBERG.DE

Öffnungszeiten

Di-So 11-17 Uhr
Führungen So/Ft 14 und 15 Uhr

Eintrittspreise

Erw. 5,- Euro / Erm. 2,50 Euro

Anschrift

Callenberg 1
96450 Coburg
Tel.: 09561-55150

Unser Tipp

Für Kinder lohnt sich die Zeitreise mit Dr. Friederike Kruse – www.zeitreise-coburg.de

IN DIE WOHNUNG DER HERZÖGE SCHAUEN

Im Jagdschloss und Sommerschloss Callenberg wohnten bis vor kurzem noch die Herzöge von Sachsen-Coburg und Gotha, in deren Besitz es auch heute noch ist. Ein Teil des bedeutenden Baudenkmals kann mittlerweile besichtigt werden. Die nachgotische Schlosskapelle ist ein beliebter Ort für Hochzeiten. Außerdem befindet sich seit 2004 im Nordwestflügel auf zahlreichen Etagen das Deutsche Schützenmuseum, dessen Vorgänger in Nürnberg erst von der Gestapo geplündert und später im Bombenkrieg zerstört worden war. Sehenswert ist auch der Park mit zahlreichen Wirtschaftshäusern und einer Fasanerie.

Naturkundemuseum Coburg

WWW.NATURKUNDE-MUSEUM-COBURG.DE

Öffnungszeiten
Tägl. 9-17 Uhr

Eintrittspreise
Erw. 3,- Euro / Erm. 1,- Euro

Anschrift
Park 6
96450 Coburg
Tel.: 09561-80810

Unser Tipp
Nutzen Sie die Gelegenheit zu einem Spaziergang im Coburger Hofgarten mit seinen vielen seltenen Baumarten.

VON STEINZEIT UND DINOSAURIERN

Die Sammelleidenschaft der Coburger Herzöge bescherte ihrer Stadt eine stattliche Anzahl von Exponaten, die im herzoglichen Kunst- und Naturaliencabinet 1844 erstmals der Öffentlichkeit zugänglich gemacht wurden. Der Bau am Coburger Hofgarten entstand 1912-1914. Heute sind die Sammlungen Eigentum der Coburger Landesstiftung, das Haus und seine 1991-1996 gebaute Erweiterung gehören dem Freistaat Bayern. Auf 2.400 Quadratmetern finden Sie viel Sehenswertes zu den Themen Evolution, Erdgeschichte, Mineralien sowie zur Entwicklung der Spezies Mensch. Regelmäßige Sonderausstellungen runden das Angebot ab.

Coburger Puppenmuseum

WWW.COBURG.DE

Öffnungszeiten

April-Oktober 10-16 Uhr
November-März Di-So 11-16 Uhr

Eintrittspreise

Erw. 3,- Euro / Erm. 1,50 Euro

Anschrift

Rückertstraße 2-3
96450 Coburg
Tel.: 09561-891480

Unser Tipp

Nach der Puppenstube lohnt sich ein Blick in einen der schönsten Innenhöfe Coburgs, im Hungry Highlander, Steingasse 11, 96450 Coburg, Tel.: 09561-871542, Mo-Fr 11.30-14.30 & ab 18, Sa/So/Ft ab 18 Uhr

FERNSEHEN OHNE STROM

Im Coburger Puppenmuseum finden Sie Puppen von 1800 bis 1960 aus Franken, Thüringen und Frankreich, jeweils in detailreich gestalteten Szenen mit vielen Möbeln und Miniaturen. Integriert im Museum ist noch eine ganz besondere Arztpraxis: Der Puppendoktor Thomas Packert nimmt sich jeden zweiten Sonntag im Monat von 13-15 Uhr verletzter Puppen und Teddybären an. Die Patienten können auch während der Öffnungszeiten abgegeben und später wieder abgeholt werden. Info im Museum oder beim Doktor persönlich (Tel.: 09568-6525).

Weihnachtsmarkt

WWW.COBURGER-WEIHNACHTSLAND.DE

Termine
30. November bis 23. Dezember 2012
tägl. 11-21.30 Uhr

Anschrift
Marktplatz
96450 Coburg
Tel.: 09561-898000

Unser Tipp
Für das Abendessen empfiehlt sich zum Beispiel der Ratskeller direkt am Marktplatz. Markt 1, 96450 Coburg, Tel.: 09561-92400, tägl. ab 9 Uhr

KURZTRIP INS WEIHNACHTSWUNDERLAND

Der Coburger Weihnachtsmarkt gehört sicher zu den schönsten der Republik. Zusammen mit dem malerischen Ambiente des winterlichen Marktplatzes findet man in der kleinen Budenstadt ein breites Angebot vom Kunsthandwerk über den obligatorischen Glühwein bis hin zu Coburger Spezialitäten und Fahrgeschäften wie dem wunderschönen Barock-Kinderkarussell von Nicole Bauersfeld. Wer es stilecht mag, kann die Pferdekutsche besteigen und eine Fiaker-Rundfahrt durch die Innenstadt unternehmen.

Samba-Festival

WWW.SAMBA-FESTIVAL.DE

Termine

2012: 13. bis 15. Juli

Unser Tipp

Wenn Sie möglichst viele Sambistas zu Gesicht bekommen wollen, sollten Sie sich den Umzug durch die Stadt am Sonntag in den Terminkalender schreiben.

WENN FRANKEN ZU BRASILIEN WIRD

Innerhalb von 20 Jahren wurde aus einer spontanen Idee und 20 Gruppen das größte Samba-Fest außerhalb Brasiliens mit über 100 Gruppen und mehr als 3.000 Aktiven. Eine viertelmillion Besucher strömt dann nach Coburg und bevölkert die Straßen und Plätze, die sich alle für drei Tage in eine Riesenbühne verwandeln. Zu Gast sind auch viele Karnevalsgrößen aus Brasilien und andere Berühmtheiten wie 2011 Giovane Élber oder Roberto Blanco, selbst die brasilianische U21-Fußballnationalmannschaft lief schon zu Freundschaftsspielen gegen die Coburger auf. 2008 gelang der Weltrekordversuch zur größten Samba-Bateria der Welt mit 2.198 Sambistas auf dem Schlossplatz.

Schlossplatzfest

WWW.SCHLOSSPLATZFEST-COBURG.DE

WO SICH ALLE COBURGER WIEDERSEHEN

Egal, wohin es die Bürger verschlagen hat, zum Schlossplatzfest kommen Sie immer wieder zurück nach Hause. Denn dann ist das große Wiedersehen angesagt. Fünf Tage lang dreht sich die Feiermeute immer im Kreis und wandert von Bude zu Bude, um hier und da einen Abstecher für ein Getränk oder eines der echten kulinarischen Highlights zu machen. Denn hier wird auf hohem Niveau gefeiert, mit Lachs und Sekt – und Profis auf der Musik- und Showbühne. Besonders schön ist der Blick von den Arkaden auf das Treiben am Platz.

Termine

2012: 19. bis 23. Juli

Anschrift

Schlossplatz
96450 Coburg
Tel.: 09560-921155

Unser Tipp

Wie schon geschrieben, ist das Angebot der teilnehmenden Gastronomen exzellent, so dass Sie am besten eine Menge Hunger mitbringen sollten!

Designtage

WWW.COBURGER-DESIGNTAGE.DE

Termine
2012: 5. bis 10. Juni

Anschrift
Am Hofbräuhaus 1
96450 Coburg
Tel.: 09561-3549540

Unser Tipp
Unter dem Motto „design findet stadt" verlagert sich das Geschehen seit kurzem auch auf den Marktplatz und zahlreiche weitere Stationen in der Stadt, bummeln Sie doch einfach ein bisschen herum...

IN DER ALTEN BRAUEREI

Die Coburger Designtage gehen auf eine Initiative des Freistaates zurück, der sich zu einer Designförderung entschloss. Die IHK Coburg ergriff die Gelegenheit und entwickelte zusammen mit einem Unternehmen und zwei Professoren der Fachhochschule eine Veranstaltungsidee. Bei der Umsetzung erhielten IHK und Fachhochschule Unterstützung vom 1987 neu gegründeten Coburger Designforum, das als Coburger Designforum Oberfranken e.V. heutiger Veranstalter ist. Die Besucher erwarten fünf Tage mit vielen Events und Ausstellungen zum Thema Design, seit 2000 im Coburger Hofbräuhaus und dem angeschlossenen Freigelände.

Coburger Bratwurst und Coburger Schmätzchen

Anschrift

Coburger Bratwürste bekommen Sie in der ganzen Stadt, die beliebten Bratwurststände stehen am Markt- und Albertsplatz. Coburger Schmätzchen sind ein geschütztes Produkt der Bäckerei Feyler, erhältlich im Laden und über das Internet: Rosengasse 6-8, 96450 Coburg, Tel.: 09561-80480, www.feyler-lebkuchen.de

Unser Tipp

Eine weitere Spezialität sind die Coburger Klöße, zur Hälfte aus rohen und aus gekochten Kartoffeln, im Volksmund als „Rutscher" bezeichnet.

MIT KÜHLE UND GOLD

Hier wollen wir Ihnen zwei echte Coburger Spezialitäten vorstellen. Als wohl berühmteste gilt die Coburger Bratwurst, die auf Kühle (Kiefernzapfen) gegrillt und einzeln in ein von oben in der Mitte angeschnittenes Brötchen gelegt wird. Als einzige Wurst in Deutschland darf die 31 cm lange grobe „Coburger" mit rohem Ei als Bindemittel hergestellt werden. Gegrillt ist sie nicht mehr ganz so lang – dafür sorgt die Kiefernzapfenglut. Eine Spezialität der ganz anderen Art sind die Coburger Schmätzchen, eine Art Lebkuchen aus Honigteig, Gewürzen, Haselnüssen, Mandeln und Zitrusfrüchten. Früher wurde ihnen sogar eine gesundheitsfördernde Wirkung nachgesagt. Kenner genießen die Variante mit echtem Blattgold.

Weitere Tipps

Grabungsmuseum Kirchhof
Baugeschichte und Grabungsdokumentation des östlichen Kirchhofs mit Fundamenten der ehemaligen Benediktinerpropstei aus dem 14. Jahrhundert. Steingasse 18, 96450 Coburg, Tel.: 09561-74180. Im Sommer So 14-16 Uhr

Friedrich-Rückert-Gedächtnisstätte
Wohnräume und Arbeitszimmer des Dichters. Friedrich-Rückert-Str. 13, 96450 Coburg-Neuses, Tel.: 09561-66308

Coburger Flohmarkt
Ein Teil der Innenstadt und der Schlossplatz werden zweimal im Jahr für ein Wochenende zu ca. 10.750 Quadratmetern Verkaufsfläche. Tel.: 09561-891325. Termine 2012: 16./17. Juni und 22./23. September

HSC 2000
Coburgs Handballer, wegen Liga-Umstellung wieder in der dritten Liga. www.hsc2000.de

Klößmarkt
Drei Tage rund um die Coburger „Rutscher" mit Bieranstich am Freitag. 24.-26. August 2012

Ernstfarm
Biergarten im historischen Hofgut von Herzog Ernst II. Kürengrund 80, 96450 Coburg, Tel.: 09561-853147, www.ernstfarm-coburg.de. Mo-Sa ab 11, So/Ft ab 11 Uhr

Zwiebelmarkt
Wiederbelebter Jahrmarkt, 2012 voraussichtlich 8./9. September

Maccaroni
Einer der besten Italiener der Stadt. Oberer Bürglaß 18, 96450 Coburg, 09561-509660, www.maccaroni-coburg.de. Tägl. 11.30-14 und ab 17 Uhr

Münchner Hofbräu
Traditions-Gaststätte mit Münchner Flair. Kleine Johannisgasse 8, 96450 Coburg, Tel.: 09561-234923, www.coburg-muenchnerhofbraeu.de, tägl. ab 11 Uhr

Coburger Vogelschießen
Ältestes und größtes Volksfest der Stadt auf der Freifläche am Anger. 27. Juli bis 5. August 2012

Utopolis
Modernes Multiplex-Kino mit guter Cocktailbar, Hahnweg 2, 96450 Coburg, Tel.: 09561-23900, www.utopolis-coburg.com

Pavillon im Hofgarten
Ausstellungsraum eines der ältesten Kunstvereine in Deutschland. Zufahrt über Leopoldstraße, Tel.: 09561-25808. Di-Sa 14-17, So 10-12.30 und 14-17 Uhr. www.kunstverein-coburg.de

Café Anders
Café und Biergarten in der alten Reichshalle. Casimirstraße 3, 96450 Coburg, Tel.: 09561-76423, täglich ab 11 Uhr

Rögener Hütte
Ausflugsgastronomie mit Schnitzeldonnerstag. Löbelsteiner Straße 81, 96450 Coburg, Tel.: 09561-794242, www.roegener-huette.de. Mi/Do ab 17, Fr/Sa ab 15, So ab 11 Uhr

Goldenes Kreuz
Gutbürgerliches Gasthaus um die Ecke am Markt, in einem Haus von 1477 mit traumhaftem Ambiente. Herrngasse 1, 96450 Coburg, Tel.: 09561-513407, www.goldenes-kreuz-coburg.de. Mo-Sa 11.30-14.30 und ab 17.30, So 11.30-14.30

Touristinfo:

Herrngasse 4
96450 Coburg
09561-898000
www.coburg-tourist.de

Bildquellen (Seite): Henning Rosenbusch (178), Stadtmarketing/Stadt/Tourismus Coburg (178,182,183,187,189-192), Kaupert/DAV Coburg (179), Aquaria Coburg (180), Coburger Puppenmuseum (186)

Zwischen den Welten

Der Landkreis Coburg ist einer der kleinsten in ganz Bayern und erst nach der Volksabstimmung von 1919 entstanden, als sich der Freistaat Coburg zum 1.1.1920 mit dem Freistaat Bayern vereinigte. Hinzu kamen im Laufe der Zeit noch die ehedem kreisfreie Stadt Neustadt bei Coburg und Teile der ehemaligen Landkreise Ebern und Lichtenfels. Nach der Wiedervereinigung rückte das frühere „Zonenrandgebiet" wieder in die Mitte des Landes, verlor aber staatliche Fördermittel, was einen umfangreichen Strukturwandel auslöste. Erst seit 2008 verläuft mit der A73 auch eine Autobahn durch den Landkreis.

Schloss Tambach (S. 196)

DB **Bahnhöfe:** Ebersdorf, Grub am Forst, Dörfles-Esbach, Rödental Mitte, Mönchröden, Neustadt bei Coburg, Wiesenfeld bei Coburg, Meeder, Großwalbur, Bad Rodach; (Liniennetz siehe Seite 18)

Brauerei Grosch (S. 210)

Seßlach (S. 202)

Waldbad Bad Rodach (S. 199)

Die langjährige Geschichte als Teil des Coburger Fürstentums brachte ein reiches Erbe an Bausubstanz und auch eine Art „Coburger Nationalbewusstsein", nicht zuletzt, weil sich die Residenzstädte bei der Vereinigung mit Bayern zahlreiche Sonderrechte ausbedungen haben. Prägend ist außerdem die Tradition als Zentrum der Spielzeugindustrie, was man heute vor allem in Neustadt noch vor Ort bestaunen kann.

Schloss Tambach

WWW.WILDPARK-TAMBACH.DE

VOM KLOSTER ZUM SCHLOSS

Das in seiner Anlage außergewöhnliche Barockschloss mit seinem angrenzenden Wildpark liegt im Ortsteil Tambach westlich der Gemeinde Weitramsdorf. An der Stelle des heutigen Schlosses stand vorher ein ausgedehnter Klosterbau der Zisterzienser von Kloster Langheim, der aber im Bauern- und Dreißigjährigen Krieg fast völlig zerstört wurde. Der Langheimer Abt Gallus Knauer entschied sich im 17. Jahrhundert zum Neubau als barockes Schloss, dessen erster Flügel 1698 fertiggestellt wurde. Im Zuge der Säkularisierung nahm es Graf Joseph Carl zu Ortenburg-Tambach in Besitz, dessen Familie auch heute noch hier wohnt. Zu sehen gibt es neben dem Schloss vor allem den 50 Hektar großen Wildpark mit Jagd- und Fischereimuseum und Bayerischem Jagdfalkenhof.

Öffnungszeiten

Tägl. 8 bis 18 Uhr, Flugvorführungen März bis Oktober tägl. 10.30 und 15 Uhr, Pfingst- und Sommerferien zusätzlich 17 Uhr.

Eintrittspreise

Erw. 7,- Euro / Erm. 4,- Euro

Anschrift

Schloßallee 3
96479 Weitramsdorf-Tambach
Tel.: 09567-922915 / 09567-92290

Unser Tipp

Am dritten Advent-Wochenende findet jedes Jahr im Schlosshof ein traditioneller Weihnachtsmarkt statt, bei dem ein Teil der privaten Räume für Besucher geöffnet wird. Ausstellungen und Konzerte zur Weihnachtszeit runden das Marktgeschehen ab.

Waldbühne Heldritt

WWW.WALDBUEHNE-HELDRITT.DE

Eintrittspreise

Märchen 6,- Euro
Lustspiel 9,- Euro

Anschrift

96476 Bad Rodach-Heldritt (Waldbühne ist im Ort ausgeschildert)
Tel.: 09564-800442

Unser Tipp

Bringen Sie ein bisschen Hunger mit, die Bratwürste und eingemachten Gurken von Heldritt genießen quasi Weltruhm.

WO JÄHRLICH HELDEN REITEN

Die Geschichte des Ortes geht auf die Adelsfamilie derer von Heldritt zurück, erstmals 1234 urkundlich erwähnt. Die Familie besaß zahlreiche Ansitze in der Gegend und stellte unter anderem einen Bamberger Weihbischof. Nach dem Tod des letzten männlichen Vertreters übernahm 1790 die Gemeinde seine Besitzungen. Die Waldbühne ist seit 1930 Schauplatz für Theateraufführungen und bietet heute 800 Zuschauern Platz. 1950 übernahm der eigens dafür gegründete Heimatverein Heldritt die Verantwortung. Auf dem Spielplan stehen für die jährlich 25.000 Zuschauer neben einem Lustspiel und einem Kinderspiel auch Operetten der Coburger Sommeroperette.

Therme Natur Bad Rodach

WWW.THERME-NATUR.DE

Öffnungszeiten
Mo-Do 9-21 Uhr, Fr/Sa 9-23 Uhr, So 9-20 Uhr

Eintrittspreise
Tageskarte 12,- Euro

Anschrift
Thermalbadstraße 18
96476 Bad Rodach
Tel.: 09564 9232-0

Unser Tipp
Jeden Sonntag von 14 bis 16 Uhr tritt der „Singende Bademeister" in Aktion

DIE GESUNDHEITSTANKSTELLE

Im 1999 als Heilbad anerkannten Bad Rodach erwarten Sie zwei Innen- und drei Außenbecken, zwei Therapiebecken, Dampfbäder, Kneippanlagen und die neue Sauna. Das Wasser kommt aus Nordbayerns wärmster Thermalquelle (34 Grad) aus 652 Meter Tiefe. Für die Bade- und Kurgäste bedeutet das Entspannung und Erholung, wer sich bewegen will, kann entweder bei der Wassergymnastik mitmachen oder samstagabends zum Tanzabend im Thermen-Restaurant vorbeikommen.

Waldbad Bad Rodach

Öffnungszeiten
Mitte Mai bis September 9-19 Uhr

Eintrittspreise
Erw. 1,60 Euro / Erm. 0,50 Euro

Anschrift
Heldburger Straße stadtauswärts
nach Süden Richtung Bad Colberg
96476 Bad Rodach
Tel.: 09564-1280

Unser Tipp
Wenn Sie schon mal so nahe an die ehemalige Grenze gefahren sind, sollten sie auch mal auf die thüringische Seite wechseln und einen Abstecher zur Heldburg machen. Hier ist auch das Deutsche Burgenmuseum untergebracht. Burgstraße 215, 98663 Bad Colberg-Heldburg, www.deutschesburgenmuseum.de, Tel.: 036871-30330 / -21210, April-Oktober Di-So 10-18, sonst 10-16 Uhr, Erw. 2,-/Erm. 1,-

MIT FRÖSCHEN, FISCHEN UND ENTEN SCHWIMMEN

Traumhaft im Wald gelegen erwartet Sie dieses herrliche Naturbad am Fuße des Georgenberges im Süden von Bad Rodach. Ein langer Holzsteg und eine kleine Schwimmbarriere trennen den Badebereich vom Rest des Stöckenteiches. Wie der ursprüngliche Name bei der Eröffnung 1931 schon verriet, verfügt das damalige „Strandbad" über einen kleinen Sandstrand, über den man ins kühle Nass gelangen kann. Der Bademeister wacht von einem kleinen Häuschen aus über das Geschehen, ein paar Meter davor steht ein Kiosk, der gutes Schwimmbadfutter, allem voran sehr leckere Pommes Frites, serviert.

Bademehr Märchenbad

WWW.BADEMEHR.DE

Öffnungszeiten

Ende Mai bis Anfang September
tägl. 9-19 Uhr

Eintrittspreise

Erw. 3,- Euro / Erm. 2,- Euro

Anschrift

Ketschenbacher Straße 1
96465 Neustadt bei Coburg
Tel.: 09568-85239

Unser Tipp

Bei schlechtem Wetter gehen Sie einfach in den zweiten Teil des Bademehr, in das Hallenwellenbad. Di-So 8.30-20 Uhr, Erw. 5,-/Erm. 3,70, Wildenheider Straße 11, 96465 Neustadt bei Coburg, Tel.: 09568-891990, www.bademehr.de

BADEN MIT DEM FROSCHKÖNIG

Schon zu Beginn erwartet die Besucher ein großer Froschkönig, der beim Küssversuch erst mal mit Wasser zurückspritzt. Drinnen stehen zwischen den Becken und Rutschen weitere Figuren, eine der Wände ist mit einer Collage von Aladin bis zur Mondlandung verziert. Im Wasser locken ein Strömungskanal und Sprudel-Liegen, mehrere Rutschen und ein Sprungturm sorgen für Action. Draußen gibt es einen Spielplatz mit Kletterturm und Matschbereich, die Eltern können unter den Sonnensegeln und großen Bäumen im Schatten entspannen. Für die Stärkung zwischendurch sorgt der Kiosk mit üblicher Schwimmbadkost.

Schloss Rosenau

WWW.SGVCOBURG.DE

Öffnungszeiten

April-September tägl. 9-18 Uhr,
Oktober-März tägl. 10-16 Uhr
Führungen stündlich
Montags geschlossen

Eintrittspreise

Erw. 4,50 Euro / Erm. 3,50 Euro

Anschrift

Rosenau 1
96472 Rödental
Tel.: 09563-308410

Unser Tipp

Im Teehaus befindet sich ein gehobenes Restaurant mit schönem Cafégarten. Mi-Sa 11.30-21, So/Ft 11.30-19 Uhr, Rosenau 5, 96472 Rödental, Tel.: 09563-1242, www.parkrestaurant-rosenau.de

WO FÜRSTEN UND KÖNIGE WOHNTEN

Etwa 300 Jahre lang besaßen die Edelherren von Rosenau ihre Stammburg, bis sie aus Geldnot 1704 verkauft wurde und nach mehreren Stationen zur Coburger Fürstenfamilie kam. Herzog Ernst I. ließ sie von 1806 bis ungefähr 1817 nach Plänen von Karl Friedrich Schinkel zum repräsentativen Schloss im neugotischen Stil umbauen und den Park als englischen Garten neu anlegen. Ernsts Sohn Albert ehelichte Queen Victoria, die sich oft und gerne in der Rosenau aufhielt, ebenso wie viele weitere Vertreter des europäischen Hochadels. Seit 1990 ist das Schloss als Museum wieder öffentlich zugänglich und kann im Rahmen einer Führung besichtigt werden. In der ehemaligen Orangerie befindet sich das später beschriebene Glasmuseum, einmal im Sommer findet ein Mittelalterfest statt.

Seßlach

WWW.SESSLACH.DE

Anschrift

96145 Seßlach

Unser Tipp

Das Bier aus dem örtlichen Kommunbrauhaus gibt es im Gasthof Reinwand (Maximiliansplatz 99, 96145 Seßlach, Tel.: 09569-304, www.gasthof-reinwand.de, Do-Di ab 9 Uhr) und im Roten Ochsen (Flenderstraße 95, 96145 Seßlach, Tel.: 09569-1220, www.roter-ochse-sesslach.de, Fr-So und Di/Mi 11-14 und ab 16.30 Uhr)

DER STÜTZPUNKT DER SLAWENMISSION

Sowohl auf dem Kirchhügel, als auch auf dem Geiersberg haben um 800 bereits Siedlungen bestanden, die sich in der Folge zu einem aufstrebenden Ort entwickelten, der 1335 zur Stadt erhoben wurde. In den verschiedenen Auseinandersetzungen der nächsten 600 Jahre hatten die Seßlacher zwar selten Glück, aber kamen immer um größere Zerstörungen herum, auch der Zweite Weltkrieg ging relativ spurlos an Seßlach vorüber. Über der Stadt liegt das Schloss Geiersberg auf einem Hügel. An die mittelalterliche Burganlage der Lichtensteiner erinnern noch Reste der Schildmauer und des Bergfriedes. Für die beispielhafte Altstadtsanierung war Seßlach 1986/87 Landes- und Bundessieger. Der beste Besuchstermin ist das jährliche Altstadtfest, bei dem die ganze Stadt zu einem großen Festbiergarten wird.

Heunec Kuschelshop

WWW.HEUNEC.DE

Öffnungszeiten
Mo-Do 9-18, Fr 9-16, Sa 9-12 Uhr

Anschrift
Am Moos 11
96456 Neustadt
Tel.: 0800-8438632

Unser Tipp
Wer mit dem Entdeckerpass kommt, erhält ein Plüschtier im Wert von fünf Euro gratis.

KUSCHELN VON SEINER SCHÖNSTEN SEITE

Es gibt kleine Teddys und große Teddys, aber es gibt auch GANZ große, und zwar hier in Neustadt bei Coburg. Der Heunec Kuschelshop empfängt die Gäste schon am Parkplatz mit überlebensgroßen Tims, Struppis und Sandmann-Elstern. Drinnen entfaltet sich das gesamte Paradies in Form eines riesigen Plüschtier-Zoos. Eltern sollten vor dem Besuch die Budgetfrage klären, sonst sitzt auf der Weiterfahrt im Auto plötzlich ein Zwei-Meter-Elefant daneben ...

Kloster Sonnefeld

Öffnungszeiten

Tägl. geöffnet
Gottesdienst So 9.30 Uhr

Anschrift

Klosterhof 2
96242 Sonnefeld
Tel.: 09562-8425

Unser Tipp

Nach dem Besuch haben Sie sich ein gutes Essen verdient, wir empfehlen den Gasthof Zum Goldenen Löwen. Thüringer Straße 2, 96242 Sonnefeld, Tel.: 09562-8921, www.goldener-loewe-sonnefeld.de. Fr-Mi ab 8 Uhr.

BEWEGTE GESCHICHTE

Das der Heiligen Jungfrau Maria geweihte Kloster wurde 1260 durch Heinrich II. von Sonneberg und seiner Gemahlin Kunigunde gegründet. Die ersten Zisterzienserinnen kamen aus dem Kloster Maidbronn in der Nähe von Würzburg. In den folgenden 300 Jahren wechselten sich Niedergang und Blütezeiten ab, bis 1572 die letzte Nonne verstarb und das Kloster coburgischer Landesbesitz wurde. 1634 brannten Kirche und Kloster nieder, erst 1856 wurde die Anlage restauriert. Zu sehen sind neben der Kirche noch Teile des Ostflügels des Klosters und Reste von Malereien aus der zweiten Hälfte des 15. Jahrhunderts.

Schloss Hohenstein

WWW.SCHLOSS-HOHENSTEIN.DE

Anschrift

Hohenstein 1
96482 Ahorn
Tel.: 09565-5429560

Unser Tipp

Wenn Sie schon hier sind, nutzen Sie die Gelegenheit zu einem kulinarischen Zwischenstopp. Im Biergarten gibt es unter anderem Feines vom Smoker-Barbecue Grill. Fr ab 16, Sa/So ab 11 Uhr, Restaurant und Schänke tägl. 12-14 und 18-22 Uhr.

DAS ROMANTIK-SCHLÖSSCHEN

Der Vorgängerbau des heutigen Schlosses, eine Burg aus dem 13. Jahrhundert, fiel 1525 dem Bauernkrieg zum Opfer. 50 Jahre später entschlossen sich die Lichtensteiner, auf den unbewohnbaren Resten ein Renaissance-Schloss zu bauen, in dem heute ein Schlosshotel mit gehobener Gastronomie zuhause ist. Der zugehörige Park wird von einem Verein (Freunde des Schlossparkes Hohenstein e.V.) gepflegt, der es sich zum Ziel gesetzt hat, den historischen Landschaftspark im ursprünglichen Zustand wiederherzustellen.

Gerätemuseum des Coburger Landes

WWW.GERAETEMUSEUM-AHORN.DE

Öffnungszeiten

April-Oktober Di-So 14-17 Uhr,
November bis 2.Advent So 14-17 Uhr

Eintrittspreise

Erw. 2,- Euro / Erm. 1,- Euro

Anschrift

Alte Schäferei 2
96482 Ahorn
Tel.: 09561-1304

Unser Tipp

Zum Gerätemuseum gehört die Gastwirtschaft „Schäferstuben", bei schönem Wetter auch mit Biergartenbetrieb. Di-So 14-22 Uhr, Tel.: 09561-28939

IN DER ALTEN SCHÄFEREI

Die barocke Gutsschäferei des Schlosses Ahorn war eine der letzten großen Schäfereien im Coburger Land und drohte im 20. Jahrhundert, mehr und mehr zu verfallen. 1970 trat der heutige Träger des Museums, der Förderverein Gerätemuseum des Coburger Landes auf den Plan und schuf ein sehenswertes Museum, das 1982 erste Ausstellungen zeigen konnte. Das Spannendste in der Alten Schäferei sind die vielen Aktionen, die hier Kindern geboten werden. Die Kleinen erleben, wie Butter gemacht, Brot gebacken oder Wäsche ohne Maschine gewaschen wird. Auch die Wollverarbeitung und Filzherstellung können geübt werden.

Museum der Deutschen Spielzeugindustrie

WWW.SPIELZEUGMUSEUM-NEUSTADT.DE

Öffnungszeiten
Di-So 10-17 Uhr

Eintrittspreise
Erw. 3,- Euro / Erm. 1,50 Euro

Anschrift
Hindenburgplatz 1
96465 Neustadt bei Coburg
Tel.: 09568-5600

Unser Tipp
Nach dem Spielen lohnt ein Zwischenstopp auf Bärensteak und Bärentatze im Weißen Bären. Ernststraße 13, 96465 Neustadt bei Coburg, Tel.: 09568-5625. Di-Sa ab 16, So 10-14 und ab 17 Uhr

VON CHINA BIS BRASILIEN

Um eine Puppe herzustellen, waren Anfang des 20. Jahrhunderts sechzehn verschiedene Berufe nötig. Ihnen und ihren Arbeitstechniken widmet sich dieses Museum. Dieser interessante Bereich wird allerdings noch übertroffen von der Trachtenpuppensammlung, der ursprünglichen Keimzelle des Museums. Was sich auf den ersten Blick eher langweilig anhört, ist bei näherer Betrachtung eine wirklich spannende Sache. Über 800 Puppen aus über 100 Ländern ermöglichen eine räumliche und zeitliche Reise und viele Einblicke in vergangene und fremde Kulturen. Für Kinder lohnt noch ein Abstecher in das Untergeschoss. Hier sind die unterschiedlichsten Szenen in Puppen-Dioramen dargestellt, von Hänsel und Gretel bis zur Wichtelwerkstatt.

Europäisches Museum für Modernes Glas

WWW.KUNSTSAMMLUNGEN-COBURG.DE

Öffnungszeiten
Tägl. 9.30-13 Uhr und 13.30-17 Uhr

Eintrittspreise
Erw. 3,- Euro / Erm. 2,- Euro

Anschrift
Rosenau 10
96472 Rödental
Tel.: 09561-8790 / -1606 / -87979

Unser Tipp
Zu bestellten Führungen sind oft auch Glasbläser da, die ihre Kunst live vorführen, vielleicht haben Sie ja Glück und treffen einen an.

FASZINIERENDE DURCHBLICKE

Der Coburger Unternehmer und Mäzen Otto Waldrich gründete eine Stiftung, die mit weiteren Spenden im Park Rosenau gegenüber der Orangerie das Glasmuseum erbauen ließ. Hier richteten die Kunstsammlungen der Veste Coburg eine beeindruckende Ausstellung zur Geschichte des Studioglases (von Künstlern selbst hergestelltes und bearbeitetes Glas) von 1960 bis heute ein. Über eine Glastreppe erreicht man die Sonderausstellungen und ein Lampenglasstudio. Die Galerie informiert über Glasherstellung und -verarbeitung.

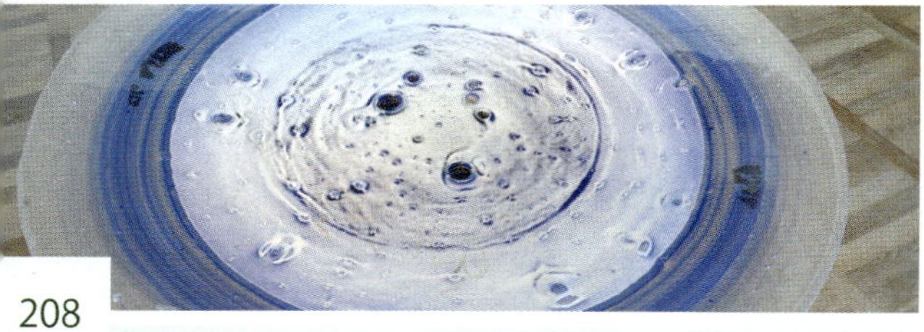

Internationales Puppenfestival

WWW.PUPPENFESTIVAL-NEUSTADT.DE

Termine

13.-20. Mai 2012

Unser Tipp

Während des Festivals laufen auch ein Reborn-Wettbewerb und Reborn-Workshops, bei denen es um die Herstellung absolut realistischer Babypuppen geht.

DAS GRÖSSTE SPIELZEUGSAMMLER-FESTIVAL SEINER ART

Schon zwanzig Mal pilgerten die Spielzeugsammler aus aller Welt nach Neustadt, um nach Teddybären, Puppen, Miniaturen, Blechspielzeug, Eisenbahnen, Elastolin-Figuren und Weihnachtsschmuck zu stöbern sowie an den zahlreichen Workshops teilzunehmen. Zu den einzelnen Orten in der Stadt bringt Sie ein kostenloses Bus-Shuttle, für Familien gibt es zahlreiche Spielmöglichkeiten wie beispielsweise die Spielzeug-Rallye im Freizeitpark Villeneuve-sur-Lot, benannt nach der französischen Partnerstadt in Aquitanien.

Brauerei Grosch

WWW.DER-GROSCH.DE

Öffnungszeiten

Täglich ab 7 Uhr

Anschrift

Oeslauer Straße 115
96472 Rödental
Tel.: 09563-7500

Unser Tipp

Im Sommer können Sie auch in den Biergarten namens „Die Alm" gehen: Rosenauer Weg (Bei den SG-Tennisplätzen), 96472 Rödental, Tel.: 09563-548848, www.der-grosch.de. Di-Fr ab 16, Sa/So ab 14 Uhr

FÜR WAHRE BIERKENNER

Der Brauereigasthof Grosch steht für die fränkische Familienbrauerei schlechthin. Seit weit über 500 Jahren braut man hier an der alten Handelsstraße zwischen Nürnberg und Leipzig das Bier nach alter Tradition (Besichtigungen und Bierprobe sind auf Anfrage täglich möglich). Für echte Männer gibt es den Fuhrmanns-Trunk, ein malziges, süffiges Märzen. Ganz neu ist der Luthertrunk, ein unfiltriertes Biobier vom Fass. Übrigens kann man hier hausgemachte Klöße namens Rutscher (aus rohen Kartoffeln) kosten, deren Zubereitung ein kleines Kunststück ist.

Weitere Tipps

Schloss Ahorn
Das Schloss aus dem Jahr 1621 mit seiner hübschen Schlosskirche kann leider nur von außen besichtigt werden, aber auch das lohnt sich. 96482 Ahorn

Kloster Mönchröden
Das ehemalige Benediktinerkloster ist gut erhalten. Sehenswert sind Refektorium, Klosterkirche und Abtshaus. 96472 Rödental-Mönchröden

Ausflugslokal St. Georgenberg
Gute Gastronomie mit Aussichtsturm, von dem man viele Kilometer weit in das Coburger und Lichtenfelser Umland schauen kann (Eintritt frei). www.georgenberg-bad-rodach.de. Di-Fr ab 11, Sa/So ab 10 Uhr, 96476 Bad Rodach, Tel.: 09564-540

Froschgrundsee
Der Froschgrundsee, auch Schönstädtspeicher genannt, ragte noch zu DDR-Zeiten bei seinem Bau 1986 zu einem Drittel nach Thüringen hinein. Schönstädt 14, 96472 Rödental, Tel.: 09563-8013, www.restaurant-froschgrundsee.de. Di-So ab 11 Uhr

Tambacher Sommer
Veranstaltungsreihe auf dem Schlosshof, mit Konzerten, Kabarett & mehr. www.tambacher-sommer.de

Nachtwächter Bad Rodach
Bad Rodach ist die Wiege der Europäischen Nachtwächter- und Türmerzunft, von Mai bis September an jedem Mittwoch am Pulverturm ab 20 Uhr, Schulgasse, 96476 Bad Rodach

Jagdschloss Bad Rodach mit Heimatmuseum
Im 1748 errichteten fürstlichen Jagdschloss des Herzogs Franz Josias präsentiert die Stadt Sammlungen zur Stadtgeschichte., Schlossplatz 5, 96476 Bad Rodach, Tel.: 09564-1550. 1. So/Monat 15–16.30 sowie 2./4. Mi/Monat 18.30-20 Uhr, 1 Euro/Person

Zweiländermuseum Rodachtal
Direkt auf der ehemaligen Grenze verfolgen Sie die Entwicklung dieser Region von 1900 bis heute. 98646 Straufhain, Tel.: 036875/50651, www.zweilaendermuseum.de. Erw. 2,50/Erm. 1,50, April-Oktober Do/Fr 13-18, Sa/So/Ft 10-18, sonst Do/Fr 13-17, Sa/So/Ft 10-17 Uhr

Heimatmuseum im Reichenbachhaus
Möbel, Haushaltsgegenstände und Kleidung aus der Zeit von 1800 bis 1950, sowie die Webertradition des Ortes. Coburger Str. 239, 96271 Grub a. Forst. 1. So/Monat 14-17 Uhr, www.heimatpflege-grub.de

Domäne Oeslau
Vorbildlich restauriert, 1988 mit dem Konrad-Adenauer-Preis bedacht. Mit schönem, stadteigenen Biergarten. Kronacher Straße 2, 96472 Rödental, Tel.: 09563-208186, www.biergarten-domaene.de, Mi-Fr ab 16, Sa/So ab 14 Uhr

Burg Lauterburg
Burgruine mit spannender Geschichte, Burg erst 1959 gesprengt, heute toller Ausblick ins Itztal unter den Fittichen des Heimatvereines. Lauterburgstraße, 96472 Rödental, www.roedental.de

Beckenhaus Niederfüllbach
Idyllischer Biergarten direkt am Flüsschen. Uferstraße 1, 96489 Niederfüllbach, Tel.: 09565-92250, www.beckenhaus.de. Tägl. ab 6 Uhr, Mo von 14-16.30 geschlossen.

Schnitzelstube Triebsdorf
Das Mekka für Schnitzelfans. Hohensteiner Straße 6, 96483 Ahorn-Triebsdorf, Tel.: 09561-25555, www.schnitzelstube-coburg.de. Mi-Mo ab 10 Uhr

Lahm Barockschloss mit Kirche
Beeindruckendes Ensemble der Freiherren von Lichtenstein aus dem frühen 18. Jahrhundert mit berühmter Orgel von Heinrich Gottlieb Herbst. Regelmäßige Konzerte. www.herbstorgel.de, Schlossplatz, 96274 Itzgrund-Lahm

Touristinfo:

Oberes Maintal-Coburger Land
Kronacher Str. 30
96215 Lichtenfels
Tel.: 09571-18283
www.oberesmaintal-coburgerland.com

Die offene Stadt

Besonders der Weltkonzern Siemens, die Hugenotten und die Universität prägten die Geschichte der Medizinstadt zwischen Bamberg und Nürnberg, die ihre Einwohnerzahl seit dem Zweiten Weltkrieg mehr als verdoppelt hat. Angefangen hat alles vor über 1.000 Jahren, die erste Erwähnung taucht in einer Bestätigung einer Schenkungsurkunde von 1002 durch Kaiser Heinrich II. auf, in der u.a. das Dorf „Erlangon" dem Bistum Würzburg geschenkt wurde. Damit war wohl bereits die vom heutigen Stadtteil Alt-Erlangen aus gegründete neue Siedlung an der Stelle der heutigen Altstadt gemeint, die dann auch in der Folgezeit einen stetigen Aufschwung zu verzeichnen hatte.

Barocke Planstadt (S. 216)

DB **Bahnhöfe:** Erlangen, Erlangen-Bruck, Eltersdorf; (Liniennetz siehe Seite 18)

Haru (S. 228)

Walderlebniszentrum (S. 214)

Botanischer Garten (S. 215)

Bergkirchweih (S. 220)

Im Dreißigjährigen Krieg wurde die Stadt allerdings fast vollständig zerstört, was im Zusammenspiel mit der Vertreibung der Hugenotten aus Frankreich eine barocke Planstadt ermöglichte, auf die wir später noch eingehen. Später brachten vor allem die günstige Lage und die Universität weitere positive Impulse, auch die Einrichtung einer Garnison 1886 stärkte die Stadt. Nach dem Zweiten Weltkrieg waren hier US-Soldaten stationiert, die 1994 endgültig abzogen. Der Erlanger Leitspruch „offen aus Tradition" erinnert laut Stadtlexikon an die wiederholte Aufnahme von Flüchtlingen und Zuwanderern aus dem In- und Ausland sowie deren große Bedeutung für die Entwicklung der Kommune.

Walderlebniszentrum Tennenlohe/Przewalsky Wildpferde

WWW.WILDPFERDE-TENNENLOHE.DE

Öffnungszeiten

März-Oktober Mo 7.30-12, Di-Do 7.30-16, Fr 7.30-18, Sa 13-18, So/Ft 11-18, November-Februar Mo-Do 7.30-16, Fr 7.30-14, So 11-17 Uhr

Eintrittspreise

Eintritt frei!

Anschrift

Weinstraße 100
91058 Erlangen
Tel.: 09131-604640

Unser Tipp

Am interessantesten ist der Besuch bei den Wildpferden mit einer Führung, die man unter Tel.: 09131-6146345 anfragen kann (Dauer ca. 90 Minuten).

DEN WALD ERLEBEN, ERKENNEN UND BEGREIFEN

Im Nürnberger Reichswald können Sie eine Menge über Geschichte, Funktion und Leben der grünen Lunge im Herzen der Metropolregion lernen. In Themenhäusern werden einzelne Facetten unter die Lupe genommen, teils haben die Besucher auch die Möglichkeit, selbst Hand an verschiedene Versuchseinrichtungen zu legen, um beispielsweise zu erfahren, wie das Wasser im Baum transportiert wird. Der Naturerlebnispfad bietet 13 Stationen, darunter Waldlabyrinth, Barfußpfad und Baumtelefon. Auf dem unweit gelegenen ehemaligen Truppenübungsplatz weiden seit kurzem Przewalski-Ur-Wildpferde auf fränkischem Boden. Seit 1970 gelten Przewalski-Pferde in freier Wildbahn als ausgestorben. Nur 13 Wildtiere überlebten in Zoos, durch gezielte Zucht gibt es nun weltweit wieder rund 1.600 Nachkommen. Übrigens helfen die Tiere auch ihrer Umwelt: Sie schützen durch ihr Fressverhalten die einzigartigen Sandlebensräume, die sonst nach und nach zuwachsen würden.

Botanischer Garten

WWW.BOTANISCHER-GARTEN.UNI-ERLANGEN.DE

Öffnungszeiten
Täglich Juni-August 8-17 Uhr, sonst 8-16 Uhr, Gewächshäuser Di-So 9.30-15.30 Uhr

Eintrittspreise
Eintritt frei!

Anschrift
Loschgestraße 3a
91054 Erlangen
Tel.: 09131-8522669

Unser Tipp
Auf der Website des Botanischen Gartens finden Sie auch das aktuelle Veranstaltungs- und Führungsprogramm. Mit ein wenig Hintergrundwissen ist ein Gang durch den Botanischen Garten natürlich noch viel spannender.

VON DER ARKTISCHEN TUNDRA BIS ZUM TROPISCHEN SUMPF

Kurz nach der Gründung der Friedrich-Alexander-Universität legten die Erlanger 1747 einen Botanischen Garten an, der 1828 an seinen heutigen Ort im nordöstlichsten Teil des Schlossparkes verlegt wurde. Auf einer Fäche von zwei Hektar (1.700 qm Gewächshäuser) werden in Zusammenarbeit mit 400 anderen Gären aus aller Welt etwa 4.000 Arten kultiviert. Auf dem Gelände finden Sie auch eine künstliche Tropfsteinhöhle. Die Neischl-Grotte, benannt nach Adalbert Neischl, einem fränkischen Höhlenforscher und Forschungsmäzen, ist von Mai bis September sonntags von 14-16 Uhr geöffnet.

Barocke Planstadt Erlangen

WWW.ERLANGEN.DE

EINE STADT VOM REISSBRETT

Anschrift

Um den Schlossplatz
91054 Erlangen

Unser Tipp

Die beste Aussicht über die barocke Planstadt hat man von oben, beispielsweise von der Neustädter Kirche aus: Neustädter Kirchenplatz 7, 91054 Erlangen, Tel.: 09131 21028, www.erlangen-evangelisch.de. Auf dem Platz findet im Dezember auch ein sehr schöner historischer Weihnachtsmarkt statt.

Als der französische König Ludwig XIV. 1685 das Edikt von Nantes widerrief und somit den Hugenotten das Recht auf ihre Glaubensfreiheit nahm, nutzte Markgraf Christian Ernst von Brandenburg-Bayreuth die Chance, um das seit dem Dreißigjährigen Krieg nahezu unbewohnte Erlangen wiederzubevölkern. Für die vielen Neuankömmlinge war die wenige Bausubstanz nicht ausreichend und man entschloss sich, die Erlanger Neustadt quasi vom Reißbrett aus zu planen. Es dauerte bis zur Mitte des 18. Jahrhunderts, diesen städtebaulichen Komplex abzuschließen. Mit der Zeit verschwand der französische Einfluss, die Flüchtlinge wurden zu Einwanderern und schließlich heimisch. Der letzte französische Gottesdienst wurde 1822 gefeiert. Die Bauten der barocken Planstadt überstanden auch den Zweiten Weltkrieg nahezu unversehrt, so dass man in der Neustadt heute noch das Reißbrett nachvollziehen kann.

Kunstpalais

WWW.KUNSTPALAIS.DE

Öffnungszeiten
Di-So 10-18 Uhr, Mi 10-20 Uhr

Eintrittspreise
Erw. 4,- Euro / Erm. 2,- Euro

Anschrift
Marktplatz 1
91054 Erlangen
Tel.: 09131-862735

Unser Tipp
Das Team des Kunstpalais veranstaltet regelmäßig öffentliche Führungen und interessante Workshops (siehe Website).

DIE ALTE STÄDTISCHE GALERIE

Seit 1974 befindet sich eine Galerie im Palais Stutterheim, das um 1730 im Zentrum der Neustadt erbaut wurde. Eine großangelegte Renovierung verdoppelte 2010 die Ausstellungsfläche auf knapp 500 qm. Zur Ausstellung kommen internationale zeitgenössische Kunstwerke, schwerpunktmäßig mit Bezug zu Literatur, Philosophie und Film, oft begleitet von interdisziplinären Programmen. Ebenfalls zum Kunstpalais gehört die über 4.500 Exponate umfassende städtische Sammlung, die auch heute noch mit gezieltem Erwerb ausgebaut wird.

Stadtmuseum

WWW.ERLANGEN.DE

Öffnungszeiten

Di/Mi 9-17, Do 9-13 und 17-20 Uhr, Fr 9-13, Sa/So 11-17 Uhr

Eintrittspreise

Erw. 4,- Euro / Erm. 2,50 Euro

Anschrift

Martin-Luther-Platz 9
91054 Erlangen
Tel.: 09131-862300

Unser Tipp

Auch im Stadtmuseum bietet die Museumspädagogik ein attraktives Rundum-Programm für Kinder und Jugendliche, bei dem auch selbst gekocht, gewaschen und gewerkelt werden kann.

VON GRABBEIGABEN BIS CARE-PAKETEN

Das Erlanger Stadtmuseum im Altstädter Rathaus zeigt nicht nur die über 1.000jährige Geschichte der Stadt, sondern bietet auch interessante Einblicke in die ur- und frühgeschichtlichen-, und antiken Sammlungen der Friedrich-Alexander-Universität. Auch die Hugenottenansiedlung und die Planstadt haben einen eigenen Bereich mit vielen historischen Fundstücken, nicht zuletzt aus der reichhaltigen Handwerkstradition der französischen Flüchtlinge. Zudem gelingt es den Machern auch immer wieder, hervorragende Sonderausstellungen in das Museum zu holen. Diese widmen sich sowohl lokalen Themen als auch Kultur- und Zeitgeschichte, Medizingeschichte und Kunst.

Heinrich-Kirchner-Skulpturengarten

WWW.ERLANGEN.DE

Öffnungszeiten
Ganzjährig geöffnet
(außer zur Bergkirchweih)

Eintrittspreise
Eintritt frei!

Anschrift
An den Kellern 1
91052 Erlangen
Tel.: 09131-862425

Unser Tipp
Vom Burgberg hat man auch einen guten Blick auf die Erlanger Altstadt. Im hier gelegenen Platenhäuschen präsentiert das Stadtarchiv übrigens eine interessante Ausstellung zu dem Dichter August Graf von Platen (1796 – 1835), der von 1819 bis 1826 in Erlangen lebte. Burgbergstraße 92a, 91054 Erlangen. Geöffnet nur wenige Tage im Jahr 11-17 Uhr (www.erlangen.de->Leben in Erlangen->Bildung->Stadtarchiv)

KUNST IST ENGAGEMENT

Auf dem Burgberg finden Sie 17 Großplastiken des am 12. Mai 1902 in Erlangen geborenen Bildhauers Heinrich Kirchner, der seiner Heimatstadt immer sehr verbunden war. Bekannt wurde der Künstler durch seine in der Form stark vereinfachten Menschen- und Tierplastiken aus Bronze und Eisen. Der Professor an der Akademie der Bildenden Künste in München fasste sein Kunstverständnis 1975 in folgendem Zitat zusammen: „Kunst ist Engagement, gleich, ob es sich im philosophischen, im religiösen oder im politischen Bereich abspielt." Nach Kirchner ist die Heinrich-Kirchner-Schule in Erlangen, sowie die dortige Heinrich-Kirchner-Straße im Stadtteil Büchenbach benannt.

Bergkirchweih

WWW.DER-BERG-RUFT.DE

DER BERG RUFT

Termine

2012: 24. Mai bis 4. Juni

Anschrift

An den Kellern
91052 Erlangen

Unser Tipp

Wagen Sie eine Runde im riesigen Riesenrad - ein einmaliger Blick auf den größten Biergarten Europas.

Die fünfte Jahreszeit bedeutet für die Studenten und Mitarbeiter der Universität eine inoffizielle Urlaubszeit von zwölf Tagen, in denen die Vorlesungen mehr oder weniger auf den „Berch" verlegt werden. Start ist traditionell am Donnerstag vor Pfingsten mit dem Marsch von der Innenstadt zum Entla's Keller, wo püntklich um 17 Uhr das erste Fass angestochen wird. Die nächsten zehn Tage verlegen viele Erlanger ihren Wohnsitz quasi auf den Burgberg. Für Nichteinheimische sind Parklätze und Bus-Shuttle eingerichtet, damit auch sie das ursprüngliche Schützenfest, das es schon seit 1755 gibt, nicht verpassen. Mit Tränen in den Augen begraben die Erlanger dann am letzten Abend das letzte Fass unter herzzerreißendem Getöse der Musiker auf allen Bühnen (Lilly Marleen) und winken zum Abschied mit ihren Taschentüchern.

Poetenfest

WWW.POETENFEST-ERLANGEN.DE

Termine
2012: 23. bis 26. August

Kontakt
Tel.: 09131-861408

Unser Tipp
An den Abenden Fr-So finden im Markgrafentheater so genannte Autorenportraits statt, bei denen berühmte nationale und internationale Autoren zu ihrem Leben und Werk interviewt werden.

LITERATUR IM SCHLOSSGARTEN

Kurz vor der Frankfurter Buchmesse präsentieren Literaten und Verlage ausgewählte Neuerscheinungen im Erlanger Schlossgarten. Aus den über 100 Veranstaltungen an den vier Tagen des letzten Augustwochenendes können die Besucher sich ihr eigenes kleines Programm zusammenstellen und Literatur live genießen. Den Auftakt am Donnerstag Abend bildet immer eine Lesung mit einem prominenten Schriftsteller, am Freitag tagt die Übersetzerwerkstatt, bevor am eigentlichen Wochenende die Revue der Neuerscheinungen ihren Lauf nimmt. Unter den lesenden Autoren ist auch immer der Gewinner des jeweils letzten Klagenfurter Ingeborg-Bachmann-Wettbewerbes.

Internationaler Comic-Salon

WWW.COMIC-SALON.DE

DAS BEDEUTENDSTE COMIC-FESTIVAL IM DEUTSCHSPRACHIGEN RAUM

Alle zwei Jahre präsentiert sich seit 1984 in Erlangen die Comic-Szene auf ihrem bedeutendsten Meeting. Mit dabei natürlich national und international bedeutende Zeichner, die den Schlange stehenden Fans Kreatives in ihre dafür eigens mitgebrachten Blöcke malen, und viele Händler, die im Kongresszentrum Heinrich-Lades-Halle Sammlern das Vervollständigen ihrer Schätze ermöglichen. Dazu kommen über die gesamte Stadt verteilte Ausstellungen (z. B. in den Arcaden) und ein Comic-Film-Fest mit teils exklusiven Previews.

Termine

Termin 2012: 7. bis 10. Juni 2012

Anschrift

Rathausplatz 1
91052 Erlangen
Tel.: 09131-861408

Unser Tipp

Am Samstagabend wird im Markgrafentheater der Max-und-Moritz-Preis verliehen, die wichtigste deutsche Comic-Auszeichnung, beispielsweise 2008 an Hansrudi Wäscher, der mit Serien wie Sigurd, Akim, Nick, Tibor oder Falk eine ganze Generation geprägt hat. Die wohl kompletteste Auswahl an Nachdrucken finden Sie unter www.nostalgiecomics.de (Dieter Kirchschlager).

Figurentheater-Festival

WWW.FIGURENTHEATERFESTIVAL.DE

Termine

2013: 3. bis 12. Mai

Unser Tipp

In Erlangen präsentiert beispielsweise auch das Junge Forum Intermedial, eine Kooperation mit dem Institut für Theater- und Medienwissenschaft der Friedrich-Alexander-Universität Erlangen-Nürnberg, sein reichhaltiges Programm mit Werkstätten und Workshops.

ZEHN TAGE BESONDERES THEATER

In den ungeraden Jahren findet im gesamten Großraum Erlangen-Nürnberg-Fürth-Schwabach das Internationale Figurentheater-Festival statt. In mehr als 100 Vorstellungen zeigen über 50 Gruppen ihre Kunst auf den unterschiedlichsten Gebieten des zeitgenössischen Figurentheaters: Puppen-, Objekt- und Bildertheater, grenzüberschreitendes Theater zwischen Schauspiel, Tanz, Performance und bildender Kunst, aber auch Einsatz neuer Medien, Videoprojektionen und interaktive Technologien. Leider ist die Finanzierung in den letzten Jahren zunehmend problematisch geworden und konnte 2011 nur in letzter Sekunde durch Siemens gerettet werden. Der Termin 2013 scheint bereits gesichert zu sein.

Steinbach Bräu mit Museum

WWW.STEINBACH-BRAEU.DE

Öffnungszeiten
Täglich ab 17 Uhr

Anschrift
Vierzigmannstraße 4
91054 Erlangen
Tel: 09131-8959-15

Unser Tipp
Im oberen Stockwerk befindet sich ein sehenswertes Biermuseum mit interessanten Exponaten unter anderem zur Bergkirchweih-Tradition der Brauerei. 3,- Euro/Person, Führungen nach Absprache.

WIEDERBELEBTES URGESTEIN

Nach jahrhundertelanger Brautradition auf dem Anwesen musste durch die Inflationswirren des Jahres 1923 das Brauen der Steinbach Bräu eingestellt werden. Doch irgendwie blieb das Brauer-Gen in der Familie erhalten und 1995 konnte Braumeister Christoph Gewalt, der Urenkel des Firmengründers Carl Steinbach, mit seiner Gasthausbrauerei wieder altbekannte Düfte durch die Hallen wehen lassen. Die alten Rezepte garantieren in Kombination mit modernem Brauverfahren und Spezialmalzen ein ganz besonderes Biererlebnis, das in regelmäßigen Spezialsuden gipfelt. So kommt auch mal ein Whiskybier oder Ale aus dem Zapfhahn. Das Hausbier heißt nach dem häufigsten Gast - auf dem Schlot der Brauerei - „Stochenbier". Die Brauerei schenkt auch auf der Bergkirchweih an mehreren Orten aus.

Zen

WWW.ZEN-ERLANGEN.DE

Öffnungszeiten
Tägl. ab 18 Uhr

Anschrift
Theaterplatz 22
91054 Erlangen
Tel.: 09131-9733166

Unser Tipp
Barchef Peter Knöpfler steht Ihnen mit seiner Mobil-Bar auch für Privatfeiern oder Firmenevents zur Verfügung.

GUTES AN HISTORISCHER STÄTTE

Das Erichhaus gehört zum ehemaligen Komplex der Brauerei Franz Erich, die eine der berühmtesten Brauereien der Stadt war und 1975 auf Anordnung der damals besitzenden Nürnberg Patrizier-Bräu schließen musste. Heute gehört das Gebäude der Steinbach Bräu und beinhaltet ein Restaurant mit einer der besten Cocktail-Bars der Metropolregion und guter Thai-Küche. Der bayerische Cocktailmeister Sami Alijaj und der mehrfach ausgezeichnete Barchef Peter Knöpfler bieten Ihnen ihre prämierten Cocktails, z. B. den Sweet Orient mit Chili- und Safranfäden, und weitere Eigenkreationen sowie natürlich die bekannten Klassiker aus der Cocktail-Familie.

Käse-Ecke Erlangen

WWW.WALTMANN.DE

Öffnungszeiten

Mo-Fr 8.30-18, Sa 8.30-14 Uhr

Anschrift

Friedrichstr. 10
91054 Erlangen
Tel.: 09131-207187

Unser Tipp

Lehr- und geschmackreich sind die Käseseminare, die Waltmann regelmäßig anbietet, allerdings auch immer sehr schnell ausgebucht. Am besten, Sie fragen einfach mal nach dem nächsten Termin mit freiem Platz.

DER KÄSETEMPEL

Volker Waltmann, einer der wenigen „Maître Affineure" der internationalen Spitzengastronomie hat sich mit seinem Ladengeschäft in Erlangen und weit darüber hinaus einen Namen gemacht. Nicht nur, dass er verschiedenste Spitzenkäse vor allem aus Frankreich verkauft, er veredelt (affiniert) auch „Rohlinge" aus kleinbäuerlichen französischen Betrieben. Ziegen-, Schafs-, und Kuhmilchkäse in Cidre gewaschen, in Calvados getränkt, in Champagner gewendet, gebürstet oder auf Stroh gereift – diese Liste ließe sich noch nahezu endlos fortsetzen, aber am besten Sie überzeugen sich selbst vor Ort.

Macaron

WWW.MACARON-ERLANGEN.DE

Öffnungszeiten
Mo-Fr 10-18 Uhr, Sa 10-16 Uhr

Anschrift
Friedrichstr. 2
91054 Erlangen
Tel.: 09131-9083450

Unser Tipp
Am besten Sie bleiben gleich hier und genießen einige Macarons zu einem guten Kaffee, das macht die Entscheidung für den Einkauf für zuhause zwar nicht leichter, dafür wissen Sie aber schon, worauf Sie sich freuen können.

TÖRTCHENKAUF WIE IN FRANKREICH

Der Name der Macarons, auf deutsch Makronen, kommt aus dem Italienischen, wo maccare das Zerquetschen (der Mandeln) meint. Französische Pâtissiers haben die Herstellung der runden Mandelplätzchen zu einer großen Kunst weiterentwickelt, die Birte und Katrin Kocinski nach Franken geholt haben. Sie importieren die besten Macarons von der Grande nation und veredeln sie mit diversen Füllungen und Überzügen. Zu der großen Auswahl an den Namensgebern gibt es auch verschiedene Törtchen – aus Frankreich oder Belgien – sowie Pralinen und Schokoladen.

Haru

WWW.HARU-SUSHI.DE

Öffnungszeiten

Mo-Fr 11.30-14 und ab 17.30 Uhr,
Sa/So ab 17.30 Uhr

Anschrift

Südliche Stadtmauerstraße 1
91054 Erlangen
Tel. 09131-5301460

Unser Tipp

Wer keinen Platz mehr bekommt oder zuhause essen will, kann sich die Röllchen auch als Take-Away bestellen, die Karte dazu finden Sie auf der Website.

SUPER-SUSHI

Das Haru steht wohl für die beste japanische Küche in der Metropolregion. Neben den „normalen" Gerichten wie Miso-Suppe, Tempura oder Grüner-Tee-Eis steht vor allem eine breite Palette an Sushi auf dem Programm, darunter auch viele interessante Eigenkreationen. Im Sommer kann man auf der kleinen Terrasse gegenüber sitzen, allerdings ist das Ambiente drinnen einzigartig. Das Haru ist auch beliebt bei den Mitarbeitern der umliegenden Firmen und Büros, weil es eine gute Gelegenheit für ein ausgefallenes, aber dennoch bezahlbares Mittagessen bietet.

Weitere Tipps

Röthelheimbad
Im Freibad und der zugehörigen Hannah-Stockbauer-Halle erfrischen sich die Erlanger. Tel.: 09131 8234823, Hartmannstraße, 91058 Erlangen, Tägl. 8-20 Uhr (genaue ÖZ auf der Website), www.estw.de, Erw. 3,80/Erm. 1,50

Entla`s Keller
Traditionsbierkeller auf dem Burgberg, vom Frühjahr bis zum letzten Sonntag im September täglich von 11-23 Uhr geöffnet. An den Kellern 5-7, 91054 Erlangen, Tel.: 09131-22100, www.entlas-keller.de

Enoteca
Mischung aus Weinhandel, Feinkostgeschäft und Gastronomiebetrieb mit exquisitem Angebot. Schiffstrasse 2, 91054 Erlangen, Tel.: 09131-8299412, www.enoteca-erlangen.de. Mo-Do 10-21, Fr 10-22, Sa 10-17, So 13-18 Uhr

Unicum
Der Uni-Biergarten mit vielen großen Bäumen. Carl-Thiersch-Straße 9, 91052 Erlangen, Tel.: 09131-503480, www.unicum-erlangen.de. Im Sommer tägl. ab 11 Uhr, Bar & Bistro Oktober-April Mo-Sa ab 17 Uhr

Museum im Amtshausschüpfla
Heimatkundliche Ausstellung in einem Nebengebäude des ehemaligen Klosters Frauenaurach aus dem 13. Jahrhundert. Brauhofgasse 2b, 91056 Erlangen, Tel.: 0175-3526573, www.museum-schuepfla.de, ÖZ siehe Website, Eintritt frei!

Tio
Bar, Restaurant, Cafe und Kneipe auf zwei Stockwerken, beliebte Holzofenpizza. Südliche Stadtmauerstraße 1a, 91054 Erlangen, Tel.: 09131-817191, www.tio-erlangen.de. Tägl. ab 11 Uhr

Kitzmann BräuSchänke
Urige Gastwirtschaft der großen Erlanger Brauerei. Südliche Stadtmauerstraße 25, 91054 Erlangen, Tel: 09131-810833, www.bräuschänke.de. Tägl. ab 10 Uhr

Freibad West
Klassisches Freibad, Damaschkestraße 129, 91056 Erlangen, Tel. 09131-8234828, Mai-September tägl. 10-20 Uhr, Erw. 3,80/Erm. 1,50, www.estw.de

Hallenbad Frankenhof
Hallenbad mit Dampfbad und Saunen. ÖZ siehe Website, Erw. 3,80/Erm. 1,70, www.estw.de

Dechsendorfer Weiher
Naherholungsgebiet mit Segeln, Surfen, Tretbootfahren und Baden auf und im großen Bischofsweiher. Im Juli Open Air Klassik am See (www.klassik-am-see.com). Gastronomie Forsthaus Dechsendorf: Naturbadstraße 99, 91056 Erlangen, Tel.: 09135-722060, www.forsthaus-dechsendorf.de, tägl. ab 11 Uhr

Zum Pleitegeier
Traditionskneipe und -biergarten, seit über 25 Jahren nicht mehr pleite. Hauptstraße 100, 91054 Erlangen, Tel.: 09131-207324

Burgbergkapelle
Ältestes Gebäude der Stadt aus dem 15. Jahrhundert. Böttigersteig, 91054 Erlangen

Kunstmuseum
Forum moderner regionaler Kunst im Loewenichschen Palais. Nürnberger Str. 9, 91052 Erlangen, Tel.: 09131-725990 / 204155. Di-Fr 11-18, Sa/So/Ft 11 - 16. 2,-/Person

Eltersdorf
In dem 1972 eingemeindeten Stadtteil hat sich ein bedeutendes Ensemble historischer Bauten erhalten. Egidienkirche, Königsmühle und die Bauernhäuser Egidienplatz 4, Egidienstraße 21, Eltersdorfer Straße 18 und 52 sowie Weinstraße 1 sind einen Rundgang wert. 91058 Erlangen-Eltersdorf

Gasthaus Drei Linden
Gasthaus mit Schlachtschüssel, Spanferkel und Riesenschnitzel in Alterlangen, der Muttersiedlung von Erlangen. Alterlangerstraße 6, 91056 Erlangen, Tel.: 09131-43885. Mi-Mo ab 10 Uhr

Touristinfo:

Rathausplatz 3
91052 Erlangen
Tel. 09131-89510
www.erlangen.de

Bildquellen (Seite): Erlangen Stadt/Tourismus (218,221-223)

Der Karpfenheimat erster Teil

Der Landkreis Erlangen-Höchstadt punktet vor allem mit seiner ausgedehnten Fischzucht. Hier gibt es den bekannten Aischgründer Karpfen, der in Höchstadt in zigfacher Lebensgröße am Ortseingang steht. Allen Shopping-Fans empfehlen wir einen Ausflug nach Herzogenaurach, wo sich neben den Erzrivalen Adidas und Puma auch schon ein Outlet von Nike angesiedelt hat.

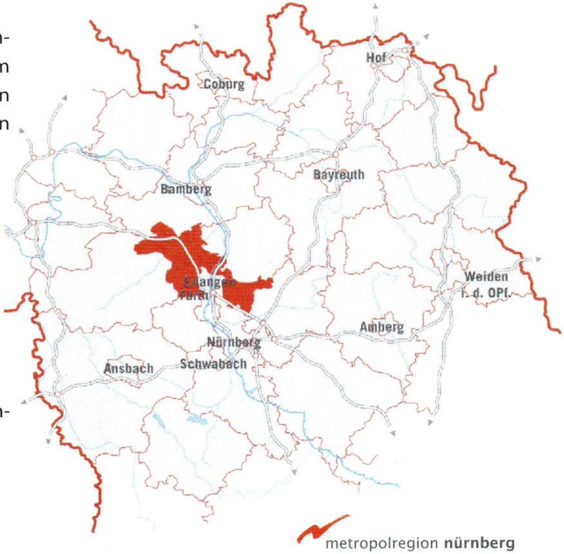

Heroldsberg (S. 238)

DB **Bahnhöfe:** Heroldsberg, Heroldsberg-Nord, Kalchreuth, Großgeschaidt, Eschenau, Forth, Baiersdorf, Bubenreuth; (Liniennetz siehe Seite 18)

Sommerrodelbahn Vestenbergsgreuth (S. 232)

Karpfen-Weisse (S. 244)

Aischgründer Karpfen (S. 245)

Der Wasserreichtum führte aber nicht nur zur Karpfenzucht, sondern auch zur Anlage vieler Mühlen und Wasserschöpfräder, die teilweise heute noch im Landkreis anzutreffen sind. In der Hochphase waren es alleine an der Regnitz fast 200 Schöpfräder zwischen Fürth und Forchheim. Der Höchstadter Landkreis gehörte übrigens noch bis 1972 zu Oberfranken, wurde dann aber mit dem Landkreis Erlangen zusammengelegt und fast komplett Mittelfranken zugeschlagen. Lediglich Pommersfelden, Sambach und Schlüsselfeld kamen durch diese Reform zum Landkreis Bamberg.

Sommerrodelbahn Vestenbergsgreuth / Greuther Keller

WWW.GREUTHER-KELLER.DE

Öffnungszeiten

Nach Wetterlage: Tägl. ab 11 Uhr, außerhalb der Ferien Di-Fr ab 12 Uhr, Sa/So ab 11 Uhr

Eintrittspreise

Rodelbahn:
Erw. 1,20 Euro / Erm. 0,90 Euro
Minigolf:
Erw. 2,- Euro / Erm. 1,80 Euro

Anschrift

Dutendorfer Straße 24
91487 Vestenbergsgreuth
Tel.: 0163-2375947

Unser Tipp

Hier macht man eine sehr familienfreundliche Preispolitik, da können die Kinder auch mal öfters rodeln, danke!

MIT SPASSGARANTIE

In der Luft liegt meist ein ganz besonderer Kräuterduft von dem hiesigen Arzneimittel- und Teehersteller – dazu passt das breite Outdoor-Angebot des Greuther Kellers perfekt. Allem voran die Sommerrodelbahn namens Alpine Coaster mit 360-Grad-Kreisel, aber auch Minigol, Maislabyrinth und ein Spielplatz garantieren Freude und Spaß rund um den schönen Bierkeller. Der wartet mit den üblichen Klassikern wie Steak, Bratwurst, Schnitzel und Currywurst auf, mittwochs gibt's Makrelen und Heringe nach hauseigenem Rezept vom Grill.

Eisstadion Höchstadt a.d. Aisch

WWW.HOECHSTADT.DE

Öffnungszeiten

Mo 14.30-16, Mi 14.30-16 + 20.15-22.15 Disco, Do 14.30-16 + 20-22, Fr 9.30-11 + 14-15.30 + 16-18 Kinderdisco, Sa 15.30-17 + 17.30-19, So 13.30-15 + 15.30-17 + 18-20 Disco. Diso am So entfällt bei Heimspielen des HRC, dafür dann Sa 19.30-21.30 Disco.

Eintrittspreise

Erw. 3,- Euro / Erm. 2,- Euro (Disco + 1,- Euro)

Anschrift

Kieferndorfer Weg 77
91315 Höchstadt an der Aisch
Tel.: 09193-2895 oder 09193-626134

Unser Tipp

In den Herbst-, Weihnachts- und Faschingsferien zusätzlich Mo-Do 10-12 Uhr.

DISCO ON ICE

Wer im Winter richtig schön Eislaufen gehen will, muss nicht auf gefrorene Karpfenteiche warten, in Höchstadt wartet das Eisstadion mit professionell aufbereiteter Eisfläche und einem guten Rundumprogramm auf. So gibt es zweimal in der Woche Discolauf, teils unter Motti wie Kuschelrock oder Rock, und jeden Freitag Kinderdisco auf dem Eis. Sportfans können auch zu einem der Heimspiele des HEC kommen und die Jagd nach dem Puck verfolgen.

Flugplatz Herzogenaurach

WWW.FLUGPLATZ-HERZOGENAURACH.DE

Anschrift und Kontakt

Am Birkenbühl
91074 Herzogenaurach
Tel.: 09132-7415979
www.flugplatz-herzogenaurach.de
www.aeroclub-herzogenaurach.de
(09132-9992, 09132-745893)
www.motorflug-franken.de
(0162-4105572, 0171-6232352, 0172-8129736)

Unser Tipp

Man kann auch im guten italienischen Restaurant das Flugtreiben beobachten. Di-So 11-22, Tel. 09132-745893

FRANKEN VON OBEN

Vom Flugplatz Herzogenaurach aus kann jedermann abheben, und das mit den verschiedensten Fluggeräten, von der klassischen Motormaschine über Segelflugzeuge und Tragschrauber bis hin zum Heißluftballon. Sogar bei Kunstflügen kann man live dabei sein. Gebucht werden sollte immer im Vorfeld per Telefon. Die Dame im Tower vermittelt zu den ausführenden Vereinen, und dann kann es losgehen. Spontane Gelegenheiten bieten die regelmäßigen Feste und Veranstaltungen auf dem Platz. Infos auf der Website.

Atlantis

WWW.ATLANTIS-BAD.DE

Öffnungszeiten
Tägl. 10-22 Uhr

Eintrittspreise
Tageskarte
Erw. 13,- Euro / Erm. 10,- Euro

Anschrift
Würzburger Straße 35
91074 Herzogenaurach
Tel.: 09132-73850

Unser Tipp
Im Sommer kann man auch ins „alte" Freibad auf einer Aurachinsel mitten in der Stadt gehen. Tuchmachergasse 1, 91074 Herzogenaurach, Tel.: 09132-738541. Mai - Mitte Sept 8-20 Uhr, Erw. 3,50/ Erm.2,20

SPASSBAD MIT WELLNESS UND WELLEN

Das Atlantis bietet alles, was das Herz des Badefreundes begehrt: Wasserspielpark, Wellenbecken, Riesenrutschen, Whirlpools, Abenteuerland und schöner Außenbereich. Besonders witzig ist das Rutschen auf dem Crazy River – mit großen Luftreifen. Wellnessfreunde locken der große Saunabereich und die Wellnessabteilung mit Massagen und Physiotherapie. Vom Restaurant aus hat man einen guten Blick auf das Badegeschehen und kann sich zwischendurch gut stärken.

Schlossbad Heroldsberg

WWW.WASSERWACHT-HEROLDSBERG.DE

Öffnungszeiten
Mai-Sept Tägl. 9-20 Uhr

Eintrittspreise
Erw. 3,50 Euro / Erm. 1,50 Euro

Anschrift
Schlossbad Heroldsberg
Lange Gasse 1
90562 Heroldsberg
Tel.: 0911-8105928

Unser Tipp
Wenn nach dem Bad der Hunger lockt, empfehlen wir einen Besuch des einen knappen Kilometer südlich am Waldrand gelegenen Föhren-Hofes. Di-So ab 11, Mo ab 17 Uhr. Laufer Weg 33, 90562 Heroldsberg, Tel.: 0911-51830, www.foehren-hof.de

IM SCHATTEN DER SCHLÖSSER

Das renommierte Schlossbad erstrahlt seit 2008 in neuem Glanz und ist nun ein großes Erlebnisfreibad mit zwei Becken, Fünf-Meter-Sprungturm, Rutsche, Strömungskanal, Massagedüsen und jeder Menge Spielmöglichkeiten. Der perfekte Platz zum Entspannen nach einer Besichtigung der vier Schlösser und der Wehrkirche von Dürers „Kirchdorf".

Wellenfreibad in Höchstadt

WWW.HOECHSTADT.DE

Öffnungszeiten
Ab Mai tägl. 9-20 Uhr

Eintrittspreise
Erw. 3,- Euro / Erm. 2,- Euro

Anschrift
Kieferndorfer Weg 77
91315 Höchstadt a. d. Aisch
Tel.: 09193-2895 bzw. 09193-626134

Unser Tipp
Nur 500 Meter entfernt liegt in Gremsdorf der Landgasthof Scheubel, der bestens für den Hunger nach dem großen Bad gerüstet ist. Tägl. ab 6.30 Uhr. Hauptstraße 1, 91350 Gremsdorf, Tel.: 09193-63980, www.scheubel.de

DAS GETEILTE BECKEN

Das große 50-Meter-Becken kann mit einer Hubwand geteilt werden, so dass Schwimmer und Spaßbader jeweils auf ihre Kosten kommen. Im separaten Wellenbad gibt es zu jeder halben und vollen Stunde eine Portion großes Schaukeln – ein Riesenvergnügen gerade für Kinder! Auch das Sprungbecken steht extra, hier kann aus bis zu fünf Metern Höhe gehüpft werden.

Kirche und Schlösser in Heroldsberg

WWW.HEROLDSBERG.DE

Unser Tipp
Der Besuch der Kirche lohnt am meisten mit einer Kirchenführung, die Ihnen die verschiedenen Bauabschnitte und Kunstwerke erklärt. Info: 0911-5180659

DAS KIRCHDORF

Die älteste bildliche Darstellung von Heroldsberg ist die Federzeichnung „Das Kirchdorf" von Albrecht Dürer aus dem Jahr 1510. Schon damals bildeten die vier Schlösser des Nürnberger Patriziergeschlechtes Geuder von Heroldsberg und die St. Matthäus-Wehrkirche ein beeindruckendes Ensemble. In der Kirche finden Sie unter anderem interessante Deckenmalereien und ein Kruzifix von Tilman Riemenschneider. Die Schlösser sind nach der Farbe der Fensterläden benannt: Gelbes Schloss (Hans-Sachs-Straße), Weißes Schloss (an der Kirche, ehemaliges Rathaus), Grünes Schloss (gegenüber) und Rotes Schloss (am Oberen Markt, Sitz des Geuder-Archives).

Fridolin

Anschrift
Kreisverkehr B 470/Fürther Straße

Unser Tipp
Am besten, Sie verbinden mit dem Kurzbesuch beim Karpfen noch eine weitere Attraktion, beispielsweise die Kirchweih in Höchstadt am Wochenende nach Peter und Paul (29. Juni).

DER KARPFEN IM KREIS

Wenn man vom Süden nach Höchstadt an der Aisch hineinfährt, begegnet man Fridolin, dem Riesenkarpfen. Dieses Stein gewordene kulinarische Selbstverständnis der Aischgründer steht seit dem 5. Mai 2001 an seinem Platz mitten im Kreisverkehr und gilt nun als eines der Wahrzeichen der Stadt. Der dicke Brocken aus fränkischem Muschelkalk ist 2,92 m lang, 1,66 m hoch, 0,76 m breit und 2,9 Tonnen schwer – damit der größte Steinkarpfen der Welt – und hat von der Bevölkerung liebevoll den Namen Fridolin erhalten.

Geigenbaumuseum Bubenreuth

WWW.BUBENREUTHEUM.DE

Öffnungszeiten

Do 15.30-17.30 und So 14-17 und auf Anfrage (0170-9316051, 09131-23121)

Eintrittspreise

Erw. 2,- Euro / Erm. 1,50 Euro

Anschrift

Birkenallee 51
91088 Bubenreuth

Unser Tipp

Es gibt noch immer über 30 Instrumentenbaufirmen in der Stadt. Adressen und Websites finden Sie unter www.bubenreuth.de -> Firmenverzeichnis.

DAS BUBENREUTHEUM

Im Rathaus baut die Gemeinde eine umfangreiche Instrumentensammlung auf. Der Hintergrund ist die Ansiedlung der 1945 aus dem Egerländer Musikwinkel vertriebenen Instrumentenbauer nach einer längeren Odyssee durch Bayern 1949 in Bubenreuth. In kürzester Zeit entstanden über 100 Betriebe mit mehr als 2.000 Arbeitskräften. In den 1960er Jahren stiegen die Gewerbesteuereinnahmen auf über eine dreiviertel Million DM. Die Instrumente erlangten Weltruhm und wurden unter anderem von den Beatles und den Rolling Stones gespielt. Diese Erfolgsgeschichte können Sie im Museum nachvollziehen und auch eine Geigenbauerwerkstatt besichtigen.

Meerrettichmuseum

WWW.SCHAMEL.DE

Öffnungszeiten
Sa/So 10.30-17 Uhr

Eintrittspreise
Erw. 2,- Euro / Erm. 1,50 Euro

Anschrift
Judengasse 11
91083 Baiersdorf
Tel.: 09133-603040

Unser Tipp
Ideal für den Besuch eignet sich der Krenmarkt am dritten September-Sonntag. Vor über 10.000 Besuchern wird hier unter anderem alle zwei Jahre die Meerrettichkönigin inthronisiert.

DER FRANKEN LIEBER KREN

Es gibt kaum ein fränkisches Gasthaus, das nicht Rindfleisch mit Kren (Tafelspitz) auf der Speisekarte stehen hat. Feinschmecker stehen aber auch auf Meerrettichsuppe und andere Köstlichkeiten mit dem Pfeffer des Mittelalters. Im Meerrettichmuseum bietet sich ein breiter Überblick zur Geschichte des Anbaus, Handels und der Verwendung der scharfen Wurzel. Sie können sogar selbst Hand an die Reibe legen. Im Schamel-Shop am Eingang gibt es die Produktpalette der Firma zu kaufen, natürlich mit ausreichend Rezepten zum Ausprobieren.

Jagd- und Fischereimuseum Neuhaus

Öffnungszeiten

April-Oktober: So 13-17 Uhr
Führungen Tel.: 09193-8878 und 09132-4787

Eintrittspreise

Eintritt frei!

Anschrift

Adelsdorfer Straße
91325 Adelsdorf-Neuhaus

Unser Tipp

Nutzen Sie die Gelegenheit zu einer Wanderung um die naturkundliche Teichanlage vor dem Museum. In der Mitte steht das Neuhäuser Schloss aus dem frühen 16. Jahrhundert.

FISCHGESCHICHTE ERLEBEN

Das Neuhäuser Fischerhäuschen am Ortseingang bietet auf 200 Quadratmetern eine sehenswerte Ausstellung der örtlichen Jäger und Fischer. In dem original erhaltenen Fisch-Hälterungshaus wurden früher die Fische verkauft. Die Gerätschaften und auch die Anfahrtsrampe für die Fuhrwerke sind noch größtenteils erhalten. Im See rund um das Haus wurde früher der Fischfang „zwischengelagert" – vom Turm aus bewachte man den wertvollen Inhalt.

Weber's Keller

WWW.WEBERSKELLER.DE

Öffnungszeiten
Tägl. 11-14 und 17-22 Uhr
Donnerstag Ruhetag

Anschrift
Kellerberg 22
91315 Höchstadt an der Aisch
Tel.: 09193-8395

Unser Tipp
Radfahrer sollten einen Trip auf dem Fränkischen Karpfen-Radweg in Betracht ziehen. Infos unter www.karpfenradwege-franken.de.

KARPFEN-MANNI-FEST

Bei Manfred „Manni" Linsner in Höchstadt dreht sich (fast) alles um den Karpfen. In seinem Bassin finden sich das ganze Jahr über Prachtexemplare – nicht nur in den Monaten mit „r". Der Keller an sich ist schon über 400 Jahre alt, kurz vor 1800 ist ein Besitzer namens Weber erstmals dokumentiert. Vom Vornamen Balthasar (einer der Vorfahren) leitet sich der zweite, eher den Einheimischen bekannte Name Balthä´s Keller ab. Nachdem Mannis Frau noch eine gebürtige Weber war, dürfte mit deren zwei Söhnen die Dynastie weitergeführt werden. Sensationell auch die Aussicht: An guten Tagen bis nach Neustadt!

Die Aischgründer Karpfen-Weisse

WWW.ZUM-LOEWENBRAEU.DE

Öffnungszeiten

Tägl. 7-21 Uhr

Anschrift

Neuhauser Hauptstraße 3
91325 Adelsdorf/Neuhaus
Tel.: 09195-7221

Unser Tipp

Im Sommer ist der einen Kilometer entfernt im Wald gelegene Felsenkeller der Brauerei quasi ein Pflichtbesuch. Probieren Sie den Bratwurstsalat! Mo-Fr ab 17, Sa ab 16, So/Ft ab 11 Uhr

DAS BIER ZUM KARPFEN

Die Löwenbräu in Neuhaus gehört nicht nur zu den besten Brauereien der Region. Benno Wirth hat sich mit der Karpfen-Weisse auch ein Extra-Bier zum Frankenfisch einfallen lassen. Das schmeckte auch den Kennern gut und heimste gleich drei Beerstar-Goldmedaillen ein. Natürlich braut Wirth auch noch weitere leckere Biersorten und bietet in seiner Brauereigaststätte auch eine breite Palette guter fränkischer Gerichte an – natürlich auch Karpfen!

Aischgründer Karpfen

Unser Tipp

Neben den vielen gebackenen Varianten sollten Sie auch einmal einen Karpfen „blau“ probieren. Das ist nicht nur eine fettärmere Variante, sondern hat wegen des Zwiebelsudes einen ganz eigenen Geschmack.

DIE RÖMER SIND SCHULD

Der ursprünglich in Asien beheimatete Karpfen fand seinen Weg zur Zeit des römischen Reiches nach Europa. Im Mittelalter war der Fisch eine wichtige Nahrungsquelle, zumal er quasi nebenbei in den als Wasserreservoir dienenden Teichen gezüchtet werden konnte. Hauptgrund für die Nachfrage war das Christentum, denn es verbietet an bis zu 150 Tagen im Jahr den verzehr von Fleisch. Deswegen nahmen gerade Mönche gerne die Fische mit zu ihren neuen Wirkungsstätten, um in der Fastenzeit mehr Abwechslung zu haben. Im Bereich der Metropolregion gibt es drei größere Karpfengebiete, im Landkreis Amberg-Sulzbach, im Stiftland an der tschechischen Grenze und hier im Aischgrund. Der Aischgründer Karpfen ist eine Zuchtform mit hohem Rücken und wird in der Regel nach drei Jahren Aufzucht geschlachtet.

Geyers Felsenkeller

WWW.BRAUEREIGASTHOF-GEYER.DE

Öffnungszeiten

Mai-September Mo-Fr ab 17, Sa ab 14, So/Ft ab 11 Uhr

Anschrift

Tanzenhaider Weg 6
91097 Oberreichenbach
Tel.: 09104-2802

Unser Tipp

Bei schlechtem Wetter besuchen Sie einfach das Stammhaus der Brauerei Geyer. Haupstrasse 18, 91097 Oberreichenbach. Tägl. ab 8 Uhr, Dienstag Ruhetag.

KELLER MIT PFIFF

Der historische Felsenkeller – bis 1965 noch Lagerstätte für das süffige Bier der Brauerei Geyer – ist seit einigen Jahren wieder in der Hand der Familie. Traumhaft mitten in einem Wäldchen gelegen, bietet er neben einem hervorragenden Speisen- und Bierangebot noch ein pikantes Geheimnis: Nur wenig entfernt liegt der Tanzenhaider Weiher, das Mekka der örtlichen FKK-Liebhaber. Und so legten schon viele einen Zwischenstopp auf dem Bierkeller ein, um sich Mut anzutrinken, die einen zum Baden, die anderen zum Zuschauen.

Weitere Tipps

Adidas
Outlet des weltweit zweitgrößten Sportartikelherstellers, benannt nach Adolf „Adi" Dassler, der 1954 der deutschen Nationalmannschaft die Schraubstollen bescherte. Olympiaring 2, 91074 Herzogenaurach. Tel.: 09132-842000. Mo-Mi 9-19, Do/Fr 9-20, Sa 8-18 Uhr. www.adidas.de

Puma
Weiterer großer Sportartikelhersteller aus Herzogenaurach, gegründet von Rudolf Dassler, dem Bruder von Adidas-Gründer Adolf. Outlet: Zeppelinstr. 2, 91074 Herzogenaurach, Tel.: 09132-74170. Mo-Mi 9-19, Do/Fr 9-20, Sa 9-18 Uhr. www.puma.de

Nike
Auch Nike hat ein Outlet eingerichtet: Nike Factory Store, Zeppelinstr. 1, 91074 Herzogenaurach, Tel.: 09132-7452810. Mo-Mi 9-19, Do/Fr 9-20, Sa 9-18 Uhr. www.nike.de

Fertighauswelt Heßdorf
Modernste Ausstellung von energieeffizienten Holz-Fertighäusern in Europa. Im Gewerbepark 30, 91093 Heßdorf, Tel.: 09135-735333, Mi-So 11-18, Erw. 3,-

Hotel HerzogsPark
Ehemaliges Gästehaus von Adolf Dassler, heute Hotel mit großem Wellnessbereich und guten Restaurants. Beethovenstraße 6, 91074 Herzogenaurach, Tel.: 09132-7780, www.herzogspark.de

Wanderwege in und um Höchstadt
Tolle Wege mit schönen Namen wie Eisvogel-, Orchideen- oder Seerosenweg. www.hoechstadt.de (Freizeit->Aktivitäten->Wanderwege)

Jugendcamp Vestenbergsgreuth
Freizeitanlage des Kreisjugendrings, nur für Gruppen und Schulklassen, im Ort ausgeschildert. 91487 Vestenbergsgreuth, Tel.: 09131-803155

Blütenhonigfest Höchstadt
Jedes Jahr an einem Sonntag Mitte Juni, mit Bienenwettfliegen und Führungen des Imkervereins. www.hoechstadt.de bzw. www.imker-hoechstadt.de

Heimatmuseum Adelsdorf
Museum rund um Leben, Arbeiten und Brauchtum im Aischgrund. Öffnungszeiten telefonisch erfragen 09195-9432125. Hauptstraße 16, 91325 Adelsdorf.

Stadtmuseum Herzogenaurach
Museum zur Stadtgeschichte, natürlich mit Schuhmacherwerkstatt. Sa/So/Ft 14-17, Do 17-20 Uhr. Kirchenplatz 2, 91074 Herzogenaurach, Tel.: 09132-901-116, www.herzogenaurach.de. Erw. 2,-/ Erm. 1,50

Krippenmuseum
Weihnachtskrippen aus aller Welt & viel Eigenbau aus dem Verein. Welkenbacher Kirchweg 15, 91074 Herzogenaurach, Tel.: 09132-2906, www.krippenfreunde-herzogenaurach.de. Oktober bis Ostern So 14-17 Uhr, Eintritt frei!

Städtisches Spixmuseum
Umfangreiche Ausstellung zum Leben und Wirken des Höchstadter Zoologen und Brasilienforschers Dr. Johann Baptist von Spix. So 14-16, Tel.: 09193-6260, Badgasse 7, 91315 Höchstadt an der Aisch

Heimatmuseum Höchstadt an der Aisch
Komplett saniertes, neugestaltetes Museum im Storchenrathaus zur über tausendjährigen Geschichte der Stadt. Jeder zweite So im Monat 14-16 Uhr, www.heimatmuseum-hoechstadt.de, Hauptstraße, 91315 Höchstadt an der Aisch, Tel.: 09193-3462, Eintritt frei!

Lindenhof
Naturnaher Erlebnishof mit Biergarten, Streichelzoo und Kettcarbahn. Tägl. ab 15, So/Ft ab 11 Uhr, Dahlienstraße 5, 91074 Herzogenaurach-Hammerbach, Tel.: 09132-737728, www.lindenhof-erlebnishof.de

Gasthaus Gumbrecht
Schöner Biergarten am Karpfenteich. Obermembach 2, 91093 Hessdorf, Tel.: 09135-3140. Tägl. ab 9 Uhr, Di Ruhetag

Touristinfo:

Marktplatz 6
91054 Erlangen
Tel.: 09131-803204
www.erlangen-hoechstadt.de

Bildquellen (Seite): Landratsamt Erlangen-Höchstadt (233-237,245)

Die Mauerscheißer

Diesen wenig schmeichelhaften Beinamen erhielten die Bewohner der alten Königsstadt, weil sie auf diese Weise den Feinden demonstrierten, dass es innerhalb der Mauern auch bei Belagerungen noch genügend Nahrung gab und die Belagerer somit demoralisiert werden sollten. Auch kurios: Das Wappen der Stadt geht ebenfalls auf ein Missverständnis zurück, denn Forchheim – Vorchheim geht nicht auf das althochdeutsche „vorhe" für Forelle zurück, sondern auf „vorha" für Föhre. Also müssten eher zwei Bäume als zwei Fische das Wappen zieren.

Burgruine Neideck (S. 257)

DB **Bahnhöfe:** Forchheim, Pinzberg, Gosberg, Wiesenthau, Kirchehrenbach, Pretzfeld, Ebermannstadt, Eggolsheim, Kersbach, Gräfenberg, Weißenohe, Igensdorf, Rüsselbach; (Liniennetz siehe Seite 18)

Kreuzberg Hallerndorf (S. 259)

Gößweinstein (S. 255)

Kreuzberg Hallerndorf (S. 259)

Kellerberg (S. 260)

Touristen schätzen Forchheim vor allem wegen seines Kellerberges (Annafest!) und seiner Nähe bzw. Zugehörigkeit zur Fränkischen Schweiz. Der fast kreisförmige Landkreis beinhaltet viele bizarre Felsformationen und wunderschöne Flusstäler wie das der Wiesent, an denen sich dann eine Mühle an die andere reiht. Somit ist das Gebiet ein Paradies für Kletterer und Hobby-Kanuten, die sich überall günstig Boote mieten und ein Stückchen den Fluss hinunter fahren können. Die Rückfahrt per Bus ist im Mietpreis inbegriffen.

Binghöhle

WWW.BINGHOEHLE.DE

Öffnungszeiten

25. März bis 4. November
tägl. 9-17 Uhr

Eintrittspreise

Erw. 3,50 Euro / Erm. 3,- Euro

Anschrifte

Tel.: 09196-19433 (Führungen auch Nov-März) / 09196-340
Binghöhle Streitberg
91346 Wiesenttal

Unser Tipp

In Streitberg gibt es auch ganz edle Tropfen (darunter den Streitberger Bitter mit 53 Kräutern) bei der Alten Kurhausbrennerei. Hans-Hertlein-Straße 6, 91346 Wiesenttal-Streitberg, Tel.: 09196-777, www.streitberger-bitter.de.

IN DER TROPFSTEINGALERIE

Vor über 100 Jahren entdeckte der Nürnberger Kommerzienrat Ignaz Bing eine der schönsten Tropfsteinhöhlen Deutschlands, die Binghöhle. Vom Eingang bis zum Ausgang erlebt man auf über 300 Metern Grotten und Säle, die im Gegensatz zu den anderen Jura-Höhlen nicht im Schwammkalk oder Dolomit, sondern in geschichtetem Kalk liegen. Schon die Namen der Räumlichkeiten klingen vielversprechend: Kerzensaal, Katakomben, Nixengrotte oder auch Prinz-Ludwig-Grotte. Zum 100jährigen Jubiläum komplett erneuert, ist die Höhle gerade auch für die Kleinen ein besonderes Erlebnis. Bei Märchen- und Abenteuerführungen erhalten sie spielerisch geologisches und geschichtliches Wissen und können mit Stirnlampen bewaffnet in die Zauberwelt der Höhle eintauchen.

Schloss Thurn

WWW.SCHLOSS-THURN.DE

Öffnungszeiten

Öffnungszeiten siehe Website
www.schloss-thurn.de

Eintrittspreise

Erw. 16,- Euro / Erm. 14,- Euro

Anschrift

Schlossplatz 4
91336 Heroldsbach
Tel.: 09190-929898

Unser Tipp

Nur wenige Kilometer entfernt liegt ein wunderschöner Ort zur kulinarischen Entspannung, der Zeckerner Bierkeller. Kellerstraße 14, 91334 Hemhofen-Zeckern, Tel.: 09195-4440, www.zeckernerbierkeller.de, Mo/Do/Fr ab 17, So/Ft ab 13 Uhr.

ERLEBNIS RUND UMS SCHLOSS

Mehr als 50 verschiedene Attraktionen, ein kleiner Zoo, spannende Live-Acts vom Ritterturnier bis zum Cowboy-Duell – in Schloss Thurn werden vergangene Zeiten lebendig und Kinderträume wahr. Das Ganze gibt es nun schon seit über 30 Jahren. 1975 erkannte Graf von Bentzel-Sturmfeder-Horneck die Zeichen der Zeit und machte aus dem mondänen Schlosspark ein Vergnügungsparadies, in dem übrigens auch heute noch die adlige Familie wohnt.

DB

Wildpark Hundshaupten mit Greifvogelshow

Öffnungszeiten

April bis Oktober tägl. 9-18 Uhr,
sonst tägl. 9-17 Uhr

Eintrittspreise

Erw. 4,- Euro / Erm. 2,- Euro

Anschrift

Zaunsbacher Straße 62
91349 Hundshaupten
Tel.: 09197-241

Unser Tipp

Kaufen Sie gleich beim Eingang eine Futtertüte, damit macht das Tieregucken noch viel mehr Spaß!

DER KLASSIKER FÜR KINDER

In dem etwa 40 Hektar großen Wildpark kann man den Tieren fast wie in freier Natur begegnen. Beobachtet werden können hauptsächlich Tiere aus dem europäischen Raum, wie z. B. Elche, Steinböcke, Uhus, verschiedene Schweinerassen oder Ziegen. Einige der Tiere dürfen auch gefüttert und gestreichelt werden, was vor allem die Kinder begeistert. Der ganze Park ist von mehreren schönen Bachläufen durchzogen und es gibt drei verschiedene Rundwege, meist durch den Wald, auf denen man den Park erkunden kann.

Dampfbahn Fränkische Schweiz

WWW.DFS.EBERMANNSTADT.DE

Zeiten

Jeden So und viele Feiertage
Ebermannstadt 10/14/16 Uhr

Eintrittspreise

Hin- und Rückfahrt
Erw. 10,- Euro / Erm. 5,- Euro

Anschrift

91316 Ebermannstadt
Tel.: 09194-794541

Unser Tipp

Für einen sicheren Platz in der Bahn sollte man min. 30 Minuten vor Abfahrt am Bahnhof sein.

DURCH DIE FRÄNKISCHE WIE VOR 100 JAHREN

Auf der 1976 stillgelegten Bahnstrecke zwischen Ebermannstadt und Behringersmühle verkehren heute die Dampf- und Dieselloks der „Dampfbahn Fränkische Schweiz". Eine Fahrt mit diesen historischen Fahrzeugen durch das romantische Wiesenttal ist ein echtes Erlebnis. Da die Züge bis auf wenige Ausnahmen nur an Sonn- und Feiertagen verkehren ist es wichtig, vorher den Zugfahrplan im Internet zu studieren. Die Museumsbahn bietet sich auch an, um zu den Startpunkten von schönen Wanderungen zu gelangen.

Königsbad Forchheim

WWW.KOENIGSBAD-FORCHHEIM.DE

Öffnungszeiten
Mai-September tägl. 9-21 Uhr,
sonst tägl. 10-21 Uhr

Eintrittspreise
2,5 Stunden
Erw. 6,- Euro / Erm. 3,50 Euro

Anschrift
Käsröthe 4
91301 Forchheim
Tel.: 09191-3415660

Unser Tipp
Das Steakhouse kann auch ohne Badbesuch genossen werden. Di/Do-So ab 17 Uhr, Tel.: 09191-3415685, www.konrads-forchheim.de

KÖNIGLICHES FÜR JEDERMANN

Im Jahr 2010 bekam Forchheim ein königliches Bad, das keine Wünsche offen lässt. Das großzügige Gelände bietet sieben verschiedene Becken im Innen- und Außenbereich, drei Erlebnisrutschen, einen Wasserspielgarten, eine Saunalandschaft mit vier verschiedenen Saunen und Dampfbad sowie ausgefeilte Erlebnisgastronomie (ein richtiges Steakhouse mit dem Namen Konrads). Ein umfangreiches Aktionsprogramm verspricht zudem jede Menge Abwechslung – von der Mitternachtssauna bis zur karibischen Nacht. Es ist also auf jeden Fall für jeden etwas dabei – zu jeder Jahreszeit!

Gößweinstein

WWW.GOESSWEINSTEIN.DE

Informationen

Wallfahrtsmuseum:
Ostern bis Ende Oktober Di-So 10-18 Uhr, sonst Sa/So 10-17 Uhr
Erw. 3,- Euro / Erm. 2,50 Euro
Balthasar-Neumann-Str. 2, www.wallfahrtsmuseum-goessweinstein.de

Burg:
Ostern bis Ende Oktober tägl. 10-18 Uhr, Erw. 2,-/Erm. 1,-
Burgstraße 30
91327 Gößweinstein

Tel.: 09242-740425 (Basilika-Laden und Wallfahrts-Museum)
Tel.: 09242-7199 (Burg)

Unser Tipp

Planen sie unbedingt auch einen Besuch im hiesigen Spielzeugmuseum ein. Mai-Oktober Mi/Sa/So/Ft 11-18, sonst So/Ft 11-18 Uhr, www.fraenkisches-spielzeugmuseum.de, Erw. 3,-/Erm. 2,50, Balthasar-Neumann-Str. 15, Tel.: 09242-743577

BASILIKA UND BURG

Die Rokoko-Wallfahrtsbasilika folgte mehreren Vorgängerbauten mit dem Grundstein am 1730 und der Weihe 1739. Schon seit dem 11. Jahrhundert pilgerten die Gläubigen hierher, seit 1511 wurden auch Ablässe verkauft. Hauptwallfahrtstag ist Trinitatis, der Sonntag nach Pfingsten. In der Kirche und im neuen Wallfahrtsmuseum finden sich zahlreiche Votivgaben. Neben der Basilika gehört auch die Burg zu den Wahrzeichen von Gößweinstein. Es werden keine Führungen angeboten, aber man kann die Burg selbstständig erkunden. Zu besichtigen sind zwei original eingerichtete historische Räume sowie die Burgkapelle und das Verlies. Der Burghof bietet neben dem 40 Meter tiefen Brunnen eine schöne Aussicht auf die Fränkische Schweiz und das Wiesenttal.

Altstadt Forchheim

WWW.FORCHHEIM.DE

Informationen

Pfalzmuseum (Archäologie-Museum Oberfranken, Stadtmuseum, Trachtenmuseum):
Mai- Oktober Di-So 10-17, sonst Mi/Do 10-13 Uhr
Erw. 3,- Euro / Erm. 2,50 Euro
Kapellenstraße 16
91301 Forchheim
Tel.: 09191-714-327

Unser Tipp

Auch der Weihnachtsmarkt ist sehr idyllisch und lockt jedes Jahr viele Besucher in die Innenstadt.

DER SCHÖNSTE ADVENTSKALENDER DER WELT

Das Forchheimer Rathaus aus dem 14. bis 16. Jahrhundert bildet jedes Jahr zur Adventszeit eine herrliche Kulisse mit seinen als Adventskalender gestalteten Fensterläden. Weiterhin und das ganze Jahr sehenswert sind auch die St.-Martins-Kirche, die Festungsmauer und das Kloster mit seiner Kirche. Der wohl bedeutendste Bau ist allerdings die Forchheimer Burg, auch Kaiserpfalz genannt, aus dem späten 14. Jahrhundert, in der die Bamberger Fürstbischöfe residierten. Im Pfalzmuseum sind gleich drei Museen untergebracht, jedes auf seine Weise sehenswert.

Burgruine Neideck

WWW.NEIDECK.DE

Anschrift

Tel.: 09196-19433
91346 Wiesenttal

Unser Tipp

Gegenüber liegt die Burgruine Streitburg, ebenfalls mit einer Aussichtsplattform mit tollem Blick.

DIE SANIERTE RUINE

Die Ruine Neideck ist eines der Wahrzeichen der Fränkischen Schweiz. Erst 2008 wurde Sie umfassened saniert. Die Aussichtsplattform im Burgturm bietet eine herrliche Aussicht auf das Wiesenttal. Am Infopavillion erfährt man viel Interessantes über die Geschichte dieser einst mächtigen Burganlage aus dem 11. Jahrhundert. Wer mit dem Auto kommt, parkt am besten am Streitberger Freibad, von dort geht es dann steil bergauf.

Synagoge und jüdisches Museum Ermreuth

WWW.NEUNKIRCHEN-AM-BRAND.DE

EIN GROSSES VERMÄCHTNIS

Gegen Ende des 15. Jahrhunderts wiesen die deutschen Reichsstädte die Juden aus, worauf eine Fluchtwelle auf das Land einsetzte. Vier Fünftel der bayerischen Juden ließen sich in Franken nieder, so auch in Ermreuth, wo gegen 1840 von 600 Einwohner etwa 220 jüdischen Glaubens waren. Die 1822 erbaute neue Synagoge überstand aufgrund ihrer Lage im Ortskern den 9. November 1938 unbeschadet, und wurde nach einer langen Zeit in den Händen der Raiffeisengenossenschaft am 19. Juni 1994 wieder eingeweiht. Eine Dauerausstellung zeigt das alltägliche jüdische Leben im Ort, auf dem Friedhof sind von ehemals 500 nur noch 223 Gräber erkennbar, die Schändungen aus der NS-Zeit sind noch heute nachvollziehbar.

Öffnungszeiten

Erster So/Monat April-Oktober
14-18 Uhr, sonst 14-17 Uhr

Eintrittspreise

Erw. 2,- Euro / Erm. 1,- Euro

Anschrift

Wagnergasse 8
91077 Neunkirchen am Brand-Ermreuth
Tel.: 09134-70541 / -9278

Unser Tipp

Sehenswert ist auch das Ermreuther Schloss, das nach dem Ersten Weltkrieg den Stahlhelm und später eine Kreisführerschule der NSDAP und in den 1970er Jahren die Wehrsportgruppe Hoffmann beherbergte, deren ehemaliger „Chef" heute hier wieder wohnt.

Kreuzberg Hallerndorf

WWW.HALLERNDORF.DE

Info

Heilige Messe
Mai bis September Di 18.30 Uhr

Brauereien

Lieberth (Hallerndorf)
Rittmayer (Hallerndorf)
Brauhaus am Kreuzberg (Schnaid)
Gänstaller Bräu (Schnaid)
Witzgall (Schlammersdorf)
Roppelt (Stiebarlimbach)
Rittmayer (Willersdorf)

Mehr Informationen siehe
www.bier.by
www.bierland-oberfranken.de
www.hallerndorf.de

Unser Tipp

Für die Besucher gibt es im Brauhaus den Pilgertrunk, den selbst der Papst schon erhielt. Interessierte sollten auch die vielen anderen urigen Spezialbiere des Brauhauses oder einen der über 100 Edelbrände versuchen. Metzger, Koch, Brauer und Brenner Norbert Winkelmann hat für seine Kunst schon mehrfach den Bundesehrenpreis der DLG erhalten. Man kann auch eine Brauerei- oder Brennereibesichtigung buchen. Kreuzberg 1, 91352 Hallerndorf-Schnaid, www.brauhaus-am-kreuzberg.de, Tel.: 09545-4736. April-Oktober tägl. ab 11, im Winter Fr-So ab 11 Uhr.

DER NEUE WELTREKORDORT

Mit sieben Brauereien dürfte die 4.000-Einwohner-Gemeinde den Weltrekord in Sachen Brauereidichte innehalten. Einen weiteren Weltrekord hält auch der am Jakobsweg gelegene Kreuzberg zwischen Schnaid und Hallerndorf, der mit dem Brauhaus und mehreren Bierkellern die größte Biervielfalt eines Wallfahrtsortes bietet. Über 20 Wallfahrten gingen früher täglich hinauf zur Kreuzbergkapelle. Gläubige umrundeten dann mit einem schweren Holzkreuz die Kirche und ihre 15 Kreuzwegstationen. Eine echte Besonderheit: Zu den sonst üblichen 14 Stationen gibt es hier noch eine Darstellung der Kreuzauffindung durch die Kaiserin Helena. Heute sind die Wallfahrten zwar seltener geworden, dafür hat die Kirche aber unter anderem eine große Beliebtheit als Hochzeitskapelle erlangt.

Kellerberg Forchheim

WWW.FORCHHEIM.DE

Unser Tipp

Ein wirklich faszinierendes Erlebnis ist eine Führung durch den Kellerberg mit Bierprobe, buchbar wie andere sehenswerte Stadtführungs-Varianten auf der Website der Stadt Forchheim.

Termine und Preise siehe Website
(Freizeitangebote->Führungen)
Hauptstraße 24
91301 Forchheim
Tel.: 09191-7140
www.forchheim.de

EIN DURCHLÖCHERTER BERG

Der Kellerberg ist die Manifestation der langjährigen und großen Biertradition der Stadt, die um 1850 noch 33 Braustätten aufwies. Auf den Wegen bis zur Spitze des 340 Meter hohen Berges finden Sie auch heute noch 23 Kellerwirtschaften und zahlreiche weitere Keller, die meist nicht mehr genutzt werden. Von den Wirtschaften haben viele nur zum Annafest geöffnet, die anderen sind aber das ganze Jahr für ihre Gäste da und beliebtes Ausflugsziel für Forchheimer.

Anschrift

Alle Bierkeller auf dem Kellerberg finden Sie in unserem Buch „Frankens schönste Bierkeller und Biergärten", Fränkischer Tag Buchverlag oder auf der Website www.bier.by

Mehr siehe auch Seite 174

Kloster Weißenohe

WWW.KLOSTERBRAUEREI-WEISSENOHE.DE

Kontakt

Gaststätte:
Klosterstraße 20
91367 Weißenohe
Tel.: 09192-6357
www.wirtshaus-klosterbrauerei-weissenohe.de

Brauerei:
Tel.: 09192-591
www.klosterbrauerei-weissenohe.de

Unser Tipp

Im Sommer sitzt man auch im kleinen Biergarten des Klosters wunderbar. Man kann sich auch eine kleine Bierprobe bestellen und dann im Schatten der Klostermauern die verschiedenen ökologischen Bierspezialitäten verkosten.

EINE KLOSTERBRAUEREI ZUM ANFASSEN

Seit 1827 ist die Brauerei in Familienbesitz. Heute wird sie in der fünften Generation von Urban Winkler und seiner Frau geführt, tatkräftig unterstützt von 13 Mitarbeitern. Das Motto: „Das bayrische Reinheitsgebot war gestern!" Heute gilt in Weißenohe das „ökologische Reinheitsgebot", ein neuer Maßstab für die Qualität herausragender Biere. Auch die traditionsreiche Brauereigaststätte des ehemaligen Benediktinerklosters von 1058 hat ihren Leitspruch: „Persönliche Nähe". Herausragende Biere, ein wirklich traumhaft gutes Essen und das urige, klösterliche Ambiente machen jeden Ausflug zu einem ganz besonderen Erlebnis.

Felix-Müller-Museum

WWW.NEUNKIRCHEN-AM-BRAND.DE

EIN ZWEITES LEBEN IN NEUNKIRCHEN

Das Felix-Müller-Museum im ersten Stock des großen historischen Zehntspeichers ist dem in Augsburg geborenen Bildhauer und Maler Felix Müller (1904 bis 1997) gewidmet. Der expressiv gestaltende Künstler, der sich nach dem Krieg 1948 in Neunkirchen niederließ, schuf eine Fülle überwiegend religiöser Werke: Kreuzigungen, Madonnen sowie Blumen und Landschaftsgemälde seiner Umgebung, der „Fränkischen Schweiz". Auch im Ort selbst gibt es zahlreiche Skulpturen, Reliefs und Schilder von Felix Müller zu entdecken.

Öffnungszeiten

So 15-17 Uhr

Eintrittspreise

Erw. 2,- Euro / Erm. 1,- Euro

Anschrift

Anton-von-Rotenhan-Str. 2
91077 Neunkirchen am Brand
Tel.: 09134-908042

Unser Tipp

Nehmen Sie sich etwas Zeit, um die weiteren Sehenswürdigkeiten des Ortes zu entdecken. Neben der Zehntscheune des alten Klosters, in der das Museum untergebracht ist, stehen auch noch dessen alte Schule (heute Rathaus), mehrere Tore und die „Gugelkapelle".

Walberlafest

WWW.SRK-KIRCHEHRENBACH.DE

Termine

2012: 4. bis 6. Mai

Unser Tipp

„Walberla" nennt man den unverwechselbaren, sagenumwobenen Hausberg der Franken. Das Hochplateau heißt eigentlich „Ehrenbürg" und besteht aus zwei durch eine Senke getrennten Anhöhen, dem nördlichen Walberla mit der Walburgiskapelle und dem südlichen Rodenstein. Hier kann man das ganze Jahr über schöne Wanderungen unternehmen.

FRANKEN FEIERN IHREN BERG

Ursprünglich beging man die „Walberlaskirchweih" direkt am 1. Mai, doch schon 1895 erkannte man das wirtschaftliche Potential der Veranstaltung und verlegte die Feierlichkeiten auf das erste Wochenende nach dem Maibeginn. Das Walberlafest startet mit der Aufstellung des Maibaumes am Freitag um 17 Uhr, eine Stunde später wird das Bier angestochen. Samstag und Sonntag setzt sich das Treiben jeweils von 10 bis 23 Uhr fort, der Gottesdienst in der Walburgiskapelle beginnt um 9 Uhr morgens. Bei seiner Gründung war das Walberlafest ein Patronatsfest zu Ehren der Walburga, das mittlerweile alljährlich Zehntausende von Besuchern aus nah und fern anlockt und als das älteste Frühlingsfest Deutschlands gilt (die Kapelle ist erstmals 1360 erwähnt).

Annafest in Forchheim

WWW.FORCHHEIM-ANNAFEST.DE

Termine

2012: 21. bis 30. Juli

Unser Tipp

Mit insgesamt über 16.000 Sitzplätzen kann während des Annafestes theoretisch die Hälfte der Gesamtbevölkerung der Stadt bewirtet werden, das ist Rekord. Wir empfehlen, am Anfang gleich nach ganz oben zu gehen und dann währen des Abstieges die Stimmung an den einzelnen Kellern einzufangen.

DAS GROSSE FEST DER FRÄNKISCHEN SCHWEIZ

Immer in der Woche um den 26. Juli startet Forchheim in seine fünfte Jahreszeit. Entstanden aus dem Zwischenhalt für Wallfahrer aus Weilersbach, entwickelte sich innerhalb der letzten gut 160 Jahre ein zehntägiges Fest mit etwa einer halben Million Besuchern. In einem Festzug marschieren jeweils am Eröffnungssamstag Vereine, Politiker und andere mehr oder weniger Wichtige bzw. Beteiligte vom Rathausplatz zum Kellerberg, um dort nach dem offiziellen Anstich durch den Oberbürgermeister von Keller zu Keller zur Bierprobe zu ziehen. Bei den bis zu zehn verschiedenen Brauereien kann das durchaus anstrengend werden... Eine Liste der insgesamt 23 beteiligten Keller finden Sie auf der Website.

Weitere Tipps

Gößweinsteiner Höhenfreibad
Nagelneues Naturbad mit Blick auf die Gößweinsteiner Kulisse. Mai bis 3. Oktober tägl. 10-19 Uhr, Eintritt frei! Schützenstraße 1, 91327 Gößweinstein, Tel.: 0170-7551943, www.ferienzentrum-goessweinstein.de

Familienschwimmbad Streitberg
Beliebtes Familienbad mitten in der Natur, unterhalb der Burgruine Neideck mit Blick darauf und auf die Streitburg. Mitte Mai bis Mitte Sept. tägl. 10-19 Uhr, Erw. 2,50/Erm. 1,50. Tel.: 09196-298, Am Freibad 7, 91346 Wiesenttal, www.familienschwimmbad.de

Freibad Egloffstein
Über 75jähriges einfaches Freibad mit beheiztem Quellwasserbecken und tollem Blick auf die Burg. Mitte Mai bis Mitte September 10-20 Uhr, Erw. 3,-/ Erm. 1,50. Badstraße 166, 91349 Egloffstein, Tel.: 09197-798, www.egloffstein.de

Freibad Gräfenberg
Klassisches Freibad mit Nichtschwimmerbereich inkl. Wasserrutsche. Mitte Mai bis Ende August tägl. 10-19.30, 1- bis 15. September tägl. von 12-18 Uhr, Erw. 2,50/Erm. 1,20. Egloffsteiner Straße, 91322 Gräfenberg, Tel.: 09192-997663, www.graefenberg.de

Freibad Neunkirchen am Brand
Das Freibad ist aus einem Brandschutzprojekt hervorgegangen und erfreut sich großer Beliebtheit. www.neunkirchen-am-brand.de, Hirtengraben, 91077 Neunkirchen am Brand. Juni-August tägl. 11-19 Uhr, Erw. 2,-/Erm. 1,-

Kirschenfest in Pretzfeld
Beliebtes Fest Mitte Juli in Pretzfeld und auf den Bierkellern. Größtes Kirschenanbaugebiet Deutschlands. www.kirschenfest-pretzfeld.de. Tel.: 09194-796575, 91362 Pretzfeld

Fränkische Schweiz-Marathon
Großer Lauf, seit 2000 von Forchheim nach Ebermannstadt, traditionell verbunden mit einem autofreien Sonntag. www.fs-marathon.de, Termin 2012: 2. Sept.

Tag der offenen Brennereien
Die Brennereien und Brauereien rund ums Walberla laden Mitte Oktober zum Tag der offenen Tür mit Schau-Brennen und Schnapsverkostung, www.schnaps-brennerei.com

Riesenburg
Naturdenkmal und Versturzhöhle, frei zugänglich, Fußweg vom Parkplatz an der Landstraße Behringersmühle-Doos

Lichterfeste
Imposante Feste, bei denen ganze Täler von tausenden Lichtern erleuchtet werden. Bekannte Orte: Oberailsfeld (20.12.), Nankendorf (31.12.), Obertrubach (3. Januar) und Pottenstein (Dreikönig)

Burg Egloffstein
Stammburg eines der ältesten Adelsgeschlechter der Fränkischen Schweiz, Tel.: 09197-8780, 91349 Egloffstein, www.burg-egloffstein.de, Führungen (Termine siehe Website) Erw. 4,-/Erm. 2,-

Turmuhren- und Fossilienmuseum
Liebenswertes Privatmuseum in Gräfenberg. Kasberger Straße 19a, 91322 Gräfenberg, Tel.: 09192-8266, März-Oktober Sa/So 14-18 Uhr, Erw. 4,-/ Erm. 2,50

Georgiritt Effeltrich
Traditionelle Pferdewallfahrt am Ostermontag, Beginn um 9.15 Uhr mit Messfeier und Pferdesegnung. Anschließend Ritt um die Burg und die 1.000jährige Linde sowie ab 14 Uhr Andacht mit Prozession. 91090 Effeltrich, www.effeltrich.de, Termin 2012: 9. April 2012

Motorradmuseum Möchs
Sensationelle Sammlung von Original Manfred Brunner. Möchs 27, 91355 Hiltpoltstein. Tägl. ab 9 Uhr, Eintritt Spende

Modelleisenbahnmuseum Muggendorf
Dieter Häntzschels Jugendtraum. Bayreuther Straße 23, 91346 Muggendorf. So 10-12 und 14-17 Uhr. Erw. 2,50/Erm. 1,-

Touristinfo:

Hauptstraße 24
91301 Forchheim
Tel.: 09191-714-337 / -338 / -218
www.forchheim.de

Bildquellen (Seite): Touristinformation Wiesenttal (250), Schloss Thurn (251), Dampfbahn Fränkische Schweiz e. V. (253), Stadt Forchheim (254), Landratsamt Forchheim (258,261)

Landgasthof Rittmayer

WWW.RITTMAYER.COM

Wer zur Familie Rittmayer kommt, spürt sie gleich, die fränkische Gastfreundschaft. Hier arbeiten Menschen, die ihr Handwerk verstehen, die mit ganzem Herzen bei der Sache sind. Seit Generationen werden in Willersdorf Gäste bewirtet und fränkische Traditionen gewahrt, weshalb der Besucher hier nicht nur klassisch die herrlich zubereiteten, selbst aufgezogenen Karpfen genießen kann. Auch für Tagungen oder Familienfeste findet man kaum einen geeigneteren Ort.

Bier, Bratwürste und Behaglichkeit

Wo kann Franken schöner sein als in einer gemütlichen Gaststube? Hinter uns der wärmende Kachelofen und vor uns die Köstlichkeiten der Saison: im Herbst und Winter der Karpfen, im Frühling der Spargel und das ganze Jahr über ein kühles Bier, nach Hausrezept gebraut, im Steinkrug serviert.

An warmen Sommertagen schmeckt eine deftige Brotzeit im Biergarten besonders gut. Dann gibt es Pressack und Schinken aus eigener Hausschlachtung und danach einen hausgebrannten Schnaps.

Landwirtschaft der Natur verpflichtet

Der landwirtschaftliche Betrieb der Rittmayers arbeitet nach den Naturland-Richtlinien. Die Betriebsfläche umfasst ca. 100 ha, davon 10 ha Karpfenweiher und 10 ha Wald. Der Rest besteht aus Wiesen, Weiden und Ackerflächen, auf denen das Futter für die Tiere erzeugt wird.

Die Mutterkuhhaltung (Rinderzucht) garantiert, dass das Kalb solange bei der Mutterkuh bleibt, bis diese keine Milch mehr gibt. In dieser Zeit fangen die Kälber schon an, Heu und Gras zu fressen. Grundsätzlich bekommen alle Tiere Gras und Heu im Sommer und im Winter Heu und Luzerne-Kleegras Silage. Selbstverständlich haben alle Tiere freien Auslauf und werden auf Stroh gehalten.

Auch die Karpfenzucht ist nach den Naturland-Richtlinien zertifiziert, die Tiere erreichen nach drei Sommern das Schlachtgewicht.

Komfort und Gemütlichkeit

Wenn der Gast von der Wanderung durch den Aischgrund, dem Ausflug durch die Fränkische Schweiz oder dem Kulturtag in Bamberg ins Hotel Rittmayer kommt, dann soll ein schöner Tag auch entsprechend gut ausklingen.

Die Franken sind bekannt für ihre Herzlichkeit und Gastfreundschaft. Der Landgasthof Rittmayer verwöhnt seine Gäste mit einem guten Essen am Abend, einem reichhaltigen Frühstück am Morgen und gemütlichen Zimmern, die mit allem Komfort ausgestattet sind. Egal ob Urlauber oder Geschäftsreisende – in Willersdorf findet jeder Natur, Kultur und ganz viel Abwechslung.

Das Hotel Rittmayer wurde nach den Richtlinien der deutschen Hotelklassifizierung mit zwei Sternen und deutlich mehr Wertungspunkten, als für seine Kategorie erforderlich, bewertet.

Tagungen und Tafelfreuden

Ob Konferenzen, Seminare oder Event-Reisen – im Landgasthof Rittmayer finden sich die geeigneten Räume, beste Verpflegung und die richtige Atmosphäre. Natürlich ist man hier auch mit allen technischen Voraussetzungen für eine gelungene Tagung ausgestattet.

Weitere Informationen:

Landgasthof Rittmayer
Willersdorf 108
91352 Hallerndorf
Tel.: 09195 / 9473-0
Fax: 09195 / 9473-150

Internet: www.rittmayer.com
E-Mail: info@rittmayer.com

Öffnungszeiten (warme Küche):
Montag 17-21 Uhr, Di 17-21 Uhr
Mi bis So 11.30-14 und 17-21 Uhr

Naturerlebnis Fränkische Schweiz

WWW.NATURERLEBNIS-FS.DE

Der Naturpark Fränkische Schweiz, nordöstlich von Nürnberg, ist ein kleines landschaftliches Juwel. Der gesamte Naturpark ist der fünftgrößte in Deutschland und bietet eine enorme Dichte an Sehenswürdigkeiten und reizvoller Landschaft.

Informationen zu über 100 lohnenswerten Sehenswürdigkeiten, Naturschönheiten und Ausflugszielen in der Fränkischen Schweiz und dem Umland bietet der Online-Reiseführer Naturerlebnis Fränkische Schweiz unter www.naturerlebnis-fs.de.

Auf der sehr umfangreichen Internetseite finden Sie:

- **Gastronomie-Tipps**
- **die passende Unterkunft**
- **viele Ausflugstipps (z.B. für Ausflüge mit Kindern oder bei schlechtem Wetter)**
- **Wissenswertes zu den Besonderheiten der Region**
- **Verzeichnis mit über 100 Ausflugszielen**
- **tolle Bildergalerien und 360° Panorama-Aufnahmen**

NATURERLEBNIS FRÄNKISCHE SCHWEIZ

www.naturerlebnis-fs.de

Wenn Sie Interesse an aktuellen Hinweisen oder Veranstaltungen in der Fränkischen Schweiz haben, werden Sie doch einfach Fan dieser Internetseite auf Facebook:
www.facebook.com/Naturerlebnis.Fraenkische.Schweiz

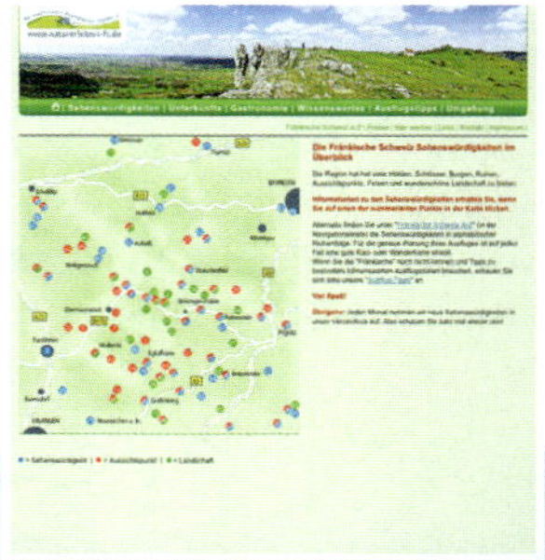

Wissenschaftsstadt mit Kleeblatt

Woher das Kleeblatt der Fürther genau stammt, weiß niemand zu sagen, erste Darstellungen datieren aber zurück bis ins Jahr 1562. Damals war die Stadt aber bereits mindestens 550 Jahre alt, denn die erste Erwähnung findet sich in einer Urkunde, in der Fürth dem neu gegründeten Bistum Bamberg zugeschlagen wurde. In der Folgezeit kam es zur so genannten Dreiherrschaft. Denn die Stadt gehörte jeweils teilweise dem Bamberger Domstift, der Reichsstadt Nürnberg und den Nürnberger Burggrafen (ansbachisch), was die Entwicklung Fürths natürlich deutlich beeinträchtigte.

Grüner Markt (S. 275)

DB **Bahnhöfe:** Fürth, Westvorstadt, Dambach, Alte Veste, Unterfürberg, Burgfarrnbach, Unterfarrnbach, Vach; (Liniennetz siehe Seite 18)

Rathaus (S. 274)

Rundfunkmuseum (S. 278)

New Orleans Festival (S. 284)

Michaeliskirchweih (S. 282)

Es folgte die fast komplette Zerstörung im Dreißigjährigen Krieg, mit der Industrialisierung kam der Aufschwung bis 1835, mit dem Adler verkehrte die erste deutsche Eisenbahn zwischen Fürth und Nürnberg. Hierzu finden Sie interessante Ausstellungsstücke im Stadtmuseum. Trotzdem blieb Fürth, das nach einer Furth über die Rednitz benannt ist, immer im Schatten der benachbarten Reichsstadt, was aber in der NS-Zeit den Vorteil hatte, dass nur vergleichsweise geringe Bombenschäden zu verzeichnen waren. Dafür erlitt die Stadt aber einen anderen schwerwiegenden Verlust: Das „Fränkische Jerusalem" verlor mit seiner jüdischen Bevölkerung und deren Kultur einen wesentlichen Bestandteil seiner Identität.

Das heutige Fürth weist die höchste Dichte an Baudenkmälern auf und versteht sich auf Feste und Veranstaltungen, die das ganze Jahr über stattfinden, allen voran die Michaeliskerwa, Deutschlands schönste Straßenkirchweih.

Stadttheater

WWW.STADTTHEATER.FUERTH.DE

Anschrift

Königstr. 116
90762 Fürth
Tel.: 0911-9742410 / 9742400 (Kasse)

Unser Tipp

Aktuell läuft eine Stuhlpatenschaftsaktion – hier können Sie etwas gutes für die fränkische Kultur tun und sich dabei im Theater verewigen.

FRANKENS ALTE THEATERDAME

Im imposanten Gebäude von 1902 gibt es regelmäßig Gastspiele, Koproduktionen und Eigenproduktionen für das begeisterte Fürther Publikum – die Auslastung liegt bei rund 90 Prozent. Es geht auf jüdische Wurzeln zurück und wurde von den Wiener Theaterarchitekten Fellner und Helmer erbaut, die sich an Formen der italienischen Renaissance und des Barock orientierten. Das Fürther Stadttheater hat große Ähnlichkeiten mit dem von den gleichen Architekten erbauten Stadttheater der ukrainischen Stadt Czernowitz.

Fürthermare

WWW.FUERTHERMARE.DE

Öffnungszeiten
Tägl. 10-23 Uhr

Eintrittspreise
Tageskarte
Erw. 15,- Euro / Erm. 13,- Euro

Anschrift
Scherbsgraben 15
90766 Fürth
Tel.: 0911-7230540

Unser Tipp
Saunafreunde können einmal im Monat zur langen Nacht bis um 1 Uhr bleiben – und dann ab 23 Uhr auch im Thermenbereich hüllenlos dem Badevergnügen frönen.

DAS KLEEBLATTBAD

Die Erlebnistherme bietet eine gute Mischung aus Thermalbad (das Wasser aus der 2004 erbohrten Kleeblatt-Quelle hat einen außergewöhnlich hohen Gehalt an gelösten Mineralien), Spaßbad, Wellness und Sauna. Dabei steht im Sommer den Gästen das Sommerbad mit über 2.500 Quadratmetern kostenfrei zur Verfügung. Das ist besonders schön, weil die Macher einen Sandstrand mit Liegestühlen aufgebaut haben – das ist wie ein Kurzurlaub! Im Winter hingegen lieben die Gäste die Solegrotte, die bei 34 Grad ein Badeerlebnis wie im Toten Meer bietet.

Fürther Rathaus

FLORENZ IN FÜRTH

Anschrift

Königstraße 88
90766 Fürth

Unser Tipp

Zu besonderen Anlässen wie dem Tag der offenen Tür wird auch der Turm der Öffentlichkeit zugänglich gemacht, von dem man einen herrlichen Ausblick über die Stadt hat.

Das von 1840 bis 1844 erbaute Fürther Rathaus erhielt 1845 bis 1850 einen Turm, der an den Palazzo Vecchio in Florenz erinnert. Seitdem ist das Haus das höchste Gebäude der Stadt und auch ihr Wahrzeichen. Interessant ist auch die Deckengestaltung in der Eingangshalle. Zur Michaeliskerwa erstrahlt das Fürther Rathaus schon seit 1858 als Silhouette im Nachthimmel. Im 19. Jahrhundert waren es noch Gasflammen, später Glühbirnen, seit 2009 strahlen vorbildlich nun 1.900 LEDs, übrigens auch zur Advents- und Weihnachtszeit. Jeden Mittag um 12 Uhr läutet das neue Glockenspiel, das 2007 zum Stadtjubiläum erstmals erklang. Die urprünglichen Glocken waren im Zweiten Weltkrieg eingeschmolzen worden. Danach gab es einige Zeit ein Porzellan-Glockenspiel, das wegen Beschädigungen und des daraus resultierenden schlechten Klangs 1966 ausgeschaltet wurde.

Grüner Markt

Anschrift
Marktplatz
90762 Fürth

Unser Tipp
Seinen eigentlichen Charme entfaltet der Platz an lauen Sommernächten, wenn die Gäste bis tief in die Nacht vor den Restaurants und Bars draußen sitzen können. Wir empfehlen das Prison St. Michel am Marktplatz 7.

URLAUBSFLAIR AM ABEND

Eigentlich ist der Marktplatz, auf dem früher der Gemüsemarkt (Namensgeber für den Grünen Markt) abgehalten wurde, nur eine Verbreiterung der alten Reichsstraße durch Fürth. Mit dem Bambergischen Amtshaus und dem Geleitshaus standen hier auch zwei Regierungsgebäude aus der Zeit der Dreiherrschaft. Das Amtshaus trägt heute die Adresse Gustavstraße 65, an der Stelle des 1968 abgerissenen Geleitshauses steht eine Sparkasse. Über den gesamten Platz veteilt findet sich der Gauklerbrunnen des 2011 verstorbenen Igensdorfer Bildhauers Harro Frey.

Der Stadtpark

WWW.STADTPARKCAFE-FUERTH.DE

HEIMLICHE LIEBE MIT FRÜHSTÜCKSCAFÉ

Öffnungszeiten
Tägl. ab 9 Uhr

Anschrift
Engelhardtstr. 20
90763 Fürth
Tel.: 0911-7418884

Unser Tipp
Über den Quellensteg besteht eine Verbindung zur König-Ludwig-Quelle und damit zum Fürther Heilquellenweg, auf dem man die sechs Heilquellen der Stadt erwandern kann.

Wenn die Fürther spazieren gehen wollen, machen sie sich auf zu ihrer „heimlichen Liebe". Der Stadtpark am Abhang hinter der Auferstehungskirche geht auf den Maschinenfabrikanten Johann Wilhelm Engelhardt zurück, der 1867 auf eigene Kosten mit dem Bau begann. Seine Witwe sorgte für die Erweiterung um den Schwanenweiher. Die letzte große Umgestaltung erfolgte 1951 zur Gartenschau. Neben dem Weiher finden die Besucher heute auch einen Rosengarten und eine beliebte Freilichtbühne. Informationen zum Spielplan erhalten Sie auf der Internetseite des Parkcafés, in dem man auch schön frühstücken kann.

Jüdisches Museum Franken

WWW.JUEDISCHES-MUSEUM.ORG

Öffnungszeiten
Di 10-20 Uhr, Mi-So 10-17 Uhr

Eintrittspreise
Erw. 3,- Euro / Erm. 2,- Euro

Anschrift
Königstraße 89
90766 Fürth
Tel.: 0911-770577

Unser Tipp
Im Museum können Sie auch Lesenswertes erstehen und im Café eine kleine Pause einlegen.

VOM JUDENTUM GEPRÄGT

In Fürth lebten vor der NS-Zeit bis 3.000 Bürger jüdischen Glaubens, die zeitweise etwa 20 Prozent der Bevölkerung ausmachten. Die Stadt war das Zentrum des Judentums in Bayern bis 1938 die Synagoge zerstört und die jüdische Bevölkerung ab 1941 deportiert wurde. Heute widmet sich das Jüdische Museum Franken der fränkisch-jüdischen Geschichte und Kultur. Das Museum ist auf drei Standorte verteilt (Fürth, Schnaittach, Schwabach), das Haupthaus steht in Fürth. Das barocke Gebäude in der Königstraße 89 gehörte vom 17. bis zum späten 19. Jahrhundert jüdischen Familien und verfügt über eine historische Laubhütte und ein Ritualbad.

Rundfunkmuseum

WWW.RUNDFUNKMUSEUM.FUERTH.DE

Öffnungszeiten

Di-Fr 12-17 Uhr, Sa/So/Ft 10-17 Uhr
Erster Do im Monat 12-22 Uhr

Eintrittspreise

Erw. 4,- Euro / Erm. 3,- Euro

Anschrift

Kurgartenstraße 37
90762 Fürth
Tel.: 0911-7568110

Unser Tipp

Der Shop bietet eine breite Auswahl an Zeitschriften und Büchern. Außerdem kann man Doubletten oder Kopien von alten Bedienungsanleitungen erstehen.

VON RÖHREN UND MAGNETEN

In den Gebäuden der alten Grundig-Direktion hat das Rundfunkmuseum seit 2001 nun ausreichend Platz für seine Exponate und die Themenausstellungen wie „Gag-Radios" oder „BRAVO und Jugendlust". Der Fürther Unternehmer Max Grundig gründete seine Firma 1930, die sich von einem kleinen Radiogeschäft zum Global Player und größtem Arbeitgeber Mittelfrankens entwickelte. 2003 konnte die Insolvenz nicht mehr abgewendet werden, heutige Grundig-Produkte stammen aus Fernost. Ein bisschen weht dieser Wind noch durch das Haus, und manchmal trifft man auch noch alte Mitarbeiter.

Stadtmuseum Ludwig-Erhard

WWW.STADTMUSEUM-LUDWIG-ERHARD.DE

Öffnungszeiten

Di-Do/So 10-16 Uhr, Sa 13-17 Uhr
Erster Do im Monat 10-22 Uhr

Eintrittspreise

Erw. 3,- Euro / Erm. 2,- Euro

Anschrift

Ottostraße 2
90762 Fürth
Tel.: 0911-97922290

Unser Tipp

Das Museumscafé bietet nicht nur guten Kaffee, sondern auch Gebäck und - wenn Zeit ist - einen netten Plausch mit den Mitarbeitern.

DEM ALT-BUNDESKANZLER GEWIDMET

Der Stadtrat verwehrte Ludwig Erhard gleich in zwei Anläufen die Ehrenbürgerwürde, offiziell, weil seine Verdienste nicht speziell um die Stadt gewesen wären. Deswegen gilt es als kleine Wiedergutmachung, dass das Museum zur Geschichte der Kleeblattstadt nun dem Vater von Sozialer Marktwirtschaft und Wirtschaftswunder gewidmet ist. Die sehenswerte Ausstellung verläuft entlang einer Zeitleiste, die die Stadtentwicklung in Bezug zur Weltgeschichte setzt. In einem weiteren Flügel des ehemaligen Stadtpalais finden Sie eine Ausstellung zu Ludwig Erhard und eine wechselnde Sonderausstellung. Wir konnten die Geschichte des Fürther Fußballs bewundern.

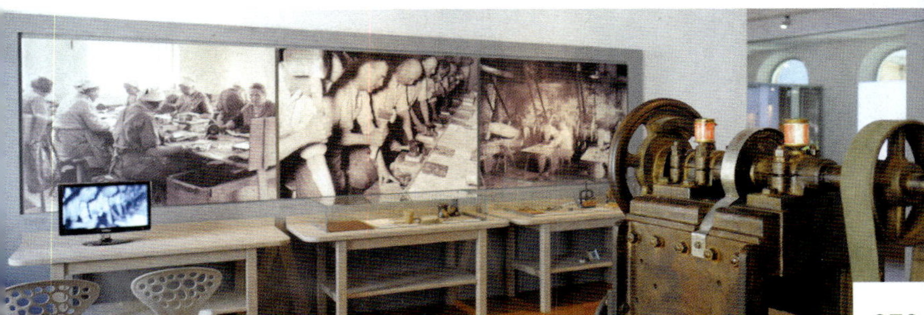

Kriminalmuseum

Öffnungszeiten
Sa/So 13-17 Uhr

Eintrittspreise
Erw. 2,50 Euro / Erm. 1,50 Euro

Anschrift
Kellerräume des Rathauses
90762 Fürth
Tel.: 0911-2395870

Unser Tipp
Nach diesen Einblicken haben Sie sicher Hunger. Ein gutes Rezept dagegen ist der Besuch im Schwarzen Kreuz gegenüber. Das Traditionshaus bietet eine hervorragende Küche und einen Biergarten mit Blick auf das Rathaus. Mo-Sa 12-14.30 & 18-22 Uhr, Königstraße 81, 90762 Fürth, Tel.: 0911-740910, www.neubauers-schwarzes-kreuz.de

WENN DER HAUSMEISTER IN RUHESTAND GEHT ...

... dann zieht das Archiv des Standesamtes in seine ehemalige Dienstwohnung um, und in dessen ehemaligen Räumen wird ein Kriminalmuseum unter dem Motto „Krawalle, Kriminelles und Katastrophen" eingerichtet. Dieser Fall wäre also schon mal gelöst, von vielen weiteren berichtet die Ausstellung in den zehn Räumen des Museums zur Polizei- und Justizgeschichte, alles natürlich mit besonderem Bezug zur Fürther Geschichte. Auch die Kriminaltechnik und aktuelle Probleme wie Geldfälschung oder Drogenverstecke werden thematisiert. Der Besucher kann sogar einen kleinen Blick in die Rechtsmedizin werfen.

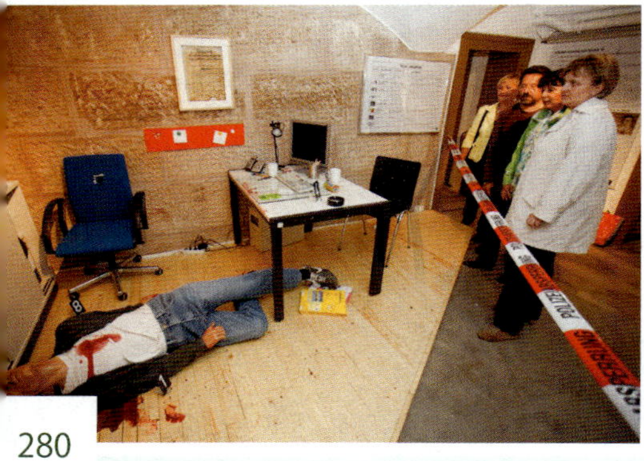

kunst galerie fürth

WWW.KUNST-GALERIE-FUERTH.DE

Öffnungszeiten
Mi-Sa 13-18 Uhr, So/Ft 11-17 Uhr

Eintrittspreise
Erw. 2,- Euro / Erm. 1,- Euro

Anschrift
Königsplatz 1
90762 Fürth
Tel.: 0911-9741690

Unser Tipp
Nach der Kunst sollte man stilecht essen gehen. Wie wäre es mit Mike's Steakhouse, Tägl. ab 17.30, Di/Fr/So schon ab 12 Uhr. Gustavstraße 16, 90762 Fürth, Tel.: 0911-9719547, www.mikes-steakhouse.de - hier können Sie ein 750g-Steak essen, das Sie unter Umständen nicht mal bezahlen müssen...

ES GEHT WEITER

2010 befürchteten die Fürther schon, dass die Galerie aus Kostengründen geschlossen werden muss, das konnte nun auf Kosten eines zweiten Schließtages abgewendet werden. Das Haus der ehemaligen Stadtsparkasse wurde nach Plänen des Architekten Helmut Bock umgebaut. Zu sehen gibt es in der Regel pro Jahr sechs sehenswerte Ausstellungen zeitgenössischer Künstler. Für Kinder werden regelmäßig kunstpädagogische Veranstaltungen durchgeführt, die sich großer Beliebtheit erfreuen.

Michaelis-Kirchweih

WWW.MICHAELIS-KIRCHWEIH.DE

Termine

Mo-Sa 10-23, So/Ft 11-23 Uhr
2012: 29. September bis 10. Oktober

Unser Tipp

Wer bei all dem Trubel eine Auszeit braucht, ist am Helmplatz bei der Feuerwache richtig. Die Schausteller richten neben dem eigens dafür schön dekorierten Brunnen erstmals eine Ruhezone mit Sitzgelegenheiten zum Verweilen ein. Hier können Besucher das Kärwa-Geschehen von einem etwas ruhigeren Platz aus beobachten und sind dennoch mittendrin.

DIE SCHÖNSTE STRASSEN-KIRCHWEIH DER WELT

Die erste Michaelis-Kirchweih könnte vor über 900 Jahren nach der Errichtung der Michaeliskirche um 1100 stattgefunden haben. Seitdem hat sie sich nicht nur zur schönsten, sondern auch zu einer der größten Straßen-Kirchweihen entwickelt. Auftakt der zwölf tollen Tage ist immer am Samstag nach dem Namenstag des Erzengels Michael (29. September), der Höhepunkt der am zweiten Kirchweih-Sonntag stattfindende Erntedank-Festzug mit mehr als 3.000 Mitwirkenden und über 100.000 Zuschauern. Die Fürther Kirchweih dürfte zudem die einzige sein, die eine eigene Währung besitzt. Für nur 90 Cent kann man den so genannten Kärwa-Taler erstehen, der auf dem gesamten Festgelände den Wert von einer Euro-Münze hat.

Grafflmarkt

WWW.FUERTH.DE

Termine
Fr 16-22, Sa 7-16 Uhr
23./24. Juni und
14./15. September 2012

Unser Tipp
Sie können sogar selbst dabei sein, die Platzkarten können immer eine gute Woche vorher reserviert werden. Info: Tel.: 0911-9741276 oder -9741277

MONSTER-FLOHMARKT

Zweimal im Jahr räumen die Fürther auf. Dann kommt das „Graffl" raus und man versucht, beim Riesenflohmarkt noch ein gutes Geschäft damit zu machen. Der gesamte Bereich zwischen Gustavstraße, Waagplatz, Waagstraße, Königstraße und Marktplatz lädt dann zum Handeln und Bummeln ein. Das schöne dabei ist, dass hier eben nicht schon die „Profis" Einzug gehalten haben, sondern noch wirklich der gute alte Geist des Flohmarktes gelebt wird. Der Name Flohmarkt kommt übrigens aus der Zeit, als die Fürsten ihre getragenen Kleider dem Volk abgaben. Damit wurde dann mächtig gehandelt – und auch so mancher Floh weitergegeben ...

New Orleans-Festival

WWW.NEW-ORLEANS-FESTIVAL.DE

BLUES & JAZZ AUF DER FREIHEIT

Jedes Jahr im Juni machen die Fürther ihre Freiheit zu einem kleinen French Quarter und feiern von Freitag bis Sonntag mit einer erlesenen Auswahl an Protagonisten von Blues, Jazz, aber auch Rock'n'Roll, Rockabilly, Swing, Soul, Latin etc. Die kommen oft in den verrücktesten Outfits und feiern mit den Fürthern bis tief in die Nacht. Das ganze gibt's zudem bei freiem Eintritt! Die Fürther Freiheit entstand übrigens 1938, als die Nationalsozialisten den Ludwigsbahnhof abreißen ließen, um Platz für Aufmärsche und später Flak-Geschütze zu haben. 1946 benannte man den Platz in Fürther Freiheit um.

Termine

Termin 2012: 25.-27. Mai
Eintritt frei!

Unser Tipp

Passend vorher oder nachher essen kann man im Sausalitos. Friedrichstraße 7, 90762 Fürth. So-Do 16-1, Fr/Sa 16-2 Uhr. Tel.: 0911-9748704

Fürth-Festival

WWW.FUERTH-FESTIVAL.COM

Termine

2012: 6.-8. Juli
Eintritt frei!

Unser Tipp

Wer zwischendurch mal eine ordentliche Portion gegen den Hunger verdrücken möchte, ist im Tannenbaum richtig aufgehoben, echter Klassiker und eines der ältesten Restaurants der Stadt. Helmstraße 10, 90762 Fürth, Tel.: 0911-7660485. Di-Sa 11-23, So 11-15 Uhr

EINE STADT WIRD ZUR BÜHNE

Neben der Michaelis-Kerwa zieht das Fürth-Festival die zweitgrößte Anzahl an Besuchern in die Stadt. Dann ist auch alles auf einmal geboten. Auf dem Areal von der Fürther Freiheit über die Fußgängerzone, das City Center, den Rathaus-Innenhof bis in die Gustavstraße und den Marktplatz stehen Bühnen und Stände, dazu sind am Sonntag die Geschäfte offen. Auch in den Innenhöfen, beispielsweise des Rathauses, wird gefeiert und bewirtet, oft unter interessanten, interkulturellen Motti.

Altstadtweihnacht

WWW.FUERTH.DE

Termine

2. bis 11. Dezember 2011
7. bis 16. Dezember 2012
Mo-Fr 16.30-20 Uhr,
Sa/So 13-20 Uhr

Anschrift

Waagplatz
90762 Fürth

Unser Tipp

Der zweite Weihnachtsmarkt steht auf der Fürther Freiheit. 24. November bis 23. Dezember 2011 tägl. von 10-21 Uhr (29. November bis 23. Dezember 2012)

KUNSTHANDWERK UND CHÖRE

Der schönere der beiden Fürther Weihnachtsmärkte findet auf dem Waagplatz statt, wo früher die Stadtwaage stand. Der Platz wird als heißer Kandidat für die Keimzelle Fürths gehandelt. Zur Adventszeit kann man hier vor allem traditionelles Kunsthandwerk (Blechspielwaren, Keramik, Puppen und Marionetten, handgeschnitzte Krippen etc.) erstehen. Für Weihnachts- und Adventsstimmung sorgen Chöre, Bläser, Zauberer, Puppentheater und Nachtwächter – und natürlich das Christkind auf der Bühne.

Weitere Tipps

Fürther Weinfest
Sechs Tage dreht sich in der Gustavstraße alles um den Rebensaft. www.weinfest-fuerth.de. Juli/August 2012

Landbierparadies
Fürther Ableger des Bierfreundeparadieses. Friedrich-Ebert-Straße 100, 90766 Fürth, Tel.: 0911-7873091, www.landbierparadies.com, Tägl. ab 17.30, So/Ft ab 11 Uhr

Fürther Apfelmarkt
Mitte Oktober dreht sich alles um den Apfel, vom Saft über Secco und Wein bis Brand. www.fuerth.de. 14. Oktober 2012

Burgfarrnbach
Sehenswerte Kirche und Schloss, jährlich Bürgerfest im Mai. www.schloss-burgfarrnbach.de

Obstgärtla
Traum-Biergarten mit Biervielfalt. Breiter Steig 6, 90768 Burgfarrnbach, Tel.: 0911-7568592, Di-Sa 11-23, So 10-23 Uhr, www.obstgaertla.de

Stadtspaziergänge
Tolles Angebot der Tourist-Information mit vielen Themen-Rundgängen. Bahnhofplatz 2, 90762 Fürth, Tel.: 0911-2395870, Erw. 6,-/Erm. 5,-

Barhaus Dillinger
Trendige Location für Cocktails und lauschige Sommerabende. Mo-Fr 11.30-14.30 & ab 17, Sa/So ab 17 Uhr (Winter abends ab 18.30). Schwabacher Str. 312, 90763 Fürth, Tel.: 0911-719651, www.barhaus-dillinger.de

Comödie
Legendäre Bühne im Jugendstilbau Berolzheimerianum, gegründet von Volker Heißmann und Martin Rassau. www.comoedie.de

Kulturforum
Ehemaliger Schlachthof am Ufer der Rednitz, mit Programmkino und Bühne für Konzert, Kleinkunst, Theater & Co. www.kulturforum.fuerth.de

Internationales Klezmer Festival
Jiddische Musik an mehreren Orten der Stadt. Termin 2012: 9. bis 18. März 2012. www.klezmer-festival.de

Gasthaus Wilhelmshöhe
Uriges Gasthaus und Biergarten am Ende einer langen Straße. Tägl. ab 10 Uhr, Wilhelmstraße 21, 90766 Fürth, Tel.: 0911-732962, www.gasthauswilhelmshoehe.de

Bauernmarkt
Gute Produkte, Tombola und Streichelzoo am Waagplatz. Termin 2012: 12. Mai 2012, www.fuerth.de

Stadtökologischer Lehrpfad
Zwei Touren von der U-Bahn-Station Stadthalle (Infotafel) aus, jeweils mit zehn Stationen. Route A hat drei Kilometer, Route B sieben Kilometer Länge. www.fuerth.de

St. Peter und Paul Poppenreuth
Mutterkirche von St. Sebald Nürnberg, gotisch/neogotisch. Poppenreuther Straße 143, 90765 Fürth, Tel.: 0911-7908188, www.peter-und-paul-poppenreuth.de

Solarberg Atzenhof
Ehemaliger Müllberg, heute Aussichtspunkt mit gutem Blick auch auf den Flugbetrieb in Nürnberg. In der Nähe auch alter Militärflughafen mit sehenswertem denkmalgeschütztem Gebäudebestand. Vacher Straße/Flugplatzstraße, 90768 Fürth

Touristinfo:
Bahnhofplatz 2
90762 Fürth
Tel.: 0911-2395870
www.fuerth.de

Bildquellen (Seite): Thomas Langer (272), Tourist-Information Fürth (272,273,281,283-285), Andreas Hub (275), Erich Malter (278,280), Nadja Schöllhammer (281), Herbert Regel (286)

Das hoffnungsvolle Kleeblatt

WWW.GREUTHER-FUERTH.DE

Selbst unter den eigenen Fans gilt das Team von Greuther Fürth als „unaufsteigbar". Hat es das „Kleeblatt" doch geschafft, seit dem Aufstieg in der Saison 1997/98 dreizehn Jahre ununterbrochen in der Zweiten Bundesliga zu spielen und immer wieder ganz knapp am Aufstieg ins Oberhaus vorbeizukicken.

Damit sind die Fürther das dienstälteste Team der Liga. Der Stimmung in der Trolli-Arena, dem früheren Playmobil-Stadion mit seinen 15.000 Plätzen tut das jedoch keinen Abbruch, insbesondere dann nicht, wenn es um Derbys gegen den „Club" aus Nürnberg geht. In der letzten Zeit trennte man sich zwar meistens unentschieden, der letzte Sieg gehörte aber am 17. März 2001 den Fürthern. Schauen Sie doch auch einmal bei einem Spiel vorbei, vielleicht erleben Sie die historische Stunde des Aufstiegs mit, wir drücken die Daumen!

FACTS

Die Spielvereinigung Greuther Fürth entstand 1903 als SpVgg Fürth. Die größten Erfolge stammen aus den Jahren 1914, 1926 und 1929, als Fürther und Nürnberger maßgeblich für den deutschen Fußball waren. Es folgten viele mittelmäßige Jahre, 1983 der Abstieg in die Oberliga, vier Jahre später ging es sogar bis in die Landesliga. Nach dem Beitritt der Leistungsfußballabteilung des TSV Vestenbergsgreuth entstand 1996 der heutige Verein SpVgg Greuther Fürth. In der Folge kam es wieder zu einem Aufschwung, der das Team unter die Top-Mannschaften der Zweiten Bundesliga führte. Bekannte Spieler sind die hier geförderten Nachwuchstalente Roberto Hilbert, Heiko Westermann, Martin Lanig und Christian Eigler sowie der ehemalige Fürther Spieler und sportliche Leiter des HSV Dietmar Beiersdorfer. Das wohl bekannteste Vereinsmitglied ist der in Fürth geborene ehemalige US-Außenminister und Friedensnobelpreisträger Henry Kissinger.

Mehr Informationen unter:
www.greuther-fuerth.de

Von Minen und Männchen

Genauso – wie lange Zeit die Stadt Fürth – gehörte auch das Gebiet des heutigen Landkreises lange Zeit zu unterschiedlichen Herrschaften. Über die Jahre verlor das Bezirksamt bzw. der spätere Landkreis immer mehr Gebiete an die Städte Nürnberg und Fürth, so dass in den 1970er Jahren sogar die Auflösung des flächenmäßig kleinsten Landkreises Bayerns diskutiert wurde. Doch es kam anders, Stein und Wilhermsdorf wurden dem Gebiet zugeschlagen und der Landratssitz in das neue Landratsamt Zirndorf verlegt.

PLAYMOBIL-Funpark (S. 292)

DB **Bahnhöfe:** Siegelsdorf, Puschendorf, Raindorf, Langenzenn, Hardhof, Laubendorf, Wilhermsdorf, Wilhermsdorf-Mitte, Cadolzburg, Egersdorf, Weiherhof, Zirndorf-Kneippallee, Zirndorf, Unterasbach, Oberasbach, Anwanden, Roßtal, Roßtal-Wegbrücke, Raitersaich; (Liniennetz siehe Seite 18)

Burg Cadolzburg (S. 302)

Faber Castell (S. 303)

SwinGolf Horbach (S. 297)

Freilandaquarium (S. 295)

Bundesweite Berühmtheit bekam der Landkreis Fürth, als die damalige Landrätin Gabriele Pauli, die 2006 in der „Bespitzelungsaffäre" und mit ihrer Kritik am damaligen Ministerpräsidenten Edmund Stoiber für Schlagzeilen sorgte. Am Ende traten beide zurück, Pauli vertritt ihren Landkreis aber immer noch als parteilose Abgeordnete im Landtag. Zu den bekanntesten Unternehmen im Landkreis Fürth gehören Faber Castell und Playmobil, die Sie auch beide sowohl auf den folgenden Seiten als auch vor Ort besuchen können und sollten!

PLAYMOBIL-FunPark

WWW.PLAYMOBIL-FUNPARK.DE

Öffnungszeiten

Während der Freiluftsaison von Ende März bis Anfang November täglich von 9 bis 18 Uhr geöffnet.

Eintrittspreise

Unterschiedlich je nach Saison zwischen 7 und 10 Euro. Genaue Preise siehe Website: www.playmobil-funpark.de

Unser Tipp

Von Mai bis September abends Abstecher in den PLAYMOBIL-Biergarten mit AktivPark. Direkt neben dem 18-Bahnen Minigolf-Platz liegen Sommereisstock- und Boulebahnen. Hier macht es Spaß in geselliger Runde zu essen und dann gemeinsam ein paar Runden zu spielen.

ABENTEUER FÜR KLEIN UND GROSS

Die Freiluftsaison in dem 90.000 m² großen FunPark-Außengelände beginnt normalerweise im März/April mit einer lustigen Frühlings-Party. Ritter, Piraten und Cowboys freuen sich auf jede Menge kleiner Abenteurer. Sollte das Wetter einmal nicht so gut sein, wird im 5.000 m² großen, gläsernen HOB-Center weiter gespielt und geklettert. Die riesige PLAYMOBIL-Spielstadt, der überdachte Klettergarten und das Aktionsangebot auf der FunPark-Bühne machen schlechtes Wetter ganz schnell vergessen. Auch in der Wintersaison wenn der Außenbereich geschlossen ist, bleiben der überdachte Klettergarten, Spielwiesen und Shop geöffnet. Die Eintrittspreise bewegen sich je nach Saison zwischen 7,- Euro und 10,- Euro pro Person. Kinder unter 3 Jahren und Geburtstagskinder (bei Vorlage ihres Ausweises) zahlen keinen Eintritt.

Der PLAYMOBIL-FunPark ist ein „Do-it Yourself"-Freizeitpark. PLAYMOBIL-Spielwelten im Großformat und spannende Abenteuer-Spielbereiche laden ein zum Klettern, Springen und Aktiv-Sein.

Seit Juli 2011 gibt es einen komplett neuen Spielbereich im FunPark: den 2.400 m² großen Balancier-Parcours. Hier geht es um Gleichgewicht und Geschicklichkeit auf vier unterschiedlich schwierigen Balancier-Strecken.

Tipp für alle Eltern: Angesichts der vielen tollen Wasser- und Sand-Matsch-Spielplätze im FunPark am besten Wechselkleidung mitbringen!

Anschrift

PLAYMOBIL-FunPark
Brandstätterstraße 2-10
90513 Zirndorf
Tel.: 0911-9666-1455
www.playmobil-funpark.de

113 Playmobil-Funpark, Zirndorf Bus

Kletterwald Weiherhof

WWW.KLETTERWALD-WEIHERHOF.DE

Öffnungszeiten

Ende März bis Anfang November
Mi-Fr 13-20 Uhr
Sa/So/Ft/Ferien 10-20 Uhr

Eintrittspreise

Erw. 19,- Euro / Erm. 12,- Euro

Anschrift

Banderbacher Straße 301
90513 Zirndorf
Tel.: 0171-5335438

Unser Tipp

Hier kann man auch tolle Kindergeburtstage feiern, das vier-Stunden-Komplettpaket kostet für zehn Kinder 250 Euro.

SPANNUNG, SPASS UND NERVENKITZEL

Zehn aufregende Parcours warten mit unterschiedlichen Schwierigkeitsgraden auf. Damit sind für alle Alters- und Erfahrungsstufen spannende Erlebnisse garantiert. Dazu kann man Bogenschießen oder sich auf der Naturkegelbahn ein eiskaltes Match liefern. Regelmäßige Aktionen und Feiern stehen auf der Website, beispielsweise die Sonnwendfeier oder das Sommerfest mit 25-Meter-Kletterbaum.

Freilandaquarium und -Terrarium Stein

WWW.NHG-NUERNBERG.DE

Öffnungszeiten

Mai-September Sa/So/Ft 9-18 Uhr

Eintrittspreise

Eintritt frei!

Anschrift

Heuweg 16
90547 Stein bei Nürnberg
Tel.: 0911-227970

Unser Tipp

Die Gesellschaft ist zum Erhalt der Einrichtung auf Spenden angewiesen, also sollten Sie auch bei freiem Eintritt am Ende etwas in die Kasse stecken.

VERBORGENE TIERE KENNENLERNEN

Im Terrarium der Naturhistorischen Gesellschaft Nürnberg sind unter anderem einheimische Fische, Amphibien und Reptilien, vor allem verschiedene Schlangen, die in Mitteleuropa beheimat sind, zu sehen. Dabei geht es vor allem darum, die Tiere artgerecht zu halten und ihnen durch gezielte Nachzucht auch das Überleben zu sichern. Der Nebeneffekt ist, dass Sie diese Tierarten auch alle kennen lernen können, wenn Sie am Wochenende das Freiland-Terrarium besuchen. Besonders spannend ist das natürlich für die Kleinen.

Rundflüge Flugplatz Seckendorf

WWW.AERO-CLUB-FUERTH.DE

Anschrift

Die Abzweigung ist auf der Straße von Cadolzburg nach Seukendorf ausgeschildert.
Tel.: 09103-797388
90556 Cadolzburg

Unser Tipp

Man kann die Flüge auch als Gutschein verschenken, eine tolle Idee für fast jede Gelegenheit!

MIT BUNDESLIGA-PILOTEN FLIEGEN

Die Mannschaft des Aero-Clubs Fürth düst seit kurzem in der Ersten Bundesliga. Diesen Profis können Sie am Wochenende beim Trainieren zuschauen oder auch zum Selbstkostenpreis einen Rundflug wagen. Dabei können Sie wählen zwischen dem Segelflugzeug, wo Sie hinter dem Piloten sitzen und etwa eine halbe Stunde die tolle Aussicht genießen können, und dem Motorsegler, wo Sie neben dem Piloten die ganze Kunst des Fliegens genauestens erleben. Im Motorsegler können Sie zudem Einfluss auf das Flugziel nehmen, und so beispielsweise die Burg Cadolzburg von oben sehen.

SwinGolf Horbach

WWW.SWINGOLF-HORBACH.DE

Öffnungszeiten

Mi-Fr 14-20 Uhr
Sa/So/Ft 10-20 Uhr

Eintrittspreise

Erw. 8,- Euro / Erm. 4,- Euro

Anschrift

Vogelgasse 6
90579 Langenzenn-Horbach
Tel.: 09101-9007981

Unser Tipp

Vom Café „Siebener" hat man einen perfekten Blick auf das Geschehen und wird noch dazu mit selbstgebackenem Kuchen und fränkischen Vesperspezialitäten bestens versorgt.

WAHR GEWORDENER TRAUM

Georg Endreß spielte 2006 mit seiner Familie eine Partie SwinGolf. Sofort waren alle begeistert und man beschloss, sich selbst einen solchen Platz im heimischen Horbach zu bauen. Schon im Juli 2008 war es soweit, und die ersten Gäste konnten ihre Schläger schwingen. Ein Jahr später kam noch ein Café dazu, so dass dem SwinGolf-Spaß nun nichts mehr im Wege steht. Auf 60.000 Quadratmetern erwarten Sie neun Bahnen von 75 bis 300 Metern Länge.

Veitsbad

WWW.VEITSBRONN.DE

Öffnungszeiten
Tägl. 8-20 Uhr

Eintrittspreise
Erw. 3,50 Euro / Erm. 2,- Euro

Anschrift
Am Bad
90587 Veitsbronn

Unser Tipp
Nach dem Bad bekommt man eigentlich immer Hunger. Wir empfehlen Ihnen einen Besuch des Peppers im Ortsteil Bernbach, wo Sie von Manfred und Norbert Pfeffer bestens versorgt werden. Fürther Straße 64, 90587 Veitsbronn, Tel.: 0911-7539716, www.peppers-restaurant.de. Mo-Do ab 17, Fr/Sa ab 11, So/Ft ab 11.30 Uhr

FRISCH UMGESTALTET

Schon seit über 75 Jahren stürzen sich die Jugendlichen von Veitsbronn hier in die Fluten, um sommerliche Erfrischung zu finden. Heute präsentiert sich das Veitsbad komplett modernisiert mit Strömungskanal, Massagedüsen, Breitrutsche und Nichtschwimmerbecken. Extra angelegt sind ein Babybecken mit Wasserrutsche, Sprühtier und Sonnenschutz. Für den kleinen Hunger gibt es auch einen Kiosk.

Palm Beach

WWW.PALM-BEACH.DE

Öffnungszeiten
So-Do 9-22 Uhr, Fr/Sa 9-24 Uhr

Eintrittspreise
Tageskarte
Erw. 16,50 Euro / Erm. 11,50 Euro

Anschrift
Albertus-Magnus-Straße 29
90547 Stein b. Nürnberg
Tel.: 0911-688350

Unser Tipp
Alle weiblichen Gäste bekommen dienstags in der gesamten Anlage ein Rund-Um-Verwöhnprogramm mit Massagen und Kosmetik sowie einen Sonderaufguss in der Smaragdsauna.

DAS RUTSCHENPARADIES

Unter dem Motto „Future World & Space Center" präsentiert Ihnen das Palm Beach, die Grand Dame der Erlebnisbäder in Franken, jede Menge Rutschvergnügen, darunter mit der Pegasus die größte Doppellooping-Rutsche der Welt. Alle Röhren zusammen haben über 1.600 Meter Länge. Doch man muss nicht nur mit 70 Stundenkilometern durch die Rohre sausen, es gibt auch noch ein sehr schönes Wellenbad, eine Therme und einen Wellnessbereich mit Saunalandschaft. Auch das Außengelände mit Strömungskanal und Sandstrand kann sich sehen lassen – also nichts wie hin!

Bibert Bad

WWW.BIBERTBAD.ZIRNDORF.DE

Öffnungszeiten

Mo/Di/Do/Fr 8-22 Uhr,
Mi 10-22 Uhr, Sa/So 8-21 Uhr

Eintrittspreise

Tageskarte
Erw. 8,- Euro / Erm. 5,- Euro

Anschrift

Neptunstraße 8
90513 Zirndorf
Tel.: 0911-6099140

Unser Tipp

Um die Ecke lockt ein Kuriosum zum Abendessen: Das Restaurant Zum Eiffelturm. Schützenstraße 19, 90513 Zirndorf, Tel.: 0911-607508, Di-So 11-14.30 und ab 17 Uhr.

EIS UND HEISS

Bis zur Eröffnung des Freibades erfrischten sich die Zirndorfer im Flussbad an der Bibert. 1971 folgte ein Hallenbad und 2001 der heutige moderne Bäderkomplex. Hier gibt es alles, was das Schwimmerherz begehrt – übrigens auch im Winter, das Ganzjahresfreibecken hat 32 Grad. Drinnen gibt es weitere Becken und einen abgeschlossenen Familienbereich mit Wasserigel und Geysir. Die Zirndorfer haben übrigens noch eine alte Tradition professionalisiert. Musste früher im Winter von der Stadtgärtnerei eine Eislauffläche präpariert und unterhalten werden, gibt es heute eine Kunsteisbahn im Bibert Bad.

Naturbad Großhabersdorf

WWW.GROSSHABERSDORF.DE

Öffnungszeiten
Mo-Do 9-20 Uhr, Fr-So 9-19 Uhr

Eintrittspreise
Erw. 2,50 Euro / Erm. 1,50 Euro

Anschrift
Rothenburger Straße 41
90613 Großhabersdorf
Tel. 09105-998390

Unser Tipp
Wenn Sie vom Schwimmen hungrig werden, fahren Sie zum Lindenhof nach Fernabrünst. Do ab 16, Fr-So ab 10 Uhr, Fernabrünster Hauptstraße 5, 90613 Großhabersdorf, Tel.: 09105-353, www.lindenhof-fernabruenst.de. Es gibt auch einen Bauernladen (Fr 12-18, Sa 9-14 Uhr).

NATÜRLICH AM WALDRAND

Das nagelneue Naturbad im Schlauersbachtal dürfte eines der größten Freibäder sein, das auf chemische Zusätze zur Aufbereitung des Wassers verzichtet. Das abgelaufene Wasser durchläuft ein natürliches Filtersystem und fließt anschließend wieder in das Schwimmer-Becken zurück. So viel Umweltbewusstsein macht oben drein noch jede Menge Spaß. Eine große Wasserrutsche, ein Spungfelsen und ein Wassertrampolin laden zu vielen Spielereien ein. Die Kleinen können sich am künstlichen Bachlauf mit Sandspielbereich austoben, und wer einfach nur schwimmen will, zieht seine Bahnen. Anschließend lockt die Liegewiese mit Sonne und Schatten - und der Kiosk mit klassischen Fritten rot/weiß.

Burg Cadolzburg

WWW.CADOLZBURG.DE

Öffnungszeiten

Führung 2,- Euro pro Person
Termin auf Anfrage:
Tel.: 09103-50958
90556 Cadolzburg

Unser Tipp

1893 ließ die Lokalbahn Aktien-Gesellschaft München einen Aussichtsturm errichten, den man gegen eine Spende erklimmen und den sensationellen Ausblick genießen kann (Brandstätterstraße).

DIE BURG IST DIE STADT IST DIE BURG

Die imposante Burganlage wurde auf einem Bergsporn erbaut, dessen Felswand auch überall in der Stadt durchschaut und so die Mauern noch imposanter erscheinen lässt. Die heutige Befestigung stammt aus der Zeit vom 13. bis 18. Jahrhundert und blieb durch alle Jahrhunderte und Kriege unversehrt, bis sie im Zweiten Weltkrieg in Flammen aufging. Die Bayerische Schlösserverwaltung sorgte in den letzten Jahren für einen sorgsamen Wiederaufbau, der in den Innenräumen auch noch nicht ganz abgeschlossen ist. Dann wird es auch ein Burgmuseum geben, in dem man die Geschichte der Burg und ihrer Wiederherstellung verfolgen kann. Von März bis Oktober finden an jedem Sonn- und Feiertag um 14 Uhr 90-minütige Führungen statt.

Faber-Castell erleben

WWW.FABER-CASTELL.DE

Öffnungszeiten

3. So im Monat 11-17 Uhr und auf Anfrage; Tel.: 0180-5991761 (14 ct/Min dt. Festnetz)

Anschrift

Nürnberger Str. 2
90546 Stein

Unser Tipp

Im ehemaligen Wintergarten ist eine Cafeteria eingerichtet, hier können Sie in einmaligem Ambiente einen Kaffee genießen.

ACHT GENERATIONEN STIFTE AUS STEIN

Faber-Castell bedeutet ein einzigartiges Ensemble aus Fertigungsstätten, Repräsentativbauten und einem Landschaftspark, das seit über 250 Jahren Produktionsstätte der weltbekannten Stifte ist. In diese Welt können auch Sie eintauchen und sowohl das Schloss als auch das Museum „Alte Mine" besichtigen. Dabei wandeln Sie durch die Festsäle und wunderschönen Jugendstilbäder des Schlosses und lernen die historische Fertigung der Stiftminen an den Original-Schauplätzen kennen. Natürlich können Sie auch einkaufen, im ehemaligen Gärtnerhaus wartet ein Shop mit 100 Quadratmetern Ausstellungsfläche.

Städtisches Museum Zirndorf

WWW.ZIRNDORF.DE

Öffnungszeiten

Di-So 10-12 und 14-17 Uhr
Juli bis Mitte September 10-17 Uhr

Eintrittspreise

Erw. 3,- Euro / Erm. 2,- Euro

Anschrift

Spitalstr. 2
90513 Zirndorf
Tel.: 0911-96060590

Unser Tipp

Über der Stadt steht in den Ruinen der Alten Veste nur noch der Vestner Turm, der allerdings ein moderner Neubau des alten, durch Bürgeraktien finanzierten Turmes von 1882. Von hier hat man einen tollen Blick auf Zirndorf. Alte Veste, 90513 Zirndorf.

AUSBLICK AUF HISTORISCHEM BODEN

Das städtische Museum in einem alten Fachwerkbau aus der Mitte des 17. Jahrhunderts widmet sich vor allem der Geschichte und Entwicklung der Zirndorfer Spielzeugindustrie. Denn auch hier im Südwesten der Spielzeugstädte Nürnberg und Fürth wurde Spielzeug produziert, der Schwerpunkt lag in Blechspielzeug. Der andere Teil des Museums zeigt die Geschichte der Stadt während des Dreißigjährigen Krieges. Nahe der Alten Veste kämpfte Wallenstein gegen die Schweden, was unter anderem mit einem Zinnsoldaten-Diorama dargestellt ist.

ENTDECKER PASS.COM
FREIZEIT ERLEBNIS KULTUR

Grüne Lust

WWW.GRUENELUST.DE | WWW.FRUEHJAHRSLUST.DE

Termine
15./16. September 2012
Sa/So 10-19 Uhr

Eintrittspreise
Erw. 6,- Euro / Erm. 3,50 Euro

Anschrift
Weitersdorfer Str. 22
90513 Zirndorf-Anwanden
Tel.: 09175-471

Unser Tipp
2011 startet an den letzten drei Adventswochenenden ein romantischer Weihnachtsmarkt, veranstaltet vom Team von Schloss Hexenagger, das für einen der schönsten Weihnachtsmärkte überhaupt verantwortlich ist, der 2011 in Hexenagger nicht stattfinden kann. Bei Erfolg könnte das natürlich 2012 fortgesetzt werden, wir gehen mal davon aus!

DIE KINDERFREUNDLICHSTE MESSE DEUTSCHLANDS

Der 1902 durch Graf Faber-Castell als Gutshof bei Anwanden errichtete Wolfgangshof ist heute Teil von Zirndorf und Schauplatz der Grünen Lust und eines wunderschönen Weihnachtsmarktes. Die Grüne Lust gibt es sogar zweimal, einmal als Frühjahrslust (14./15. April 2012, Markt für Garten und Kleintiere) im April und als Grüne Lust im Herbst. Dann geht es zwar auch wieder um den Garten, aber auch um Ernährung, Energie und Lebensart. Dazu kommen eine Menge Attraktionen für Kinder sowie Musik- und Theateraufführungen.

Zirndorfer Bräuschank

WWW.ZIRNDORFER-BRAEUSCHANK.DE

Öffnungszeiten

Mo/Di ab 17 Uhr
Mi-Fr 11-14 & ab 17 Uhr
Sa/So/Ft ab 11 Uhr
Nov. bis April Montag Ruhetag

Anschrift

Rote Straße 8
90513 Zirndorf
Tel.: 0911-6890586

Unser Tipp

Am besten erlebt man die tolle Atmosphäre von Brauerei und Brauereigaststätte mit möglichst vielen Mitstreitern, entweder beim Stadt- und Brauereifest am vierten Juli-Wochenende oder bei der Kirchweih am dritten August-Wochenende.

BIERIG DRINNEN UND DRAUSSEN

Umgeben von Brauereigebäuden sitzt es sich im Sommer wunderschön, schließlich gibt der rote Sandstein dem gesamten Areal eine besondere Atmosphäre und auch ein besonderes Licht. Die Zeit hat außerdem dafür gesorgt, dass der Biergarten immer mehr an Flair gewinnt. Auf den Tisch kommen – drinnen wie draußen – sehr feine bierige Gerichte vom Braten mit Dunkelbiersauce über den Fisch im Bierteig bis zum Kellerbiereis. Familie Ascherl trifft dabei den Nerv des Publikums zielgenau und hat sich dadurch ein breites Stammpublikum erobert.

Weitere Tipps

Hallenfreibad Wilhermsdorf
Hallenbad mit Außenbereich und extra Kinderbecken. Ulsenbachstraße 19, 91452 Wilhermsdorf. Tel.: 09102-1853. Erw 4,50/Erm. 2,50, Di/Do/Fr 15-20, Mi 15-21, Sa 13-17 Uhr.

Reitsport am Hölzleshof
Pferde und Ponys in allen Größen, Reithalle und weitläufiger Außenplatz. Grünstr. 14, 90522 Oberasbach, Tel.: 0160-1838981 / 0911/7330539, www.hoelzleshof.de

Fuhrwerk-Kutschfahrten
Ausfahrt mit Wagonette oder Mylord, gezogen von Happy und Hippo. Wallensteinstraße 6, 90579 Langenzenn, Tel.: 0178-1607131 / 09101-536933, www.fuhrwerk-kutschfahrten.de. Ca. 20,- / Person

Fahrten in der Hochzeitskutsche
Elegante weiße Kutsche mit Schimmelgespann, Rudolfstraße 16, 90522 Oberasbach, Tel.: 0172-5176779 / 0911-695643, www.hochzeitskutschen-zerlik.de

Schwarzwildgehege im Stadtwald
Vom nördlichen Stadtrand von Zirndorf aus kann auf einem bequemen, etwa 1,6 km langen, schattigen Waldspaziergang das Schwarzwildgehege im Fürther- und Zirndorfer Stadtwald erreicht werden. Start vom Altenheim Burgfarrnbacher Straße 105, 90513 Zirndorf nach Norden in den Wald.

Museumshof Roßtal
Ehemaliger Bauernhof mit Klostergarten und archäologischer Sammlung. Erster So im Monat 14-17 Uhr, Schulstr. 13, 90574 Roßtal, Tel.: 09127-953487, www.rosstal.de, Eintritt frei!

Burgschänke Cadolzburg
Uriges Restaurant an der Burg. Löffelholzstr. 2, Tel.: 09103-715643, www.burgschaenke-cadolzburg.de. Mi-Sa ab 18, So 10-17 Uhr

Bauhof
Fachwerk-Gasthaus mit schönem Biergarten. Bauhof 1, 90556 Cadolzburg,
Tel.: 09103-713444, www.restaurant-bauhof.de. Mi-So 11.30-14 und 18-21.30 Uhr

Kochgalerie im Burggärtchen
Kunstgalerie mit Gebrauchskunst: Grillen an Woktable und Netzgrills. Grillgut mitbringen oder vorbestellen. Marktplatz 9, 90556 Cadolzburg Oktober bis April, Tel.: 09103-2979, Mai bis September So 14-22 Uhr, www.kochgalerie.de

Schloßgaststätte Deberndorf
Das Schloss wurde schon 1870 abgerissen, den Wirt stört das aber nicht – sehr gute Küche. Freiherr-von-Diemar-Straße 3, 90556 Cadolzburg, Tel.: 09103-875, Mi-Sa 11.30-14 und 18-24, So 11.30-22 Uhr, www.schlossgaststaette-deberndorf.de

Klosterhofspiele
Open-Air-Theater in Langenzenn. Prinzregentenplatz 2, 90579 Langenzenn, Tel.: 09101-5613, www.klosterhofspiele.de

Restaurant „Alte Veste"
Elegantes Steakhaus mit historischem Ambiente. Mo 17-23, Di-So 11-23 Uhr, Alte Veste 2, 90513 Zirndorf, Tel.: 0911-605908, www.alte-veste-zirndorf.de

Gasthof Vergißmeinnicht
Schöner Gasthof in Bertelsdorf. Do-Mo ab 9 Uhr, Bertelsdorferstr. 44, 90547 Stein, Tel.: 0911-676893, www.gasthof-vergissmeinnicht.de

Kino Großhabersdorf
Schönes Wohlfühlkino. Bachstr. 15, 90613 Großhabersdorf, Tel.: 09105-990642, www.lichtspiele-grosshabersdorf.de

Radtouren im Landkreis
Der Landkreis bietet auf seiner Internetseite unter dem Punkt Freizeit und Tourismus elf ausgearbeitete Radtouren an, mit denen man alle Sehenswürdigkeiten auf dem Drahtesel kennenlernen kann. www. landkreis-fuerth.de

Touristinfo:

Im Pinderpark 2
90513 Zirndorf
Tel.: 0911-97731060
www.landkreis-fuerth.de

Bildquellen (Seite): Playmobil (292), Landratsamt Fürth (294,295,298,299), Wolfram Reuter (296), Faber Castell (303), Jürgen Baron (305), Brauerei Zirndorf GmbH (306)

Die Wein-Bier-Scheide

Mit dem Landkreis Haßberge beginnt Weinfranken, ab dem östlich gelegenen Bamberg hingegen befindet man sich in Bierfranken. Die Stadt Haßfurt selbst existiert seit Beginn des 13. Jahrhunderts und profitierte von ihrer Lage zwischen Bamberg und Schweinfurt bzw. Würzburg. Imposantestes Bauwerk der Stadt ist die Ritterkapelle aus dem 15. Jahrhundert, an der über 200 Wappenschilder zu sehen sind. Sie erinnern an die zahlreichen Adelssippen aus den Haßbergen, die sich hier regelmäßig zu Rittertagen, Festen und Adelsprozessionen zusammenfanden.

Lama-Trekking (S. 312)

DB **Bahnhöfe:** Haßfurt, Zeil, Ebelsbach-Eltmann, Ebern, Rentweinsdorf; (Liniennetz siehe Seite 18)

Stollenführung (S. 314)

Abt-Degen Weintal (S. 310)

Burgenwinkel (S. 316)

Schwedenschanze (S. 318)

Der Landkreis Haßberge bildet den östlichsten Zipfel Unterfrankens. Der Name Haßberge stammt von den hessischen Volksstämmen, die hier eingewandert waren und als Hassi bezeichnet wurden. Ein großer Teil des Landkreises gehört heute zum Naturpark Haßberge, in dem 20 prähistorische Fliehburgen und Wallanlagen, 15 Burgen und Burgruinen sowie 26 Schlösser liegen.

Abt-Degen-Weintal

WWW.ABT-DEGEN-WEINTAL.DE

Unser Tipp

Die beiden interessantesten Weinfeste dürften Zeil (Altstadt, um den 1. Sonntag im August) und Sand (Festplatz, 2. Wochenende im Juli) sein. Das romantische Fest Wein & Main finden Sie bei den Veranstaltungen im Portrait.

FRANKENS JUNGER STERN

Das Abt-Degen-Tal zwischen Schweinfurt und Bamberg ist vom Namen her eine recht junge Erfindung. Der Weinbau um die Orte Ebelsbach, Eltmann, Haßfurt, Knetzgau, Königsberg, Sand und Zeil jedoch ist schon viele Jahrhunderte alt und geht auf eben jenen Ebracher Abt Degen zurück, der einst die Silvanerrebe nach Franken brachte. In der Vermarktergemeinschaft unter seinem Namen sind etwa 25 Winzer engagiert. Auf der Internetseite erhalten Sie auch einen guten Überblick zu den jeweiligen Weinfesten.

Abt-Degen-Steig
Weinwanderweg

Lama-Trekking

WWW.HASSBERGLAMA.DE

Öffnungszeiten

Touren ganzjährig möglich

Eintrittspreise

Halbtagstour (4 Stunden)
Erw. 19,- Euro / Erm. 9,- Euro

Anschrift

Hauptstraße 57 1/2
97461 Goßmannsdorf
Tel.: 09523-1414

Unser Tipp

Wir raten prinzipiell mindestens zu einer Halbtagstour, es gibt aber auch die Schnuppervariante von ca. 90 Minuten (Erw. 9,-/Erm. 5,-)

WER IST DER CHEF?

Das fragen sich Lama und Führer auf den ersten gemeinsamen Metern. Danach ist dann aber schnell klar wer wen lenkt – und es kann los gehen auf den verschiedenen Touren, beispielsweise zu der Burgruine Bramberg, der Schwedenschanze in Eichelsdorf und dem Landschaftsgarten in der Nähe der Bettenburg. Das Team um Stefan Lettner kümmert sich liebevoll um Tiere und Besucher und kann mittlerweile sogar Zuchterfolge vermelden. Lamafohlen Alfred kam am 6. Juni 2008 zur Welt und dürfte mittlerweile selbst auf dem Weg zur Vaterschaft sein.

Eissportstadion Haßfurt

WWW.FZZHAS.DE

SIEBEN MONATE EIS-SPASS

Öffnungszeiten
Öffnungszeiten siehe Website
(September bis März)

Eintrittspreise
Erw. 3,50 Euro / Erm. 2,- Euro
Eisdisco Erw. 5,- Euro / Erm. 2,50 Euro

Anschrift
Großer Anger 33
97437 Haßfurt
Tel.: 09521-94570

Unser Tipp
Auch im Sommer können Sie hier Spaß haben, das Freibad der Stadt neben dem Eisstadion bietet ein außerordentliches Angebot mit vielen Becken und Attraktionen sowie Sauna und Dampfbad. Mai bis Mitte September tägl. 9-20 Uhr Erw. 4,- Euro / Erm. 2,50 Euro

Im Haßfurter Eisstadion können Sie in den kälteren und kalten Monaten gemütlich ihre Runden auf Schlittschuhen drehen oder am Mittwoch und Samstag zu Discomusik das Eistanzbein schwingen. Normalerweise dauern die Eiszeiten immer 90 Minuten, an den Feiertagen haben Sie aber regelmäßig die doppelte Zeit zur Verfügung, ebenso wie zur Samstagabenddisco. Für 60,- Euro/Stunde haben Sie übrigens die Möglichkeit, das Stadion auch mal ganz alleine mit Ihren Gästen zu genießen. Für das leibliche Wohl vor Ort sorgt das Restaurant Maui (ab 17 Uhr, Mo Ruhetag).

Stollenführung Sektkellerei Fischer

WWW.MF-FRANKENSEKT.DE

Öffnungszeiten

Die Stollenführung wird prinzipiell nur für Gruppen ab 20 Personen organisiert, Preise und weitere Infos auf Anfrage

Anschrift

Dorfstraße 27
97500 Ebelsbach
Tel.: 09522-5065

Unser Tipp

Zur Stärkung und/oder Übernachtung empfehlen wir den Gasthof Klosterhof in Ebelsbach (auch sehr schöner Biergarten). Georg Schäfer Straße 11 , 97500 Ebelsbach, Tel.: 09522-708282, Öffnungszeiten siehe www.klosterhof-ebelsbach.de

DAS GEHEIMNIS DES EBELSBERGES

Die Stollen im Ebelsberg entstanden gegen Ende des Zweiten Weltkrieges, als man die Produktion der mehrmals bombardierten Kugelfischer-Werke unter Tage verlegen wollte. Über Probeläufe kam das Vorhaben zwar nicht mehr hinaus, die Stollen aber waren da. Mittlerweile muss man sagen: Zum Glück! Denn hier keltert Martin Fischer seit 1990 seinen Frankensekt. Von Mai bis August steht die Kelterei zur Besichtigung offen, im Rahmen der Führung gibt es in den Stollengewölben auch eine Sektprobe nebst fränkischer Brotzeit.

Friedrich-Rückert-Wanderweg

WWW.HASSBERGE.DE

Unser Tipp
Auf der Internetseite finden Sie noch weitere interessante Wanderwege wie den Burgen- und Schlösser-Wanderweg oder den Kelten-Erlebnisweg.

WOHER ICH KAM, WOHIN ICH GEHE, WEISS ICH NICHT…

Damit meinte der Dichter sicher nicht das Gefühl, wenn Sie auf dem nach ihm benannten Wanderweg unterwegs sind. Anlässlich seines 200. Geburtstages wurde der Weg nochmals erweitert und verbindet nun auf 143 Kilometern Länge Geburts- und Todesort (Schweinfurt und Neuses bei Coburg) von Friedrich Rückert. Das Herzstück bildet die Strecke durch die fast unberührte Mittelgebirgslandschaft des Naturparks Haßberge an der Nahtstelle von Wein- und Bierfranken, wo Franken an Thüringen grenzt und Rückert seinen jugendlichen Erlebnisraum fand.

Deutscher Burgenwinkel

WWW.DEUTSCHER-BURGENWINKEL.DE

GANZ ALT GANZ NEU

Öffnungszeiten

Juli bis September Mi-So 10-17,
sonst Sa/So 10-17 Uhr

Eintrittspreise

Erw. 2,- Euro / Erm. 1,- Euro

Anschrift

Wilhelm-von-Stein-Straße 10
96126 Maroldsweisach
Tel.: 09535-1889892

Unser Tipp

Im Anschluss sollten Sie die Gelegenheit nutzen um das gute Bier der Brauerei Hartleb zu kosten. Herrenstraße 9, 96126 Maroldsweisach, Tel.: 09532-240, Do-Di ab 9 Uhr

Über 20 Burgen bzw. deren Kommunen haben sich im Deutschen Burgenwinkel zusammengeschlossen, um gemeinsam noch mehr auf sich aufmerksam zu machen. Die Initiative ist momentan noch im Aufbau begriffen, das gemeinsame Burgeninformationszentrum an der Burgruine Altenstein in Maroldsweisach wurde Mitte 2011 eröffnet und soll im Laufe von 2012 fertiggestellt werden. Ein Teil der Ausstellung kann bereits zum ermäßigten Eintrittspreis besichtigt werden („Bauch der Burg", „Im Zeichen der Macht", „Im Namen Gottes" und „Zwischen den Toren").

Ritterkapelle Haßfurt

WWW.PFARREIHASSFURT.DE

Anschrift
Centstraße
97437 Haßfurt

Unser Tipp
Nach der Besichtigung können Sie in die Alte Schule. Dort gibt es mittlerweile ein gutes Restaurant. Pfarrgasse 2, 97437 Haßfurt, Tel.: 09521-9280, www.mb-hotel.de, tägl. ab 6.30 Uhr

248 WAPPENSCHILDE

Ab 1390 begannen die Würzburger Bischöfe an der Stelle der alten Marienkapelle eine neue Kirche zu errichten. 1406 gründete sich eine Priesterbruderschaft, der zahlreiche Adelige aus der Umgebung beitraten, die wohl auch den Bau mitfinanzierten. Überhaupt hatte der in den Haßbergen reichlich vorhandene Adel großen Einfluss in der Stadt, viele Feste und Adelsprozessionen sind überliefert. Im 19. Jahrhundert sollte die Wallfahrtskapelle im neogotischen Stil erweitert werden, allerdings konnte dieses Projekt durch den Tod des Architekten nicht vollendet werden. Bekannt ist das Gotteshaus vor allem durch die 248 Wappenschilde auf der Außenseite des Chores und weitere heraldischen Darstellungen im Innenraum.

Aussichtsturm auf der Schwedenschanze

WWW.EICHELSDORF.DE

Öffnungszeiten

Mitte April bis Mitte Oktober
Sa/So/Ft von 10-18 Uhr

Anschrift

97461 Hofheim-Eichelsdorf
Tel.: 0177-5070194

Unser Tipp

Der Schlüssel zum Turm kann für Gruppen auch außerhalb der Öffnungszeiten geholt werden (Tel.: 09523-1230 / 09523-6429 / 09721-498376).

EIN WEITER BLICK

Den Aussichtsturm auf 487 Metern Höhe erreichen Sie über eine etwa viereinhalb Kilometer lange Wanderung von Eichelsdorf auf die Schwedenschanze. Alternativ bietet sich auch der Parkplatz unmittelbar vor der Bergkuppe an. Die Schwedenschanze geht auf den Dreißigjährigen Krieg zurück, wahrscheinlich haben Wallanlagen sogar schon im Frühmittelalter bestanden. Selbst heute sind noch meterhohe Wälle und tiefe Außengräben der 330 Meter langen und 170 Meter breiten Anlage zu sehen. Der heutige Turm ist ein Neubau von 2001, mit zum Gelände gehört auch eine bewirtschaftete Hütte.

Zeiler Hexenturm

WWW.ZEIL-AM-MAIN.DE

Öffnungszeiten
Do-So 10-17 Uhr und auf Anfrage

Eintrittspreise
Preise siehe Website

Anschrift
Obere Torstraße 14
Tel.: 09524-949861
97475 Zeil am Main

Unser Tipp
Einen Abstecher lohnt auf jeden Fall das Weingut Martin mit seiner Martinsklause. Ziegelanger 6, 97475 Zeil am Main, Tel.: 09524-5422. Mi bis Fr ab 11 Uhr, Sa und So ab 10 Uhr, Mo und Di Ruhetag

DIE RICHTSTÄTTE

In Zeil wurden während der Hexenverfolgung über 400 Hexen verbrannt, hier war die Richtstätte des Hochstifts Bamberg. In den letzten Jahren beschloss die Stadt Zeil ein Dokumentationszentrum zu errichten. Zu den Originaldokumenten gehören das Tagebuch des Johann Langhans, der erst Schicksale protokollierte und dann selbst zum Opfer wurde, sowie Vernehmungs- und Folterungsprotokolle. Ein ganz intensives Erlebnis der Auseinandersetzung mit der Hexenverfolgung bietet zudem die Hexenführung, die man bei der Stadt buchen kann.

Kunsthandwerkerhof Königsberg

WWW.KUNST-HANDWERKERHOF.DE

Öffnungszeiten

Mi-So/Ft ab 14 Uhr

Anschrift

Braugasse 4
97486 Königsberg in Bayern
Tel.: 09525-1863

Unser Tipp

Wenn dann nach dem Kaffee der große Hunger lockt, schauen Sie ins Wei'Stübla. Eduard-Lingel-Straße 17, 97486 Königsberg in Bayern, Tel.: 09525-8346, www.weistuebla.de, Mi-So ab 18, Ft ab 12 Uhr

SPEAKERS CORNER DER HASSBERGE

Die Bildhauerin Anne Marie Reiser-Meyerweissflog hat nicht nur einen langen Namen, sondern auch einen langen Atem. Mit dem machte sie aus dem alten Kommunbrauhaus von Königsberg ein spannendes Ensemble aus Galerie, Laden, Vinothek, Café und Plattform für Gespräche unterschiedlichster Menschen über die unterschiedlichsten Themen. Dazu gehören auch jede Menge Workshops in der kleinen Akademie des Hauses und weitere Künstler mit ihren Werken. Eine kleine Sensation ist auch die Palette an süßen Köstlichkeiten zum Tee oder Kaffee sowie an Snacks zum Wein. Kurzum: hier sollten Sie gewesen sein!

Ehemalige Synagoge Memmelsdorf

WWW.SYNAGOGE-MEMMELSDORF.DE

Öffnungszeiten

März-November Di 13.30-16 Uhr
Eintritt frei!

Anschrift

Judengasse 6
96190 Untermerzbach-Memmelsdorf
Tel.: 09533-982354

Unser Tipp

Sowohl in Memmelsdorf als auch in Untermerzbach gibt es noch relativ gut erhaltene jüdische Friedhöfe (folgen Sie in Memmelsdorf der Straße Reußenberg stadtauswärts, in Untermerzbach der Mühlstraße in Richtung Süden, 200 Meter nach dem Ortsausgang links).

DIE ÄLTESTE NOCH ERHALTENE SYNAGOGE UNTERFRANKENS

Im 17. Jahrhundert waren Juden nach Memmelsdorf gekommen, geködert mit dem Versprechen, gegen eine jährliche Einmalzahlung von allen anderen Verpflichtungen befreit zu sein. Der Bau der Synagoge 1728 stärkte die jüdische Gemeinde, zu Anfang des 19. Jahrhunderts war die Hälfte der Einwohner Memmelsdorfs jüdischen Glaubens. Fünf Memmelsdorfer Juden fielen im Ersten Weltkrieg, 1939 verließen die letzten Juden den Ort. 17 davon wurden aus ihren neuen Wohnorten deportiert und in Konzentrationslagern ermordet. Nach dem Zweiten Weltkrieg kehrte kein Jude mehr in seine Heimat zurück.

Straßenkirchweih mit Trödelmarkt

WWW.STADT-HOFHEIM.DE

Termine

2012: 14.-17. September

Unser Tipp

Am Sonntag haben alle Geschäfte geöffnet, man kann den Einkaufsbummel vom Vortag also fortsetzen.

KERWA MIT WARM-UP

Die Hofheimer nehmen richtig Anlauf für ihr großes Fest. Schon ab dem Montag davor starten die Geschäftsleute im Ort einen kleinen Veranstaltungs- und Angebotsmarathon, beispielsweise mit einem Seifenkistenrennen oder einem Kinderlauf, bevor es dann am Freitag mit dem Bieranstich im Zelt am Marktplatz zur Sache geht. Dort ist bis zum Montag jeden Abend musikalische Unterhaltung angesagt, das Highlight jedoch findet am Samstag statt. Dann verwandelt sich Hofheim in ein großes Straßenfest mit Trödelmarkt, wo man nach Herzenslust schmökern und stöbern kann.

Wein & Main

WWW.WEINGUT-RIPPSTEIN.DE

Infos / Kontakt

Sandgasse 26
97522 Sand am Main
Tel.: 09524-1341

Unser Tipp

Auch außerhalb des Festes können Sie bei Rippsteins einkehren und einkaufen. Die Heckenwirtschaft hat Mitte September bis Mitte Dezember und Anfang Januar bis Ende April Di-So ab 15 Uhr geöffnet.

PURE SINNESFREUDEN ENTDECKEN, SCHMECKEN, GENIESSEN

Im Gegensatz zu den großen, teilweise volksfestähnlichen Weinfesten anderer Veranstalter setzen fünf junge Winzer aus Sand am Main auf den gemeinsamen Weingenuss in anspruchsvoller Atmosphäre. Das Resultat dieser Idee findet jedes Jahr Ende Mai am Altmain statt. Das Ufer am Altmain kann wildromantisch sein – umgeben von Wasser, Bäumen und Schilf. Hier findet der Sinnesgenuss suchende Gast ein Wochenende im Mai neben edlen Weinen und weiteren Gaumenfreuden auch hochklassige Live-Musik. Dieses Fest ist für all diejenigen Pflicht, die Weinkultur jenseits der großen „Partys" zusammen mit Gleichgesinnten genießen wollen. Wahre Werbung für den Weinstandort östlich von Bamberg – einem Weltkulturerbe angemessen.

Erec's Restaurant

WWW.HOTEL-KOLB-ZEIL.DE

DINNER IN DER KÜCHE

Öffnungszeiten

Mi-Do ab 16.30, Fr-Di ab 11.30 Uhr

Anschrift

Krumer Straße 1
97475 Zeil am Main
Tel.: 09524-9011

Unser Tipp

Zuvor lohnt ein Blick ins Zeiler Photo- und Filmmuseum. So 13-17 und nach vorheriger Anmeldung bei der Stadt (Tel.: 09524-9490). Schulring 2, 97475 Zeil am Main, Tel.: 09524-7460, www.zeiler-fotomuseum.de, Erw. 1,50 Euro / Erm. 0,50 Euro

Das ist das Highlight bei Erec Jacobson, der das Hotel in der dritten Generation führt. Schließlich kann man dann zu zweit einen ganzen Abend lang direkt am Herd dem Küchenchef über die Schulter schauen – und dabei natürlich selber köstlich ein Fünfgängemenü verspeisen. Wenn Sie auch noch selbst Hand anlegen wollen, empfehlen wir einen der etwa 20 Kochkurse zu besuchen, die hier regelmäßig stattfinden. Allerdings haben wir auch großes Verständnis, wenn Sie einfach nur genießen wollen, dabei können Sie nichts falsch machen!

Weitere Tipps

Wallfahrtskirche Maria Limbach
Der Würzburger Fürstbischof Friedrich Carl von Schönborn verfügte in seinem Testament die Errichtung der Kirche nach Entwürfen von Balthasar Neumann. Zur Wallfahrtskirche, 97483 Eltmann, Tel.: 09522-340.

Burg Lichtenstein
Hoch- bis nachmittelalterliche Höhenburg, die Südburg ist noch bewohnt. Mit guter Gastronomie. Lichtenstein 13, 96176 Pfarrweisach, Tel.: 09535-188250, www.burggasthof-lichtenstein.com, Di-Fr ab 15, Sa/So/Ft ab 10 Uhr

Schoss Eyrichshof
Beeindruckendes Renaissanceschloss mit schönen Parkanlagen. Beliebtes Gartenfest zu Pfingsten. Schloss Eyrichshof, 96106 Ebern-Eyrichshof, www.gartenfest-eyrichshof.de / www.rotenhan.com

Stadtführung Ebern
Lernen Sie die gut erhaltene Altstadt mit dem schönen Rathaus und ihre mittelalterliche Befestigung kennen. April-Oktober 1.Sa/Monat 10.15 Uhr Bahnstation. Erw. 3,-/Kinder frei

Freibad Ebern
Beheiztes Freibad mit separaten Nichtschwimmer- und Sprungbecken und Gaststätte. Losbergstraße 1, 96106 Ebern, Tel.: 09531-6995. Tägl. 10-19 Uhr, Erw. 3,-/Erm. 1,70

Königsberg in Bayern
Die ehemalige Exklave der Coburger Herzöge liegt an der Straße der Fachwerkromantik. Es lohnen sowohl Spaziergänge durch die Altstadt, als auch rund um die Ortschaft (z.B. Amtsbotenweg). www.koenigsberg.de

Brauerei Roppelt
Sensations-Bierkeller, natürlich auch gute Gastronomie, wenn kein Biergarten-Wetter ist. An der Steige 2, 97514 Trossenfurt-Oberaurach, Tel: 09522-1840, www.brauereiroppelt.de, Mai bis September Mi-Mo ab 9, sonst Fr-Mi/Mi ab 9 Uhr

Brauerei Göller Zur Alten Freyung
1514 verlieh das Bistum hier das Schankrecht. Uriges Restaurant, wunderschöner Biergarten, Brauereiführung ab zehn Personen. Speiersgasse 21, 97475 Zeil am Main, Tel.: 09524-9554, Mi-Mo ab 9.30 Uhr

Schloss Burgpreppach
Große, unvollendete Barockanlage im Zentrum des Marktes. Besichtigung nach Voranmeldung. Hauptstr. 18 1/2, 97496 Burgpreppach, Tel.: 09534-255, www.burgpreppach.de

Schloss Oberschwappach
Romantisches Barockschloss mit Museum und Restaurant. Schlossstr. 6, 97478 Oberschwappach. Restaurant: Tel.: 09527-7280 / 0172- 8644720, www.schloss-oberschwappach.de. Sa ab 19, So Brunch 11-14 Uhr. Museum: April-Oktober So 14-17 Uhr. Erw. 2,-/Erm. 1,-

Schloss Gereuth
Barockes Dreiflügelschloss mit schönem Garten und Schlosskirche. Tolle Gastronomie mit Biergarten. Gereuth 1, 96190 Untermerzbach, Tel.: 09533-98240, www.schloss-gereuth.de, ÖZ siehe Website

Brauerei-Gasthof Zum grünen Baum
Brauerei mit hervorragendem Bier und sehr guter Küche, u.a. Wildgerichte und Lamm von der Weide nebenan. Schulterbachstraße 15, 96181 Rauhenebrach-Theinheim, Tel: 09554-293, www.bayer-theinheim.de, Di-So ab 10 Uhr

Weinhaus Zimmermann
Sehr gute Weine und beste Schnitzel. Ziegelanger 19, 97475 Zeil am Main, Tel.: 09524-5460, www.weinhaus-zimmermann.de, Mo/Di/Fr ab 15, Sa/So ab 11 Uhr

Zeiler Käppele
Wallfahrtskirche auf dem Zeiler Berg. Mit Kreuzweg und Gastronomie. Kapellenberg 2, 97475 Zeil am Main, Tel.: 09524-1009, Di-Fr ab 14, Sa ab 12, So/Ft ab 10 Uhr

Mainradweg
Romantischer Radweg entlang des Maines. Fahrräder und eBikes können in Haßfurt geliehen werden. www.mainradweg.com

Touristinfo:

Marktplatz 1
97461 Hofheim
Tel.: 09523-922970
www.hassberge-tourismus.de

Bildquellen (Seite): Stadtwerk Haßfurt (313), Haßberge Tourismus (315,322), Wein & Main (323), Hotel Restaurant Kolb GmbH (324)

Auf zu Schlössern und Burgen

WWW.HASSBERGE-TOURISMUS.DE

In den Haßbergen befindet sich rund ein Drittel aller ehemaligen Ritter- und Adelssitze und damit auch der Landschlösser Unterfrankens. Grund genug, den 200 Kilometer langen Burgen- und Schlösserwanderweg Südschleife und Nordschleife einzurichten, auf dem man vielen davon begegnet. Zudem finden sich einige malerische Fachwerkorte und Bilderbuchdörfer auf der Wegstrecke.

Natürlich kann man auch nur Teilstrecken wandern oder auch mit dem Rad die Burgen und Schlösser erkunden. Im Buch finden Sie viele Übernachtungs- und Einkehrgelegenheiten, teils auch in Schlössern, so dass auf jeden Fall ein unvergessliches Erlebnis auf Sie wartet. Der Burgen- und Schlösser-Wanderweg wurde vom Deutschen Wanderverband als besonders erlebnis- und abwechslungsreicher Weg mit dem Gütesiegel „Qualitätsweg Wanderbares Deutschland" ausgezeichnet.

Für eine genaue Wegbeschreibung bestellen Sie sich am besten die Infobroschüre zum Weg unter www.hassberge-tourismus.de

Burgen & Schlösser
Premiumwanderweg
Bad Königshofen
B 279
Sulzfeld
i.Gr.
Sulzdorf
a.d. Lederhecke
Maroldsweisach
B 303
Stadtlauringen
Aidhausen
Hofheim
i. UFr.
Pfarrweisach
Untermerzbach
B 4
Ebern
Königsberg
i. Bay.
Rentweinsdorf
B 279
Haßfurt
Reckendorf
Main
B 26
Main
Zeil a. Main
Ebelsbach
A 70
Main
Baunach
Stettfeld
B 4
Hallstadt
Oberhaid
A 70
B 26
Bamberg
Naturpark
Haßberge
Qualitätsweg
Wanderbares
Deutschland

Stadt im Wandel

Die Metropole des bayerischen Nordostens hatte schon im Mittelalter mehrere Zerstörungen und gegen Ende des Zweiten Weltkrieges ein Bombardement über sich ergehen lassen müssen. Danach kappte die Lage am extremen Rand der Republik alle traditionellen Verbindungen in den Norden und Osten. Zudem erforderte ein großer Zustrom von Flüchtlingen viele schnelle Neubauten und hohe Integrationsbereitschaft. Seit der Wende jedoch sind die Wege wieder offen, und Hof liegt heute in der Euregio Egrensis, die Ostbayern und Teile Sachsens und Tschechiens miteinander verbindet.

Untreusee (S. 330)

DB **Bahnhöfe:** Hof, Hof-Neuhof; (Liniennetz siehe Seite 18)

Wärschtlamo (S. 342)

Zoologischer Garten (S. 335)

Fernwehpark (S. 339)

Theresienstein (S. 337)

Das Hof des 21. Jahrhunderts sieht eine weiterhin schwindende Bevölkerung, dafür aber neue Arbeitswelten und eben die grenzüberschreitenden Möglichkeiten der Zusammenarbeit. Eine wichtige Funktion für die gesamte Region hat der Flughafen Hof-Plauen im Stadtteil Pirk inne, der zweimal täglich eine Anbindung nach Frankfurt am Main bietet, sowie ein Luft-Taxi auf Charter-Basis (www.flughafen-hof-plauen.de).

Untreusee

WWW.UNTREUSEE.DE

DER U-SEE

Der 1976 angelegte Stausee ist rund zwei Kilometer lang, 700 Meter breit und maximal 15 Meter tief. Neben dem Hochwasserschutz stehen vor allem touristische Themen im Vordergrund. Das bedeutet in bzw. auf dem Wasser schwimmen, rudern, kanufahren, segeln, surfen, Tretboot fahren und angeln (Angelschein: www.obere-saale.de), drumherum sonnen, Beachvolleyball, Minigolf und Basketball sowie auf dem sechs Kilometer langen Rundweg wandern, radeln und joggen. Gegen den Hunger finden Sie die Sommergaststätte und das Restaurant Seehaus.

Infos / Preise

Öffnungszeiten s. Websites
Erw. 10,- Euro / Erm. 8,- Euro

Anschrift

Stelzenhofstraße
95032 Hof
www.untreusee.de
www.untreusee.net
www.seehaus-hof.de
www.labyrinth-untreusee.de
www.drachenboot-untreusee.de

Unser Tipp

Neben dem Abenteuerspielplatz gibt es seit Mai 2010 ein 2,6 Kilometer langes Labyrinth. Das ist die kürzeste Strecke zum Zentrum, für die meisten ist der Weg bedeutend länger...

Kletterpark Untreusee

WWW.KLETTERPARK-UNTREUSEE.DE

Öffnungszeiten

Mitte April bis Anfang November
Mo-Fr 13-19, Sa/So/Ft/Ferien 10-19 Uhr (letzter Einstieg 17 Uhr!)

Eintrittspreise

Erw. 18,- Euro / Erm. 15,50 Euro

Anschrift

Stelzenhofstraße
95032 Hof
Tel.: 0171-7355398

Unser Tipp

Wenn Sie nach dem Klettern Hunger bekommen haben, bieten sich entweder die Sommergaststätte, das Seehaus oder das etwas weiter entfernte Restaurant Munzert an. Eppenreuther Straße 100, 95032 Hof, www.hotel-munzert.de, Tel.: 09281-783400. So-Fr ab 10 Uhr.

AM SEIL ÜBER DEN SEE

Die sieben Parcours und zwei Fun Points bieten 111 Stationen auf mehr als 20.000 Quadratmetern Fläche. Im Klartext bedeutet das Klettertunnel, Tarzansprünge, Kletternetze, Hangelleitern, Affenschaukeln, Freefall und zwei Seilfahrten über den See. Besonders letztere sind ein spektakuläres Erlebnis. Dabei steht die Sicherheit natürlich an vorderster Stelle, jeder erhält eine professionelle Kletterausrüstung und ist während des Rundganges durch Karabiner gesichert. Lediglich festes Schuhwerk sollten Sie dabei haben.

Hofer Filmtage

WWW.HOFER-FILMTAGE.DE

Unser Tipp

Spannend ist auch eine virtuelle Reise durch das Festival-Archiv auf der Website. Nehmen Sie sich ruhig ein bisschen Zeit zum Stöbern.

HOME OF FILMS

Schon seit über 40 Jahren bieten die Hofer Filmtage im Oktober exklusive Blicke hinter die Kulissen und Previews großer und kleiner Produktionen. Sechs Tage zeigen zwei Kinos in acht Sälen über 130 Vorstellungen. Was 1967 mit zweieinhalb Stunden Kurzfilm begann, deckt heute das gesamte Filmspektrum jenseits des Mainstreams ab. Die Kurzfilme machen immer noch etwa ein Drittel aus, der Rest des Programms besteht aus Dokumentationen und Spielfilmen. Die Beiträge kommen mittlerweile aus aller Welt. Zu den Gästen gehörten unter anderem Doris Dörrie, Rainer Werner Fassbinder, Rosa von Praunheim, Tom Tykwer, Wim Wenders und Sönke Wortmann. Während des Festivals werden vier Preise vergeben, darunter der Förderpreis Deutscher Film und der Filmpreis der Stadt Hof.

Stadtführungen Touristeninformation

WWW.HOF.DE

Öffnungszeiten

Termine siehe Website, historischer Stadtrundgang jeden Samstag von April bis Oktober um 10 Uhr ab der Tourist-Information, Ludwigstr. 24, 95028 Hof.

Eintrittspreise

3,- Euro / Person

Unser Tipp

Ein ganz besonderes Erlebnis bietet die „Tour de Fantaisie", bei der Sie Hof zur Zeit der Belagerung 1553 erleben und viele Augenzeugenberichte hören.

DIE SAALESTADT KENNEN LERNEN

Der beste Einstieg in die Stadt ist eine Stadtführung. Dafür bietet Ihnen die Stadt unterschiedliche Programme von der Historienführung über die Nachtwächtertour bis zur Rundfahrt mit Segways. Dem Theresienstein ist eine Extra-Führung namens „Romantischer Stein" gewidmet, während der Sie den 2003 zum schönsten deutschen Park gewählten Landschaftsgarten intensiv kennen lernen können. Auch dem Dichter Jean Paul steht Pate für eine eigene Tour. Er hatte hier harte Zeiten, später aber nur gute Worte für die Stadt.

Zoologischer Garten Hof

WWW.ZOO-HOF.DE

Öffnungszeiten
Sommer 9-18, Winter 9-16 Uhr

Eintrittspreise
Erw. 4,- Euro / Erm. 2,- Euro
Hunde nicht gestattet

Anschrift
Am Theresienstein 6
95028 Hof
Tel.: 09281-85429

Unser Tipp
Jedes Jahr Mitte Juni steigt das Zoo-Fest mit Musik, Kleinkunst und jeder Menge Kinderunterhaltung.

GANZ KLEIN ANGEFANGEN

Ursprünglich gründete der Verein für Aquarien-Terrarien- und volkstümliche Naturkunde Hof 1954 den Hofer Zoo als Aquarienausstellung. Später wurde er zum Kleinzoo erweitert und bildet zusammen mit dem geologischen und dem botanischen Garten ein wahres Erholungsparadies. Die Fische sind nach wie vor einer der Schwerpunkte. Sie können aber auch viele Affenarten, Luchse, Biber und Vögel bewundern. Für Kinder gibt es Spielplätze und einen Streichelzoo. Die älteren Kinder können mit ihrer Klasse die Zoo-Schule besuchen. Auch besuchende Familien können von der Schule profitieren, denn die Arbeitsblätter mit verschiedenen Fragebögen für den Zoo-Besuch können auf der Website heruntergeladen werden.

HofBad

WWW.HOFBAD.DE

Öffnungszeiten

So-Do 9-21, Fr/Sa 9-22 Uhr

Eintrittspreise

Zwei Stunden
Erw. 4,80 Euro / Erm. 3,70 Euro

Anschrift

Oberer Anger 4
95028 Hof
Tel.: 09281-812450

Unser Tipp

Nach Fit- und Wellness sollten Sie auch was für den rein physischen Erhalt Ihres Körpers tun. Beispielsweise beim Kroaten Ive gegenüber. Königstr. 76, 95028 Hof, Tel.: 09281-2417.

RÖMISCHER BRUNNEN UND RIESENRUTSCHE

Das HofBad bietet eine breite Palette an klassischem Badevergnügen, erweitert um Whirlpool, Dampfbad und einen großen Saunabereich, der unter dem Namen HofSauna firmiert und viele Highlights für Saunafreunde zu bieten hat. Am spektakulärsten ist sicherlich die Panoramasauna, bei der man bei 80 Grad durch Riesenfenster auf die Außenanlagen und die Saale schauen kann. Ein umfangreiches Aquatrainingsprogramm sowie Präventionskurse sorgen dafür, dass man bei all der Wellness auch noch etwas für die Fitness tun kann.

Bürgerpark Theresienstein

WWW.THERESIENSTEIN.DE

Anschrift

Am Theresienstein
95028 Hof

Unser Tipp

Der ursprüngliche Park wurde stets erweitert, beispielsweise um den Luitpoldhain mit seinem mit Schnitzereien verzierten Aussichtspavillon aus der stilistisch hochinteressanten Epoche des ausklingenden 19. Jahrhunderts.

DEUTSCHLANDS SCHÖNSTER PARK 2003

Der Bürgerpark kann bald auf 200 Jahre Geschichte zurückblicken. Namenspatin ist die Frau des bayerischen Königs Ludwig I., Königin Therese Charlotte. Damals nach dem Siebenjährigen Krieg, als Preußen gegen alle anderen Kontinentalmächte kämpfte, waren alle Berge und Höhen um Hof kahl. Im Zuge der Aufforstung entstand der Park Fröhlichenstein mit vielen unterschiedlichen Bereichen, beispielsweise für Rosen, Obstbäume und Sommerblumen. Als die bayerische Königin 1836 zu Besuch war, erhielt der Park seinen heutigen Namen. 1877 baute man am höchsten Punkt, dem Labyrinth-Berg, eine künstliche Ruine mit einem 16 Meter hohen Turm, von dem sich eine gute Aussicht auf die Stadt und ihre Umgebung bietet. Das Jugendstil-Wirtschaftsgebäude am Theresienstein (mit riesigem Biergarten) entstand 1902. Der schon beschriebene Zoologische Garten gehört ebenfalls zu dem ältesten Bürgerpark Deutschlands.

Hofer Geschichtswege

WWW.HOF.DE

Um die Schönheit und Geschichte der eigenen Stadt den Bürgern und Besuchern näherzubringen, installierte der nordoberfränkische Verein für Natur-, Geschichts- und Landeskunde etwa 80 Geschichtstafeln, die dem Betrachter das jeweilige Umfeld und seine Geschichte erläutern. Die Tafeln sind zu zwei Wegen zusammengefasst, einer für die nördliche und einer für die südliche Innenstadt. Der Flyer zu beiden Wegen kann im Internet heruntergeladen werden. Der nördliche Weg startet an der Tourist-Information und endet am Rathaus, von dessen Turm man den gerade gelaufenen Weg nochmals Revue passieren lassen kann. Der südliche Weg startet am selben Ort und endet an der Lorenzkirche mit der Gedenktafel für Jean Paul, dessen Mutter hier begraben ist.

Unser Tipp

Zwischen oder nach dem Geschichtsweg sollten Sie auch mal gut essen und trinken. Ein stimmungsvoller Ort mit hervorragendem Angebot ist das Restaurant Zum Kreuzstein. Kreuzsteinstraße 23, 95028 Hof, www.zum-kreuzstein.de, Tel.: 09281-840292. Tägl. 11-14 und 17-22 Uhr.

VORBILDLICHE BÜRGERBILDUNG

Fernwehpark Hof

WWW.FERNWEH-PARK.DE

Öffnungszeiten

Ganzjährig geöffnet, Eintritt frei, Führungen 5,- Euro/Person

Anschrift

Graben 26
95028 Hof
Tel.: 09281-94427

Unser Tipp

Bis das Diner fertig ist, lohnt sich ein Gang zur Weinkiste, Ludwigstr. 22, 95028 Hof, Tel.: 09281-2181, www.weinkiste-hof.de. Tägl. ab 17 Uhr, Mi-Sa auch 11-14 Uhr, Donnerstag „Kleeßdooch"

DER SCHILDERWALD

Eigentlich ärgert man sich, wenn man viele Schilder auf einmal sieht, doch hier im Fernwehpark ist das anders. Unmengen (mehr als 60.000) an Ortsschildern aus aller Welt sind von dem Dokumentarfilmer Klaus Beer zusammengetragen worden. Auf die Idee kam er, als er bei Dreharbeiten in Kanada den dortigen Sign Post Forest kennen lernte. Mittlerweile hat das deutsche Gegenstück seinen kanadischen Vorgänger mindestens eingeholt. Zusätzlich zu den Ortsschildern gibt es noch die „Signs of Fame", Schilder mit den Handabdrücken von Stars und sonstigen Berühmtheiten. In den kommenden Jahren sollen noch ein Diner und ein Museum mit persönlichen Gegenständen von Prominenten entstehen.

Hofer Symphoniker

WWW.HOFER-SYMPHONIKER.DE

Die Hofer Symphoniker sind mit ihrer orchestereigenen Musikschule ein Kultur- und Bildungsunternehmen, das sich mit Orchester, musischer Jugend- und Erwachsenenbildung und musisch-sozialen Projekten zu einem nicht mehr wegzudenkenden kulturellen Faktor in der Stadt entwickelt hat. Auftritte des Orchesters in ganz Deutschland zu den vielfältigsten Anlässen ergänzen die verschiedenen Konzertreihen und die Arbeit an der Landesbühne Theater Hof. Für die vorbildliche Arbeit, vor allem bei der Nachwuchsförderung erhielten die Hofer Symphoniker 2010 den ECHO Klassik-Sonderpreis.

Anschrift

Klosterstraße 9-11
95028 Hof
Tel.: 09281-72000

Unser Tipp

Nach dem Konzertbesuch können Sie selbst noch einen draufsetzen, im Finale. Bürgerstraße 21, 95028 Hof, Tel.: 09281 2792, www.finale-hof.de. Mo-Sa ab 19 Uhr

DIE ECHO-
PREISTRÄGER 2010

Hofer Schlappentag

WWW.SCHLAPPENTAG.DE

Termine
2012: 4. Juni

Unser Tipp
Die drei besten Schützen des Schießwettbewerbs am Tag vor dem Schlappenfest dürfen im Stadtgebiet kostenlos parken. Der Sieger heißt auch Schlappenkönig.

DAS ÄLTESTE BIER- UND SCHÜTZENFEST DER WELT

Der Montag nach Pfingstmontag ist jedes Jahr Schauplatz des ältesten Bierfestes der Welt. Die Festivität geht zurück auf den Markgrafen von Brandenburg. Der nämlich gewährte nach dem Hussitenkrieg und der Zerstörung der Stadt 1830 zehn Jahre Steuerfreiheit. Im Gegenzug mussten sich die Hofer verpflichten, sich mit Handfeuerwaffen zur Verteidigung auszurüsten. Die dafür 1832 gegründete Schützengilde bestand vornehmlich aus Handwerkern, die meistens erst am letzten Tag der Schießübung in Arbeitskleidung und Holzschuhen (den Schlappen) zum Schießhäuschen kamen. Mit der Zeit wurden das Schießen und der besagte Montag so beliebt, dass sich das Fest mit Schützenumzug bildete. So geht es nun jedes Mal um 8 Uhr morgens mit der Versammlung vor dem Rathaus los, um 9.45 startet der Festumzug, anschließend wird das Schlappenbier angestochen und gefeiert. Nach der Insolvenz der Zeltbräu übernahm nach 153 Jahren 2011 die Brauerei Scherdel das Brauen des Schlappenbieres (nach der Originalrezeptur).

Hofer Wärschtlamo

WWW.HOF-WAERSCHTLAMO.DE

Infos

www.hof-waerschtlamo.de
www.waerschtlamouse.de
www.hofer-waerschtla.de
www.waerschtlamo-teddy.de

Unser Tipp

Am Sonnenplatz steht sogar ein Denkmal für den Wärschtlamo. Es soll nicht zuletzt die Offenheit der Stadt für Gäste symbolisieren. Die zeigt sich auch darin, dass ein heutiger Wärschtlamo ein gebürtiger Türke namens Cetin Samat ist.

TRADITION SEIT 1871

In guter alter Tradition bietet der Hofer Wärschtlamo seit 1871 seine vier Sorten heißer Würste - „Wienerla" (Wiener Würstchen), „Gnagger" (Knackwurst), „Weißa" (Weißwurst) und „Bauern" (Debrecziner) - aus dem tragbaren Wurstkessel an. Damals startete Johann Georg Hahn den mobilen Verkauf. Durch die Erhitzung der Würste mit Dampf ist der Kessel vergleichsweise leicht und kann mit einem Brotkorb leicht am Schulterriemen getragen werden. Den Wärschtlamo erkennt man schon von Weitem. Nach einem lauten Pfiff folgt der Ruf „Haaß senn sa - kolt wern sa!" (Heiß sind sie, kalt werden sie). Heute haben die etwa fünf Vertreter der Zunft auch feste Standorte, die Ausrüstung ist aber geblieben.

Hofer Rindfleischwurst

WWW.GENUSSREGION-OBERFRANKEN.DE

Unser Tipp

Bei der bisher einzigen Rindfleischwurstprüfung ging die Metzgerei Max als Sieger hervor. Thomas Köhn darf sich also stolz „Der Rindfleischwurstkönig" nennen. Quetschenweg 32, 95030 Hof, Tel.: 09281-70900, www.max-metzger.de

DIE MAGERE ALTERNATIVE

Seit 2011 ist die Erfindung des 1987 verstorbenen Hofer Metzgers Hans Millitzer europaweit geschützt. Das hätte sich der Metzger nie träumen lassen, denn zu richtiger Blüte kam die Rindswurst erst nachdem sein Geselle Gottfried Rädlein sie in seinem Betrieb über 30 Jahre lang produzierte und weit über die Stadtgrenze hinaus bekannt machte. Die kaltgeräucherte, gut gewürzte streichfähige Rohwurst ist etwas gröber als eine Teewurst, aber feiner als eine Mettwurst - und vor allem wesentlich fettärmer, da fast nur mageres Rindermuskelfleisch zur Herstellung verwendet werden darf.

Meinel Bräu

WWW.MEINEL-BRAEU.DE

Anschrift

Vorstadt 13
95028 Hof
Tel.: 09281-141366
www.meinels-bas.eu

Unser Tipp

Unweit der Wirtschaft finden Sie in der Alten Plauener Straße die Brauerei Meinel. Hier gibt es erstens die guten Biere und die Erzeugnisse aus der Brennerei zum Mitnehmen, zweitens finden hier mehrmals im Jahr beliebte Veranstaltungen statt. Highlights sind die Bockbieranstiche im Frühjahr und Herbst.

DAS URGESTEIN

Meinel's Bas ist eine der ältesten Schankwirtschaften in Hof, benannt nach Kunigunde Barbara Meinel. Sie ließ 1861 das Haus von einer Schankwirtschaft in eine Speisegaststätte umbauen. Wegen ihrer Herzensgüte sehr beliebt, wurde sie im Volksmund die „Meinel's Bas" genannt. Heute findet sich hier auch einer der schönsten Biergärten der Region. Neben den Mitarbeitern der Brauerei relaxt ein bunt gemischtes Publikum bei feinen fränkischen Speisen und extrem frisch gezapftem Meinel Bier.

Weitere Tipps

FreiBad Hof
Beheiztes Freibad mit großem Erlebnisangebot. Ascher Straße 32, 95028 Hof, Tel.: 09281-812450, www.hofbad.de. Mitte Mai-Mitte September Mo-Fr 7.30-10 und 16-20 Uhr, Sa/So/Ft 7.30-18 Uhr. Tageskarte Erw. 3,80/Erm. 2,50

Theater Hof
Städtebundtheater mit umfangreichem Repertoire und großem Ensemble. Schauspiele und Musiktheater (mit den Hofer Symphonikern). Kulmbacher Straße 5, 95030 Hof, Tel.: 09281-70700, www.theater-hof.de

Gaststätte Deutsche Flotte
Ein Stück Nordsee in Franken mit guten Fischgerichten. Plauener Straße 50, 95028 Hof, Tel.: 09281-84866, www.deutsche-flotte.de, So-Mo ab 10 Uhr

Hotel Falter Brauereigasthof
Auch nach dem Ende der Brauerei noch unter alter Ägide, schöner Biergarten. Hirschbergerstraße 6, 95030 Hof, Tel.: 09281-76750, www.hotelfalter.de, täglich ab 7 Uhr

Biergarten Theresienstein
Gigantischer Biergarten im Park. Theresienstein 1, 95028 Hof, Tel.: 09281-839790, www.biergarten-theresienstein.de, Mai-September tägl. 10-22, Oktober-April Mi-Sa 14-22, So 11-22 Uhr

Gaststätte Schießhäuschen
Schauplatz der Schlappentagsgeschichte und an diesem Tag wichtigster Ort der Stadt. Schießgraben 2, 95028 Hof, Tel.: 09281-5402134, Do-Di ab 11 Uhr.

Wirth-Denkmal
Begehbares Denkmal für den Freiheitskämpfer und liberalen Vordenker Johann Georg August Wirth. Dr.-Wirth-Platz, 95028 Hof

St. Lorenz
Älteste Kirche in Hof, wird als die Mutterkirche Hochfrankens bezeichnet. Lorenzstraße 24, 95028 Hof

Museum Bayerisches Vogtland
Interessantes zur Regionalgeschichte Hofs und der Region. Seit 2011 neue Abteilung „Flucht, Vertreibung, Ankunft und Integration in Hof". Unteres Tor 5 a/b, 95028 Hof, Tel.: 09281-815626, www.museum-hof.de. Di-So 10-16 Uhr. Erw. 2,50/Erm. 1,25

Streichholzmuseum Wirth
Über 600 faszinierende Modelle aus den kleinen Hölzchen. Guinness-Rekord! Georg-Könitzer-Str. 19, 95028 Hof, Tel.: 09281-140534 / 0162-8177095, Fr 15-17, erster So/Monat 14-16 Uhr.
Eintritt freiwillige Spende.

St. Marien
Katholische neugotische Stadtpfarrkirche, 1864 erbaut, bedeutende Inneneinrichtung, Steinmeyer-Orgel, Zentralpfarrei des nordöstlichsten Dekanates des Erzbistums Bamberg. Lorenzstr. 1, 95028 Hof, Tel.: 09281-2125, www.kirche-st-marien-hof.de

Hofer Volksfest
Größtes Volksfest der Region. Jedes Jahr zehn Tage Ende Juli/Anfang August am Volksfestplatz in Hof. 2012 hundertjähriges Jubiläum! Termin 2012: 27. Juli bis 8. August. www.hof.de

Hofer Weihnachtswelt
Weihnachtsmarkt am Maxplatz mit vielen Ständen in der weiteren Innenstadt. 25. November bis 22. Dezember 2011, tägl. 17-19 Uhr. www.hof.de

SpVgg Bayern Hof
Fußballverein in der Bayernliga, spielt im legendären Fußballstadion Grüne Au. Umfangreiche Website mit vielen historischen Dokumenten. www.bayern-hof.de

Kinos
Hof verfügt über zwei Kinos, in denen auch die Hofer Filmtage stattfinden. Central-Kino, Altstadt 8, 95028 Hof, Tel.: 09281-142488, www.kino-hof.de & Scala-Kino Hof, Wörthstr. 4-6, 95028 Hof, Tel.: 09281-3684, www.scala-hof.de

Touristinfo:

Ludwigstraße 24
95028 Hof
Tel.: 09281-815666 / 815665
www.stadt-hof.de

Bildquellen (Seite): Ernst Sammer (333), Filmtage/Stadt Hof (333), Stadt Hof (334, 336, 339, 341), Hofer Symphoniker (340), Sonja Wietzel-Winkler (341)

Die Nordost-Ecke

Das Hofer Umland wird vor allem durch das Flüsschen Selbitz, Frankenwald, Fichtelgebirge und das Bayerische Vogtland geprägt. Historisch gesehen gehörte das Gebiet erst zur Markgrafschaft Brandenburg-Bayreuth, später zu Preußen und Frankreich, bis es 1810 zu Bayern kam. Nach einigen territorialen Verschiebungen entstand 1972 schließlich der heutige Landkreis.

Natürlich prägte vor allem die Lage als Zonenrandgebiet die Geschichte der Region nach dem Zweiten Weltkrieg. Die vorher

Förmitztalsperre (S. 352)

DB **Bahnhöfe:** Bad Steben, Höllenthal, Marxgrün, Oberklingensporn, Naila, Selbitz, Rothenbürg, Stegenwaldhaus, Köditz, Feilitzsch, Oberkotzau, Wurlitz, Rehau, Martinlamitz, Schwarzenbach (Saale), Förbau, Seulbitz, Münchberg, Unfriedsdorf, Hildbrandsgrün, Wüstenselbitz, Helmbrechts, Stammbach; (Liniennetz siehe Seite 18)

Jean Paul Museum (S. 357)

Landgasthof Sellanger (S. 362)

Badeland Münchberg (S. 355)

Bike Trail (S. 349)

zentralen Verbindungen ins nördliche und östliche Hinterland waren von einem Tag auf den anderen gekappt, durch Dörfer wie das bekannte Mödlareuth verlief auf einmal eine zweite Berliner Mauer. Umso schöner die Bilder, die viele von uns noch im Kopf haben, als die Trabbi-Schlangen im November und Dezember 1989 gerade hier zum ersten Mal Halt machten und die Franken zusammen mit den Thüringern und Sachsen das Ende des Kalten Krieges feierten.

Großer Waldstein

WWW.WALDSTEINHAUS.DE

Öffnungszeiten

Waldsteinhaus: tägl. ab 9 Uhr, April bis Dezember Di Ruhetag, Januar bis März Mo/Di Ruhetag

Anschrift

Waldstein 1
95239 Zell
Tel.: 09257-264
www.bayern-fichtelgebirge.de

Unser Tipp

Wer es nicht auf den Berg schafft, kann ihn auch von unten bewundern und ein paar schöne Wanderungen unternehmen. Dann lohnt die Einkehr im Gasthof zum Waldstein. Marktplatz 16, 95239 Zell im Fichtelgebirge, Tel.: 09257-501, www.gasthof-zum-waldstein.de, Do-Di ab 7 Uhr

MIT RUINE UND BÄRENFANG

Der 877 Meter hohe Waldstein gehört zum Waldsteinzug im Fichtelgebirge. Obenauf thronte in vergangenen Zeiten die Waldsteinburg, auch Rotes Schloss genannt, heute eine Ruine und Kulisse der Waldsteinfestspiele (www.felsenbuehne-waldstein.de). Eine weitere Sehenswürdigkeit ist der historische Bärenfang, die letzte erhaltene Bärenfalle ihrer Art in Deutschland. Im Waldsteinhaus findet sich auch eine Gastronomie, die das ganze Jahr über die tapferen Wanderer bewirtet.

Bike Trail Schwarzenbach am Wald

WWW.SCHWARZENBACH-WALD.DE

Infos

Tel.: 09289-5029 / 264
www.schwarzenbach-wald.de
(Tourismus->Sport und Freizeit)
www.wsv-schwarzenbach.de

Unser Tipp

Tasten Sie sich langsam an die schwierigeren Trails heran und beachten Sie, dass Sie nur bei Tageslicht fahren dürfen.

LUSTIGE WEGE FÜR'S RAD

Im August weihten die Schwarzenbacher ihre neuen Bike Fun Trails ein. Sie sind Bestandteil des „Mountainbikenetzes" Frankenwald, bestehend aus sieben beschilderten Rundkursen – insgesamt über 308 km, mehr als 8.000 Höhenmeter und zahlreichen Singletrails. Verschiedene Trails richten sich an Anfänger und Fortgeschrittene und sind dabei möglichst naturnah gehalten. Die Internetseite der Stadt bietet umfangreiche Informationen und einen Flyer mit dem Streckenplan.

Campingplatz Auensee

WWW.AUENSEE-CAMPING.DE

Anschrift

Am Auensee 1
95189 Joditz/Köditz
Tel.: 09295/381

Unser Tipp

Wenige Kilometer entfernt liegt das Lok-Land Selbitz, eine sehenswerte Modellbahnausstellung. Hofer Str. 14, 95152 Selbitz, Tel.: 0171-5339870 / 09252-92294, www.lokland.de. Öffnungszeiten siehe Website, Erw. 6,-/Erm. 3,-

IN DER SAALESCHLEIFE

Der Campingplatz liegt idyllisch in einer Schleife der Saale. Darin befindet sich auch der Auensee, ein schöner Badesee mit Liegewiesen drum rum und einer kleinen Insel. An seinem Südost-Ufer befinden sich das Campingareal, ein Spielplatz und ein großer Sportplatz, nördlich davon ein Zeltplatz. Der Campingplatz ist auch ein guter Ausgangsplatz für Wanderungen in der Umgebung oder Einstieg in den Jean-Paul-Wanderweg.

Großer Kornberg

WWW.KORNBERG.DE

Unser Tipp

Nach der Wanderung sollten Sie auch gut einkehren, wir empfehlen den ca. zwölf Kilometer entfernten Gasthof Raitschin. Raitschin 4, 95194 Regnitzlosau, Tel.: 09294-975000, www.raitschin.de, tägl. ab 11 Uhr

GUTE AUSSICHT

Auf dem 827 Meter hohen großen Kornberg steht ein großer ehemaliger Aufklärungsturm der Bundeswehr, von dem das Geschehen in der ehemaligen DDR und der CSSR beobachtet wurde. Heute kann man statt dessen selbst den Aussichtsturm Schönburgwarte besteigen, von dem sich ein weiter Blick ins Umland bietet. Am Nordweg zwischen dem Bahnhof Kirchenlamitz-Ost und dem Kornberggipfel finden Sie die Ruine der Felsburg Hirschstein, die zu den ältesten im Fichtelgebirge zählte. Auf demselben Weg liegen auch die Zigeunersteine, eine Granitfelsengruppe, die ein gutes Beispiel für Wollsackverwitterung ist und im Dreißigjährigen Krieg als Zufluchtstätte diente. Im Winter findet hier rund um den Schlepplift ein reges Skigewusel statt. Passende Schneelage vorausgesetzt (aktuelle Lage siehe www.kornberg.de).

Förmitztalsperre

WWW.LANDKREIS-HOF.DE

Öffnungszeiten

15. Mai bis 15. Sept.: Badesaison
15. Okt. bis 30. April: Befahrungsverbot
1. Nov. bis 31. März: Tauchverbot

Anschrift

Förmitztalsperre
95126 Schwarzenbach / Saale

Unser Tipp

Im Anschluss schicken wir Sie zum Braukeller der Schlossbrauerei Stelzer, hier herrscht Bierkultur in Reinstform. Hauptstraße 9, 95145 Fattigau, Tel.: 09286-95020, www.braukeller-fattigau.com Mi-Mo tägl. ab 10 Uhr

BESTE WASSERQUALITÄT

In der 1977 fertiggestellten Förmitztalsperre staut man die Förmitz auf, einen Nebenfluss der Sächsischen Saale. Mit der Zeit hat sich ein kleines Paradies für Angler, Schwimmer, Segler und Surfer entwickelt, die hier genauso gerne hinkommen wie viele seltene Vogelarten, die man beobachten kann. Auf einer kleinen Insel steht ein Kunstwerk, das man bei abgesenktem Wasserspiegel zu Fuß erreichen kann.

Therme Bad Steben

WWW.THERME-BAD-STEBEN.DE

Öffnungszeiten
Tägl. 9-22 Uhr

Eintrittspreise
Tageskarte
Erw. 14,- Euro / Erm. 7,- Euro

Anschrift
Badstraße 31
95138 Bad Steben
Tel.: 09288-9600

Unser Tipp
Von höchster Qualität ist auch das Angebot des integrierten Restaurants Aquamarin (www.bistro-aquamarin.de), das auch für Nicht-Badegäste offensteht. Es gehört zu der Traditionskonditorei Reichl in der Peuntstraße, wo es die leckersten Pralinen und Torten des Landkreises gibt (www.cafe-reichl.de).

MIT ALLEN SINNEN GENIESSEN

Hinter der Therme Bad Steben versteckt sich ein riesiger Bade- und Wellness-Bereich, den man eigentlich an einem Tag überhaupt nicht komplett auskosten kann. Die heutige Anlage ging aus der 1997 privatisierten ehemals staatlichen Kureinrichtung hervor. Der Ort war schon 1832 zum Staatsbad erhoben worden, doch die Ausstattung des 21. Jahrhunderts kann man natürlich nicht mit dem beschaulichen Kurbetrieb des 19. Jahrhunderts vergleichen, als im ganzen Jahr 600 Gäste kamen. Die neueste Erweiterung ist der Wellness-Dome, in dem man in einer Schieferhöhle innerhalb einer Stunde einen Tag am Meeresstrand vom Sonnenaufgang bis zum Sonnenuntergang erleben kann.

Aquawell

WWW.AQUAWELL.DE

Öffnungszeiten/Preise

Schwimmbetrieb: Mo/Di/Do 8-21, Mi 8-18, Fr 8-13 Uhr
Erw. 5,- Euro / Erm. 2,50 Euro
Wellenbetrieb: Fr 14-21, Sa 13-20 und So/Ft 9-18 Uhr
Erw. 6,- Euro / Erm. 3,50 Euro

Anschrift

Adolf-Haack-Str. 7
95233 Helmbrechts
Tel.: 09252-5850

Unser Tipp

Für den großen Hunger steht unweit des Bades das Deutsche Haus, wo Sie mit viel Liebe umsorgt werden. Friedrichstraße 6, 95233 Helmbrechts, Tel.: 09252-1068, www.deutsches-haus-helmbrechts.de. Di-So ab 10, Mo ab 17 Uhr

MIT DER WELLE SCHWIMMEN

Das Hallenbad in Helmbrechts verfügt nicht nur über eine Wellenanlage im großen Becken, sondern auch über einen schönen Außenbereich mit einem extra Kinderbecken und Massagedüsen. Klar, dass die kräftigen Wellen im Mittelpunkt des Interesses stehen, insbesondere, wenn das jährliche Nachtschwimmen oder andere Partys anstehen. Montags und donnerstags finden zudem Kurse in Aquagymnastik und Aquajogging statt, so dass Sie auch etwas für Ihre Fitness tun können.

Badeland Münchberg

WWW.BADELAND-MUENCHBERG.DE

Öffnungszeiten
Freibad tägl. 7.30-20 Uhr,
Hallenbad siehe Website

Eintrittspreise
Erw. 3,- Euro / Erm. 1,50 Euro

Anschrift
Schützenstr. 26
95213 Münchberg
Tel.: 09251-1233

Unser Tipp
Besonders beliebt sind Veranstaltungen wie die „längste Nacht des Jahres" an Halloween, die neben der obligatorischen Party 2011 auch mit einem spektakulären 25-Stunden-Schwimmen aufwarten konnte.

ZWEI BÄDER IN EINEM

Das Badeland Münchberg wartet mit einem großen Freibad mit Sprunganlage, Kleinkinderbereich, Riesenwasserrutsche und Riesenwasserhund auf seine Gäste. Zur kälteren Jahreszeit kann auch aufs Hallenbad umgestiegen werden, das ebenfalls allerlei Annehmlichkeiten zu bieten hat. Die Sauna ist das ganze Jahr in Betrieb, Kegelfreunde finden zwei Bahnen vor.

Deutsch-Deutsches Museum Mödlareuth

WWW.MOEDLAREUTH.DE

Öffnungszeiten

März bis Oktober Di-So 9-18,
November bis Februar Di-So 9-17 Uhr

Eintrittspreise

Erw. 3,- Euro / Erm. 2,- Euro

Anschrift

Mödlareuth 13
95183 Töpen
Tel. 09295-1334

Unser Tipp

Besonders sehenswert fanden wir die Fahrzeughalle, in der die verschiedenen, während der deutschen Teilung auf beiden Seiten benutzten, Fahrzeugtypen im Original zu sehen sind.

LITTLE BERLIN IM FRANKENWALD

Hier kann einem schon der Schauer über den Rücken laufen, wenn man durch das ehemals geteilte Dorf läuft. Ein Stück der Mauer und einige Beobachtungstürme sowie eine Gedenkstätte mit sehenswertem Museum erwarten die Besucher dort, wo früher die Grenzsoldaten beider deutscher Staaten patrouillierten. Die Teilung zwischen Bayern und Thüringen (bzw. dessen Vorgängern) besteht übrigens schon seit über 400 Jahren, allerdings waren die Jahre hinter dem Eisernen Vorhang die einzigen, wo sich hier feindliche Truppen gegenüberstanden. Der Ort besitzt übrigens heute noch zwei Postleitzahlen, die Kinder gehen in unterschiedliche Schulen und man grüßt auf der thüringischen Seite mit „Guten Tag" und auf der bayerischen Seite mit „Grüß Gott".

Jean-Paul-Museum Joditz

WWW.JEAN-PAUL-MUSEUM.DE

Öffnungszeiten
Geöffnet nach tel. Vereinbarung

Anschrift
Schlegelweg 2
95189 Joditz
Tel.: 09295-8188

Unser Tipp
Im Museum sind nahezu alle Erstausgaben des Dichters und viele seiner Zeitgenossen vorhanden. Die Handbibliothek enthält über 700 Titel mit weit über 1000 Bänden. Hier können Sie einfach mal in das Werk des Dichters hineinschmökern.

DES DICHTERS JUGENDJAHRE

Eberhard Schmidt gibt sich reichlich Mühe, die „jeanpaulste" aller Gedenkstätten und Museen zu unterhalten und zu gestalten. Das Ergebnis ist ein absolut liebevoll und authentisch gestaltetes Museum, das im wunderschönen Kirchgarten liegt, in dem (höchstwahrscheinlich) auch Jean Paul selbst bereits wandelte. Der oberfränkische Dichter war zu seiner Zeit erfolgreicher als Goethe und Schiller, zählt aber immer noch eher zu den Geheimtipps der deutschen Literatur. Er lebte von seinem zweiten bis zum dreizehnten Lebensjahr in Joditz, was er in seiner Biographie als glücklichste Phase seines Lebens bezeichnete.

Oberfränkisches Bauernhofmuseum

WWW.KLEINLOSNITZ.DE

Öffnungszeiten

Di-Fr 13-16, Sa/So 13-17;
Mai-September Di-Fr 13-16, Sa/So 10-17 Uhr

Eintrittspreise

Erw. 2,50 Euro / Erm. 1,50 Euro

Anschrift

Kleinlosnitz 5
95239 Zell
Tel. 09251-3525

Unser Tipp

Auf dem Haidberg führt ein Naturlehrpfad in die geologischen und naturkundlichen Besonderheiten dieses Serpentinberges ein.

EINE REISE IN DIE VERGANGENHEIT

Das Museum mit seinen Gebäuden und dem Freigelände werden von einem Verein betrieben, der das Areal nach und nach seit 1968 aufkaufte. Insgesamt können Sie neun Stationen besichtigen, darunter ein auch heute bewirtschaftetes Bienenhaus, ein Windrad und ein Pechstein, der zur Gewinnung von Terpentin, Öl und Pech benutzt wurde. Auf den Feldern und Wiesen können Sie alte Sorten und Erntetechniken kennen lernen. Interessant ist auch das Veranstaltungsprogramm mit regelmäßigem BauernHofKino und verschiedenen Festen.

ENTDECKER PASS.COM
FREIZEIT ERLEBNIS KULTUR

Textilmuseum Helmbrechts

WWW.TEXTILMUSEUM.DE

Öffnungszeiten
Di-Fr 10-12 und 14-16,
Sa/So/Ft 10-16 Uhr

Eintrittspreise
Erw. 2,- Euro / Erm. 1,- Euro

Anschrift
Münchberger Straße 17
95233 Helmbrechts
Tel.: 09252-92430

Unser Tipp
Im Museum entsteht der längste Schal der Welt, an dem sich jeder beteiligen kann. Wenn Sie diese Zeilen lesen, dürfte er bereits über 4 km lang und mehr als 650 Kilogramm schwer sein. Über 18.000 Menschen haben dann schon mitgewebt.

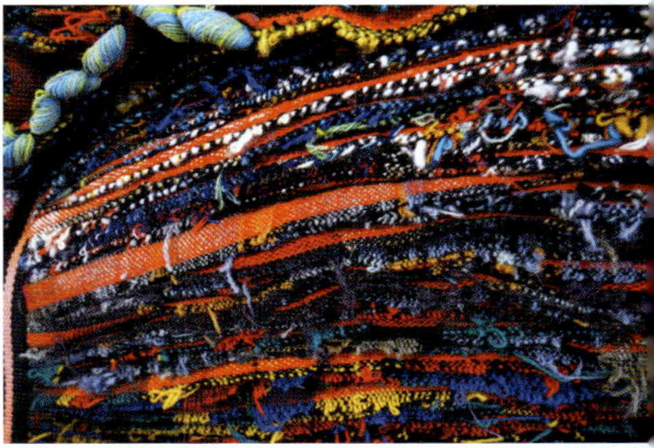

ZUM SELBERWEBEN

Hier können Sie einen anschaulichen Einblick in die Geschichte der Textilindustrie der Region erhalten. Vor 100 Jahren war Helmbrechts ein Zentrum der Weber, deren Entwicklung man vom Handweben über die ersten Mechaniken bis zu industriellen Anlagen verfolgen kann. Im Museum gibt es eine komplett erhaltene mechanische Weberei, die man nach Voranmeldung auch in Aktion erleben kann. Regelmäßige Sonderausstellungen komplettieren das Angebot. Eigentlich nur im Rahmen von Führungen wird die Multivisionshow „Alles hängt an einem Faden" Ihnen sicher auch gezeigt, wenn Sie nett fragen. Ein eindrucksvolles Erlebnis!

Grafik Museum Stiftung Schreiner

WWW.GRAFIK-MUSEUM.DE

Öffnungszeiten

Tägl. 9-18 Uhr, Eintritt frei!

Anschrift

Badstr. 30
95138 Bad Steben

Unser Tipp

Nach so viel Kunst sollten Sie auch was zwischen die Rippen bekommen, beispielsweise in den Bürgerstuben: Badstraße 24, 95138 Bad Steben, Tel.: 09288-1666, Fr-Mi 10.30-14 und 17-22.30 Uhr, www.gasthaus-buergerstuben.de

KUNST AUS DEM OSTEN

Die Familie Schreiner sammelte während des Kalten Krieges Druckgrafiken von Künstlern aus der DDR und Osteuropas. Nach der Wende gab sie ihre umfangreiche Sammlung als Dauerleihgabe an das Germanische Nationalmuseum in Nürnberg. Der damalige bayerische Finanzminister Dr. Georg von Waldenfels setzte sich allerdings dafür ein, dass ein Teil auch im Grenzgebiet zu sehen sein sollte, worauf die Schreiners dem neu gegründeten Grafik Museum im Kurhaus 250 Objekte zur Verfügung stellten. Auf der Internet-Seite kann man viele der Kunstwerke schon vor dem Besuch in Augenschein nehmen.

Kunsthaus Rehau

WWW.KUNSTHAUS-REHAU.DE

Öffnungszeiten
Mi-Sa 14-18 Uhr

Anschrift
Kirchgasse 4
95111 Rehau
Tel.: 09283-899485

Unser Tipp
Im Ort finden Sie noch das Museum am Maxplatz zur Geschichte der Stadt und das Puppen- und Spielzeugmuseum der Walter Stiftung Rehau.
Infos siehe www.stadt-rehau.de

BEIM ERFINDER DER KONKRETEN POESIE

Hinter dem Kürzel IKKP versteckt sich das Institut für Konstruktive Kunst und Konkrete Poesie. Es befindet sich in den oberen Stockwerken des 1864 als Schulhaus errichteten und 2000 renovierten Gebäudes. Professor Eugen Gomringer, der Erfinder der Konkreten Poesie, stiftete die „Sammlung II" sowie sein Archiv, so dass Kunstinteressierte heute sowohl innen als auch auf dem Außengelände eine breite Palette an Kunst und Ursprungswerken der Konkreten Poesie (Sammlung „POEMA") vorfinden. Gomringers Tochter Nora-Eugenie Gomringer leitet übrigens das Künstlerhaus in Bamberg.

Landgasthof Sellanger

WWW.SELLANGER.COM

BIO TOTAL

Wilfried Benker betreibt seit 1980 den Landgasthof Sellanger und bezeichnet sich gerne als „Mädchen für alles". Doch damit stapelt er etwas tief, schließlich hat er ein bisher ununterbrochenes Abonnement auf Goldmedaillen beim Wettbewerb Bayerische Küche vorzuweisen und kann sich mittlerweile als einziger voll-zertifizierter Bio-Betrieb in Oberfranken bezeichnen. Besonders rege ist er in der Akquise von Cateringaufträgen, die den kleinen Landgasthof im weiten Umland und bis nach Brüssel bekannt machen. Hinterm Herd steht Ehefrau Regine, die für die guten Biospeisen verantwortlich zeichnet. Die Genüsse gibt es natürlich auch im liebenswert neu gestalteten Biergarten, von dem man sowohl das denkmalgeschützte Anwesen als auch einen kleinen Park bestens im Blick hat.

Öffnungszeiten

Tägl. ab 11 Uhr

Anschrift

Stauden 1
95152 Selbitz-Sellanger
Tel.: 09280-1003

Unser Tipp

Seit 1959 erinnert das Heimat- und Wiesenfest Mitte Juli fünf Tage an den Bierkrieg zwischen Naila und Selbitz, in dem sich die Selbitzer letzten Endes erfolglos gegen den Verkauf der Selbitzer Brauerei am 11. April 1778 nach Naila wehrten. Übernachten können Sie beispielsweise im Landgasthof Sellanger

Weitere Tipps

Wildromantisches Höllental
Abschnitt des Flusstales der Selbitz zwischen Hölle und Blechschmidtenhammer. www.selbitztal.de (Sehenswertes->Landschaftliche Sehenswürdigkeiten)

Mittelalterfest Lichtenberg
Mittelalterfest am letzten Wochenende der bayerischen Sommerferien mit Feuershows und Ritterkampf. www.burgruine-lichtenberg.de

Weihnachtsmarkt an der Selbitz
Romantischer Weihnachtsmarkt am dritten Adventssonntag im Schauensteiner Ortsteil Volkmannsgrün

Traktor-Museum am Bahnhof
Historische Traktormodelle und Miniaturen am Bahnhof von Schwarzenbach an der Saale. Erster So/Monat 10-16 Uhr, Tel.: 09284-93331, Bahnhofsplatz 7, 95126 Schwarzenbach an der Saale, www.schwarzenbach-saale.de. Eintritt frei!

Gasthof-Pension Bischofsmühle
Idyllischer Gasthof mitten im Wald. Bischofsmühle 1, 95233 Helmbrechts, Tel.: 09289-367, www.gasthof-bischofsmuehle.de, Mi-So ab 8 Uhr

Waldkloster Muttodaya
Buddhistisches Kloster, das auch Tagesgäste empfängt. 2008 gegründet. Vor einem Besuch unbedingt Gästehandbuch auf der Website herunterladen. Herrnschrot 50, 95236 Stammbach, Tel.: 09256-960435, www.muttodaya.org

Quellitzsee
Naherholungsgebiet um einen Stausee, Tauperlitzer Seefest im Juni mit Fahrgeschäften, Bierzelt- und Biergartenbetrieb und einem Feuerwerk. Tel.: 09286-9440. Stausee, 95182 Döhlau-Tauperlitz

Landgasthof Grüne Linde
Urlaubsbiergarten unweit vom Untreusee. Alte Helmbrechtser Straße 30, 95030 Hof, Tel.: 09281-67466, www.landgasthof-gruenelinde.de, tägl. 9-14 und ab 17 Uhr

Hotel Krone
Rustikale Küche mit extra-knusprigen Haxen. Friedrich-Ebert-Straße 13, 95111 Rehau, Tel.: 09283-1001, www.hotel-krone-rehau.de, tägl. ab 10 Uhr

Simon-und-Judas-Kirche
Pfarrkirche im Zentrum des Dorfes Issigau. Sehenswert u.a. die Kassettendecke aus dem frühen 18. Jahrhundert mit 66 Bildern aus dem Alten und Neuen Testament. Kirchplatz, 95188 Issigau

Fattigsmühle
Biergartenjuwel am Jean-Paul-Wanderweg. Fattigsmühle 34, 95183 Töpen, Tel.: 09295-91500, www.fattigsmuehle.de, Mai bis September Mo und Di ab 15, Mi bis So ab 11, Oktober bis April Mi-So ab 11 Uhr

Gasthaus Friedrich-Wilhelm-Stollen
Raubritterbier im letzten Stopp vor dem Bergwerk. Friedrich-Wilhelm-Stollen 1, 95192 Lichtenberg, Tel.: 09288-216, www.friedrich-wilhelm-stollen.de, Fr-Di ab 8.30 Uhr

Schloss und Terrassenfreibad Oberkotzau
Zweiflügeliger Bau von 1852, mit schönem Freibad im Park. Schlossparkstraße 2, 95145 Oberkotzau, Tel.: 09286-973694. Tägl. 9-19 Uhr. Erw. 1,80/Erm. 1,30

Jakobuskirche Berg
Mutterpfarrei des Umlandes, 1320 erstmals erwähnt, mit Kunstwerken der Hofer Bildhauerfamilie Knoll. Hofer Str. 8, 95180 Berg, Tel.: 09293-252, www.kirchengemeinde-berg.de

Freizeitanlage Steinberg
Badesee, Liegewiese, Spielplatz und Biergarten. Wunderschön in der Natur gelegen ein richtiger Ort zum Austoben für die ganze Familie. Silberbacher Straße 44, 95176 Konradsreuth, Tel.: 09292-977656, Täglich 9 bis 21 Uhr, nur bei schönem Wetter geöffnet.

Touristinfo:

Schaumbergstraße 14
95032 Hof
Tel.: 09281-570
www.landkreis-hof.de

Bildquellen (Seite): Stadt Schwarzenbach a.Wald (349), www.kornberg.de (351), Therme Bad Steben (353), Aquawell (354)

Das Land der Klöster

Selbst die Gründung von Kitzingen geht auf eine Klostergeschichte zurück. Die fränkische Adelige Hadeloga war um 745 von der Gegend am Maindreieck so begeistert, dass sie mit ihrem Bruder, König Pippin III., beschloss, hier ein Kloster zu gründen. Ihr Schleier sollte den genauen Ort festlegen und flog dem Schäfer Kitz vor die Füße. Zu seinen Ehren hieß das Kloster Kitzingen. Die Legende ist in der Wissenschaft natürlich höchst umstritten, die Bürger aber feiern ihr Stadtjubiläum immer zu den entsprechenden Jahrestagen nach 745.

metropolregion **nürnberg**

Castell (S. 373)

DB **Bahnhöfe:** Marktbreit, Iphofen, Kitzingen, Buchbrunn-Mainstockheim, Dettelbach; (Liniennetz siehe Seite 18)

Stadt Kitzingen

Vogelsburg (S. 380)

Volkach (S. 372)

Undine (S. 368)

Prichsenstadt (S. 371)

Im Kitzinger Landkreis finden sich viele bekannte fränkische Weinorte wie Volkach, Dettelbach und Iphofen sowie ein weiteres bekanntes Kloster, Münsterschwarzach. Dessen Abt, Pater Anselm Grün, hat sich als Schriftsteller und Berater deutschlandweit einen Namen gemacht. Mit 300 Büchern und über 15 Millionen Exemplaren Gesamtauflage in mindestens 30 Sprachen gehört er zu den meistgelesenen spirituellen Autoren unserer Zeit.

Freizeitland Geiselwind

WWW.FREIZEIT-LAND.DE

BAYERNS GRÖSSTER FREIZEITPARK

Hier erwarten Sie auf 400.000 Quadratmetern über 100 Attraktionen, darunter vier Achterbahnen (u.a. die einzige deutsche Achterbahn mit Rückwärtslooping), fünf Shows und ein Tier-Freigehege. Entstanden ist das Paradies aus dem Vogel-Pony-Märchen-Park, den der Kaufmann Ernst Mensinger 1969 eröffnet hatte. Nach und nach kam mehr dazu, 1989 kam der endgültige Durchbruch als Freizeitpark. Mensinger erhielt 1999 das Bundesverdienstkreuz für sein Lebenswerk.

Öffnungszeiten

Öffnungszeiten siehe Internetseite

Eintrittspreise

Erw. 24,- Euro / Erm. 20,- Euro

Anschrift

Wiesentheider Straße 25
96160 Geiselwind
Tel.: 09556-921192

Unser Tipp

Verpassen Sie nicht die Acapulco-Springer. Am Ende der Show stürzt sich ein Stuntman aus 25 Metern Höhe in ein drei Meter tiefes Wasserbecken.

Mainfrankenpark

WWW.MAINFRANKENPARK.DE

Anschrift
Mainfrankenpark 2
97337 Dettelbach

Unser Tipp
In dem eiförmigen ehemaligen IMAX-Kino befindet sich nun ein 3D-Kino namens Cinemagnum, das zum Nürnberger Erfolgskino Cinecittà gehört.

WECHSELVOLLE GESCHICHTE

Als die inzwischen insolvente Firmengruppe Siewert den Mainfrankenpark 1999 begann, träumte man von einem Gegenstück zu Geiselwind für diejenigen, die für die Kinderattraktionen zu alt und für Familie zu jung waren. IMAX- und Multiplex-Kino, Diskothek, Container-Hotel und ein großes Gastronomie-Angebot sollten die jungen Leute zu dem Gewerbepark am Biebelrieder Dreieck locken. So ganz ging die Rechnung damals nicht auf, aber nach mehreren Betreiberwechseln hat sich nun ein solides Abendvergnügungszentrum mit den meisten der ehemals geplanten Attraktionen und einer neuen Bowlingbahn etabliert. Details erfahren Sie auf der Website.

Undine/Floßerlebnis

WWW.MAINSCHIFFFAHRT.INFO | WWW.FLOSSERLEBNIS.DE

Kontakt / Info

Undine:
Erw. 9,- Euro / Erm. 6,- Euro
Unterer Fuchsgraben 18
97318 Kitzingen
Tel.: 09321-91810

Floßerlebnis:
3,5 Stunden Floßfahrt
Erw. 32,- Euro / Erm. 16,- Euro
Ritterstraße 22
97337 Bibergau
Tel.: 09324-980350

Unser Tipp

Im Anschluss an die Fahrt sollten Sie noch eine Weinbergsführung unternehmen. Infos entweder über die Veranstalter oder unter www.kitzingen.de

AUF GROSSER FAHRT

Seit über 15 Jahren bietet die Reederei FPS die Gelegenheit zu einer romantischen Rundfahrt mit der Undine unter dem Motto „Rund um die Volkacher Mainschleife". Vom Schiff aus bieten sich herrliche Blicke u.a. auf die Vogelsburg, das Hundertwasser-Weingut Hirn oder die Wipfelder Schleuse, wo auch gewendet wird. Eine andere Option ist die Floßfahrt auf dem Altmain, beispielsweise von Volkach bis Sommerach. Auf dem Floß können Sie sogar eine Weinprobe erleben. Termine finden Sie auf den jeweiligen Internetseiten.

aqua-sole

WWW.AQUA-SOLE.DE

Öffnungszeiten
Mo-Fr 8-21, Sa 10-21 Uhr,
So/Ft 8-21 Uhr

Eintrittspreise
Tagesticket
Erw. 7,- Euro / Erm. 6,- Euro

Anschrift
Marktbreiter Straße 8
97318 Kitzingen
Tel.: 09321-390070

Unser Tipp
Über die vielen Aktionen informiert die monatliche aqua-sole-Post, die man auf der Internetseite herunterladen kann.

DAS BADE- UND SAUNA-PARADIES

Aus dem alten Sole-Hallenbad der Stadt wurde nach der Generalsanierung 2009 das aqua-sole. Neben den klassischen Stärken der Badewelt finden Sie nun auch einen großen Sauna- und Wellness-Bereich, unter anderem mit sechs Saunen und einem Dampfbad. Im Sommer können Sie übrigens auch das Freibad auf der Mondseeinsel nutzen. Hier eröffnet jedes Jahr der Oberbürgermeister mit einem Sprung vom Fünf-Meter-Brett die Badesaison (Tägl. 9-20 Uhr, Erw 3,50 Euro / Erm. 2,50 Euro).

Münsterschwarzach

WWW.ABTEI-MUENSTERSCHWARZACH.DE

Anschrift

Schweinfurter Straße 40
97359 Münsterschwarzach
Tel.: 09324-200

Unser Tipp

Gegenüber der Kirche liegt das Bio-Gasthaus Zum Benediktiner. Schweinfurter Straße 31, 97359 Münsterschwarzach, Tel.: 09324-99798, www.gasthauszumbenediktiner.de. Mo-Fr 10-14 und ab 18, Sa/So/Ft ab 10 Uhr

AUFSCHWUNG UNTER ANSELM GRÜN

Das St. Salvator, der Heiligen Maria und St. Felicitas geweihte Kloster, wurde um 780 von Fastrada, der dritten Gattin Karls des Großen als Frauenkloster gegründet. Den karolingischen Schwestern folgten die Benediktiner, die bis zur Säkularisation hier wirkten. Dann wurde die Kirche verkauft und das Kloster nach einem Brand fast vollständig abgebrochen. Erst 1913 belebten die Missionsbenediktiner von St. Ottilien die alte Stätte neu, die monumentale Abteikirche entstand 1935 bis 1938 und ist der größte in der NS-Zeit errichtete Kirchenbau. Von 1941 bis 1945 diente das zwischenzeitlich enteignete Kloster als Lazarett, bis es nach dem Krieg wieder eröffnet wird. Unter dem Cellerar Anselm Grün erlebte Münsterschwarzach einen beispiellosen Aufstieg mit umfangreichen Wirtschaftsbetrieben, darunter dem Vier-Türme-Verlag, in dem die Werke des berühmten Benediktinerpaters erscheinen.

Prichsenstadt/Fossiliensammlung

WWW.PRICHSENSTADT.DE

Öffnungszeiten

Museum: Tägl. 9-18 Uhr, Eintritt frei!

Anschrift

Schulinstraße 28
97357 Prichsenstadt
Tel.: 09383-7008

Unser Tipp

Im Ort bieten Nachtwächter ganz besondere Führungen an, das sollten Sie nicht verpassen (Tel.: 09383-7836 / 403). Alternative dazu wäre eine Weinbergsführung (Tel.: 09383-7246).

EINE DER SCHÖNSTEN STÄDTE FRANKENS

Die kleine Stadt erhielt schon 1367 das Stadtrecht. Das mittelalterliche Stadtbild gehört zu den schönsten in Franken. Neben der Stadtmauer und ihren Toren sind auch noch der Stadtturm und der Freihof erhalten. Viele schöne historische Fachwerkhäuser komplettieren das Ensemble. In einem davon bietet Hans Klein in seinem Museum ein buntes Sammelsurium aus Fossilien, Schmuck und Kuriositäten. Darunter befinden sich aber echte Raritäten von versteinerten Baumstämmen aus Südamerika bis zum echten Mondgestein.

Volkach

WWW.VOLKACH.DE

DER PARADE-WEINORT

Anschrift
97332 Volkach

Unser Tipp
Eine andere sehr schöne Örtlichkeit ist das Schloss Hallburg (Schloss Hallburg Nr. 5, 97332 Volkach, Tel.: 09381-2340, www.weinrestaurant-schlosshallburg.de, Öffnungszeiten siehe Website)

Die weit über 1.000 Jahre alte Siedlung ist seit 1258 Stadt und gelangte über viele Stationen 1814 zu Bayern. 1909 erfolgte mit der Mainschleifenbahn der Anschluss an das Eisenbahnnetz. Der Betrieb wurde zwar 1968 eingestellt, aber seit 2003 verkehrt die Bahn unter der Ägide einer Interessengemeinschaft von Mai bis September wieder zwischen Volkach und Seligenstadt (Fahrplan siehe www.mainschleifenbahn.de). Die Bahn ist aber nur eine kleine Attraktion, gemessen an dem historischen Stadtkern, den Volkach zu bieten hat. Zwei Julius-Echter-Stadttürme, die Stadtkirche und das Renaissance-Rathaus sollten bei Ihrem Besuch gesetzt sein, ebenso wie die drei Kilometer entfernte Vogelsburg (siehe ein paar Seiten weiter). Das Volkacher Weinfest (Mariä Himmelfahrt) ist weit über die Grenzen Bayerns hinaus bekannt und lockt jedes Jahr über 50.000 Besucher auf das idyllische Festgelände.

Fürstensitz Castell

WWW.CASTELL-GEMEINDE.DE | WWW.CASTELL.DE

Anschrift

97355 Castell

Unser Tipp

Eine schöne Weinstube bietet sich im Weinstall. Schlossplatz 3, 97355 Castell, Tel.: 09325-902561, www.weinstall-castell.de, März-November Di-So 10-22, sonst Fr-So 10-22 Uhr

DER STAMMSITZ DER FAMILIE CASTELL

Die Adelsfamilie derer von Castell besitzt heute noch die älteste bayerische Bank und mit dem Fürstlich Castell'schen Domänenamt ein Weingut, auf dessen Boden 1659 die erste Silvanerrebe auf deutschen Boden gepflanzt wurde. Die bekannten Stifte entstammen der Nebenlinie Faber-Castell. Im Ort sind vor allem die Kirche, das barocke Schloss mit Schlossgarten, das Wildbad aus der Renaissance und verschiedene herrschaftliche Häuser sehenswert, außerdem sollten Sie auch eines der Weingüter besuchen – hier entstehen Spitzenweine!

Deutsches Fastnachtmuseum

WWW.KARNEVALDEUTSCHLAND.DE

Öffnungszeiten

Falterturm Sa/So/Ft 14-17, Rosenstraße Mo-Do 9-12 und 14-16, Fr 9-12 Uhr

Eintrittspreise

Erw. 2,50 Euro / Erm. 1,- Euro

Anschrift

97318 Kitzingen
Tel.: 09321-23355

Unser Tipp

Zur Erholung raten wir zu einem Besuch in einem der schönsten Biergärten der Gegend, dem des Gasthauses Goldene Gans. Balthasar-Neumann-Straße 2, 97318 Kitzingen, Tel.: 09321-32322, www.gasthaus-goldenegans.de, tägl ab 11 Uhr

DAS NARREN-ZENTRUM

Sie befinden sich hier im offiziellen Museum des Bundes Deutscher Karneval, der Dachorganisation von etwa 4.000 Fastnachtsvereinen, Faschingsgilden, Karnevalsgesellschaften und Narrenzünften. Im Falterturm, dem Wahrzeichen von Kitzingen und einem ehemaligen Bürgerhaus, zeigen die Narren zahlreiche Originalstücke aus der Fastnachtsgeschichte, aber auch Kultgegenstände. Ein besonders interessantes Stück ist auch die älteste noch erhaltene Narrenkappe Deutschlands aus dem Jahr 1840.

Städtisches Museum Kitzingen

WWW.KITZINGEN.INFO

Öffnungszeiten
Di/Mi/Fr 15-18 Uhr, Do 15-20 Uhr, Sa/So 14-17 Uhr

Eintrittspreise
Erw. 2,- Euro / Kinder frei

Anschrift
Landwehrstr. 23
97318 Kitzingen
Tel.: 09321-929915

Unser Tipp
Gemütliche Entspannung verspricht der Kastanienhof. Friedrich-Ebert-Straße 26, 97318 Kitzingen, Tel.: 09321-1309180, www.kastanienhof-kitzingen.com, Mo-Sa ab 9, So ab 10 Uhr

DIE GESCHICHTE DER STADT

Das Stadtmuseum präsentiert Ihnen die Stadtgeschichte vom Mittelalter über die Zeit, als Binnenschiffe im 18. Jahrhundert Kolonialwaren wie Kaffee, Indigo oder Cochenille importierten und der Hafen ausgebaut wurde, bis zur heutigen Zeit, in der die ehemalige Bierstadt sich mit Wein einen großen Namen gemacht hat. Des Weiteren stehen die bedeutenden Söhne der Stadt und die allgemeine Menschheitsentwicklung im Kitzinger Land im Mittelpunkt der Ausstellung.

Conditorei-Museum

WWW.CONDITOREI-MUSEUM.DE

Öffnungszeiten
Mo-Fr 9-18, Sa 9-16, So 13-17 Uhr

Eintrittspreise
Erw. 1,50 Euro / Erm. 1,- Euro

Anschrift
Marktstrasse 26
97318 Kitzingen
Tel.: 09321-929435

Unser Tipp
Im Erdgeschoss erwarten Sie die Back- und Konditorwaren der Backstube Rösner, beißen Sie doch gleich mal zu!

SÜSSES BIS ZUM ABWINKEN

In einem der schönsten und ältesten Bürgerhäuser Kitzingens aus den Jahren 1579/80 widmet sich das Conditorei-Museum der süßen Kunst. Sie sehen alte Gerätschaften und Rezepte der Lebküchner und Konditoren des Hauses, die erst durch Zufall gefunden wurden, als auf dem Dachboden von Konditormeister Walter Poganietz alte Holzkisten aus dem 18. und 19. Jahrhundert auftauchten. Im Rahmen einer Magisterarbeit wurden diese Funde ausgewertet und katalogisiert. Später ergänzten die Eigentümer die Sammlung um weitere Exponate.

Kirchenburgmuseum Mönchsondheim

WWW.KIRCHENBURGMUSEUM.DE

Öffnungszeiten

Mitte März bis Oktober Di-So/Ft 10-18, November bis 1. Advent 10-16 Uhr

Eintrittspreise

Erw. 3,- Euro / Erm. 2,- Euro

Anschrift

An der Kirchenburg 5
97346 Iphofen-Mönchsondheim

Unser Tipp

Das Museum erwacht regelmäßig zum Leben. Die vielen Veranstaltungen finden Sie auf der Website. Am eindrucksvollsten ist das Kirchenburgfest Anfang Juli.

EIN KLEINOD UNTER DEN FRÄNKISCHEN FREILANDMUSEEN

Das 1975 gegründete Museum besteht aus der einklassigen Schule (1927), dem Rathaus (1557), dem Gasthaus (1790) mit einer großen landwirtschaftlichen Hofstelle und als Mittelpunkt der Kirchenburg (15. bis 19. Jahrhundert). In der Dauerausstellung werden in situ erhaltene Grabungsfunde gezeigt, dazu Gebäudemodelle, die man aus den Befunden rekonstruiert hat. Rund um die Barockkirche findet man zudem die unterschiedlichsten Handwerksbetriebe der Zeit, vom Wagner bis zum Schuster, auch der fränkische Weinbau ist mit zahlreichen Gerätschaften vertreten.

Promenaden-Weinfest

WWW.KITZINGER-PROMENADEN-WEINFEST.DE

Termine

2012: 22. bis 25. Juni

Anschrift

97318 Kitzingen
Tel.: 0177-2313686

Unser Tipp

Bei schönem Wetter sollten sie am Sonntagmorgen zum Weißwurst-Frühschoppen kommen.
Am Nachmittag gibt es für Familien ein buntes Programm mit Hüpfburg und Fassrollen.

MIT SCHWIMMENDER MAIN-WEINBAR

Eines der schönsten Weinfeste in Franken findet am letzten Juni-Wochenende direkt an der Kitzinger Main-Promenade statt. Vier Tage lang wird gefeiert, am Anfang und Ende von einer Lasershow auf dem Main begleitet. Den Auftakt macht natürlich die Fränkische Weinkönigin mit einem tiefen Schluck aus einem Weinglas. Die größte Neuerung der letzten Jahre ist wohl die schwimmende Weinbar, von der aus sich Gäste mit ca. 40 verschiedenen Weinen versorgen können.

Die Weininsel und ihre Feste

Infos / Kontakt

www.sommerach.de
www.nordheim-main.de
www.weinrestaurant-schlosshallburg.de

Unser Tipp

Die beste Gelegenheit zum Besuch bieten die Weinfeste der beiden Orte. Sommerach Zweites Juli-Wochenende), Nordheim (Christi Himmelfahrt.

DIE KÜNSTLICHE INSEL

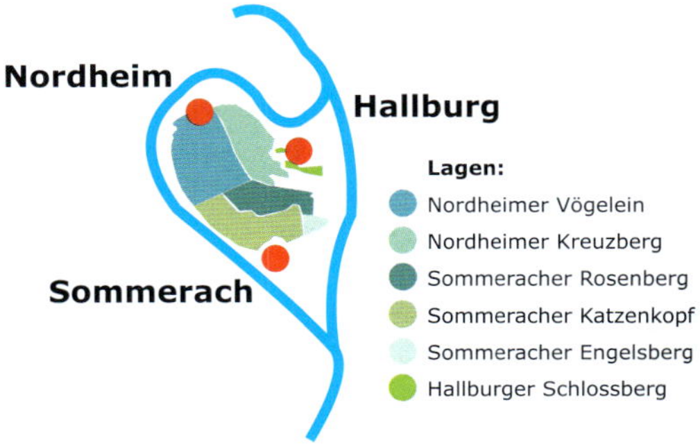

Als der Rhein-Main-Donau-Kanal gebaut wurde, entstand im Dreieck Sommerach/Nordheim/Volkach die Weininsel. Neben den Straßenbrücken dient auch eine romantische Fähre als Zufahrt. Nahezu das gesamte Areal besteht aus Weinbergen. In der Mitte thront Schloss Hallburg. Einen schönen Blick hat man auch von der gegenüber liegenden Vogelsburg. Die Weininsel mit den beiden schönen Weinorten Nordheim und Sommerach eignet sich bestens für ausgedehnte Spaziergänge durch die Weinberge oder entlang von Fluss oder Kanal.

Vogelsburg

WWW.VOGELSBURG-VOLKACH.DE

Öffnungszeiten

Tägl. ab 10 Uhr

Anschrift

97332 Volkach
Tel.: 09381-3020

Unser Tipp

Nehmen Sie sich Zeit und genießen Sie die Aussicht, einen schöneren Blick werden Sie in Weinfranken kaum finden.

SPEKTAKULÄRE AUSSICHT

Die Vogelsburg mit ihrer mehr als 1.000jährigen Tradition ist das älteste Weingut Frankens (bis 1803 Karmeliterkloster) und seit 1957 Heimat für Augustinus-Schwestern, die sich neben Beten und Seelsorge auch bis Ende 2010 den hauseigenen Weinbergen widmeten. Heute sind Gastronomie und Weinberge in der Hand des Juliusspitals aus Würzburg, Personal und biologisch-ökologischer Anbau wurden allerdings übernommen. Die Vogelsburg ist ganzjährig geöffnet und bietet sogar Übernachtungsgelegenheiten. Zu dem Areal gehört auch ein wundervoller Kastaniengarten mit Aussicht auf Main und Steigerwald, in dem sich jeden Sonntag die Gottesdienstbesucher zu Frühschoppen & Co. treffen.

Weitere Tipps

Gifthütte
Legendäre Weinstube in Escherndorf. Astheimer Str. 51, 97332 Volkach, Tel.: 09381-1266, www.gasthaus-mainaussicht.de, Di-Fr ab 17, Sa/SoFt ab 11 Uhr

Weinhaus Vinum Valentin
Weinhaus eines echten Weinkenners mit interessanten Themen-Wochenenden. Hüttenheim 55, 97348 Willanzheim, Tel.: 09326-8836, www.vinum-valentin.de, Öffnungszeiten siehe Website

Weinstube Bausewein
Bio-Weinseligkeit in Iphofen. Breite Gasse 1, 97346 Iphofen, Tel.: 09323-876670, www.altstadthotel-bausewein.de, Mo/Di/Fr ab 18, Sa ab 15, So/Ft ab 17 Uhr

Wörners Schlossweingut
Neue Weinkonzepte in Neuses. 97357 Neuses am Sand, Tel.: 09383-7179, www.woerners-schloss.de, Mi-Sa ab 17.30, So/Ft ab 11.30 Uhr

Marktsteft
Alte Hafenstadt am Main für den Markgrafen von Ansbach, sehenswerte historische Hafenanlagen und Kirchenburg. 97342 Marktsteft, www.marktsteft.de

Wiesentheid
Gräfliches Schloss, historische Pfarrkirche und Pfarrhaus mit Kreuzigungsgruppe von Jacob van der Auvera und Mariensäule. 97353 Wiesentheid, www.wiesentheid.de

Zehnthof Weinstuben
Ehemaliger Schwarzacher Klosterhof, heute Weinstube mit beliebtem Winzersüppchen. Hauptstraße 2, 97334 Nordheim am Main, Tel.: 09381-1702, www.zehnthof-nordheim.de, Di-So ab 11 Uhr

Seinsheim
Große Weinbautradition mit Schloss und Rathaus aus dem 17. Jahrhundert. 97342 Seinsheim, www.seinsheim.de

Gasthaus Grüner Baum
Feine Weine und supergute Bratwürste mitten in Prichsenstadt. Schulinstraße 14, 97357 Prichsenstadt, Tel.: 09383-1572, www.gasthaus-gruener-baum.com, Di-So ab 10 Uhr

Kreuzkapelle Etwashausen
Barockes Kleinod von Balthasar Neumann aus der Mitte des 18. Jahrhunderts. Schnabelgasse, 97318 Kitzingen-Etwashausen, www.kitzingen.info

Iphofen
Gut erhaltener Stadtkern, teils aus dem 14. Jhd. Eulenturm und Knauf-Museum mit Exponaten aus allen Kulturepochen (Am Marktplatz, www.knauf-museum.de, Tel.: 09323-31528 / 31625, ÖZ s. Website, Erw. 4,-/Erm. 2,-). 97346 Iphofen, www.iphofen.de

Dettelbach
Fast vollständig erhaltene Stadtbefestigung mit ursprünglich 52 Türmen und fünf Stadttoren, vielen Fachwerkhäusern und gotischem Rathaus sowie Skulpturenweg. 97337 Dettelbach, www.dettelbach.de

Sulzfeld am Main
Vollständig erhaltene Stadtbefestigung mit 21 Türmen, spätmittelalterliches Ortsbild, 2009 Landessieger bei „Unser Dorf soll schöner werden", 2010 Silbermedaille beim Bundeswettbewerb. 97318 Kitzingen, www.sulzfeld-main.de.

Abtswind
Imposante Kirchenburg und Weinlehrpfad. Weinfest am letzten Wochenende im Juli. 97353 Wiesentheid, www.abtswind.de

Marktbreit
Sehenswerte Altstadt, ehem. Römerlager auf dem Kapellenberg, Seinsheimsches Schloss, Marktpyramide von Gnodstadt (Obelisk) und Museum im Malerwinkel, u.a. mit Erläuterungen zum Römerlager (Bachgasse 2, 97340 Marktbreit, Tel.: 09332-591596, www.malerwinkelhaus.de, Do 14-20, Fr-So/Ft 14-17 Uhr, Erw. 2,50/Erm. 1,50). 97340 Marktbreit, www.marktbreit.de

Touristinfo:

Kaiserstraße 4
97318 Kitzingen
Tel.: 09321-9281104
www.kitzingen.de

Bildquellen (Seite): Freizeitpark Geiselwind (366), Sauer-Barthel GmbH & Co.KG (368), aqua sole (369), Stadt Kitzingen (375), Winzergemeinschaft Franken eG (378)

Weinfranken zum Verlieben

WWW.WEIN.BY

„Der Wein erfreut des Menschen Herz!"

Johann Wolfgang von Goethe

Schon der Dichterfürst brachte es auf den Punkt: Weinkultur ist essentieller Bestandteil der menschlichen Lebenskultur! Diese Maxime lernten wir Autoren schon bei unseren ersten Recherchen im fränkischen Weinland kennen. Seit mehreren Jahren arbeiteten wir deshalb am Projekt „Frankens schönste Weinstuben und Heckenwirtschaften", dessen Erstauflage innerhalb bereits eines guten Jahres restlos ausverkauft war.

Deswegen nahmen wir uns ein Herz und die zahlreichen Leserzuschriften zur Hand und besuchten weit über 200 neue Weinstuben und Heckenwirtschaften in ganz Franken, die zusammen mit den bereits aufgenommenen, die neu überprüft wurden, nun einen neuen Klassiker auf dem Buchmarkt versprechen. Die zweite Auflage bietet Ihnen über 300 Tipps zu Weinstuben und Heckenwirtschaften, im neuen, größeren Format, auf 384 Seiten. Außerdem wurde noch ein besonderes Schmankerl für Sie aufbereitet: Deutschlands kleinstes Weinbaugebiet, die Baierweinregion bei Regensburg, findet sich komplett im neuen Weinstubenführer.

Die Mehrheit bilden allerdings natürlich die Weinstuben und Heckenwirtschaften in Weinfranken, jede für sich ein echtes Kleinod. Weinfranken, das bedeutet für uns das Land um Main-Viereck, Main-Dreieck, Steigerwald und Tauberfranken. Konkret zum Beispiel die bekannten Weinorte wie Volkach und Sommerach, inklusive deren Weinfeste, aber auch weniger Bekanntes wie Ziegelanger oder der neue Bamberger Weinberg am Michaelsberg. Auch die Aschaffenburger Gegend gehört zu den Kerngebieten des Führers in die erlebte Fränkische Weinkultur.

Zu jeder Weinstube oder Heckenwirtschaft gibt es natürlich die aktuellen Öffnungszeiten, Tipps zu den Spezialitäten und die bereits aus den anderen Titeln bekannte Ikonographie, z.B. wo es regelmäßig Musik gibt oder welche Örtlichkeit auch für Senioren besonders gut geeignet ist. Zusätzlich ist die jeweils beste Möglichkeit, mit öffentlichen Verkehrsmitteln anzukommen (Bus, Bahn) mit Haltestelle und Linie vermerkt. Auch geeignete Ausflugsziele für vor und nach dem Weingenuss sind reichlich vorhanden. **Lassen Sie sich also mitreißen und entdecken Sie die Schönheit Weinfrankens!**

MARKUS RAUPACH & BASTIAN BÖTTNER
FRANKENS SCHÖNSTE WEINSTUBEN UND HECKENWIRTSCHAFTEN
300 TIPPS - UNABHÄNGIG RECHERCHIERT
MIT FALTKARTE WEINFRANKEN
SPECIAL: BAIERWEIN - DEUTSCHLANDS KLEINSTES WEINGEBIET

Am Fuße des Frankenwaldes

Als Geburtsstadt von Lucas Cranach dem Älteren, einem der bedeutendsten Maler und Grafiker der Renaissance, ist Kronach vielen Menschen ein Begriff. Doch auch der Besuch in der dreistufig aufgebauten und im Zweiten Weltkrieg kaum zerstörten Stadt an den Flüssen Haßlach, Kronach und Rodach lohnt sich. Sowohl die historische Altstadt, als auch die Veste Rosenberg, eine der größten mittelalterlichen Festungen Deutschlands, zeugen von der ruhmreichen Vergangenheit der Stadt. Seit 1003 stellte sie das Bollwerk des Bamberger Erzbistums gegen die protestantischen Gebiete im Norden und Osten dar und

Festung Rosenberg (S. 391)

DB **Bahnhöfe:** Küps, Neuses, Kronach, Gundelsdorf, Stockheim, Pressig-Rothenkirchen, Förtschendorf, Steinbach, Ludwigsstadt; (Liniennetz siehe Seite 18)

Fröschbrunna (S. 387)

Wilde Rodach (S. 386)

Naturerlebnisbad (S. 388)

Flößermuseum (S. 397)

Kronach leuchtet (S. 398)

wurde entsprechend ausgebaut. Im Dreißigjährigen Krieg widersetzte sich Kronach erfolgreich den Belagerungen durch die zahlenmäßig zehnfach überlegenen Schweden. Selbst als 1759 die Preußen kamen, hielt die Stadtverteidigung stand.

Das Umland ist allem durch die Rodach geprägt, früher eine der Hauptverkehrslinien für die Holzflößer, die ihre Ware von hier bis in die Niederlande transportierten. Mehrere Unternehmen bieten heute touristische Floßfahrten im Landkreis Kronach an.

Floßfahrten auf der Wilden Rodach

WWW.WALLENFELS.DE

Öffnungszeiten

Mitte Mai bis Mitte September Sa 14 Uhr ab Floßlände Schnappenhammer

Eintrittspreise

Erw. 19,- Euro / Erm. 15,- Euro

Anschrift

Ailastraße 1
96346 Wallenfels
Tel. 09262/201358
www.floessergemeinschaft-wallenfels.de

Unser Tipp

Ein besonderes Erlebnis ist die Nachtfackelfloßfahrt zu Rodach in Flammen im Rahmen der Wallenfelser Kirchweih Ende Juli

FEUCHT-FRÖHLICHES VERGNÜGEN

Wo früher die Baumstämme von mutigen Männern über wilde Flussläufe aus dem Frankenwald nach Kronach transportiert wurden, finden seit 1977 Floßfahrten für Touristen statt. Pro Floß können etwa 25 Gäste an der Fahrt teilnehmen, die dann auf den fünf Kilometern Strecke zwischen Schnappenhammer und Wallenfels ihren Mut beweisen können. Dabei bekommt man natürlich auch mindestens ein paar Spritzer ab, aber ohne wäre es ja auch langweilig (Wechselkleidung mitnehmen!). Nach der Fahrt geht's gemeinsam zur Brotzeit in eine Wallenfelser Gaststätte.

Fröschbrunna-Coaster

WWW.FROESCHBRUNNA.DE

Öffnungszeiten
Ab Palmsonntag tägl. 10-17 Uhr

Eintrittspreise
Erw. 2,- Euro / Erm. 1,50 Euro

Anschrift
Fröschbrunn 3
96317 Kronach
Tel.: 09261-91203

Unser Tipp
Probieren Sie mal ein Mufflongericht. Diese speziellen Wildschafe stehen übrigens in einem eigenen Gehege auf dem Fröschbrunna-Gelände.

AN DER ALTEN CRANACH

Wo vor wenigen Jahren die Landesgartenschau endete, steht mit dem Wirtshaus zum Fröschbrunna ein kleiner Erlebnispark für die Freunde guter Freizeitgestaltung bereit. Denn die Rodelbahn namens „Fröschbrunna-Coaster" und ein eigener Reiterhof bieten die nötige Abwechslung zwischen den Mahlzeiten im Biergarten. Dieser wartet mit großen Bäumen und vielen Spezialitäten aus der Region auf. Einmalig bei der Fahrt mit dem Coaster ist die Aussicht auf die Kronacher Altstadt, die man während der rasanten Fahrt über sieben Steilkurven und zwei Sprünge genießen kann.

Naturerlebnisbad Rothenkirchen

WWW.NEB-ROTHENKIRCHEN.DE

MIT FELSENSPRUNGTURM

Das Naturbad im Landleitenbachtal entstand durch Umbau des alten Waldschwimmbades. Insgesamt zwei Jahre dauerte das Projekt – und es hat sich gelohnt. Neben den 1.200 Quadratmetern Wasserfläche gibt es eine Liegewiese mit Kinderspielplatz, mehreren Beachvolleyball-Felder und eine bewirtete Sonnenterrasse. Insbesondere für Kinder ist viel geboten: Matsch-Spielplatz, Planschbecken und ein Wasserlauf mit Pumpe.

Öffnungszeiten

Mitte Mai bis Anfang September
tägl. 10-20 Uhr

Eintrittspreise

Erw. 3,- Euro / Erm. 1,50 Euro

Anschrift

Hauptstraße 16
96332 Pressig
Tel.: 09265-99012

Unser Tipp

Mountainbikefahrer finden in der Nähe die Gelegenheit zu einer anspruchsvollen Rundtour über 25 Kilometer durch das „Himmelreich". Ausgangspunkt ist zwei Kilometer nördlich der Rennsteig in Steinbach am Wald (www.pressig.de).

Naturerlebnisbad Nordhalben

WWW.NORDHALBEN.DE

Öffnungszeiten
Tägl. 10-20, in den Sommerferien 9-20 Uhr

Eintrittspreise
Erw. 3,- Euro / Erm. 2,- Euro

Anschrift
Titschendorfer Straße 40
96365 Nordhalben
Tel.: 09267-914620

Unser Tipp
Ein schönes Erlebnis ist die Anreise mit der Rodachtalbahn, einer Museumsbahn, die seit September 2007 auf der stillgelegten Strecke zwischen Nordhalben und Steinwiesen verkehrt. Mai-Oktober So/Ft. www.eisenbahnfreunde-rodachtalbahn.de, Hin- und Rückfahrt Erw. 7,-/Erm. 3,50

RUTSCHE UND PIRATENSCHIFF

Auch in Nordhalben konnte das alte Freibad zum Naturbad ohne die Nutzung von Chemikalien umgebaut werden. Zu den 1.400 Quadratmetern Wasserfläche gehört auch noch ein Teil des früheren Bades mit Sprungbecken und 25-Meter-Sportbecken. Die Badegäste tummeln sich am liebsten im Naturbadeteich. Darum herum liegt ein kindgerechter Nass- und Trockenspielbereich mit Planschbecken, Bachlauf, einem Piratenschiff zum Klettern und einer 27-Meter-Rutschbahn.

Erlebnisbad Steinwiesen

WWW.STEINWIESEN.DE

Öffnungszeiten
Siehe Website

Eintrittspreise
Hallenbad 4 Std. Erw. 4,-/Erm 2,- /
Nur Freibad Erw. 2,80/Erm. 1,70

Anschrift
Mühlwiesen 1
Steinwiesen
Tel: 09262-1277

Unser Tipp
Wenn nach dem Bad der kleine oder große Hunger kommt empfehlen wir den Gasthof zum goldenen Anker. Ankerstraße 9, 96349 Steinwiesen, Tel.: 09262-343, www.gasthof-goldener-anker.de. Di-So ab 9 Uhr

DAS ERLEBNISHALLENBAD

Herzlich willkommen im Mittelmeer mitten im Frankenwald. Bei 30 Grad Wasser- und 32 Grad Lufttemperatur fühlen Sie sich wie im Urlaub. Wem das immer noch zu kalt ist, der kann auch die beiden Saunen nutzen oder sich im Solarium oder der Infrarotkabine bestrahlen lassen. Im Sommer steht zusätzlich das Freibad zur Verfügung, mit Liegewiese, Kiosk, Beachvolleyballfeld und einer Kinderwasserrutsche.

ENTDECKER PASS.COM
FREIZEIT ERLEBNIS KULTUR

Festung Rosenberg Kronach

WWW.FESTUNG-KRONACH.DE

Öffnungszeiten
April bis Oktober Di-So 9.30-17.30 Uhr, sonst Di-So 10-16 Uhr

Eintrittspreise
Kombiticket
Erw. 3,50 Euro / Erm. 2,- Euro

Anschrift
Festung Rosenberg
96317 Kronach
Tel.: 09261-60410

Unser Tipp
Freunde der Heraldik können in und an der Anlage etwa 40 verschiedene Wappensteine finden. An ihnen lässt sich die heraldische Geschichte der Bamberger Fürstbischöfe über viele Jahrhunderte nachvollziehen.

DIE BAMBERGER BURG

Die Fürstbischöfe aus Bamberg befestigten ihre Besitzungen mit zwei großen Burganlagen, eine in Forchheim und eine in Kronach. Die Festung Rosenberg über der Kronacher Altstadt wurde in den über 750 Jahren ihres Bestehens niemals gewaltsam erobert. In der Festung ist die fränkische Galerie des bayerischen Nationalmuseums untergebracht. Außerdem befinden sich dort ein Informations- und Dokumentationszentrum zur Festungsgeschichte und ein Steinmetzmuseum. Sehenswert sind auch die unterirdischen Gänge, die fünf Bastionen und der hohe Bergfried.

DB

Burg Lauenstein

WWW.SCHLOESSER.BAYERN.DE

Infos / Kontakt

Burg:
April bis September Di-So 9-18,
sonst Di-So 10-16 Uhr
Erw. 4,50/Erm. 3,50
Burgstraße 3
96337 Ludwigsstadt
Tel.: 09263-400
www.schloesser.bayern.de

Confiserie:
Mo-Fr 9-18, Sa 10-16, So 10.30-17 Uhr
Lauensteiner Straße 41
96337 Ludwigsstadt
Tel.: 09263-9450
www.fischbachsmuehle.com
www.lauensteiner.de

Unser Tipp

In der gläsernen Manufaktur der Confiserie können Sie den Pralinenmachern auf die Finger schauen und sich auch selbst versuchen (Mo-Do 9-16, Fr 9-15 Uhr).

DIE SÜSSE BURG

Der Name Lauenstein steht für die nördlichste Burg Bayerns und eine renommierte Pralinenmanufaktur. Das Geschenk der Götter, wie Kakao auch genannt wird, erfährt in der Confiserie Lauenstein eine ganz besonders liebevolle Behandlung. Doch man kümmert sich nicht nur um die zahlreichen runden, eckigen, und anderweitig kreativ geformten Süßstückchen mit viel Liebe, sondern auch um die Gäste. Die dürfen sich sowohl die Produktion anschauen, als auch ausführlich probieren und testen. Auf der Burg gibt es ein sehenswertes Museum mit Rüstungen, Waffen und weiteren historischen Spezialsammlungen.

Wasserschloss Mitwitz

WWW.MITWITZ.DE

Öffnungszeiten

Schlossführungen Mai bis September Sa 14.30, So 11 und 14 Uhr sowie nach Vereinbarung (Tel.: 09266-1876 / 0174-2124588)

Imkermuseum nur auf Anfrage (Vereinsverantwortliche Tel.: 09264-7902 / 09564-4511 / 09221-65278)

Anschrift

Ludwig-Freiherr-von-Würtzburg-Straße 14
96268 Mitwitz
www.mitwitz.de oder www.oekologische-bildungsstaette.de

Unser Tipp

Natürlich können Sie hier auch fürstlich genießen. www.hotel-wasserschloss.de, Tel.: 09266-9670, Di-So ab 8 Uhr

WO DIE IMKER LERNEN

Das Wasserschloss von Mitwitz wurde erstmals 1266 erwähnt. Seitdem gelangte das bambergische Lehen in unterschiedliche Hände und wurde Ende des 16. Jahrhunderts nach den Zerstörungen im Bauernkrieg neu aufgebaut und zu seiner heutigen Gestalt erweitert. Heute gehört es dem Landkreis Kronach (zumindest hat er ein 99jähriges Nutzungsrecht) und beherbergt die ökologische Bildungsstätte Oberfranken, die Imkerschule Oberfranken und ein kleines Imkerei–Museum.

Kronacher Synagoge

WWW.SYNAGOGE-KRONACH.DE

Anschrift

Nikolaus-Zitter-Straße 27
96317 Kronach
Tel.: 09261-92140

Unser Tipp

Ein guter Platz zum gemütlichen Essen vor den Veranstaltungen ist das Gasthaus Zum Scharfen Eck, dem Geburtshaus Lucas Cranach des Älteren. Lucas-Cranach-Straße 2, 96317 Kronach, Tel.: 09261-501292, www.scharfeseck.de. Tägl. 11-14 und 18-23 Uhr

EIN GANZ BESONDERER VERANSTALTUNGSRAUM

Auch wenn in Kronach schon seit dem 13. Jahrhundert Juden lebten, war ihre Zahl aufgrund der Zuzugsbeschränkungen nie groß genug für eine eigene Synagoge. Das änderte sich nach der Reichsgründung 1871, die Kultusgemeinde entstand durch Zuzug aus dem Umland, und am 5. Oktober 1883 wurde das Gotteshaus geweiht. Kurz vor dem Ausbruch des Zweiten Weltkrieges mussten die wenigen verbliebenen jüdischen Mitbürger die Synagoge gegen einen symbolischen Preis an die Stadt verkaufen, was sie vor der Zerstörung am 9. November 1938 schützte. In den 1990er Jahren rettete ein Aktionsbündnis das Gotteshaus vor dem Abriss, es konnte 2002 sogar wieder geweiht werden. Seitdem dient es als Veranstaltungssaal für Ausstellungen, Vorträge und Konzerte, geführte Besichtigungen sind auf Anfrage.

Europäisches Flakonglasmuseum

WWW.GLASBEWAHRER.DE

Öffnungszeiten
Mo-Fr 8-17, Sa 10-16 Uhr

Eintrittspreise
Erw. 3,- Euro / Erm. 2,50 Euro

Anschrift
Glashüttenplatz 1-7
96355 Kleintettau
Tel.: 09269-77100 / -77104

Unser Tipp
Jeden ersten Samstag im Monat finden von 12 bis 15 Uhr Glasmacher-Vorführungen am Glasofen statt.

5.000 JAHRE GLASGESCHICHTE

Die erste Glashütte zur Flakonherstellung wurde in Kleintettau schon 1661 gegründet. Die Tradition der Glasherstellung ist aber noch viel älter. Im alten Ägypten (3000 v. Chr.) und Mesopotamien (1700 v. Chr.) waren Glasrezepturen bekannt. Die Idee zur Gründung eines Museums hatten die Mitglieder des Glasbewahrer-Vereins schon in den 1980er Jahren, die Eröffnung erfolgte aber erst im Dezember 2008. In Abgrenzung zum nur 20 Kilometer entfernten Lauschaer Glasmuseum konzentriert man sich auf Glasbehältnisse für Flüssigkeiten, Flakons, von denen es sogar Prototypen aus den umliegenden Manufakturen zu sehen gibt.

Fränkische Galerie auf der Festung Rosenberg

WWW.FESTUNG-KRONACH.DE

DIE GROSSEN MEISTER FRANKENS

Öffnungszeiten

März bis Oktober
Di-So 9.30-17.30 Uhr

Eintrittspreise

Ticket nur Galerie
Erw. 2,50 Euro / Erm. 1,- Euro

Anschrift

Festung Rosenberg
96317 Kronach
Tel.: 09261-60410

Unser Tipp

Im Anschluss sollten Sie sich unbedingt stärken. Eine gute Gelegenheit ist die relativ neue Gasthausbrauerei Antlabräu. Amtsgerichtsstraße 21, 96317 Kronach, Tel: 09261-50459-50, www.antla.de, Mo/Di ab 17, Mi-Sa 11-14 und 17-23, So 11-23 Uhr

Das Bayerische Nationalmuseum hat mehrere Zweigmuseen, die über den gesamten Freistaat verteilt sind. Die 1983 eröffnete Nationalgalerie in den nach Plänen von Balthasar Neumann errichtetem Südflügel der Veste zählt zu den bedeutendsten Kunstmuseen Oberfrankens. Hier werden in 25 Sälen auf drei Stockwerken Meisterwerke der fränkischen Malerei und Skulptur von der Zeit um 1300 bis zur ersten Hälfte des 16. Jahrhunderts präsentiert, darunter Werke von Tilman Riemenschneider und Lucas Cranach dem Älteren.

Flößermuseum Unterrodach

WWW.FLOESSERMUSEUM.DE

Öffnungszeiten
Di-Sa 9-11 und 14-16, So/Ft 14-16 Uhr

Eintrittspreise
Erw. 1,- Euro / Erm. 0,50 Euro

Anschrift
Kirchplatz 8
96364 Marktrodach
Tel.: 09261-20511 / -60310

Unser Tipp
Die Kreuzbergklause beim Tierheim zwischen Kronach und Rodach ist einen Zwischenstopp auf Bier und Brotzeit wert. Kreuzbergklause 1, 96364 Marktrodach, Tel.: 09261-504663, Di-Fr ab 16, Sa ab 13.30, So ab 11 Uhr

DIE GESCHICHTE DER FLÖSSEREI

„Des Morgens wenn es sechsa schlägt, sind zur Arbeit mir bewegt, dann ergreifen wir die Waffen, fangen hurtig an zu schaffen, wohl um des Meisters Lob und Preis, lustig ist, wer Flößer heißt!" Das Kronacher Flößerlied bringt Stolz und Frohsinn der Flößer auf den Punkt, genauso wie es der Ausstellung des Museums gelingt. Von der Waldarbeit über Floßbau, Zölle, Floßhäfen und Flößerordnung kann man diese Tradition nachvollziehen, aber auch die heutige Flößerei kennen lernen und sich über die Geschichte des Floßherrenhauses informieren.

Kronach leuchtet ...

WWW.KRONACHLEUCHTET.COM

... UND WIE!

Eine der schönsten Veranstaltungen im vorliegenden Buch dürfte Kronach leuchtet sein. Die historische Altstadt erstrahlt Ende Juli in buntem Licht, allerlei Kunst und Installationen sowie Ausstellungen sind zusätzliche Attraktionen, ebenso wie spezielle Schauen in den Museen und auch der Synagoge. Auf drei Bühnen in der Stadt spielen Bands, und die Gastronomen lassen sich besondere Kreationen einfallen. Integriert sind in der Regel eine lange Einkaufs- und Museumsnacht.

Termin

2012: 13.-22. Juli

Unser Tipp

Ein anderer schöner Termin für einen Kronach-Besuch ist die Kür der Viertelmeister im April (2012: 27. April 2012). www.kronach.de

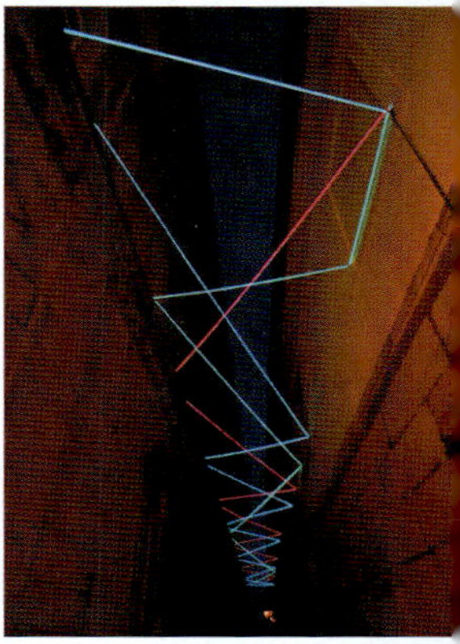

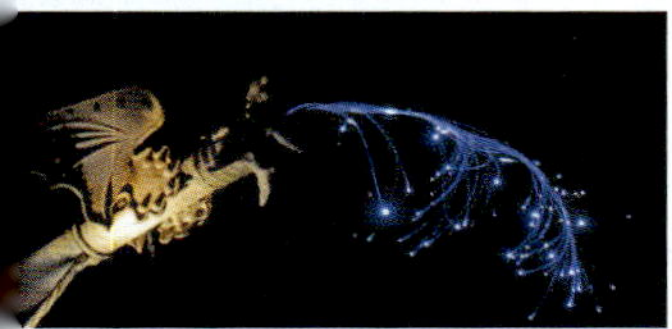

Faust-Festspiele Kronach

WWW.FAUST-FESTSPIELE.DE

Infos

Website oder Tel.: 09261-97236

Unser Tipp

Ein weiteres Spektakel auf der Burg ist Crana Historica, das Festival der Geschichte. Musik, Markt, Feldlager, Waffenschau und Reiterspiele warten zu Pfingsten auf ihr Publikum. www.crana-historica.de. Termin 2012: 25. bis 28. Mai

SEIT 1995 JEDES JAHR FAUST I

Auf eines ist beim Freilichttheater immer Verlass: Goethes Faust wird aufgeführt. Um diesen Klassiker herum gibt es von Juni bis August weitere bedeutende Stücke der Weltliteratur, die jedes Jahr auf der Festung Rosenberg aufgeführt werden. Insgesamt 15.000 Zuschauer sind bei den verschiedenen Aufführungen dabei, die das kommunale Freilichttheater nach dem Motto „volksnah und wie im Kino" gibt. Die Unterhaltung steht also im Vordergrund, und das ist auch gut so, wie wir meinen.

Weitere Tipps

Crana Mare
Freibad mit Riesenrutsche und Hallenbad. Gottfried-Neukam-Straße 25, 96317 Kronach, Tel. 09261-2377, www.crana-mare.de. Mitte Mai-August Mo/Di/Do/Fr 9-20, Mi 7-20/ Sa/So/Ft 8-20 Uhr, September Mo/Di/Do/Fr 10-19, Mi 7-19/ Sa/So/Ft 8-19 Uhr, Erw. 4,80/ Erm. 2,90. Im Winter Hallenbad Mo 13-21, Di-Fr 13-22, Sa 8-22, So 8-21 Uhr, Erw. 4,80/Erm. 2,90

Schiefermuseum Ludwigstadt
Museum zum Anfassen mit Exponaten rund um das blaue Gold des Schiefergebirges. Lauensteiner Straße 44, 96337 Ludwigsstadt, Tel.: 09263-9490, www.schiefermuseum.de, Di-So 13-17 Uhr, Erw. 4,-/Erm. 1,50

Märchenpfad Lauenstein
4,5 Kilometer Rundweg mit 14 Stationen rund um Lauenstein. Begleitheft kostenlos in der Stadt und ihren Museen erhältlich. www.ludwigsstadt.de

Schloss Schmölz
1536 gebaut und 1861 von dem Dichter Oskar von Redwitz an die Freiherren von Egloffstein veräußert, heute in Privatbesitz. Schmölz, 96328 Küps

Radspitz-Aussichtsturm
20 Meter hoher Aussichtsturm auf der 678 Meter hohen Radspitze. In Seibelsdorf am Vogtsplatz geradeaus in Richtung Radspitze. Nach der Aussicht empfehlen wir die urige Mittelberger Radspitzeinkehr mit gemütlichem Biergarten. Wartenfels 89, 95355 Presseck, Tel.: 09223-686 / 0152-08741596, www.mittelberger-radspitzeinkehr.de, Fr ab 15, Sa/ So/Ft ab 13 Uhr

Gasthof Kaiserhof
Traditioneller Braugasthof der traditionsreichen Brauerei Kaiserhof. Friesener Straße 1, 96317 Kronach, Tel: 09261-1048, www.kaiserhofbraeu.de, Di-So 10-14 und ab 17 Uhr

Gasthof Fels
Gastronomie im Dreiländereck Kulmbach/Kronach/ Hof. Unvergleichliche Lage wie ein Schloss im Gebirge. Fels 42, 95131 Schwarzenbach am Wald, Tel.: 09289-369, www.gasthoffels.de, tägl. ab 9.30 Uhr

Waldhotel Bächlein
Umweltbotschafterbiergarten im Landschaftsschutzgebiet, mit Goldwaschanlage und Streichelzoo. Bächlein 18, 96268 Mitwitz, Tel.: 09266-9600, www.waldhotel-baechlein.de, tägl. ab 7 Uhr

Bastion Marie
Panorama-Biergarten mit Festungsblick. Festung 1, 96317 Kronach, Tel.: 09261-500700, Di-So ab 10 Uhr

Otti's Brotzeitstube
Biergarten am Kronacher Stadtrand. Haingasse 18, 96317 Kronach, Tel.: 09261-93880, Di-Fr ab 14, Sa/ So/Ft ab 9 Uhr

Schäferstuben Häusles
Wassertretbecken, Wildgehege und zartestes Lammfleisch. Häusles 3, 96268 Mitwitz, Tel.: 09266-413, www.haeusles.de, Mo/Di/Fr ab 16, Sa/So/Ft ab 11 Uhr

Ratsstube Stegner
Gasthof mit Jazz-Biergarten. Kulmbacher Straße 10, 96364 Marktrodach-Oberrodach, Tel.: 09261-2640, Di-Fr/So ab 12 Uhr

Ruppenwirtshaus
Echter Klassiker vor den Toren Kronachs. Ruppen 9, 96317 Kronach, Tel.: 09261-3845, Mi-Fr/So/Mo ab 11, Sa ab 16 Uhr

Bauernhannla
Panorama-Biergarten und Ausgangspunkt für viele Wanderwege. Eichenbühl 82, 96352 Wilhelmsthal-Steinberg, Tel.: 09260-9639399, www.bauernhannla.de, Mo/Mi-Sa ab 11.30, So/Ft ab 9.30 Uhr

Einkehr zur Maut
Biergarten mit Hüpfburg und Streichelzoo, guter Zwischenstopp vor einer Wanderung an der Ködeltalsperre. Mauthaus 1, 96349 Steinwiesen, Tel.: 09267-1555, www.mauthaus.de, tägl. ab 10 Uhr

Gasthof Roseneck
Biergartenidylle mit Rosenbrunnen und Fränkischen Tapas. Schützenstraße 46, 96346 Wallenfels, Tel.: 09262-7260, www.gasthof-roseneck.de, Mi-Mo ab 11 Uhr

Touristinfo:

Adolf-Kolping-Str. 1
96317 Kronach
Tel.: 09261-60150
www.frankenwald-tourismus.de

Bildquellen (Seite): Tourismusverband Oberes Rodachtal (386), Tourismus- und Veranstaltungsbetrieb der Lucas-Cranach-Stadt Kronach (400)

Zinnfiguren und Bratwürste

Die Stadt unterhalb der Plassenburg kann auf eine bewegte Geschichte zurückblicken. Die jeweiligen Kriege waren allerdings meist nicht erfolgreich und führten zu großen Zerstörungen der Stadt und ihrer Burg. In den Museen auf der Plassenburg lassen sich diese Geschehnisse unter anderem auch im Zinnfigurenmuseum nachvollziehen, das die größte Sammlung der Welt beherbergt. Große Feste sind das Altstadtfest und die Bierwoche.

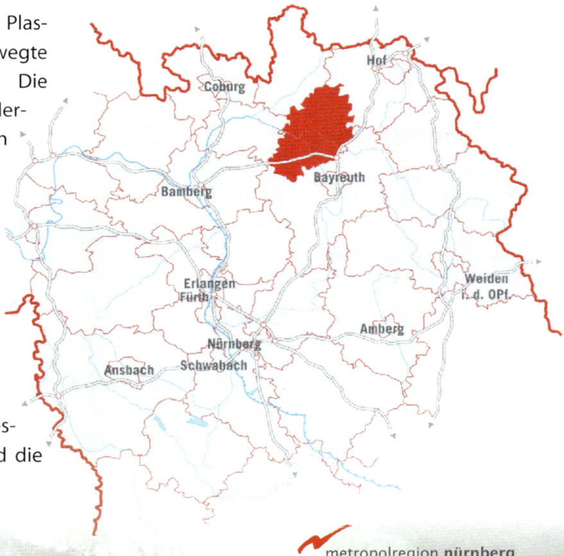

Sanspareil (S. 409)

DB **Bahnhöfe:** Mainleus, Kulmbach, Untersteinach, Ludwigschorgast, Neuenmarkt-Wirsberg, Marktschorgast,Trebgast, Harsdorf; (Liniennetz siehe Seite 18)

Mainzusammenfluss (S. 407)

Tanzlindenmuseum (S. 413)

Plassenburg (S. 410)

Kunsthandwerker (S. 416)

Das Kulmbacher Land ist geprägt durch den Dualismus zwischen den katholischen (ehemals bambergischen) und den protestantischen (Bayreuth-Kulmbacher) Gebieten. Ist das Territorium der einen vor allem durch die karge Landschaft des beginnenden Frankenwaldes geprägt, liegen die auch heute noch mehrheitlich evangelischen Gebiete im fruchtbaren Bereich um die Stadt Kulmbach herum. Highlights im Landkreis sind das Dampflokmuseum und das Dschungelparadies, beide in Neuenmarkt.

idea DschungelParadies

WWW.SCHMETTERLINGSPARK.DE

Öffnungszeiten

April-Oktober Di-So 9.30-17.30,
sonst 10-17 Uhr

Eintrittspreise

Erw. 4,50 Euro / Erm. 3,- Euro

Anschrift

Wirsberger Straße 12
95339 Neuenmarkt
Tel.: 09227-902525 / 902527

Unser Tipp

Besonders interessant ist das DschungelParadies für Fotografen, die hier ohne Aufpreis nach Herzenslust auf Motivsuche gehen und auch ohne große Teleobjektive immer schöne Fotos schießen können.

DER DSCHUNGEL MITTEN IN NEUENMARKT

Als ob die Dampfloks nicht schon genug wären, schmückt sich Neuenmarkt noch mit einer weiteren echten Attraktion, dem DschungelParadies. In dieser in Bayern einzigartigen Anlage tummeln sich seit nunmehr über zehn Jahren Hunderte der kleinen und großen bunten Falterchen. Die tropische Welt öffnet sich, wenn man durch eine Schleuse ins Innere der großen Halle gelangt ist. Ab dann kommt man aus dem Staunen nicht mehr heraus. Liebevoll angelegt, wechseln sich Wege und Sitzgruppen ab, bei denen dann auch die Futterstellen der Insekten liegen. Drinnen und draußen finden sich zudem noch zahlreiche andere Tierchen, vom Alligator bis zum Weißkopfäffchen sowie aktuelle Ausstellungen.

Goldbergsee

WWW.MARKTSCHORGAST.DE

Öffnungszeiten
Christi Himmelfahrt bis Mitte September tägl. 9-19 Uhr

Eintrittspreise
Erw. 2,20 Euro / Erm. 1,50 Euro

Anschrift
Am Goldbergsee
95509 Marktschorgast
Tel.: 09227-940244

Unser Tipp
Einer Legende nach haben die Arbeiter im Steinbruch damals nicht mal mehr ihr Bier mitnehmen können, als die Welle kam. Wenn Sie also tief genug tauchen...

DAS NATUR-FELSENBAD

Manchmal trifft man hier im Sommer mehr Studenten der Bayreuther Universität an als auf dem Campus selbst. Während der Festspiele verraten die Lieder auf den Lippen ebenfalls, dass der Goldbergsee ein beliebtes Entspannungsziel für jedermann ist. Entstanden ist der See durch eine Sprengung zuviel, die 1920 einen heftigen Wassereinbruch in dem damaligen Steinbruch ausgelöst hat. Deswegen ist der See auch mit 5 bis 8 Metern relativ tief – die Wasserwacht passt aber auf, und einige Baumstämme geben zusätzlich Halt. Es gibt auch ein Nichtschwimmer- und Planschbecken für die Kleinen.

Trebgaster Badesee

WWW.VG-TREBGAST.DE

IM MARKGRÄFLICHEN FISCHTEICH

Vier Quellen innerhalb des Sees speisen das 680 Meter lange und 220 Meter breite Gewässer. Früher züchteten die Markgrafen hier ihr Mittag- und Abendessen, heute gehört das Gelände 24 Eigentümern, die am 12. Juni 1975 das Naherholungszentrum eröffneten. Seitdem hat Trebgast schon viele tolle Veranstaltungen am See gesehen und jedes Jahr eine Menge Besucher, die sich hier erholen. Seit der Generalsanierung 2003 kamen noch mehr Attraktionen hinzu, so dass man nun neben Tretbootverleih, Spielplätzen und -feldern auch eine Skateranlage, Rad- und Wanderwege und ein Nordic-Walking-Zentrum vorfindet.

Öffnungszeiten

Tägl. 9-19 Uhr
Nordic-Walking-Treff Di 18 Uhr an der Schautafel

Eintrittspreise

Erw.: 2,- Euro / Erm. 1,50 Euro

Anschrift

Badesee
95367 Trebgast
Tel.: 09227-9370

Unser Tipp

Nach dem Baden lohnt ein Besuch im Bio-Bauer-Biergarten beim Rangabauer. Tennach 3, 95361 Ködnitz, Tel.: 09221-5245, www.rangabauer.de, Mo-Fr ab 16, Sa ab 14, So/Ft ab 11.30 Uhr

Mainzusammenfluss und Schloss Steinenhausen

Anschrift

Schloss Steinenhausen
95326 Kulmbach
Tel.: 09221-6040

Unser Tipp

Anschließend sollten Sie einen der liebenswürdigsten Landgasthöfe der Gegend besuchen, mit Riesenburger und Ein-Kilo-Diäthaxe. Heubsch 21, 95359 Kasendorf, Tel.: 09228-499, www.landgaststaette-herold.de, Fr-Mi ab 8 Uhr

DER KILOMETER NULL

Im Kulmbacher Stadtteil Melkendorf liegt der Geburtsort des Mains. Weißer und Roter Main fließen zusammen und bilden den Fluss der Franken, der zusammen mit dem größeren Zufluss-System der Regnitz vor der Wiedervereinigung den längsten Fluss der Bundesrepublik markierte. Äußeres Zeichen ist das Schloss Steinenhausen, das die Freiherren zu Guttenberg viele Jahre besaßen, heute sitzt hier die Außendienststelle Kulmbach des Bayerischen Landesamtes für Umwelt. Das barocke Schloss-Areal kann trotzdem besichtigt werden und bietet interessante Einblicke in den Naturschutz.

Wallfahrtsbasilika Marienweiher

WWW.BASILIKA-MARIENWEIHER.COM

Anschrift

Marienweiher 3
95352 Marktleugast
Tel.: 09255-9460

Unser Tipp

Die Gasthausbrauerei bietet nicht nur herrliches Bier, sondern auch hervorragendes Essen. Marienweiher 6, 95352 Marktleugast, Tel: 09255-8077350, www.klostergasthof.de. Tägl. ab 11 Uhr

WIEDERERSTARKTE WALLFAHRTSKIRCHE

Vor über 350 Jahren gründete der Bamberger Bischof Melchior Otto Voit von Salzburg ein Hospiz in Marienweiher, ab 1699 etablierte sich ein Franziskaner-Konvent. Der Ort gehört zu den ältesten Wallfahrtsstätten Deutschlands. Bekannt ist zum Beispiel das „Ochsenwunder", nach dem Maria erst Ochsen vor der Fallsucht rettete und anschließend auch den Besitzer läuterte, der nicht die versprochene Abbitte leisten wollte. Von diesem und vielen weiteren Wundern erzählen die unzähligen Votivtafeln, die auch heute noch in der Wallfahrtskirche zu bestaunen sind. Der Kirchenbau stammt aus den Jahren 1718 bis 1721. Nach einer kurzen Periode des Niedergangs im Zuge der Säkularisation gewannen Kirche und Kloster wieder an Bedeutung, die sich heute einerseits in der Erhebung zur Basilica Minor, andererseits auch in der neu errichteten Gasthausbrauerei zeigt.

Felsengarten Sanspareil

WWW.BAYREUTH-WILHELMINE.DE

Öffnungszeiten
April-September tägl. 9-18, 1.-15. Oktober tägl. 10-16 Uhr

Eintrittspreise
Erw. 3,50 Euro / Erm. 3,- Euro

Anschrift
Sanspareil
96197 Wonsees

Unser Tipp
Oberhalb liegt die Hohenzollernburg Zwernitz. Sanspareil 29, 96197 Wonsees, Tel.: 09274-9098906, www.schloesser.bayern.de. Die Eintrittskarte von Sanspareil gilt hier auch.

OHNE GLEICHEN: SANSBARAIL

An die französischen Wurzeln dieses Namens können sich die Oberfranken nicht gewöhnen und sprechen ihn deswegen gnadenlos fränkisch aus. Dabei hatte sich Markgräfin Wilhelmine von Bayreuth viel dabei gedacht, als sie 1744 den Garten anlegen ließ. Die Schwester von Friedrich dem Großen benannte ihn nach dem Ausruf einer Hofdame „C'est sans pareil!" (Dies ist ohnegleichen!). Nachdem aber keine Wasserspiele möglich waren, erlosch das Interesse der Markgräfin, erst ihr Neffe Carl Alexander kümmerte sich wieder um das Areal und gestaltete das Felsentheater. Später verfiel das Gelände und wurde erst 1984 nach einem Stich rekonstruiert.

Plassenburg Kulmbach

WWW.SCHLOESSER.BAYERN.DE

Öffnungszeiten/Angebot

April-September tägl. 9-18, sonst tägl. 10-16 Uhr

Führungen durch die Innenräume April-Oktober stündlich 9.15-15.15 und um 16.30, November-März stündlich 10.15-13.15 und um 14.30 Uhr | Erw. 4,50/Erm. 3,50. Die Karte beinhaltet den Eintritt in das Armeemuseum Friedrich der Große

Führungen durch die Außenanlagen Mai-September Sa 14.15 Uhr, Erw. 4,-/Erm. 3,- (Treffpunkt: Tiefer Brunnen im Schönen Hof)

Deutsches Zinnfigurenmuseum/ Landschaftsmuseum Obermain Erw. 4,-/Erm. 3,- | Tel.: 09221-804571 www.kulmbach.de

Anschrift

Festungsberg 26
95326 Kulmbach
Tel.: 09221-82200

Unser Tipp

Die Burgschänke bietet hervorragende Küche und im Sommer einen schönen Biergarten. Tel.: 09221-81313, www.burgschaenke-kulmbach.de. Im Sommer tägl. 11-18 Uhr

DIE KULTURBURG

An die 900 Jahre thront die mächtige Festung der Plassenburg über Kulmbach. 1340 kam sie an die Hohenzollern, die den Bau sogleich als praktisches Familiengefängnis für sich entdeckten. Markgraf Friedrich der Ältere zu Brandenburg beispielsweise musste als Strafe für seinen freigiebigen Lebensstil zwölf Jahre im Verlies verbringen. Der zänkische Markgraf Albrecht Alcibiades sorgte schließlich mit seinen letzten Endes erfolglosen Kriegen für die Zerstörung der Burg. Ende des 16. Jahrhunderts war der Wiederaufbau im Renaissance-Stil abgeschlossen und widerstand sogar Wallensteins Truppen, erst Napoleon ließ 1806 den Bau erneut schleifen. Seit 1929 gehört die Burg nun schon dem bayerischen Staat. Heute finden Sie verschiedene Museen in dem mächtigen Komplex, darunter das deutsche Zinnfigurenmuseum mit der größten Zinnfigurensammlung der Welt.

Deutsches Dampflokomotiv-Museum

WWW.DAMPFLOKMUSEUM.DE

Öffnungszeiten

Mitte März bis Oktober
Di-So 10-17 Uhr, sonst 10-15 Uhr

Eintrittspreise

Erw. 5,- Euro / Erm. 4,- Euro

Anschrift

Birkenstraße 5
95339 Neuenmarkt
Tel.: 09227-5700

Unser Tipp

Vom Dampflokmuseum können Sie mit der Museumsbahn direkt zur ehemaligen Mönchshof-Brauerei ins Brauereimuseum fahren – und wieder zurück, versteht sich. Die Fahrtage stehen auf der Website.

RICHTIG DAMPF DAHINTER

Hier schlagen die Herzen aller Eisenbahnfans höher. Mehr als 30 der alten Stahlrösser stehen in den Hallen. Alle können hautnah bewundert werden, einigen kann man sogar unter den Bauch kriechen. Zentrum des Museums ist der alte Lokschuppen mit der charakteristischen Drehscheibe, über die Züge aus ihren jeweiligen Häuschen auf die Gleise gezogen wurden. Mehrmals im Jahr dürfen die Lokomotiven auch mal raus zu den Dampftagen, dann darf man auch selbst die Schiefe Ebene rauf und runter fahren.

Bäcker- und Brauereimuseum

WWW.BAYERISCHES-BRAUEREIMUSEUM.DE

HEUTE BACK ICH, MORGEN BRAU ICH

Auf über 3.000 Quadratmetern Ausstellungsfläche nimmt sich das Bayerische Brauereimuseum des Spektrums Bier an und beleuchtet die herausragende Bedeutung, die das „flüssige Gold" in Bayern, Franken und speziell in Oberfranken spielt. Von der Kunst des handwerklichen „Bierbrauens um 1900" führt die Ausstellung zum technisierten und computergesteuerten „Bierbrauen heute". Höhepunkt des Besuches ist der abschließende Gang durch die „Gläserne Brauerei" mit ihren durchscheinenden Sudkesseln und den glänzenden Kupferhauben.

Das Bayerische Bäckereimuseum zeigt Brotgeschichte vom Getreide bis zum Bäckerladen, von ägyptischer Backkultur bis zur heutigen Brotsortenvielfalt. Lebendige Inszenierungen versprechen einen kurzweiligen und spannenden Aufenthalt. Als besonderes Schmankerl gibt es einen Happen Brot frisch aus dem Steinbackofen.

Öffnungszeiten

Di-So 10-17 Uhr

Eintrittspreise

Erw. 4,50 Euro / Erm. 4,- Euro

Anschrift

Hofer Straße 20
95326 Kulmbach
Tel.: 09221-80514

Unser Tipp

Im zugehörigen Mönchshof-Bräuhaus und seinem schönen Biergarten kann dann nach all der Theorie zur Praxis übergegangen werden. Di-So ab 10 Uhr

Deutsches Tanzlindenmuseum Limmersdorf

WWW.TANZLINDENMUSEUM.DE

Eintrittspreise

Museum und Linde sind frei zugänglich

Anschrift

An der Tanzlinde
95349 Thurnau

Unser Tipp

Die beste Gelegenheit zum Besuch ist die Lindenkirchweih im Limmersdorf, die seit 1729 ununterbrochen veranstaltet wird – das ist Rekord! Do-Di um den Sonach Bartholomä (24. August), außer der Tag fällt auf einen So. www.lindenkirchweih.de

WO SICH DIE PÄRCHEN DREHEN

Tanzlinden sind schon seit ewigen Zeiten Mittelpunkte vieler fränkischer Ortschaften. Vielfach wurden sie richtig gehend bebaut und konnten auf mehreren Stockwerken betanzt werden. Der Tanz an sich war und ist ein fester Bestandteil der Kirchweihen in den Orten, in denen sich die Bäume erhalten haben. Ein besonders schönes Exemplar steht in Limmersdorf, wo auch das Deutsche Tanzlindenmuseum beheimatet ist. Weitere Tanzlinden in Franken finden Sie in Langenstadt, Peesten und Effeltrich, Bäume ohne Gerüst stehen in Neudrossenfeld, Guttenberg, Untertheres, Grettstadt und Salz.

Bergbaumuseum Kupferberg

Öffnungszeiten
Di-Fr 9-17, Sa/So/Ft 13.30-17 Uhr

Eintrittspreise
Erw. 2,50 Euro / Erm. 1,50 Euro

Anschrift
Kirchplatz 3
95362 Kupferberg
Sollte das Museum geschlossen sein, fragen Sie im Gasthaus oder rufen Sie dort an: Tel.: 09227-94170

Unser Tipp
Wenn Sie nach dem Besuch Hunger haben, können Sie entweder im Weißen Ross essen oder aber in den Forellentempel der Region fahren: Landgasthof Haueis, Hermes 1, 95352 Marktleugast, Tel.: 09255-245, www.landgut-hermes.de. Tägl. ab 7 Uhr

REICHE BERGE VOLLER ERZ

Links neben dem Gasthaus Zum Weißen Ross versteckt sich der Eingang zum Bergbaumuseum Kupferberg. Der begehbare Stollen zeigt zahlreiche Ausstellungsstücke und Augenzeugenberichte aus der über 1.000jährigen Geschichte des Bergbaus in Kupferberg. Man nimmt an, dass es sich um die älteste Bergbaustätte des Frankenwaldes handelt. Der Erfolg des Kupferbergbaus geht auf die besondere Ergiebigkeit des Erzes zurück, das mit 15 Prozent Kupferanteil deutlich mehr als die üblichen Lagestätten in Europa aufwies (um die 2 Prozent). Erst 1940 endete die Tradition der Bergleute in Kupferberg, doch einige Veteranen haben sich zusammengeschlossen und das sehenswerte kleine Museum im Herzen der wohl kleinsten Stadt Bayerns gegründet.

Töpfermuseum Thurnau

WWW.THURNAU.DE

Öffnungszeiten

April-September Di-Fr 14-17, Sa/So/Ft 11-17, Oktober-Dreikönig/März Sa 13-16 Uhr

Eintrittspreise

Erw. 3,- Euro / Erm. 1,50 Euro

Anschrift

Kirchplatz 12
95349 Thurnau
Tel.: 09228-5351

Unser Tipp

Viermal im Jahr steht der ganze Ort im Zeichen der Töpferkunst. Beim Töpfermarkt kommen Aussteller aus ganz Europa: Frühjahr (So 14 Tage nach Ostern), Sommer (So nach dem 25. Juli), Herbst (So vor dem 16. Oktober) und Fr-So des 2. Advent.

IN DER ALTEN SCHULE

Mit viel Liebe zum Detail hat man hier die Geschichte des über 700jährigen Handwerks zusammengetragen. In den Räumen der alten Schule des Ortes finden sich alle wichtigen Stationen der Herstellung des für die Region so typischen Tonzeugs. Allerdings bleibt man nicht nur der Geschichte und Tradition verhaftet, einen wesentlichen Teil der Ausstellungsräume belegen auch zeitgenössische Keramik-Kunstwerke aus den ortsansässigen Töpfereien. Für Kinder gibt es zudem ein breit gefächertes museumspädagogisches Angebot, bei dem die Kleinen auch einmal selbst Hand an die Töpferscheibe legen können.

Pfad der Kunsthandwerker

WWW.THURNAU.DE

KUNSTHANDWERK LIVE BEWUNDERN

Seit 2010 sind die Werkstätten und Ateliers der Töpfer, Künstler und Kunsthandwerker Thurnaus und der direkten Umgebung miteinander verbunden. Auf 30 Stationen finden Sie viele Handwerker und Sehenswürdigkeiten, die auch einen Einblick in die Ortsgeschichte bieten. Wer auf diesem Pfad kein Weihnachtsgeschenk findet, dem ist wirklich nicht mehr zu helfen. Detaillierte Informationen bietet ein Flyer, den sie auf der Internetseite Thurnaus herunterladen können. Dort sind auch die Angebote und Öffnungszeiten vermerkt.

Anschrift

95349 Thurnau

Unser Tipp

Im Anschluss lohnt der zehn Kilometer lange Weg zum Schwärzhof. An der Leithen 1, 95326 Kulmbach-Metzdorf, Tel.: 09221-877315, www.schwaerzhof.de, tägl. ab 17 Uhr

Kulmbacher Bierwoche

WWW.KULMBACHER.DE

Termine

2012: 28. Juli bis 5. August

Unser Tipp

Sie können auch einfach einen Abstecher in die andere Kulmbacher Brauerei machen, die Kommunbräu. Grünwehr 17, 95326 Kulmbach, Tel.: 09221-84490, www.kommunbraeu.de, tägl. ab 10 Uhr.

DAS FEST DER KULMBACHER BRAUEREI

Vor mehr als 100 Jahren wurde Kulmbach noch mit „C" am Anfang geschrieben, und das Bier war der Exportschlager der Stadt: 733.000 Hektoliter gingen im Jahr 1900 von hier um die Welt. Diese Tradition feierte man seit 1939 während der Bierwoche, die mit dem Anstich von großen Fässern der örtlichen Brauereien eröffnet wurde. Das ist auch heute noch so, auch wenn es nur noch eine beteiligte Brauerei (mit mehreren Marken) gibt. Dem Feierwillen der Gäste tut das keinen Abbruch, über 100.000 Besucher kommen zur Bierwoche jedes Jahr in die Stadt.

Altstadtfest Kulmbach

WWW.ALTSTADTFEST-KULMBACH.DE

Termine

2012: 6. bis 8. Juli

Unser Tipp

Schauen Sie auf jeden Fall in den Büttnerwinkel im Oberhacken, wo sich unter anderem der Kulmbacher Büttnerverein mit seinem Handwerk präsentiert. (www.buettnerverein-kulmbach.de)

DAS GROSSE SCHLEMMEN, SCHUNKELN UND FEIERN

Vor der wunderschönen Kulisse der Stadt – oberhalb mit der Plassenburg eine der größten Festungsbauten der Renaissance in Deutschland – vergnügt man sich bei den beliebten Bratwürsten, Bier und vielen musikalischen Highlights. Leider dauert das Spektakel immer nur drei Tage, dafür sind dann Marktplatz, Langgasse, Holzmarkt, Obere Stadt, Röhrenplatz, Grabenstraße und Buchbindergasse im Ausnahmezustand. Auf dem Zentralparkplatz finden sich Bühne, Biergarten und Fahrgeschäfte. Am Mühlkanal gibt's das Altstadtfischen.

Weitere Tipps

Motorradsternfahrt
Eine der größten Motorradsternfahrten des Landes mit über 40.000 Bikern, vielen Ständen und Vorführungen. www.motorradsternfahrt.de, 28./29. April 2012

Naturbühne Trebgast
Beliebte Theaterkulisse mit eigener Spielgruppe und Gaststätte (Mi-So ab 16, So/Ft ab 11 Uhr). Am Wehelitzer Berg 15, www.naturbuehne-trebgast.de

Brauerei Haberstumpf
Sensationelle Brauerei mit u.a. legendärem Zwickl-Bier und Hockerstube an der Brauerei. Bergstr. 31, www.bier-erleben.de. Mo-Fr ab 17, Sa 9-13, Mai-August So ab 16 Uhr

Alexander Herrmann
Der Fernsehkoch residiert in Wirsberg. Herrmann's Romantik Posthotel & Restaurant, Marktplatz 11, 95339 Wirsberg, Tel.: 09227-2080, www.alexander-herrmann.de, täglich von 12-14 Uhr und 18-22 Uhr

Stadt- & Themenführungen in Kulmbach
Faszinierende Touren durch die Stadt, Geheimtipps: Felsenkeller- oder Nachtwächterführung. www.kulmbach.de

Stiftskirchenmuseum
Während der Renovierung der Stiftskirche wurden bestens erhaltene Steinplatten mit Malereien aus dem 15. Jahrhundert entdeckt. Ebenfalls sehenswert: der Kräutergarten. Klosterberg 8, 95502 Himmelkron, Tel.: 09227-93112, www.himmelkron.de, Mai-September So 13.30-16.30 Uhr

Dorfschulmuseum
Altes Schulhaus, das die Tradition der einklassigen Landesschulen beleuchtet. Ködnitz 6, 95361 Ködnitz, Tel.: 09221-1529, www.dorfschulmuseum.de. Di-Fr nach tel. Vereinbarung, So/Ft 14-16 Uhr, Erw. 1,50/ Erm. 0,50

Das Baumann
Liebenswert geführte Kleinkunstbühne mit buntem Programm und Kommunbräu-Bier. Ziegelhüttener Straße 40, 95326 Kulmbach, Tel.: 09221-86436, www.das-baumann.de

Steinachklamm bei Stadtsteinach
Guter Punkt für eindrucksvolle Wanderungen, sehenswert auch die restaurierte Schneidmühle. Steinachklamm, 95355 Presseck, Tel.: 09225-957824

Kulmbacher Badhaus
Museum in einer von acht wissenschaftlich erschlossenen Badstuben ganz Deutschlands. Bauergasse 4, 95326 Kulmbach, Tel.: 09221-940261, www.landschaftsmuseum.de. Besichtigung in Absprache mit dem Touristservice oder im Rahmen einer Führung.

Baille-Maille-Lindenallee Himmelkron
Historische Allee, 1662/63 für das Spiel Paille-Maille gepflanzt. 1792 abgeholzt, 1992 wiederaufgeforstet. Jährliches Alleefest Mitte Juli. www.die-lindenallee.de, Baille-Maille-Allee, 95502 Himmelkron

Familienfreibad Stadtsteinach
Solarbeheiztes Familienschwimmbad mit großer Liegewiese. Mitte Mai bis Saisonende 8-19, Juni bis Mitte August 8-20 Uhr. Badstraße 6, 95346 Stadtsteinach, Tel.: 09225-6250, www.stadtsteinach.de. Erw. 2,20/Erm. 1,10

Freibad Wirsberg
Jede Menge Badespaß und Rutschvergnügen in schöner Naturhangkulisse. Mo-So 9-19.30 Uhr. Schorgasttal 60, 95339 Wirsberg, Tel.: 09227-73216, www.wirsberg.de. Erw. 2,50/Erm. 1,30

Ocker-Mühle
Gutes Gasthaus mit liebenswertem Österreicher als Inhaber. Er kocht auch nach Wunsch. Am Lindenberg 6, 95339 Wirsberg, Tel.: 09227-4891, www.ockermuehle.de, Mi-So ab 10, Di ab 17 Uhr

Wanderhütte Kleinrehmühle
Familienparadies mit guten Wandermöglichkeiten, Fischzucht, Streichelzoo und Traum-Biergarten. Kleinrehmühle, 95352 Marktleugast, Tel.: 09255-413, www.kleinrehmuehle.de, Mi-Mo ab 9 Uhr

Touristinfo:

Sutte 2
95326 Kulmbach
Tel.: 09221-95880
www.kulmbach.de

Plötzlich Theater

WWW.DAS-BAUMANN.DE

In Kulmbach existiert seit 2001 eine in der gesamten Metropolregion wohl einmalige Kleinkunstbühne, DAS BAUMANN. Initiator, Autor, Regisseur und einfach liebenswerter Mensch ist Rüdiger Baumann, der den ehemaligen Fränkischen Hof eigentlich kaufte, um dort sein Fotostudio einzurichten.

Doch seit der ersten Vorstellung an Silvester 2001 mit dem „Häuptling Abendwind" von Johann Nestroy verschob sich die Priorität immer mehr, und heute ist DAS BAUMANN ein ausgewachsenes Theater mit einem erfrischenden und attraktiven Angebot von Stücken unterschiedlicher Genres. Es stehen bei weitem nicht nur Stücke von Baumann und nicht nur seine Theatertruppe namens „Schauhaufen" auf dem Programm bzw. auf der Bühne, allerdings belegen nicht zuletzt zahlreiche Kulturpreise, darunter der der Oberfrankenstiftung, dass sich auch seine Eigenproduktionen immer lohnen. Auf der Speisekarte stehen übrigens hausgebackenes Holzofenbrot, selbst gemachte Aufstriche und Kulmbacher Kommunbräu. Was will man mehr?

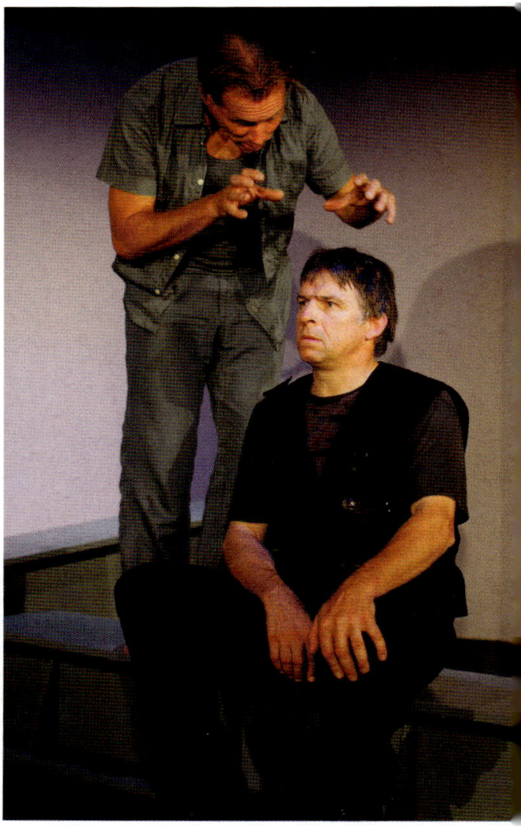

Kontakt

Theater DAS BAUMANN
Ziegelhüttener Straße 40
95326 Kulmbach
Tel.: 09221-86436
www.das-baumann.de

Die deutsche Korbstadt

Mit dem Korbmarkt findet seit 1980 alljährlich am dritten Septemberwochenende eine Art Volksfest statt, das die Rolle der Stadt als Zentrum der Korbflechter hervorhebt. Hier können Sie immer ein gutes Schnäppchen machen. Weniger rühmlich war die Zeit des Dreißigjährigen Krieges, als die Lichtenfelser ihren Stadtschatz in einem See versenkten, aber dann nicht wieder herausholen konnten - daher der Spitzname „Tümpelschöpfer". Heute prosperiert die Region überdurchschnittlich und zeichnet sich insbesondere durch viele kulinarische Highlights aus.

Staffelberg (S. 428)

DB **Bahnhöfe:** Ebensfeld, Bad Staffelstein, Lichtenfels, Michelau, Hochstadt-Marktzeuln, Burgkunstadt, Mainroth, Redwitz, Schney; (Liniennetz siehe Seite 18)

Waldklettergarten (S. 426)

Altstadtfest Bad Staffelstein (S. 437)

Vierzehnheiligen (S. 428)

Schustermuseum (S. 431)

Jede Menge kleiner Brauereien mit einzigartigen Bieren laden ein zu einer bierigen Reise rund um den Gottesgarten am Main mit Kloster Banz und der Basilika Vierzehnheiligen. Wer etwas mehr Zeit hat, sollte auch die Zisterzienseranlage von Klosterlangheim besuchen, deren gut erhaltene Bauten man zu Fuß gut erlaufen kann. Der Landkreis Lichtenfels ist auch Schauplatz der Frankenhymne von Victor von Scheffel, die mit der Figur des Heiligen Veits von Staffelstein ein bisher ungelöstes Rätsel enthält. Den hat es nämlich nie gegeben.

Main-Radweg

WWW.MAINRADWEG.COM

Unser Tipp

Ausgeschildert ist immer nur eine Uferseite, obwohl das Mainufer streckenweise beidseitig mit dem Rad befahrbar ist.

AUF DEM WEG VON BAYREUTH NACH MAINZ

Der Main-Radweg ist einer der schönsten und abwechslungsreichsten Fernradwege Deutschlands. Ohne große Steigungen folgt er dem Flusslauf, und führt besonders auf seinem Weg durch den Landkreis Lichtenfels durch viele romantische Szenerien, darunter natürlich auch der Gottesgarten am Main mit der Goldene Pforte Frankens. In Lichtenfels kann man sich auch ein Fahrrad mieten und beispielsweise vorher mit dem Zug anreisen. Für die genaue Planung empfiehlt sich die Website zum Radweg, dort sind auch die Vermietstationen vermerkt.

Frankenweg

WWW.FRANKENWEG.DE

Unser Tipp

Unterwegs kommen Sie direkt an der Staffelberg-Bräu vorbei. Das Bräustübl wartet schon auf Sie. Mühlteich 4, 96231 Bad Staffelstein-Loffeld, Tel: 09573-5925, www.staffelberg-braeu.de, Di-So ab 10 Uhr

DIESMAL ZU FUSS

Der als Qualitätsweg ausgezeichnete Fernwanderweg führt auf 520 Kilometern vom Rennsteig bis zur Schwäbischen Alb. Er durchquert sechs fränkische Feriengebiete und zeigt den Wanderern somit auch die Vielfalt der gesamten Metropolregion Nürnberg. Die Strecke durch den Landkreis Lichtenfels führt südlich an Bad Staffelstein und Lichtenfels vorbei nach Weismain, wo es dann weiter nach Kulmbach geht.

Waldklettergarten Banz

WWW.WALDKLETTERGARTEN-BANZ.DE

Öffnungszeiten

Juli-Mitte September tägl. 9-19 Uhr, Oktober und Herbstferien siehe Website

Eintrittspreise

Erw. 19,50 Euro / Erm. 15,- Euro

Anschrift

Forsthaus Banz (Klettergarten ist ab Klosterparkplatz ausgeschildert)
96231 Bad Staffelstein
Tel: 09573-950274 / 0160-96404385

Unser Tipp

Die kleine Waldschänke des Klettergartens bietet richtig gutes Essen und neben örtlichem auch Tegernseer Bier. Tel.: 09573-222570, Öffnungszeiten wie Klettergarten.

IN LUFTIGER HÖHE

Der Waldklettergarten bietet fünf verschiedene Parcours, die jeweils mit etwa zehn unterschiedlichen Stationen aufwarten. Mitbringen müssen Sie außer festem Schuhwerk nichts, dann kann es schon ab 8 Jahren und mindestens 1,40 Körpergröße losgehen. Die schwierigsten Passagen spielen sich in 15 Metern Höhe ab und verlangen allen Mut der Kletterkandidaten. Für alle Fälle wacht das Team des Klettergartens und holt Sie im schlimmsten Fall auch wieder sicher runter.

Unterwegs auf dem Main

WWW.LICHTENFELSER-FLOSSFAHRTEN.DE

Infos / Kontakt

Floßfahrten:
Tel.: 09571-757720 / 0170-7744661
www.lichtenfelser-flossfahrten.de

Kanu-Verleih:
Rubrik Flusserlebnis Obermain
www.flussparadies-franken.de

Unser Tipp

Wenn Sie zwar Wasser lieben, aber lieber daneben laufen wollen, können Sie auch den neuen Sieben-Flüsse-Wanderweg beschreiten. Infos unter der Rubrik Flusswanderwege bei www.flussparadies-franken.de.

MIT GANZ VIELEN ODER GANZ ALLEINE

Auch wer sich gerne auf dem Wasser bewegt (immerhin haben wir schon zu Rad, zu Fuß und in der Luft vorgestellt), ist im Landkreis Lichtenfels völlig richtig. Es bietet sich die zünftige Floßtour auf dem Main an, bei der Sie mit vielen Gleichgesinnten ein Floß in Lichtenfels besteigen. Mit dabei ein Akkordeonbewaffneter Franken-Alleinunterhalter und ein Zapfhahn nebst fränkischem Bier. Nach etwa zweieinhalb Stunden hat man dann wieder festen Boden unter den Füßen. Wer etwas weniger Trubel möchte, kann sich bei einem der Anbieter im Landkreis ein Kanu ausleihen und dann gemütlich auf eigene Faust den Fluss erkunden.

Goldene Pforte

WWW.KLOSTERBANZ.DE

DIE FRÄNKISCHE TROIKA

Staffelberg, Kloster Banz und die Wallfahrtsbasilika Vierzehnheiligen stehen für Franken und das Obermaintal schlechthin. Der Berg der Franken liegt zwischen Ebensfeld und Lichtenfels mitten im so genannten Gottesgarten und bietet immer eine gute Gelegenheit für eine Wanderung. Obendrauf steht die Adelgundiskapelle von 1654. Das ehemalige Benediktinerkloster Banz steht in der neueren Zeit vor allem für die regelmäßigen Klausuren der CSU und die dortigen Veranstaltungen der Hanns-Seidel-Stiftung. Doch auch der barocke Bau an sich ist sehenswert, Klosterkirche, Kaisersaal und Panorama-Terrasse sollten Sie sich nicht entgehen lassen, ebenso das Petrefaktenmuseum (siehe Kunst & Museen). Gegenüber finden Sie mit der Basilika Vierzehnheiligen einen wunderschönen Rokoko-Bau von Balthasar Neumann aus der Mitte des 18. Jahrhunderts. Bereits 300 Jahre zuvor hatte eine wundersame Heilung den Ort zur Pilgerstätte gemacht, weswegen es mehrere Vorgängerbauten gab. Besonders sehenswert ist der Gnadenaltar mit den Vierzehn Nothelfern (drei Bischöfe - Dionysius, Erasmus und Blasius, drei Märtyrerinnen - Barbara, Margareta und Katharina, drei Ritter - Georg, Achatius, Eustachius, ein Arzt - Pantaleon, ein Mönch - Ägidius, ein Diakon - Cyriacus, ein Knabe - Vitus, der Christuskindträger - Christophorus).

Kontakt / Infos

Kloster Banz:
Tel.: 09573-3370
www.klosterbanz.de

Vierzehnheiligen:
Tel.: 09571-95080
www.vierzehnheiligen.de

Unser Tipp

Einige Einkehrtipps:
Staffelberg Klause
Auf dem Staffelberg
96231 Bad Staffelstein
Tel.: 09573-5437
April bis Oktober Mi-Mo ab 10 Uhr

Klosterstuben
Kloster Banz
96231 Bad Staffelstein
Tel.: 09573-222058
www.klosterstuben-banz.de
April bis Oktober tägl. ab 10, sonst Mi-So tägl. ab 10 Uhr

Brauerei Trunk
Vierzehnheiligen Nr. 3
96231 Bad Staffelstein
Tel.: 09571-3488
Tägl. ab 10 Uhr

Deutsches Korbmuseum

WWW.KORBMUSEUM.DE

Öffnungszeiten

April bis Oktober Di-So 10-16.30, sonst Di-Do 10-16.30, Fr 10-15 Uhr

Eintrittspreise

Erw. 2,50 Euro / Erm. 1,50 Euro

Anschrift

Bismarckstraße 4
96247 Michelau
Tel.: 09571-83548

Unser Tipp

Ein sehr schönes Plätzchen in Michelau ist auch der Rudufersee, wo gebadet, gezeltet und relaxt werden kann. (Weg im Ort ausgeschildert, Infos: www.gemeinde-michelau.de)

JEDE MENGE FLECHTWERK

Das heutige Museum geht auf eine Sammlung zurück, die 1929 angelegt und 1934 erstmals im Museum ausgestellt wurde. Aus den drei Zimmern sind mittlerweile 850 Quadratmeter in 26 Schauräumen mit 2.000 Exponaten aus aller Welt geworden. Insbesondere die kulturelle Vielfalt beeindruckt, zudem auch die Dimensionen der Stücke, die von winzig bis gigantisch reichen. Im Museum integriert ist auch ein kleiner Shop, in dem Sie unterschiedliche Flechtwaren zu wirklich günstigen Preisen erstehen können.

Deutsches Schustermuseum und Vogtei

WWW.DEUTSCHES-SCHUSTERMUSEUM.DE

Öffnungszeiten
Mi-Fr 10-12 und 14-16 Uhr,
Sa/Ft 10-12 Uhr

Eintrittspreise
Erw. 2,- Euro / Erm. 1,- Euro

Anschrift
Marktplatz 1
96224 Burgkunstadt
Tel.: 09572-4703

Unser Tipp
Nutzen Sie die Gelegenheit zu einem Rundgang im historischen Burgkunstadt mit seinem Rathaus und der alten Vogtei. Im Anschluss empfehlen wir fürs Abendessen die Brauereigaststätte Günther. Kulmbacher Straße 36, 96224 Burgkunstadt, Tel.: 09572-9261, www.guenther-braeu.de, tägl. ab 18 Uhr

DIE SCHUHBUDEN

In Burgkunstadt ist das Schusterhandwerk schon im 17. Jahrhundert belegt. 1888 entstand die erste mechanische Schuhfabrik, mit der die vorherigen Hausschuhmacher ausgedient hatten und die Bevölkerung in die Schuhbuden ging. Zu den besten Zeiten produzierten 2.300 Bürger 12.000 Paar Schuhe am Tag – Burgkunstadt war die „Schuhstadt am Obermain“ und neben Pirmasens Zentrum der deutschen Schuhindustrie. 1990 endete diese Tradition, die im Schustermuseum detailliert und anschaulich dargestellt wird.

NordJURA-Museum

WWW.STADT-WEISMAIN.DE

Öffnungszeiten

Mo-Do 9-12 und 13-16, Fr 9-12, So/Ft 14-17 Uhr

Eintrittspreise

Erw. 2,- Euro / Erm. 1,- Euro

Anschrift

Kirchplatz 7
96260 Weismain
Tel.: 09575-921329

Unser Tipp

Im Museum ist auch der Rest des bei Neudorf gefundenen Münzschatzes aus 1331 Silberpfennigen ausgestellt, der kurze Zeit für den Meranierschatz von Otto VIII. gehalten worden war. Von den hauptsächlich Bamberger Pfennigen sind 92 in Weismain geblieben, der Rest wird im Bamberger Diözesanmuseum ausgestellt.

STREIFZUG DURCH DEN JURA

Der Kastenhof, in dem seit 2004 das NordJURA-Museum untergebracht ist, entstand in den Jahren 1701 bis 1703 nach Plänen von Johann Dientzenhofer. Schwerpunkte der 600 Quadratmeter großen Ausstellung sind die Genese der Jura-Landschaft, der Dreißigjährige Krieg, die konfessionelle Zersplitterung sowie die wirtschaftlichen Erwerbszweige in dieser Region (Brauereien, Schäferei, Mühlen, Fischerei und Textilhandwerk). Sehr interessant sind auch die frühmittelalterlichen Funde vom Weismainer Friedhof. Dort wurde übrigens auch eine römische Münze aus augusteischer Zeit gefunden.

Stadtmuseum Lichtenfels

WWW.LICHTENFELS-CITY.DE

Öffnungszeiten
April-September Di-So 14-17 Uhr, sonst Di/Do/So 14-17 Uhr

Eintrittspreise
Erw. 1,50 Euro / Erm. 1,- Euro

Anschrift
Bambergerstraße 3
96215 Lichtenfels
Tel.: 09571-739422

Unser Tipp
Zur Stärkung empfiehlt sich der Brauerei-Gasthof Wichert. Alte Reichsstraße 50, 96215 Lichtenfels, Tel: 09571-3317, www.brauerei-wichert.de, Di-So ab 11 Uhr

AUCH HIER GAB ES PORZELLAN

Das Stadtmuseum ist der Nachfolger des 1909 gegründeten Heimatmuseums. Letzteres war aber immer wieder geschlossen oder eingelagert und wurde 1994 zugunsten der Einrichtung des neuen Stadtmuseums geschlossen. Die Schwerpunkte der Ausstellung sind das Lichtenfelser Stadtgebiet mit seiner Geschichte, die Entwicklung der Eisenbahn und des Korbhandels, die Stadtgeschichte und das Porzellan aus dem Ortsteil Schney, wo von 1782 bis 1928 das Weiße Gold produziert wurde.

Museum Bad Staffelstein

WWW.BAD-STAFFELSTEIN.DE

Öffnungszeiten

April bis Oktober Di-Fr 10-12 und 14-17, Sa/So 14-17, November bis März Sa/Di 14-16, 26. Dezember bis 6. Januar Sa/So/Ft 14-16 Uhr

Eintrittspreise

Erw. 1,50 Euro / Erm. 1,- Euro

Anschrift

Kirchgasse 14
96231 Bad Staffelstein
Tel.: 09573-4160

Unser Tipp

2011 feierte die Obermain Therme ihr 25jähriges Bestehen, auch hierzu finden sie viele Stücke im Museum.

NICHT NUR ADAM RIESE

Eines der ältesten Museen der Region präsentiert seit über 150 Jahren eine umfangreiche Sammlung zur Geschichte der Stadt Staffelstein. Dazu gehört natürlich der deutsche Rechenvater Adam Riese, aber auch die Vor- und Frühgeschichte, die Entwicklung im Mittelalter und die jüngste Geschichte rund um Therme und Bad. Eine große Abteilung ist den Fossilien gewidmet, unter anderem sehen Sie die berühmten Goldschnecken und weitere Schätze, auch aus anderen Regionen der Erde.

Petrefaktensammmlung Kloster Banz

WWW.KLOSTERBANZ.DE

Öffnungszeiten
April bis Oktober Di-So 10-17 Uhr, sonst Di-So 10-16 Uhr

Eintrittspreise
Erw. 2,50 Euro / Erm. 1,50 Euro

Anschrift
Kloster Banz
96231 Bad Staffelstein
Tel.: 09573-33744

Unser Tipp
Wenn Sie noch ein bisschen Zeit haben, können Sie sich auf den Planetenweg machen, der von Untersiemau bis Kloster Banz führt. Jeder Ihrer Schritte entspricht dabei etwa einer halben Million Kilometern im Weltall. Wenn man in Banz startet, hat man den Vorteil, dass es nach der Pluto-Station nur noch bergab geht...

2011 WIEDER ERÖFFNET

Das Petrefaktenmuseum wurde nach einer umfangreichen Renovierung am 31. März 2011 wieder eröffnet und zeigt schöner denn je Versteinerungen aus der Region und die Orientalische Sammlung mit Reiseandenken von Herzog Maximilian aus dem Jahr 1838. Spektakulärste Exponate sind unter anderem Europas größter Fischsaurierschädel mit über zwei Metern Länge, eine ägyptische Mumie und ein vier Meter langes Nilkrokodil.

Korbmarkt

WWW.KORBMARKT.DE

Termine

2012: 14. bis 16. September

Unser Tipp

Die beiden Haupttage sind Samstag und Sonntag, vielleicht gerade ein Grund, am eher beschaulichen Freitagabend mit Einzug und Bieranstich vorbeizukommen.

EINE FEIER FÜR DEN KORB

Der Lichtenfelser Korbmarkt fand zum ersten Mal im Oktober 1980 statt – damals als gezielte Werbeidee für Lichtenfels – hatte die Stadt sich doch Anfang des 20. Jahrhunderts zum Zentrum der Korbmacherei entwickelt. 1906 öffnete eine Korbfachschule ihre Pforten. Heute allerdings ist die Ware der verbliebenen Korbhändler zum überwiegenden Teil importiert. Nichtsdestotrotz bildet die neu erfundene Korbschau den Höhepunkt des Lichtenfelser Jahreskreises. Zudem hat sich mittlerweile ein Volksfestcharakter entwickelt, weswegen der Korbmarkt eigentlich ein großes Altstadtfest geworden ist. Natürlich können Sie Korbwaren kaufen – vom Einkaufskorb bis zum Designersessel – dazu gibt es dann noch Livemusik, Kinderflohmarkt, Flechtvorführungen, Showeinlagen auf den Freilichtbühnen, Jazz, Pop und Oldies, Champagner und Fassbier sowie regionale kulinarische Spezialitäten.

Altstadtfest Bad Staffelstein

WWW.BAD-STAFFELSTEIN.DE

Termine

2012: 27. bis 29. Juli

Unser Tipp

Der Altstadtlauf heißt auch Adam-Riese Stadtlauf. Neben dem Hauptlauf mit etwa 10 Kilometern Länge gibt es auch zwei Schülerläufe mit 1,5 und 3 Kilometern. Anmeldung über www.obermain-marathon.de.

AUFMARSCH VOR DEM RATHAUS

Das dreitägige Altstadtfest startet am Freitag mit einem Open-Air-Konzert auf dem Marktplatz. Am Samstag findet der traditionelle Altstadtlauf statt, während am Sonntag ein buntes Altstadtfest seinen Lauf nimmt, zu dem auch ein historischer Markt mit Marketenderinnen, Handwerkern und Kaufleuten aller Couleur (u. a. Seilbinder, Gerber, Pillendreher, Korbflechter und Fossilien-Präparatoren). Den Abschluss bildet ein musikalisch untermaltes Feuerwerk über der Altstadt.

Rekordstadt Bad Staffelstein

WWW.BIER.BY

VIEL BIER, VIEL EHR

Neun Brauereien hat Bad Staffelstein in seinem Stadtgebiet, und ist damit - zumindest wenn man die Einwohnerzahl miteinrechnet, einer der Städte mit den meisten Brauereien auf der Welt. In den Brauhäusern treffen Sie hier in der Regel auch noch auf echte Familientradition, meistens stehen Ehefrau und Oma hinterm Herd, die (natürlich erwachsenen) Kinder bedienen, der Vater erledigt das Brauen und der Opa brennt den Bierschnaps. Dieses Idealbild aus alten Tagen erfährt heutzutage auch schon viel positive Veränderung. Das Wichtige ist aber die Leitlinie, dass man hier noch auf Menschen statt Maschinen und viele unterschiedliche Geschmäcker statt Einheitsbrei trifft. Probieren Sie es doch einfach aus!

Die Brauereien

Brauerei Hetzel OHG
Frauendorf 11, 96231 Frauendorf,
Tel.: 09573-6435
So 10-12 und ab 15 Uhr

Staffelberg-Bräu KG
Mühlteich 4, 96231 Loffeld, Tel.:
09573-5925
www.staffelberg-braeu.de
Di-So ab 10 Uhr

Brauerei Reblitz
Am Mahlberg 1, 96231 Nedensdorf,
Tel.: 09573-96500
www.brauerei-gasthof-reblitz.de
Di-Fr ab 16, Sa ab 15, So/Ft ab 10 Uhr

Brauerei Dinkel
Frauendorfer Straße 18, 96231
Stublang, Tel.: 09573-6424
www.dinkel-stublang.de
Do-Di ab 11 Uhr

Brauerei Gasthof Hennemann
Am Dorfbrunnen 13, 96231
Stublang, Tel.: 09573-96100
www.gasthof-hennemann.de
D-So ab 10 Uhr

Hausbrauerei Reichert
Stublanger Straße 2, 96231 Uetzing,
Tel.: 09573-6304
Mo-Fr 6.30-12.15 und 14-18 Uhr,
Sa 6.30-13 Uhr

Brauerei Trunk Alte Klosterbrauerei
Vierzehnheiligen 3, 96231 Vierzehnheiligen, Tel.: 09571-3488
Tägl. 10-20 Uhr

Brauerei Gasthof Hellmuth
Wiesen 14, 96231 Wiesen
Tel.: 09573-4395
www.gasthaus-hellmuth.de
März bis Oktober Di-So ab 11 Uhr,
sonst Di-Fr ab 16, Sa/So ab 11 Uhr

Brauerei Gaststätte Thomann
Altmainstraße 5, 96231 Wiesen,
Tel.: 09573-5296
www.gasthaus-thomann.de
Sa-Mo ab 11, Do-Fr ab 16 Uhr

Weitere Tipps

AquaRiese und BadeSee Bad Staffelstein
Spaßbad für Familien und Kinder und mit dem Umweltsymbol Blaue Flagge ausgezeichneter Badesee. Seestraße 3, 96231 Bad Staffelstein, Tel.: 09573-222996, www.aquariese.de. Mo-Do 14-21, Di/Mi/Fr 14-20, Sa/So/Ft 10-20 Uhr. Erw. 3,50/Erm. 2,50. Badesee tägl. 9-20 Uhr, Erw. 2,-/Erm. 1,-

Gasthof-Pension „Alte Mühle"
Uralte Mühle, jetzt Restaurant mit Traumbiergarten und feinem Kümmelbraten. Horsdorf 10, 96231 Bad Staffelstein, Tel.: 09573-34774, www.gasthof-alte-muehle.de, Mo/Do/Fr ab 17, So/Ft 11-14 Uhr und ab 17 Uhr

Ebensfelder See
Idyllischer Badesee am Main, ebenfalls mit der Blauen Flagge ausgezeichnet. Kiosk, Toiletten und Duschen vorhanden. Badweg, 96250 Ebensfeld. Mai-September tägl. 9-18 Uhr, Erw. 1,50/Erm. 0,50

Landgasthof Hummel
Familienidyll unter Riesenkastanien. Prächtinger Hauptstraße 6, 96250 Ebensfeld, Tel.: 09573-3033, www.landgasthof-hummel.de, Di-Sa ab 16, So/Ft ab 10 Uhr

Songs an einem Sommerabend
Zweitägiges Musikspektakel am Hang von Kloster Banz. Tel.: 09573-33120, www.bad-staffelstein.de, Termin 2012: 6. und 7. Juli

radTOURpur/Triathlon
Radwochenende an Pfingsten in Altenkunstadt, Burgkunstadt und Weismain. Am Sonntag Triathlon, Schwimmen und Radfahren in und um Altenkunstadt, Laufstrecke nach Weismain.

Heimatmuseum Klosterlangheim
Sehenswerter Klosterort, Museum in der Abt-Mösinger-Str. 4, 96215 Lichtenfels, Tel.: 09571-795134, www.lichtenfels-city.de, April bis Oktober Di-So 14-17 Uhr

Synagoge Altenkunstadt
Die Synagoge von 1726 erinnert an die reiche jüdische Kultur im Ort. Judenhof 3, 96264 Altenkunstadt, Tel.: 09572-38711, Führungen nach Vereinbarung (Tel.: 09572-2784)

Brauerei Leicht
Brauerei-Biergarten mit Palmen und Linden. Pferdsfeld 22, 96250 Ebensfeld, Tel.: 09573-236, Mo-Mi/Fr ab 16, Sa/So ab 10 Uhr

Ebensfelder Brauhaus
Familienbrauhaus mit echtem Bierbrunnen. Hauptstr. 46, 96250 Ebensfeld, Tel.: 09573-5771, www.brauereigasthof-zum-schwan.de, Di-So tägl. ab 10 Uhr

Gasthof-Metzgerei zur Krone
Gasthof der Weismainer Püls-Bräu. Am Markt 13, 96260 Weismain, Tel.: 09575-92220, www.zur-krone-weismain.de, Mo-Fr ab 17, So ab 10 Uhr

Ortswiesensee
Großer Baggersee, mit dem Main verbunden, große Liegewiesen. Krößwehrstraße 52, 96215 Lichtenfels

Musiksommer Obermain
Vielseitige und anspruchsvolle Konzertreihe mit klassischer Musik. Tel.: 09571-18418, www.musiksommer-obermain.de

Wirtshaus zum Wölf
Wunderschöner Familienbiergarten. Dorfstraße 21, 96250 Ebensfeld-Unterbrunn, Tel.: 09547-446, www.wirtshaus-zum-woelf.de, Mi-So ab 10 Uhr

Landgasthof „Schwarzer Adler"
Brauereihotel mit gehobener Küche und trotzdem vernünftigen Preisen. End 13, 96231 Bad Staffelstein, Tel.: 09573-22260, www.schwarzer-adler-landgasthof.de, tägl. ab 9 Uhr

Touristinfo:

Oberes Maintal-Coburger Land
Kronacher Str. 30
96215 Lichtenfels
Tel.: 09571-18283
www.oberesmaintal-coburgerland.com

Obermain Therme Bad Staffelstein

WWW.OBERMAINTHERME.DE

MEHR ALS MEER

Die Obermain Therme Bad Staffelstein an der „Goldenen Pforte Frankens" vereint die schönsten Wellness-Träume zu einem ganzheitlichen und gesunden Verwöhn-Erlebnis für alle Sinne. Aus einer Tiefe von 1600 Metern kommt Bayerns wärmste und stärkste Thermalsole an die Erdoberfläche. Im weitläufigen ThermenMeer mit seinen 16 (!) angenehm temperierten Innen- und Außenbecken und seiner Wasserfläche von mehr als 1.600 Quadratmetern genießen Sie „am Meeresstrand" die wohlige Wärme des Meerwassers mit einem Solegehalt, der es in sich hat.

Öffnungszeiten

ThermenMeer:
Täglich 8-21 Uhr
Do, Fr, Sa bis 23 Uhr
SaunaLand ab 9 Uhr
Sonderöffnungszeiten siehe Website

Eintrittspreise

Detaillierte Preise siehe Website
Ab 8,50 Euro (Einzelkarte für 2 Std.)

Unser Tipp

„Schönheit für alle" – kostenfreie Gesichtsmasken mit der Bad Staffelsteiner Sole

Anschrift

Obermain Therme
Am Kurpark 1
96231 Bad Staffelstein
Tel.: 09573-9619-0

Ein wahres Juwel der Obermain Therme ist auch das vom Deutschen Saunabund mit fünf Sternen ausgezeichnete Premium-SaunaLand. Die Themensaunen wie Suuri-, Kivi (Stein), Ruusu- (Rosen), Nurmi-(Kräuter), holzbefeuerte Maa-(Erd)-Sauna oder das Valo- (Licht)-Bad verzaubern mit immer wieder neuen Wohlfühl-Erlebnissen und außergewöhnlichen Aufgüssen. Das ist gesundes Genießen in seiner schönsten Form. Erleben Sie in der Obermain Therme Bad Staffelstein prickelnde Momente und spüren Sie das Salz auf Ihrer Haut!

Tief im Westen

Der westlichste Landkreis der Oberpfalz liegt im Spannungsfeld zwischen Nürnberg, Regensburg und Ingolstadt. Das heutige Zentrum Neumarkt entstand 1130 und erlangte schnell überregionale Bedeutung als Residenzstadt der Kurpfalz. 1628 kam das gesamte Gebiet an Bayern und verlor erheblich an Bedeutung. In der NS-Zeit wurde der Truppenübungsplatz Hohenfels eingerichtet, der die Räumung von 60 Orten mit sich brachte. Im Zweiten Weltkrieg zerstörten mehrere Bombardements der Alliierten große Teile von Neumarkt. Nach dem Krieg orientierte sich der größte Teil des Landkreises nach Nürnberg und lediglich der Südosten nach Regensburg.

Burgruine Wolfstein (S. 453)

DB **Bahnhöfe:** Postbauer-Heng, Pölling, Neumarkt, Deining, Batzhausen, Seubersdorf, Parsberg; (Liniennetz siehe Seite 18)

König-Otto Tropfsteinhöhle (S. 448)

Dietfurt (S. 451)

Treideln Pollanten (S. 446)

Tillyfest (S. 457)

Touristisch exponiert sind die Gemeinden, die zum Naturpark Altmühltal gehören, Berching und Dietfurt, wobei Berching alleine schon wegen seines nahezu perfekt erhaltenen Stadtbildes immer einen Besuch wert ist. Dietfurt hingegen besticht durch seine selbstgewählte Exotenrolle als Bayrisch-China, mit eigenem Kaiser und zwei Großveranstaltungen im Jahr. Hoch interessant ist auch der Ludwig-Donau-Main-Kanal, der den Landkreis von Berg bis Berching durchläuft und zum romantischen Treideln einlädt. Freuen Sie sich also auf ein facettenreiches Angebot auf den nächsten Seiten!

Jura-Zoo

WWW.JURA-ZOO.DE

Öffnungszeiten

Sommer: Di-So 10-16 Uhr, Winter So 10-18 Uhr, Dez-Feb geschlossen

Eintrittspreise

Erw. 5,- Euro / Erm. 2,50 Euro

Anschrift

Sulzbürger Strasse 46
92318 Neumarkt/OPf.
Tel.: 09181-698900

Unser Tipp

Mit dabei ist die Gaststätte Moosstube mit Riesenbiergarten und Kinderspielplatz.

DER EINZIGE ZOO DER OBERPFALZ

Wenn die gerade stattfindende Erweiterung abgeschlossen ist, wird der Jura-Zoo eine Fläche von über 12.000 Quadratmetern haben. Viel Platz zum Spazierengehen und Beobachten. Momentan leben etwa 300 Tiere hier, darunter auch echte Raritäten wie Kaptriele, Geierraben und Servale. Für seine Gibbonzucht ist das Haus sogar international renommiert. Durch den Zoo führt gerne der Sohn des Gründers Fritz Pelech, der auch eine Zwergseidenäffchenzucht aufgebaut hat. Aus zwei Pärchen wurden an die 30 Exemplare der kleinsten Affen der Welt. Für Besucher besonders schön: Überall stehen gemütliche Sitzbänke, auf denen man entspannen und das Treiben in den Gehegen beobachten kann.

Rosenwanderweg Breitenbrunn

WWW.BREITENBRUNN.DE

Anschrift

Führung: Tel. 09495-94030
Von-Tilly-Straße 7
92363 Breitenbrunn

Unser Tipp

Über dem Ort thront die Burgruine Breitenegg, von der aus man einen herrlichen Blick auf Breitenbrunn und den Rosenwanderweg-Verlauf hat.

ES BLÜHT UND DUFTET

Knapp sieben Kilometer führt der Rosenwanderweg seit Mai 2006 rund um Breitenbrunn. Dabei gelangt man unter anderem ins romantische Ehtal und zum Wildrosengarten, der vor allem viele heimische Wildrosen zeigt. Insgesamt lernt man etwa 240 verschiedene Rosensorten kennen, die mit insgesamt gut 550 Rosenstöcken vertreten sind. Wer möchte, kann den Weg auch mit einer Führung gehen und sich die einzelnen Pflanzen genauer erläutern lassen. Übrigens sind auch Äpfel und Birnen nah mit den Rosengewächsen verwandt, einige Apfelsorten heißen auch „Rosenäpfel". Auch davon finden Sie mehrere Vertreter auf dem Rosenwanderweg. Den Flyer zum Weg kann man im Internet herunterladen oder vor Ort in der Gemeinde abholen. Er enthält auch wertvolle Tipps zur Rosenpflege im heimischen Garten.

Treideln Pollanten

Öffnungszeiten

Feste Termine: Ostersonntag, Muttertag, Pfingstmontag, 3. Sonntag im Juli, Kirchweih Mühlhausen (1. Sonntag im August), Allerweltskirchweih (3. Sonntag im Oktober)

Anschrift

Hauptstr. 2 b
92334 Berching-Pollanten
Tel.: 08462-581
Mobil: 0171-4841091

Unser Tipp

Hans-Georg Luber bietet auch Kutsch- und Planwagenfahrten an, zusammen mit seinen vielen lustigen Geschichten ist auch das ein tolles Erlebnis.

REISEN WIE IN KÖNIG LUDWIGS ZEITEN

Treideln – so transportierte man früher Schiffe mit Zugtieren oder Menschen entlang von Flüssen oder Kanälen. Deswegen verliefen auch immer an beiden Seiten Wege direkt an den Flussufern. Heute gibt es Motoren und den modernen Rhein-Main-Donau-Kanal, hier in Pollaten aber ist ein Stück des alten Ludwig-Donau-Main-Kanales um die Schleuse 25 erhalten. Und mit ihm die „Alma Viktoria", ein Frachtschiff Baujahr 1933, auf dem nun Hans-Georg Luber Treidelfahrten inkl. Schleusung anbietet. Auf Wunsch gibt es um die etwa einstündige Tour auch noch ein Rahmenprogramm auf der Kutscheralm, mit guter Verköstigung, versteht sich!

Schifffahrt auf der Altmühl

WWW.ALTMUEHLPERLE.DE | WWW.SCHIFFAHRT-KELHEIM.DE

Kontakt

www.altmuehlperle.de
Tel.: 09441-2487
www.schiffahrt-kelheim.de
Tel.: 09441-5858

Unser Tipp

Von Kelheim aus kann man durch den weltberühmten Donaudurchbruch zum Kloster Weltenburg fahren, mit anschließender Bierprobe!

PACK DIE BADEHOSE EIN ...

Es gibt kaum schöneres, als das Altmühltal vom Fluss aus zu erleben. Mit den modernen Fahrgastschiffen kann man dabei erstens auch größere Distanzen zurücklegen, und zweitens auch mehrere Stationen perfekt aneinanderreihen. Ein- und Aussteigen kann man dabei in Dietfurt, Meihern, Eggersberg, Riedenburg, Prunn, Essing und Kelheim. Außerdem gibt es eine Route von Beilngries nach Berching. Alles gute Anknüpfungspunkte für weitere Ausflüge.

König-Otto Tropfsteinhöhle

WWW.TROPFSTEINHOEHLE-VELBURG.DE

Öffnungszeiten

April-Oktober Di-So 10-17 Uhr

Eintrittspreise

Erw. 3,20 Euro / Erm. 2,- Euro

Anschrift

St. Colomann
92355 Velburg
Tel.: 09182-446
Mobil: 0175-5666460

Unser Tipp

Die Adventhalle ist auch barrierefrei erreichbar – ein tolles Erlebnis für Körperbehinderte und Rollstuhlfahrer.

DIE WOHL SCHÖNSTE HÖHLE DEUTSCHLANDS

Der Tag der Entdeckung durch den Schäfer Peter Federl fiel auf den Namenstag des Bayernkönigs Otto, den 30. September. Doch die damals 1895 gefundene Höhle war nur die halbe Wahrheit, 1972 entdeckten zwei Fürther Forscher am 2. Dezember einen weiteren Höhlenteil, der Adventhalle genannt wurde. Bei der etwa 45-minütigen Führung lernen Sie die verschiedenen Tropfsteingruppen kennen – und vor allem auch den Unterschied zwischen der alten Höhle, die durch die frühere Begehung mit Fackeln stark verrußt ist, und der neuen Höhle, die in schillerndem Weiß erstrahlt.

Erlebnisbad BERLE

WWW.BERCHING.DE

Öffnungszeiten
Mo-Fr 10-21 Uhr, Sa/So 9-20 Uhr

Eintrittspreise
Erw. 7,50 Euro / Erm. 5,- Euro

Anschrift
Am Festplatz
92334 Berching
Tel.: 08462-27373

Unser Tipp
Von der Cafeteria aus hat man einen herrlichen Blick über die gesamte Badelandschaft – so haben Sie auch beim Cocktail Ihre Kleinen immer im Blick.

DIE LUSTIGE LAGUNE

Das Erlebnis- und Freibad bietet gerade für Kinder jede Menge Freizeitspaß. Strömungskanal, Planschbecken, Riesenrutsche, Tischtennis und Spielplatz sind nur einige der Möglichkeiten, wie man sich hier eine schöne Zeit gestalten kann. Für die älteren Semester findet sich auch ein breites Wellnessangebot mit Dampfbad, Whirlpool, Massagedüsen und Wassergymnastik. In den Becken befindet sich übrigens nach Johann Grander „belebtes" Wasser, zumindest die davon auch Überzeugten finden dadurch besondere Entspannung.

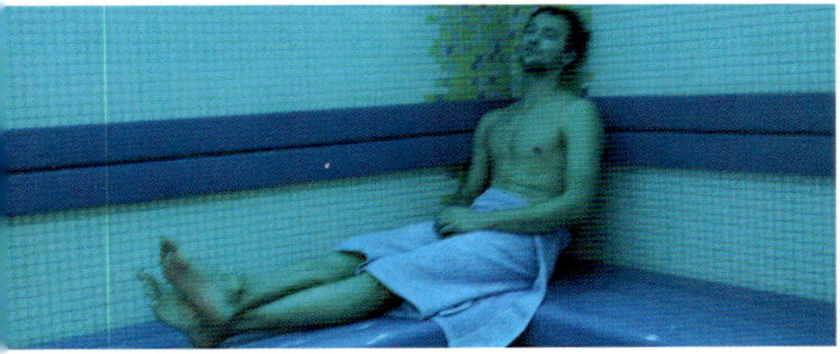

Altstadt Berching / Berchinale

WWW.BERCHING.DE | WWW.BERCHINALE.COM

Termine

Termin 2012: 28./29. Juli

Unser Tipp

Einer der schönsten Plätze in der Stadt ist der Reichenauplatz, wo man sich in den kleinen Garten der Brauerei Winkler setzen und die guten Biere des Hauses genießen kann.

MITTELALTER IM LICHTERZAUBER

Nach 900 Jahren unter dem Krummstab der Eichstätter Bischöfe kam Berching erst 1803 zu Bayern, wodurch es deutlich an Bedeutung verlor. Vielleicht gerade deswegen hat sich die historische Bausubstanz fast vollständig erhalten, unter anderem die komplette Stadtmauer. Durch die Zusammenlegung der Berchinale mit Kanal im Feuerzauber ist eine Veranstaltung entstanden, die Ende Juli über 10.000 Menschen anzieht. Zum Progamm gehört neben Fischerstechen und Feuerwerk vor allem die nächtliche Präsentation von Lichtkunstwerken, die in der ganzen Stadt verteilt sind. Dazu spielen Musiker auf mehreren Bühnen, und die örtliche Gastronomie serviert ihre Spezialitäten.

Dietfurt – Bayrisch-China

WWW.DIETFURT.DE

Termine

Chinesenfasching: 16. Februar 2012, Bayrisch-Chinesischer Sommer: 30. Juni/1. Juli 2012

Unser Tipp

Im örtlichen Kloster gehen die Franziskaner den Zen-Weg und lehren unter anderem Tai-Chi und Qigong (Klostergasse 8, 92345 Dietfurt, Tel. 08464/6520, www.meditationshaus-dietfurt.de).

DIE PARTNERSTADT VON PEKING

Mindestens seit 1928 steht der „unsinnige Donnerstag“ (Donnerstag vor Aschermittwoch) in Dietfurt unter dem Motto „China“. Allerdings gibt es auch schon ältere Quellen über einen Bezug des Gebietes zum Reich der goldenen Mitte. 1954 wurde der erste Kaiser gewählt, seitdem besteigt jedes Jahr wieder ein Dietfurter den Thron. 1997 bestätigte eine offizielle Delegation aus China quasi die Anerkennung des Treibens in „Bayrisch-China“. Seit 2010 ist zum Fasching noch der Bayrisch-Chinesische Sommer gekommen, bei dem alljährlich Ende Juli die bayrisch-chinesische Völkerverständigung groß geschrieben wird.

Kloster Plankstetten

WWW.KLOSTER-PLANKSTETTEN.DE

Anschrift

Klosterplatz 1
92334 Berching
Tel.: 08462-2060

Unser Tipp

Ein toller Termin zum Kennenlernen ist der 1. Mai, wenn die Mönche zum Maibockfest laden. Sie können dann alle Betriebe besichtigen, Bio-Setzlinge der Gärtnerei erstehen und natürlich ausführlich das gute Bier verkosten.

AUTARK UND ÖKOLOGISCH

In dem 1129 gegründeten Kloster Plankstetten können die Benediktiner auf eine lange und erfolgreiche Geschichte zurückblicken. Lediglich zwischen der Säkularisation 1806 und der Wiedererrichtung als Priorat des Klosters Scheyern 1904 gab es ein knappes Jahrhundert Auszeit. Heute betreiben die Mönche zahlreiche ökologisch geführte Wirtschaftsbetriebe (Landwirtschaft, Brennerei, Gärtnerei, Metzgerei und Bäckerei), eine Schenke (08462/206170) und ein Tagungszentrum. Die vielen Naturland- und Biolandprodukte können Sie im Klosterladen erstehen, dazu auch das im Riedenburger Brauhaus nach Klosterrezept gebraute Bier.

Burgruine Wolfstein

WWW.WOLFSTEINFREUNDE.DE

Öffnungszeiten
Führungen kostenlos
April-Oktober: So 11-17 Uhr

Anschrift
Wolfsteinbergweg
92318 Neumarkt in der Oberpfalz
Tel.: 09181-220846

Unser Tipp
Vom Turm aus hat man einen hervorragenden Blick über Neumarkt und die weitere Gegend.

DIE GERETTETE BURG

Die Burg aus der Mitte des 12. Jahrhunderts war Sitz der Wolfsteiner, bis sie nach dem Tod des letzten Sprosses über Umwege an die Stadt Neumarkt kam. Seit dem 16. Jahrhundert verfiel der Bau, bis ihn der Verein „Wolfensteinfreunde" vor dem endgültigen Abriss rettete und sogar teilweise wieder freilegte bzw. restaurierte. Sie können die Burg immer auf eigene Faust erkunden, allerdings macht eine Führung wirklich Sinn, weil man nur so Informationen zu den verschiedenen Räumlichkeiten bzw. deren Überreste bekommt. Auf der Internetseite des Vereins finden Sie zudem die Termine der Veranstaltungen auf der Burg. Lagerleben, Burgruinenfest oder Lenzmondfestival sind echte Highlights!

Museum für historische Maybach-Fahrzeuge

WWW.AUTOMUSEUM-MAYBACH.DE

Öffnungszeiten
Tägl. Di-So 10-17 Uhr

Eintrittspreise
Erw. 9,- Euro / Erm. 5,- Euro

Anschrift
Holzgartenstraße 8
92318 Neumarkt
Tel.: 09181-4877100

Unser Tipp
Ein Seitenraum ist den Express-Werken gewidmet, die hier von 1884 bis 1959 Zweiräder produzierten. Noch mehr zu diesem Thema gibt es im Neumarkter Stadtmuseum.

ZWEI FANS FÜR EINE AUTOMARKE

Anna und Helmut Hofmann haben in Neumarkt über zehn Prozent des Weltbestandes an historischen Maybach-Fahrzeugen zusammengetragen. Von 1.800 zwischen 1920 und 1941 produzierten Autos haben insgesamt nur etwa 160 überlebt. Aus eigenen Mitteln haben sie in dem vom Abriss bedrohten Fabrikareal an der Holzgartenstraße ihr stilvolles Museum eingerichtet. Rund um die Kfz-Präziosen erfährt der Besucher die Hintergründe der Firmengeschichte anhand von Kurzfilmen und vielen interessanten Dokumenten.

Weißwurst-Akademie und -Museum

WWW.HOTEL-WITTMANN.DE

Öffnungszeiten

Geöffnet nach Voranmeldung,
Einzelpersonen 4,- Euro

Anschrift

Bahnhofstraße 21
92318 Neumarkt
Tel.: 09181-907426

Unser Tipp

Die Metzgerei und das Hotel-Restaurant Wittmann liegen gleich nebenab – eine bessere Gelegenheit zur Verkostung, sei es vor Ort oder zuhause oder beides, werden Sie kaum finden!

BIO-WURST ZUM SELBERDREHEN

Norbert Wittmann ist Bio-Metzger mit Leib und Seele. Das bedeutet einerseits, dass man in seiner Metzgerei Produkte von höchster Qualität und Kreativität erwerben kann, andererseits aber auch, dass er dabei mit Respekt vor den Tieren, seinen Mitarbeitern und der Umwelt ans Werk geht. Das ganze Spektrum seiner Philosophie können die Besucher des nagelneuen Weißwurst-Museums erfahren. Hier können Sie nicht nur eine rund 150 Jahre alte historische Metzgerei besichtigen, sondern auch selbst ihre eigene Weißwurst herstellen und das zugehörige Weißwurst-Diplom absolvieren. Das macht natürlich am meisten in einer Gruppe Spaß. Sie wissen also, was Sie an ihrem nächsten Geburtstag auf die Tagesordnung setzen werden ...

Altmühltaler Mühlenmuseum

WWW.ALTMUEHLTALERMUEHLE.DE

Öffnungszeiten

Tägl. 8-20 Uhr
Führungen 10/14/16 Uhr

Anschrift

Hauptstraße 51
92345 Dietfurt an der Altmühl
Tel.: 08464-209

Unser Tipp

Nutzen Sie die Gelegenheit zu einem Rundgang durch Dietfurt. Sehenswert sind unter anderem das Rathaus und die Stadtpfarrkirche St. Ägidius. Eine gute Einkehrmöglichkeit ist der seit 1330 bestehende Gasthof zur Post (Hauptstraße 25, 92345 Dietfurt, Tel. 08464-321, tägl. ab 8 Uhr)

SIE LÄUFT UND LÄUFT UND LÄUFT ...

Seit über 540 Jahren rattert die Rengnathmühle an der Weißen Laaber. 53 Lederriemen übertragen die Wasserkraft auf die verschiedenen Geräte. Von 1897 bis 1950 erzeugte man hier sogar den Strom für die gesamte Stadt. Eine interessante Episode ist aus dem Jahr 1958 überliefert. Elvis Presley war als US-Soldat als Brückenwache an der Mühle eingeteilt. Ihm ist eine eigene Ausstellung im Obergeschoss gewidmet. Versuchen Sie unbedingt, zu einer der Führungen ins Museum zu kommen, dann wird die Wasserkraft auf die Transmissionsriemen geleitet und das gesamte Haus erwacht zum Leben.

Tillyfest Breitenbrunn

WWW.TILLYFEST.DE

Kontakt
92363 Breitenbrunn
Tel.: 09495-94030

Unser Tipp

Am Samstagabend zieht der Graf mit seinen Truppen im Fackelschein ein, am Sonntagmittag folgt der Festzug mit anschließender Begrüßung am Marktplatz.

HEERLAGER IN DER OBERPFALZ

Seit 1988 erinnert der Markt Breitenbrunn jedes Jahr im September an den großen Feldherrn Johann t'Serclaes von Tilly. Der Brabantiner führte die Truppen der Katholischen Liga im Dreißigjährigen Krieg zu vielen Siegen, war aber auch für diverse Grausamkeiten verantwortlich. Er starb am 30. April 1632 in Ingolstadt an den Folgen einer Verwundung. Acht Jahre vorher war ihm Breitenbrunn und die zugehörige Reichsgrafschaft Breitenegg vom Bayerischen Kurfürsten geschenkt worden. Das Tillyfest soll seine Verdienste und die seiner Nachfahren ehren und den Ort für einige Stunden in die damalige Zeit zurückversetzen. Zwei Tage lang begegnet einem dann hier das Mittelalter überall, ob im Heerlager mit Truppen aller Couleur oder in den Schänken bei Wein und Bier.

DB

Klostermühle Gnadenberg

WWW.KLOSTERMUEHLE-GNADENBERG.DE

Öffnungszeiten

Mai-September
Sa 14-20 Uhr, So/Ft 10-20 Uhr

Anschrift

Klostermühle 1
92348 Berg bei Neumarkt
Tel.: 09189-9457
oder 0160-97754366

Unser Tipp

Nutzen Sie die Gelegenheit, die 200 Meter entfernte Ruine des im Dreißigjährigen Krieges von Landsleuten der Namenspatronin, schwedischen Truppen, zerstörten Brigitten-Klosters zu besichtigen.

EHRENAMT MACHT'S MÖGLICH

Noch vor wenigen Jahren stand an der heutigen Stelle nur noch eine verfallene Ruine, die einst als Versorgungszentrum des Brigittinen-Klosters Gnadenberg diente. Nach zweimaliger Zerstörung durch den Dreißigjährigen Krieg und ein Hochwasser 1961 war nur noch wenig übriggeblieben. Der Inititative des Kulturhistorischen Vereins Gnadenberg verdanken wir heute ein wunderschönes Mühlenmuseum mit nicht minder traumhaftem Biergarten und vielen Freizeitmöglichkeiten drumherum. 12.000 ehrenamtliche Arbeitsstunden bedeuteten die Bayerische Verdienstmedaille – und natürlich auch das Lob der zahlreichen Besucher, die das Fachwerkhaus regelrecht ins Herz geschlossen haben.

Weitere Tipps

Jura-Volksfest
Neumarkter Volksfest, elf Tage um Mariä Himmelfahrt, mit Festzug und Hochfeuerwerken, den Abschluss bildet der Rossmarkt, www.neumarkt.de

Roßmarkt Berching
Am ersten Mittwoch nach dem ersten Dienstag im Februar, größtes Wintervolksfest der Oberpfalz mit 150 Pferden und Gespannen und über 30.000 Besuchern. 8. Februar 2012, www.berching.de.

Wölpiland
Indoorspielplatz und Minigolfplatz auf dem Landesgartenschaugelände. Mo-Fr 14-19, Sa/So/Ferien 10-19, www.woelpiland.de, Erw. 2,90/Kinder 5,90

Waldschänke Straßmühle
Wunderschöne urige Waldschänke mit schönem Wildgehege, ideal für Familien. Mit dem Faberhof ist auch ein gehobenes Restaurant nebenan. Straßmühle: Straßmühle 21, 90602 Pyrbaum, Tel. 09180-939601; Faberhof: Faberhof 22, 90602 Pyrbaum, Tel. 09180-613

Tagungshotel Schönblick
Sensationelles Haus, ideal zum Übernachten, aber auch tolle Küche, u.a. mit Wild aus eigener Jagd. Super Blick über Neumarkt. Am Höhenberg 12, 92318 Neumarkt, Tel. 09181-474910, www.tagungshotel-schoenblick.de

Burg Parsberg
Stammsitz des Parsberger Geschlechts von 1205, mit Museum und Burgfest und Burgspielen im Juni. Burgstraße 24, 92331 Parsberg, Tel. 09492-1505, www.parsberg.de. Museum Di-Do 9-11 + 14-16, Fr 9-11 Uhr, Erw. 2,50/ Erm. 1,-

Museum Lothar Fischer
Vermächtnis des Künstlers Lothar Fischer an die Stadt Neumarkt. Weiherstraße 7 a, 92318 Neumarkt, Tel. 09181-510348, www.museum-lothar-fischer.de, Mi-Fr 14-17, Sa/So 11-17, Erw. 3,-/Erm. 2,-

Keltenschanze bei Dippenricht
Spätkeltische Viereckschanze in einem kleinen Waldstück zwischen Pavelsbach - Dippenricht und Berngau, eine der größten keltischen Kultstätten, noch unerschlossen. Folgen Sie dem Symbol Schwarzes Quadrat in orangenem Rechteck.

Golfdorado
Gemeinsame Vermarktung von drei Golfplätzen im Landkreis. Tel. 09181-255127, www.golfdorado.info

Kloster Seligenporten
Ehemaliges Zisterzienserinnenkloster mit großem Freizeitangebot (Pferde!) und schönem Biergarten. Di-So ab 8 Uhr, Klosterhof 9, 90602 Seligenporten, Tel. 09180-889 oder 09180-939412, www.kloster-seligenporten.de.

Naturbad Breitenbrunn
Neu eröffnetes Naturfreibad, Badstraße 2, 92363 Breitenbrunn, Tel. 09495-252, www.breitenbrunn.de

Wallfahrtskirche Maria Hilf
Bedeutender Zentralbau des deutschen Hochbarocks in Freystadt mit Franziskaner-Kloster. 92342 Freystadt, Tel. 09179-90266, www.kirche-freystadt.de. Führungen: 09179-94000

Schloss Pilsach
Wasserschloss, auf einer kleinen Insel, möglicherweise Ort der Kindheit und Jugend Kaspar Hausers. Besichtigung nur von außen, Hotel-Gasthof: Litzloher Str. 8, 92367 Pilsach, Tel. 09181-510600, Mi-Mo ab 11.30 Uhr

Steinerne Rinne bei Erasbach
Besonders schönes natürliches Aquädukt, 80 Meter lang und 77 cm hoch. 500 Meter südlich im Wald nach Ortsausgang über die Straße Am Erlenbach, 92334 Berching-Erasbach

Fleischmichelhaus Pavelsbach
Sehenswertes Dorfmuseum mit Kartoffelfest Mitte September, Ludwigstraße 23, 92353 Postbauer-Heng, Tel. 09180-1671, April-Nov jeden 3. Sonntag 14-17 Uhr

Touristinfo:

Nürnberger Straße 1
92318 Neumarkt in der Oberpfalz
Tel.: 09181-470313
www.landkreis-neumarkt.de

Bildquellen (Seite): Stadt Berching (449,450), Franz Kraus (457), Klostermühle Gnadenberg (458)

Der Karpfenheimat zweiter Teil

Zwischen Würzburg und Nürnberg gelegen, war das kleine Neustadt ein idealer Ort für die Hohenzollern, hier eine Festung zu errichten. Hier regierte unter anderem der zänkische Markgraf Albrecht Alcibiades von Brandenburg-Kulmbach, was 1533 eine Totalzerstörung zur Folge hatte. Heute ist die Stadt gemeinsam mit Bad Windsheim Zentrum des gleichnamigen Landkreises, in dem auch Franken Brunnen seinen Sitz hat.

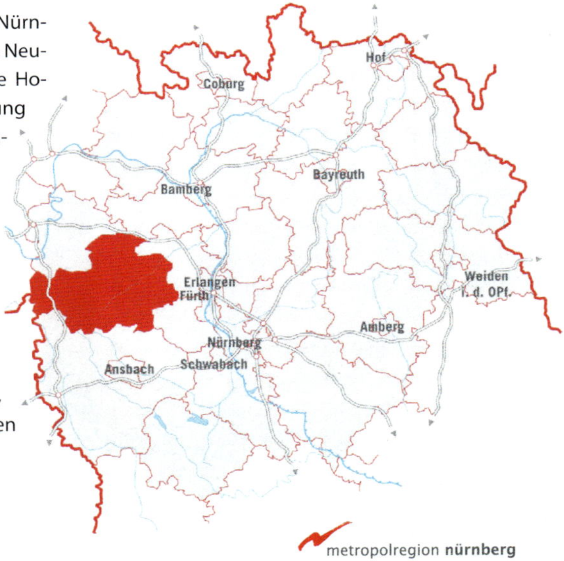

Altes Schloss Sugenheim (S. 473)

Bahnhöfe: Markt Erlbach, Eschenbach, Adelsdorf, Hagenbüchenbach, Emskirchen, Neustadt/Aisch, Dietersheim, Dottenheim, Ipsheim, Bad Windsheim, Illesheim, Ottenhofen-Bergel, Burgbernheim, Steinbach, Uffenheim, Markt Bibart. (Liniennetz siehe Seite 18)

Franken-Therme (S. 468)

Bierstraße (S. 466)

Rundfunkmuseum (S. 472)

Weinparadies Franken (S. 478)

Bad Windsheim als einziger Kurort Mittelfrankens und das Freilandmuseum Bad Windsheim sind auf jeden Fall einen Besuch wert. Außerdem befindet man sich hier auf angenehme Weise im Spannungsfeld zwischen Wein und Bier – und kann beides von seiner angenehmsten Seite kennen lernen. Echte Geheimtipps sind das Rundfunk- und das Spielzeugmuseum in Brunn bzw. Sugenheim. Lassen Sie sich überraschen...

Mittelfränkische Bocksbeutelstraße

WWW.BOCKSBEUTELSTRASSE.DE

EINE STRASSE FÜR DEN WEIN

In der Mittelfränkischen Bocksbeutelstraße haben sich Winzer, Gastwirte, Weinbauvereine, Städte und Gemeinden zwischen Bullenheim, Scheinfeld, Dietersheim und Tauberscheckenbach zusammengeschlossen, um mit einem gemeinsamen Marketingkonzept mehr für ihr identitätsstiftendes Produkt, den Frankenwein im Bocksbeutel, zu tun. Nicht weniger als neun Weinprinzessinnen vertreten die Winzer bei den verschiedenen Festlichkeiten zum Thema Frankenwein. Ein besonderes Vergnügen bereiten Weinproben, die Ihnen Winzer in 14 Orten anbieten.

Kontakt/Infos

Hauptstraße 1
91443 Scheinfeld
Tel.: 09162-12424

Unser Tipp

Ideal zum Erleben der Weinvielfalt sind die Weinfeste in den Orten an der Bocksbeutelstraße. Eine Liste finden Sie auf der Internetseite.

Herzlich Willkommen in Weigenheim
Mittelfränkische Bocksbeutelstraße

VOM WASSER

Aischgründer Bierstraße

WWW.BIERSTRASSE.DE

Kontakt/Infos

Hauptstraße 1
91443 Scheinfeld
Tel.: 09162-12424

Nächstes Bierfest: 11./12. August 2012 voraussichtlich in Scheinfeld

Unser Tipp

Parallel zur Straße gibt es auch einen Bierrad- und einen Bierwanderweg, Informationen und Karten gibt es bei der Zentrale in Scheinfeld.

EINE STRASSE FÜR DAS BIER

Die Aischgründer Bierstraße verbindet sechs Orte mit acht Brauereien miteinander. Sie erstreckt sich von Bad Windsheim im Westen über Neustadt an der Aisch, Gutenstetten, Münchsteinach und Pahres bis nach Uehlfeld im Osten. Einmal im Jahr findet ein Bierfest statt, rotierend in Neustadt an der Aisch, Bad Windsheim, Uffenheim und Scheinfeld. Im Rahmen von Bierseminaren kann der Titel „Dr. Bierologis causa" erworben werden, wer lieber auf Ausflüge steht, kann ein- bis mehrtägige Trips, unter anderem auch mit einer Pferdekutsche, unternehmen.

Franken-Therme

WWW.FRANKEN-THERME.NET

Öffnungszeiten
Tägl. 9-22 Uhr

Eintrittspreise
Tageskarte 14,- Euro

Anschrift
Erkenbrechtallee 10
91438 Bad Windsheim
Tel.: 09841-40300

Unser Tipp
Badebekleidung und Handtuch können gegen eine Gebühr von 4,- Euro an der Kasse geliehen werden.

SCHWEBEN WIE IM TOTEN MEER

In der Therme erwarten Sie Thermal-Sole-Becken mit einer Gesamtwasserfläche von 1.750 Quadratmetern mit Salzkonzentrationen von 1,5 Prozent bis 12 Prozent. Hier kann man unter anderem auch an Wassergymnastik und Qigong teilnehmen oder einfach die Seele baumeln lassen. Für Wellnessfreunde bietet sich der Sauna- und Dampfbadbereich an, oder die neueste Attraktion, der Salzsee. Unter und vor einer riesigen Kuppel schwimmt bzw. treibt man in vollgesättigter Sole mit 26,9 Prozent Salzgehalt. Dabei könnte man sich eigentlich Liege oder Strandkorb sparen, mit ist das Vergnügen aber natürlich noch viel schöner!

Altes und Neues Schloss Neustadt mit Karpfenmuseum

WWW.KARPFENMUSEUM.DE

Öffnungszeiten

Museum: Sa 10.30-13,
So 14-17, Di 19-21 Uhr.

Eintrittspreise

Erw. 2,- Euro
Kinder bis 16 Jahre frei

Anschrift

Untere Schlossgasse 9
91413 Neustadt an der Aisch
Tel.: 09161-66614

Unser Tipp

Im Medienraum des Museums können Sie zahlreiche Filme zur Teichwirtschaft in den unterschiedlichsten Zeiten betrachten.

DAS KARPFENSCHULSCHLOSS

Das Alte Schloss wurde im 15. Jahrhundert als Wasserschloss unter Markgraf Albrecht Achilles erbaut und von ihm ab 1451 bewohnt. Nach Vollendung des Neuen Schlosses 1626 wurde es zum Nebengebäude degradiert, unter anderem als Wohnsitz des Landeshauptmanns. Heute noch besonders beeindruckend ist der Rundturm, dessen Rundbogenfenster im ersten Obergeschoss aus dem 19. Jahrhundert stammen, als der Turm als römisch-katholische Kapelle diente. Seit 2008 beherbergt das Alte Schloss das Aischgründer Karpfenmuseum. Im Neuen Schloss drücken heute junge Neustädter die Schulbank, allerdings konnte vom Original nach einem Brand 1906 lediglich der Treppenturm erhalten werden.

Archäologisches Fenster Bad Windsheim

WWW.BAD-WINDSHEIM.DE

SENSATIONELLER ZUFALLSFUND

Öffnungszeiten
März-Oktober So 14-16 Uhr

Eintrittspreise
Erw. 1,- Euro / Erm. 0,50 Euro

Anschrift
Marktplatz
91438 Bad Windsheim
Tel.: 09841-4020

Unser Tipp
Rechts neben dem Rathaus steht eine acht Meter hohe Rolandstatue, die am 16. September 1928 als Mahnmal für die Gefallenen der damals letzten beiden Kriege geweiht wurde.

Zur Jahrtausendwende wollten die Windsheimer ihren Marktplatz neu gestalten. Dabei stießen Sie auf historische Bausubstanz von außergewöhnlicher Qualität mit Gipskellern aus dem 10. Jahrhundert. Außerdem stieß man auf den alten Marktbrunnen, eine Latrine und Teile eines alten Friedhofes, in dem über 30 Skelette bestimmt werden konnten. Ein Abguss eines Erdgrabes kann durch eine Glaspyramide vom Marktplatz aus betrachtet werden. Die ist das eigentliche archäologische Fenster, das einen kleinen Einblick in das gewährt, was am Sonntag und auf Anfrage besichtigt werden kann.

Fränkisches Freilandmuseum

WWW.FREILANDMUSEUM.DE

Öffnungszeiten

Di-So 10-18 Uhr (Anfang und Ende variieren, siehe Website)

Eintrittspreise

Erw. 6,- Euro / Erm. 3,- Euro

Anschrift

Eisweiherweg 1
91438 Bad Windsheim
Tel.: 09841-66800

Unser Tipp

Wenn Sie nicht alleine kommen, lohnt sich die Buchung einer Schnupperführung mit Schmalzbrot und Most.

WIE VOR VIELEN HUNDERT JAHREN

Auf 45 Hektar Fläche präsentiert sich das Fränkisches Freilandmuseum mit über 100 historischen Gebäuden, die aus ganz Franken hier zusammengetragen wurden. Spannend sind vor allem die Live-Vorführungen der Zimmerleute, Schreiner, Steinmetze, Glaser, Büttner und Schmiede. Die arbeiten hier übrigens tatsächlich, weil ständig etwas im Museum in traditioneller Weise wieder instand gesetzt werden muss. Mit integriert sind auch das Museum Kirche in Franken, eine Kräuter-Apotheke und ein Freilandtheater. Das jeweilige Theaterprogramm finden Sie auf der Internetseite www.freilandtheater.de.

Rundfunkmuseum Schloss Brunn

WWW.RUNDFUNKMUSEUM-BRUNN.DE

Öffnungszeiten

Mai-Oktober So/Ft 14-17 Uhr

Eintrittspreise

Erw. 2,50 Euro / Erm. 0,50 Euro

Anschrift

Am Schloss 3
91448 Brunn
Tel.: 09104-2482

Unser Tipp

Nehmen Sie sich Zeit, stellen Sie Fragen und staunen Sie. Im Mini-Café gibt es selbstgebackenen Kuchen und hinter dem Tresen viele Bauteile für Technikbastler.

MIT EIGENER BLUE BOX

Ganz ohne öffentliche Mittel schuf Ludwig Schroll ein Museum der ganz besonderen Art. Denn nicht nur seine beeindruckende Sammlung zur Geschichte von Rundfunk und Fernsehen, sondern vor allem seine liebenswerte Art und seine umfassende Kompetenz machen den Besuch zum einmaligen Erlebnis. Zu jedem Stück in der Sammlung kann er nicht nur eine Geschichte erzählen, sondern auch erklären, was es jeweils so besonders macht. So erleben Sie nicht nur ein historisches Grammophon mit original Schallplatte, sondern auch Volksempfänger und die ersten Fernsehbilder live vor Ort im Museum. Ein Zeichen für die Einzigartigkeit ist sicherlich, dass ihm das ZDF zahlreiche Originale aus den Pionierzeiten des Senders geschenkt hat.

Spielzeugmuseum im Alten Schloss

WWW.SPIELZEUGMUSEUM-SUGENHEIM.DE

Öffnungszeiten

Ostern bis erster Advent
Sa/So/Ft 14-17 Uhr

Eintrittspreise

Erw. 3,50 Euro / Erm. 1.- Euro

Anschrift

Schloßstr. 47
91484 Sugenheim
Tel.: 09165-650

Unser Tipp

Im Anschluss an das Spielzeugmuseum ist in fünf Räumen ein Schlossmuseum untergebracht. Außerdem sieht man beim Rundgang die historische Schlosskapelle, in der auch schon moderne Ehen geschlossen wurden.

ÜBER 30 VITRINEN VOLLER SPIELZEUG

Jan Kube und seine Frau haben nicht nur das Alte Schloss Sugenheim wieder in neuem Glanz erstrahlen lassen, der Berufsauktionator lässt Sie in seine einzigartige Sammlung von Spielzeug aller Art blicken. Das Spielzeugmuseum reiht jede Menge Kinderträume aneinander, alles liebevoll von Kubes Ehefrau arrangiert. Puppen, Puppenstuben, Puppenküchen, Schaukelpferde, Blechspielzeug, Spiele, Kinderbücher und Zinnfiguren sowie Kinderuniformen aus vergangener Zeit lassen die Besucher immer wieder staunen.

Reichsstadtmuseum im Ochsenhof

WWW.REICHSSTADTMUSEUM-OCHSENHOF.DE

Öffnungszeiten
Ostern bis Ende Oktober
Sa/So/Ft 14-17 Uhr

Eintrittspreise
Erw. 3,- Euro / Erm. 2,- Euro

Anschrift
Seegasse 27
91438 Bad Windsheim
Tel.: 09841-1073 / -5186 / -3814

Unser Tipp
Wenn Sie nach dem Besuch Hunger haben, empfehlen wir den nur 100 Meter entfernten Gasthof zum Birnbaum mit gutbürgerlichen Klassikern auf hohem Niveau. Di-So ab 8 Uhr. Knörrgasse 5, 91438 Bad Windsheim, Tel. 09841-1565.

HISTORISCHES IM ALTEN KORNSPEICHER

Alleine das Fachwerkhaus aus dem Jahr 1537 wäre schon einen Besuch wert, doch was die Vereinsmitglieder hier an Objekten zusammengetragen haben, versetzt die Gäste umso mehr ins Staunen. Besonders spannend ist, dass man die Geschichte des Aufstiegs der freien Reichsstadt und ihres Niedergangs nach der Angliederung an Bayern anhand der Ausstellungsstücke genauestens nachvollziehen kann. Auch die enge Verbindung zum „großen Bruder" Nürnberg kommt immer wieder zum Tragen. Regelmäßige Sonderausstellungen beleuchten weitere Aspekte der Windsheimer Geschichte.

Kirchweih Neustadt

WWW.NEUSTADT-AISCH.DE

Termine

Kirchweih 2012:
9. bis 17. Juni

Unser Tipp

Kurze Zeit nach der Kirchweih steigt am selben Ort das deutsch-italienische Weinfest mit Bezug auf die Städtepartnerschaft mit Montespertoli in der Toskana. Bei richtigem Wetter auch ein unvergessliches Fest.

MIT GEISSBOCKTANZ

Jedes Jahr nach Pfingsten lädt die Neustädter Kerwa viele Besucher aus einem weiten Umfeld auf den Festplatz. Doch im Gegensatz zu manch leblosem Kirchweih-Volksfest erwartet die Gäste hier ein zauberhaftes Flair mit vielen Bäumen, Musikpavillon und quasi einem gigantischen Biergarten. Schüler der Neustädter Hauptschule führen jedes Jahr zur Kirchweih am Marktplatz den Geißbocktanz auf, bei dem die Geißbocksage musikalisch nacherzählt wird. 1461 soll ein Schneider die Stadt bei einer Belagerung gerettet haben, indem er im Fell einer Ziege auf der Stadtmauer herumhüpfte, worauf die Feinde entmutigt aufgaben, im Glauben, die Neustädter hätten noch genügend Nahrungsvorräte.

Weinturm Open Air Bad Windsheim

WWW.WEINTURMOPENAIR.DE

Termine

2012: 10. bis 12. August

Unser Tipp

Neben der Hauptbühne gibt es die Kleinturmbühne, auf der unter anderem Entertainer oder Kindergruppen auftreten.

FRANKEN-WOODSTOCK

Seit 1977 schon findet auf einem Hügelplateau mit Türmchen oben drauf das Weinturm Open Air Bad Windsheim statt. Organisiert und veranstaltet wird es auf ehrenamtlicher Basis vom Jugend- und Kulturförderverein e.V. In den drei Tagen sind pro Tag etwa 2.500 Besucher zu Gast, die auf ausgewiesenen Flächen auch campen können. Dabei legen die Organisatoren großen Wert auf gegenseitige Rücksichtnahme und verantwortungsvollen Umgang mit Alkohol. Neben lokalen Bands treten auch renommierte Headliner wie beispielsweise die Sportfreunde Stiller auf.

Kiliani-Altstadtfest

WWW.BAD-WINDSHEIM.DE

Termine

29. Juni bis 1. Juli 2012

Unser Tipp

Auch im Freilandmuseum wird gefeiert: Museumskirchweih am zweiten Wochenende im Mai, Museumsfest Mitte Juli.

MIT FRÖHLICHEN FAHNENSCHWENKERN

Jedes Jahr um den ersten Juli sperren die Windsheimer ihre Altstadt ab, schmücken die Plätze und feiern drei Tage ein rauschendes Fest. Mit dabei zahlreiche Musikgruppen und Bands sowie Vertreter der befreundeten Stadt Erkelenz, die Fahnenschwenker. Die waren 1988 zum ersten Mal beim Altstadtfest zu Besuch und konnten seitdem nicht mehr loslassen. 1994 besiegelten Bürgermeister und Stadträte die offizielle Freundschaft zwischen den Franken und den Rheinländern.

Weinparadies Franken

WWW.WEINPARADIES-FRANKEN.DE

Infos/Kontakt

Schlossplatz 1
97258 Ippesheim
Tel.: 09339-991565

Unser Tipp

Wir empfehlen den Besuch in Gref´s und Kistner´s Weinbergshütte. Mitten im Weinberg bieten Ihnen Walter Gref und sein Schwiegersohn gute Weine und leckere Brotzeiten. Ausgeschildert ab Weigenheim. Tel.: 09842-2492. Mai bis Oktober Sa ab 15.30, So/Ft ab 11 Uhr.

DAS PARADIES FÜR WEINFREUNDE

Acht Weinorte haben sich zum Weinparadies Franken zusammengeschlossen. Hier erleben Sie die Winzertradition hautnah und können ihnen bis in die Weinberge folgen. 17 Weinbauern haben zudem einen eigenen Wein kreiert, den Paradieswein, bei dessen Lese nur besonders ausgewählte Trauben abgeliefert werden können. Er hat sogar eine eigene Internetseite: www.paradieswein.de. Sechs Weinprinzessinen vertreten das Weinparadies, das sich zum Teil mit der Bocksbeutelstraße deckt.

Weitere Tipps

Zirkelmuseum
Museum im Rathaus rund um das Zeichengerät. Hugenottenplatz 8, 91489 Wilhelmsdorf, Tel. 09104-622 oder 897930. Mai bis September jeder dritte Sonntag im Monat 14-17 Uhr. www.zirkelmuseum.de. Eintritt frei!

Rosenkeller
Wunderschöner Bierkeller-Geheimtipp, nicht verpassen! Linden 51, 91466 Gerhardshofen, Tel.: 09163-8317. Mo-Sa ab 17, So/Ft ab 11 Uhr

Obernzenner See
Riesiges Areal zum Segeln, Surfen, Campen und Baden. Strandhaus: Mai-Okt Mo-Sa 14-22, So 11-22, Okt-April So/Ft 11-18 Uhr, Urphertshofer Str. 15, 91619 Obernzenn, Tel.: 0171-4175155, www.obernzenn.de

Weingut Probst
Weingut mit Spitzenweinen und kleiner Weinstube, Weinbergsführung ab acht Personen. Hauptstraße 35, 91478 Markt Nordheim, Tel.: 09165-1231 oder -995144, www.weingut-probst.de. Juni-August Sa ab 17, So ab 13 Uhr

Jüdischer Friedhof Diespeck
Diespecker Judensäcker, nach Schändung 2007 wiederhergestellt. 91456 Diespeck. www.histogerm.de

Kohlenmühle
Gasthausbrauerei in der alten Getreidemühle. Tägl. ab 11 Uhr. Bamberger Straße 53, 91413 Neustadt an der Aisch, Tel.: 09161-662270, www.kohlenmuehle.de

Burghaslach / Breitenlohe
Fürstlich Castellsches Schloss mit langer Geschichte, viele weitere Sehenswürdigkeiten im Ort (u.a. Steinbrücke, Ägidius-Kirche) sowie Wasserschloss im Ortsteil Breitenlohe. 96152 Burghaslach. www.burghaslach.de / www.schloss-breitenlohe.de

Gutenstetten mit Museum
Sehenswerter Ort mit Museum für Archäologie. Hauptstr. 32, 91468 Gutenstetten, Tel.: 09161-3167 / 88850 / 2923. April-Okt So/Ft 14-18, Nov-März erster So im Monat 14-18 Uhr. www.gutenstetten.de

Baumhaus
Kreativer Biergarten auf dem alten Volksschulgelände. Rennhofen 23, 91448 Emskirchen, Tel.: 09161-61996, www.baumhaus-rennhofen.de.
Mai bis Oktober tägl. ab 10 Uhr

Münster Münchsteinach
Romanisches Münster und Benediktinerkloster. Hier liegt u.a. Günter Strack beerdigt. 91481 Münchsteinach. www.muenchsteinach.de

Burgruine Altschauerberg
Oberhalb des Emskirchner Stadtteils Altschauerberg liegt die Ruine aus dem 14. Jahrhundert im Buchenwald. Schöne Wanderung, am Pfingstwochenende Rangau-Waldfest. Altschauerberg, 91448 Emskirchen. www.emskirchen.de

Uffenheim
Sehenswerte Stadt mit Deutschlands ältester Apotheke im Heimatmuseum. Schlossplatz 6, 97215 Uffenheim. Tel.: 09842-348. Letzter Aprilsonntag bis zweiter Oktobersonntag So 13.30-16 Uhr. www.gollachgaumuseum.de. Erw. 2,50/Erm. 1,50

Altheimer Zauberkeller
Kleinkunstbühne ohne Erwerbsabsicht. Altheim 76, 91463 Dietersheim, Tel.: 09846-729 / 978743. www.altheimer-zauberkeller.de

Bierkeller Zum Hopfengarten
Echter Bierkeller mit Mönchsambacher Bier. Unterrimbach 38, 96152 Burghaslach-Unterrimbach, Tel.: 09552-1546. Di-Fr ab 16, Sa ab 14, So/Ft ab 10.30 Uhr

Osingmuseum in Herbolzheim
Museum zur Osing-Tradition, nach der alle zehn Jahre die Grundstücke im Losverfahren an die Berechtigten neu vergeben werden. Führungen Tel. 09842-2978 / 8794

Touristinfo:

Hauptstraße 1
91443 Scheinfeld
Tel.: 09162-1240
www.steigerwald-info.de

Wein, Bier und Karpfen

WWW.AISCHTAL-RADWEG.DE

Der Aischtal-Radweg bietet eine familienfreundliche Strecke ohne große Steigungen. Auf 137 Kilometern folgt man dem Weg von Rothenburg bis Bamberg.

Auf die Aisch treffen die Radler in der Nähe von Bad Windsheim und begleiten sie, bis der Fluss bei Trailsdorf in die Regnitz mündet. Von dort geht es dann entlang des Rhein-Main-Donau-Kanals bis in die Bischofsstadt. Natürlich können Sie den Weg auch in die umgekehrte Richtung fahren, allerdings sagt die Meteorologie, dass der Wind in 90% aller Fälle aus dem Westen kommt. Das bedeutet, wenn Sie in Rothenburg starten, haben Sie fast immer Rückenwind ...

Rosenkeller, Linden

Neuhaus, Fischereimuseum

Bad Windsheim

Neustadt, Kohlenmühle

Infos

Route:
Rothenburg ob der Tauber, Bad Windsheim, Neustadt, Höchstadt, Forchheim, Bamberg.

Beschilderung:
Abwechselnd „Aischral-Radweg" und „Steigerwald-Radweg".

Fahrrad:
Mountainbike, City- oder Trekkingrad.

Kartenmaterial:
Fernradwege Steigerwald, Maßstab 1:100.000, zu beziehen über Touristinfo Steigerwald, Hauptstraße 1, 91443 Scheinfeld.

Verknüpfung zu anderen Radwegen:
- Rothenburg ob der Tauber („Taubertalweg" u. „Altmühltalweg")
- Bad Windsheim („Zenntalradweg" + „Höhensteigerwaldradweg")
- Neustadt an der Aisch („Vom Main zur Zenn" u. „Vom Main zur Aisch I&II")
- Höchstadt a.d. Aisch („Vom Main zur Aurach")
- Forchheim („Rhein-Main-Donau-Kanalradweg")
- Bamberg („Maintalradweg")

Übernachtungs- und Einkehrmöglichkeiten sind reichlich vorhanden. Detaillierte Listen mit Unterkunfts- und Radladenverzeichnis auf der Website.

www.aischtal-radweg.de
www.bayernbike.de

Wo Waldnaab und Haidenaab zur Naab werden

Das Gebiet rund um Weiden gehörte schon früh zu Bayern, genauer zum Regenkreis, der später in Oberpfalz umbenannt wurde. Durch die Ausweitung des Truppenübungsplatzes Grafenwöhr schrumpfte die Zahl der Gemeinden erheblich, an die 70 Ortschaften wurden aufgelöst und etwa 4.000 Menschen umgesiedelt. Über Militärmuseum in Grafenwöhr kann man sogar Bustouren auf den Übungsplatz buchen.

metropolregion **nürnberg**

Burgruine Flossenbürg (S. 489)

DB **Bahnhöfe:** Neustadt, Altenstadt, Windischeschenbach, Schwarzenbach, Pressath, Trabitz, Etzenricht, Weiherhammer, Röthenbach, Luhe-Wildenau, Luhe; (Liniennetz siehe Seite 18)

Parkstein (S. 492)

Festspielburg Leuchtenberg (S. 485)

Klosterdorf Speinshart (S. 491)

Der Landkreis Neustadt an der Waldnaab beinhaltet einige sehr spektakuläre Sehenswürdigkeiten wie das wohl tiefste Bohrloch der Erde bei Windischeschenbach oder mit dem Parkstein den schönsten Basaltkegel Europas. Freizeitfreunde können mit dem Bocklradweg das schönste Teilstück des Paneuroparadweges befahren. Wer möchte, kann auch mit der Bahn anreisen und sich das passende Fahrrad mieten. Bei der Raststätte Radlpoint in Neustadt gibt es für Franken auf dem Radweg sogar ein Freibier, Sie sehen, hier ist man richtig nett zu seinen Gästen!

Bocklradweg

WWW.BOCKLWEG.DE | WWW.BOCKLRADWEG.DE

Unser Tipp

Vom 1. Mai bis 3. Oktober gibt es an den Wochenenden und Feiertagen einen Shuttledienst für Fußgänger und Radfahrer zwischen Eslarn und Weiden (NWN Bus 6291). Reservierungen unter 0180-1726934 (NWN) oder 09653-1600 (Omnibus Wolf). Fahrräder können vor Ort geliehen werden.

BAYERNS LÄNGSTER BAHNTRASSENRADWEG

Bis Dezember 1995 verkehrte der Eslarner Bockl zwischen Neustadt, Vohenstrauß, Pleystein und Eslarn. Schon kurz darauf begannen die Planungen, aus der idyllischen Bahnstrecke einen Radweg zu machen. Stück für Stück konnte das auch realisiert werden, bis am 30. Juli 2005 die gesamte 52 Kilometer lange Bahnlinie in einen Freizeitweg fürs ganze Jahr verwandelt worden war. Im Sommer perfekt für Radfahrer, Inlineskater und Wanderer (maximal 1,5 Prozent Steigung), im Winter beliebte Langlaufstrecke. Da der Bocklradweg den bayerisch-böhmischen Geopark mit Geotopen und Mineralfundorten durchquert, wird er übrigens auch als Georadweg bezeichnet. Strecke: Neustadt a. d. Waldnaab 9,2 km – Floß 16 km – Vohenstrauß 7 km – Pleystein 11 km – Waidhaus 8 km – Eslarn

Festspielburg Leuchtenberg

WWW.BURGRUINE-LEUCHTENBERG.DE

Öffnungszeiten

April-Oktober Di-So 9.30-12 und 14-17 Uhr (im Juni/Juli durch Theater evtl. eingeschränkt)

Eintrittspreise

Erw. 1,50 Euro / Erm. 0,50 Euro

Anschrift

92705 Leuchtenberg
Tel.: 09659-785 / 0175-3341263

Unser Tipp

Jedes Jahr am dritten Advent lohnt ein Abstecher zur romantischen Burgweihnacht mit lebender Krippe und Christkindbesuch (Erw. 1,-)

WO DAS MITTELALTER LEBENDIG WIRD

Die größte und am besten erhaltene Burgruine der Oberpfalz wurde um 1300 erbaut, allerdings schon 1322 wieder verlassen, weil die Adelsfamilie nach Pfreimd umzog. Nach dem Tod des letzten Landgrafen 1646 verfiel die Burg zusehends, 1842 wurde sie bei einem Großbrand völlig zerstört. Im 20. Jahrhundert begann man dann damit, die Reste zu sichern und Teile der Burg wieder aufzubauen. Heute finden in der imposanten Kulisse jedes Jahr im Sommer die Burgfestspiele Leuchtenberg statt. Zudem veranstaltet der Mittelalterverein Luceomontis regelmäßig Lager und Märkte, sowohl in Leuchtenberg (Sonntagnachmittag) als auch in der Umgebung.

Rußweiher

WWW.RUSSWEIHER.DE

DAS GRÖSSTE STRANDMOORBAD BAYERNS

Eintrittspreise

Wechselkabine
Erw. 1,80 Euro / Erm. 1,- Euro
Treetboot eine Std. 4,- Euro Kahn 2,50 Euro

Anschrift

Kleinkotzenreuth (Camping mit Minigolf)/Großkotzenreuth
92676 Eschenbach i. d. Oberpfalz
Tel. Campingplatz: 09645-748

Unser Tipp

Das Hotel Restaurant Rußweiher empfängt Sie gerne. So-Mo 10-23 Uhr, Großkotzenreuth 5, 92676 Eschenbach, Tel.: 09645-923030

Der kleine Rußweiher lädt zu vielfältigen Aktivitäten ein. Baden (seichter, sandiger Naturstrand, ideal für Kinder), Angeln, Bootfahren, Wandern (z.B. Rundweg durch das Naturschutzgebiet um den Großen Rußweiher) oder einfach nur mal das schöne Panorama genießen. Immerhin leben in dem Naturschutzgebiet über 100 Vogelarten, die man je ach Jahreszeit beim Nestbau oder Jungfernflug beobachten kann. Zur Eschenbacher Weiherplatte gehören auch noch der fast völlig verlandete Paulusweiher und die Rußlohe. Hier wird auch immer noch aktiv Fischzucht betrieben, auch der Rußweiher noch jährlich abgefischt.

Tännesberg

WWW.TAENNESBERG.DE

Anschrift

92723 Tännesberg

Unser Tipp

Einen schönen Einblick in die Erdgeschichte liefert der 2,6 Kilometer lange geologische Lehrpfad. Für den Rundweg können Sie sich auch einen Audioguide bei der Gemeindeverwaltung oder den örtlichen Hotels ausleihen.

DIE BIODIVERSITÄTSGEMEINDE

Dieses schöne Fremdwort meint die Vielfalt des Lebens und zwar auf drei Bereichen: Ökosysteme (Lebensräume), Arten (Tiere, Pflanzen etc.) und Gene (Sorten, Rassen etc.), die hier in einem bayerischen Modellprojekt als Strategie umgesetzt werden soll. Ziel ist, diese Vielfalt nachhaltig zu sichern und zu erhöhen und auch der Bevölkerung ein Bewusstsein dafür zu geben. Hierfür hatte Tännesberg bereits im Vorfeld durch zahlreiche Projekte einen guten Grundstein gelegt. Überall in und um den Ort finden Sie Informationstafeln zu den einzelnen Maßnahmen. Sehenswert sind auch Kreuzbergstationen auf dem Kalvarienberg (ehem. Schlossberg).

Pleystein

WWW.PLEYSTEIN.DE

DER FELSEN MITTEN IN DER STADT

Mitten in der Stadt thronte über Hunderte von Jahren eine Burg auf dem Rosenquarzfelsen, heute steht bei den wenigen Ruinen eine Wallfahrtskirche. Die Stadt selbst wurde zwar mehrfach geplündert und zerstört (zuletzt vernichtete ein Großbrand am 10. Juli 1901 viele Häuser und beide Kirchen), hat sich aber bis heute eine wichtige regionale Funktion erhalten. Sehenswert sind die wiederaufgebauten Kirchen Heiligkreuz (Wallfahrtskirche) und St. Sigismund sowie die vielen Kapellen, Wegkreuze und Marterln – und natürlich der Felsen selbst, eines der schönsten Geotope Bayerns.

Öffnungszeiten

Museum April-Oktober
tägl. 10-11 Uhr

Eintrittspreise

Erw. 1,- Euro / Kinder frei

Anschrift

Marktplatz 25
92714 Pleystein
Tel.: 09654-922230 oder -922233

Unser Tipp

Im Stadtmuseum sind eine große Regional-Mineraliensammlung mit vielen seltenen Stücken und regelmäßige Ausstellungen zu sehen.

Burgruine Flossenbürg

WWW.FLOSSENBUERG.DE

Öffnungszeiten

Für Führungen Tel.: 09603-531
Museum Juni-September So/
Ft 14-16 Uhr (Silberhüttenstr. 4,
Eintritt frei!)

Anschrift

92696 Flossenbürg

Unser Tipp

In Flossenbürg gibt es ein Burgmuseum, das Exponate zur Burg und zur Geschichte des Granitabbaus zeigt (09603-92060). Außerdem wird jedes Jahr ein Burgfest veranstaltet (Terminkalender Website der Gemeinde).

TRAUMHAFTER BLICK

Schon um 1100 befestigte Graf Berengar von Sulzbach den Ort mit einer Burg, die anfangs nur aus einem Wohnturm mit Ringmauer bestand. Später kamen Bergfried (13. Jahrhundert) und Toranlagen (16. Jahrhundert) hinzu. Die Anlage wechselte mehrmals den Besitzer, der bekannteste dürfte wohl Kaiser Friedrich Barbarossa gewesen sein. Nach der unnötigen Inbrandsetzung durch abziehende sächsische Soldaten im Dreißigjährigen Krieg verkam die Burg zum Steinbruch, heute sind nur noch Ruinen erhalten, die allerdings mittlerweile konserviert und wissenschaftlich erfasst sind. Von der Burgruine aus bietet sich ein hervorragender Blick ins Umland, weswegen der Berg gerne bestiegen wird.

Schloss Friedrichsburg

WWW.VOHENSTRAUSS.DE

Anschrift

92648 Vohenstrauß

Unser Tipp

Im Edelsteinmuseum „Schätze der Oberpfalz" zeigt die Stadt eine sehenswerte Privatsammlung mit über 3.000 Exponaten. Amselweg 10, 92648 Vohenstrauß, Tel. 09651-1413, Mo-Fr 9-18, Sa 9-13 Uhr. Erw. 1,50/Erm. 0,50

ENDLICH IN DEN RICHTIGEN HÄNDEN

Das dreigeschossige Renaissanceschloss stammt aus den Jahren 1586 bis 1593. Lediglich der sechste Rundturm an der Südfassade wurde zu Beginn des 20. Jahrhunderts ergänzt. Erbauer Pfalzgraf Friedrich gab den Namen, er wohnte auch mit seiner Frau Kathrin-Sophia ab 1593 hier. Die Verlegung der Residenz von Weiden nach Vohenstrauß sorgte für einen kräftigen Aufschwung in dem Ort. Nach mehreren Besitzern gehört das Schloss heute dem Freistaat, der es mittlerweile an die Gemeinde vermietet hat, die hier ihre Tourist-Information und die Geschäftsstelle der Tourismusgemeinschaft Naturparkland Oberpfälzer Wald untergebracht hat. Damit ist eine langjährige Odyssee beendet und die ehrenamtliche Arbeit des Kuratoriums für das Schloss letztendlich doch erfolgreich gewesen. Die Termine für Schlossführungen finden Sie auf der Website.

Klosterdorf Speinshart

WWW.KLOSTER-SPEINSHART.DE

Anschrift

Klosterhof 2
92676 Speinshart
Tel.: 09645-60193305

Unser Tipp

Junge Männer ab 16 Jahren können hier auch einmal ein Wochenende hinter Klostermauern mit den acht Brüdern verbringen und das Leben im Konvent kennen lernen. Besonders gestaltet sind die Klostertage im Mai und Oktober.

WO DER SCHIMMEL DREIMAL STEHT

Laut Gründungslegende verirrte sich die Richenza, Gattin des Grafen von Reifenberg, in den Sümpfen der Gegend und versprach in einem verzweifelten Gebet bei einer Rettung ein Kloster bauen zu lassen. Sie wurde gefunden, und anschließend ließ ihr Mann Adelvolk einen Schimmel in die Süpfe reiten, um dort, wo er dreimal stehenblieb, 1145 das Kloster zu errichten. Besiedelt wurde die Abtei von den Prämonstratensern, die nach längerer Abstinenz und zwei Anläufen seit 1923 auch wieder hier leben. Das Klosterdorf mit seiner Kirche gilt als europäisches Baudenkmal ersten Ranges und eines der schönsten Dörfer Süddeutschlands.

Parkstein

WWW.PARKSTEIN.DE

SCHÖNSTER BASALTKEGEL EUROPAS

Diese 38 Meter hohe Basaltformation besteht aus fünf-, sechs- und siebeneckigen bis zu einem Meter hohen Säulen, von denen einzelne Schäfte bis 30 Meter tief in die Erde reichen. Sie sind die Reste eines Vulkanschlots, der nach Verwitterung des oberen weicheren Gesteins im Laufe von Jahrmillionen an die Oberfläche trat. Das Alter wurde auf 24 Millionen Jahre datiert. Die Besiedelung datiert mindestens 1.000 Jahre zurück, damals entstand auch die Burg Parkstein, die bis zum Ende des 18. Jahhunderts verfiel. Heute krönt den Kegel die Bergkirche St. Maria auf dem Parkstein.

Anschrift

92711 Parkstein

Unser Tipp

Einen wunderschönen Blick hat man vom Bergstüberl, in dem beim „Schlemmerwirt des Landkreises" auch noch prima gegessen werden kann. Basaltstraße 16, 92711 Parkstein, Tel.: 09602-4637, www.bergstueberl-parkstein.de. Di-So ab 9, Mo ab 17 Uhr

Schloss Burgtreswitz

WWW.SCHLOSS-BURGTRESWITZ.DE

Öffnungszeiten
Führungen 14 Uhr (Termine siehe Website), Eintritt frei!

Anschrift
92709 Moosbach
Tel.: 09656-372 oder
0176-23347840

Unser Tipp
Am zweiten Advent veranstaltet der Förderverein einen Weihnachtsmarkt auf dem Schloss, mit vielen Angeboten lokaler Handwerker, Künstler und Bastler (Sa 15-22, So 13-18 Uhr)

DURCH EHRENAMT ERST MÖGLICH

Die Ritter von Draeswitz ließen hier schon im 13. Jahrhundert eine Burg errichten, die in den folgenden Jahrhunderten zu einer mächtigen Anlage ausgebaut wurde. Der Dreißigjährige Krieg brachte allerdings 1634 die Zerstörung, der anschließende Wiederaufbau erfolgte schleppend, und auch der Erhalt des dadurch entstandenen Schlosses wurde immer schwieriger. 1983 stieg die Gemeinde für 9.000 DM ein und begann mit einer umfassenden Sanierung, unterstützt durch den Förderverein, der über 30.000 unbezahlte Arbeitsstunden einbrachte. Die Termine für die Schlossführungen finden Sie auf der Website, ebenso die Telefonnummern der Führer für Extra-Termine. Ein besonderes Erlebnis ist die Erlebnisführung mit den Schauspielern von „Gënsbloud & G'schling" und Imbiss für günstige drei Euro (Tel.: 09656-920217).

Oberpfälzer Kultur- und Militärmuseum

WWW.MUSEUM-GRAFENWOEHR.DE

Öffnungszeiten

Di-Do, So 14-16 Uhr

Eintrittspreise

Erw. 3,- Euro / Erm. 1,50 Euro

Anschrift

Martin-Posser-Straße 14
92655 Grafenwöhr
Tel.: 09641-8501

Unser Tipp

Der Verein veranstaltet regelmäßig Lagerfahrten, bei denen man mit dem Bus eine Rundfahrt auf dem Truppenübungsplatz unternehmen kann. Die Fahrt dauert zirka eine Stunde und ist die einzige Gelegenheit, ohne Sondergenehmigungen auf das Gelände zu kommen (Erw. 5,-/ Erm. 2,50; Termine auf der Website)

MILITÄRHISTORIE

Grafenwöhr hat eine lange Tradition in der Militärgeschichte. Schon zu Zeiten des bayerischen Königreiches wurde ein Schießplatz errichtet, für den die ersten 230 Menschen ihre Heimat verlassen mussten. Ihre neun Dörfer wurden ebenso aufgelöst wie 57 weitere Ortschaften den Umbauten der Nationalsozialisten weichen mussten. Nach dem Zweiten Weltkrieg übernahmen die Amerikaner den Platz und bauten ihn zur modernsten Schießeinrichtung der NATO aus. Unter anderem hielt sich auch Elvis Presley auf dem Übungsplatz auf. Das Museum zeigt neben einer Abteilung zur Ortsgeschichte vor allem die Historie des Truppenübungsplatzes mit vielen Dokumenten und seltenen Exponaten.

KZ-Gedenkstätte Flossenbürg

WWW.GEDENKSTAETTE-FLOSSENBUERG.DE

Öffnungszeiten

März-November tägl. 9-17 Uhr, sonst 9-16 Uhr

Anschrift

Gedächtnisallee 5-7
92696 Flossenbürg
Tel.: 09603-903900

Unser Tipp

Auf dem Ehrenfriedhof sind die Opfer der Todesmärsche begraben, insgesamt über 5.500 Menschen, die teils umgebettet wurden. Nehmen Sie sich Zeit nach der Ausstellung auch das Lagergelände und den Friedhof sehen zu können.

ARBEITEN UM ZU STERBEN

Auf halber Strecke zwischen Nürnberg und Prag legten die Nationalsozialisten 1938 ein Lager zur „Vernichtung durch Arbeit" an. Hierzu ließ die SS bzw. die von ihr gegründeten Deutschen Erd- und Steinwerke die Häftlinge im Steinbruch bei Flossenbürg unter unmenschlichen Bedingungen arbeiten. Ab 1943 wurden im KZ Flossenbürg auch Kleinteile für den Jäger Messerschmitt Bf 109 gefertigt. Im Oktober 1944 arbeiteten über 5.000 Gefangene in der Flugzeugproduktion. In den letzten Kriegstagen mussten sich die Häftlinge auf den Todesmarsch nach Dachau begeben. Insgesamt waren mindestens 85.000 Personen inhaftiert, darunter der Theologe und Widerstandskämpfer Dietrich Bonhoeffer und Admiral Wilhelm Canaris, die beide im KZ erhängt wurden.

Stadt- und Glasmuseum

WWW.NEUSTADT-WALDNAAB.DE

IM SCHATTEN DES KIRCHTURMES

Öffnungszeiten

Di-So 14-16 Uhr,
April-Oktober Sa/So 14-17 Uhr,
Eintritt frei!

Anschrift

Stadtplatz 10
92660 Neustadt a.d. Waldnaab
Tel.: 09602-8929 oder 94340

Unser Tipp

Vor oder nach dem Museumsbesuch bietet sich ein deftiges Mittagessen an, beispielsweise in der Deutschen Eiche.
Untere Vorstadt 7, 92660 Neustadt an der Waldnaab, Tel.: 09602-3694,
www.deutscheeiche-new.de
Do-Di 11.30-14 und ab 17 Uhr

Das ehemalige Schulhaus aus dem 17. Jahrhundert beherbergt seit 1989 ein liebevoll eingerichtetes Museum. Die Ausstellung wird ständig erweitert und aktualisert und behandelt folgende Themen: Glas, Handwerk und Gewerbe, Kostbarkeiten aus Bürgerhäusern, Kirchen und Klöstern und Stadtgeschichte. Einer der Schwerpunkte dabei ist natürlich das Thema Bleikristall, schließlich prägte dieses Wirtschaftsgut die Geschichte der Stadt. Ein echtes Prunkstück ist zudem der Handschuh Kaiser Karls IV., der ihn den Neustädtern als Pfand hinterlassen hatte.

Geozentrum an der KTB

WWW.GEOZENTRUM-KTB.DE

Öffnungszeiten
Mai-Oktober 10-18 Uhr,
sonst 10-16 Uhr

Eintrittspreise
Erw. 4,- Euro / Erm. 2,- Euro
Bohrturmführung 1,- Euro

Anschrift
Am Bohrturm 2
92670 Windischeschenbach
Tel.: 09681-91273

Unser Tipp
Auf Anfrage kann man den Bohrturm besteigen und einen spannenden Film über die Bohrarbeiten sehen. Im Sommer täglich 15 Uhr.

DIE GRÖSSTE LANDBOHRANLAGE DER WELT

Von 1987 bis 1995 bohrten Wissenschaftler bei Windischeschenbach ein 9.101 Meter tiefes Loch in die Erde. In dieser Tiefe herrschen Temperaturen von 265 Grad. Mit dieser Bohrung wollte man die Erdkruste erforschen, die an dieser Stelle einen stark strukturierten Aufbau und mehrere geophysikalische Anomalien aufweist. In den Ausstellungsräumen wird das Projekt ausführlich dargestellt und außerdem die Erdgeschichte beleuchtet. In einem Simulator kann man beispielsweise die Stöße verschiedener bekannter Erdbeben hautnah erleben.

Sankt Jodok-Ritt

WWW.TAENNESBERG.DE

DIE REITERWALLFAHRT

Anschrift

92723 Tännesberg
Tel.: 09655-92000

Unser Tipp

2012 feiert Tännesberg sein 600jähriges Jubiläum mit zahlreichen Sonderveranstaltungen, u. a. 600-Jahr-Feier im März, Schlossbergfest im Mai, Open-Air im Juli und Bürgerfest zum Sankt Jodok-Ritt im Juli. Für die genauen Termine bitte auf die Internetseite der Gemeinde schauen.

Schon seit dem Bau der Wallfahrtskirche Sankt Jodok im Jahre 1019 pilgern die Bauern aus der Umgebung zu diesem Heiligen. Der war ein Klostergründer, Einsiedler und Pilger im Nordfrankreich des 7. Jahrhunderts. Die heutige Kirche ist 1689 nach dem Dreißigjährigen Krieg entstanden, in dem ihre Vorgängerin zerstört worden war. Der Sankt Jodok-Ritt entstand 1796, als eine Tierseuche nach einer Wallfahrt zur Kirche verschwand. Bis 1866 ritten die Bürger jedes Jahr zu ihrem Schutzpatron, dann allerdings wurde der Ritt aus unbekannten Gründen verboten und erst 1950 unter Geistlichem Rat Friedrich Reichl und Heimatpfleger Karl Eckl wiederbelebt. Die zweitgrößte Pferdewallfahrt in Bayern findet immer am vierten Juliwochenende statt.

Weitere Tipps

Zoigl
Das Kultbier im Oberpfälzer Wald in Windischeschenbach (15 Zoiglstuben!), Neuhaus und Eslarn. www.zoiglinfo.de

Wurzer Sommerkonzerte
Seit 1988 Klassik im Wurzer Pfarrhof mit interkulturellem Aspekt. www.wurzer-sommerkonzerte.de

Waldbad Grafenwöhr
Das beheitzte Waldfreibad bietet auch viele Spielmöglichkeiten, unter anderem fünf Beachvolleyballfelder. Mitte Mai - Mitte September Mo-Fr 10-20, Sa/So/Ft 9-20 Uhr. Am Waldbad 2, 92655 Grafenwöhr, Tel.: 09641-922041 oder 09641-2006. www.grafenwoehr.de, Erw. 2,30/Erm. 1,80

Schafferhof
Zoiglstube mit eigenem Bier, urigem Ambitente und regionaler Küche, Biergarten und Veranstaltungsort für Theater, Kabarett und Kunst. Burgstrasse 6, 92670 Neuhaus, Tel.: 09681-917160, www.schafferhof-zoigl.de. Fr ab 15, Sa-Mo/Ft ab 10 Uhr

Rauher Kulm
Vulkankegel mit Felsenkellern und Aussichtsturm. Rauher Kulm, 95514 Neustadt am Kulm, www.neustadt-am-kulm.de

Burg Neuhaus mit Waldnaabtalmuseum
Befestigtes Jagdschloss bei Neuhaus mit dem bekannten Butterfassturm und einem Museum mit Exponaten aus Heimatgeschichte, Kunst, Kultur, Natur und Forschung. Burgstraße, 92670 Windischeschenbach. Museum: Ostermontag bis 31. Oktober So/Ft 14-18 Uhr. Tel.: 09681-401240. www.windischeschenbach.de

Burg Waldau
Sagenumwobene alte Ministerialenburg auf einem Serpentinfelsen über dem jüngeren Schloss. Burgweg, 92648 Vohenstrauß. www.vohenstrauss.de

Eslarner Heimatfest
Leider nur alle fünf Jahre, nächstes Mal 2015, buntes Fest an der tschechischen Grenze mit großer Tradition. www.heimatfest-eslarn.de

Synagoge und jüdischer Friedhof Floß
Die Synagoge wurde bis 2005 umfassend renoviert, auf dem Friedhof liegen unter anderem 33 KZ-Häftlinge begraben. 92685 Floß, www.floss.de, Tel.: 09603-92110

Pfarrkirche Luhe-Wildenau
Mittelalterliche Wehrkirche mit Barock- und Rokoko-Ausstattung, sieben Altäre. Marktplatz 7, 92706 Luhe-Wildenau. www.luhe-wildenau.de

Wieskirche Moosbach
Wallfahrtskirche aus dem 18. Jahrhundert, Gnadenbild nach dem Vorbild aus der Wieskirche Steingaden. Mo-Sa 14-17, So 10-17 Uhr. Schulstr. 2, 92709 Moosbach. www.moosbach.de

Altenstadt
Sehenswerte romanische Wehrkirche, Pestsäule und Kalvarienberg mit Kreuzweg. 92665 Altenstadt a.d.Waldnaab. www.altenstadt-waldnaab.de

Püchersreuth
Das Neue Schloss prägt den Ortskern, vom Alten Schloss sind nur noch Reste erhalten, sehenswert auch die Wallfahrtskirche St. Quirin nahe dem Ortsteil Ilsenbach. 92715 Püchersreuth

Hallenbad Neustadt a.d. Waldnaab
Mo-Do 16.30-20.30, Fr 17.30-20.30, Sa 13.30-17.30 Uhr. 90 Min. Erw. 2,50/Erm. 2,-

Naturerlebnispfad „Bierlohe"
Zehn Stationen auf zwei Kilometern. Auf der B 299 in Grafenwöhr Richtung Pressath, vor dem Ortsende nach rechts den Wegweisern folgen. www.naturpark-now.de (Weitere Naturerlebnispfade auf dieser Website)

Touristinfo:

Stadtplatz 34
92660 Neustadt a.d. Waldnaab
Tel.: 09602-791050
www.oberpfaelzerwald.de

Bildquellen (Seite): Tourismuszentrum Neustadt a.d. Waldnaab (484-493,496,498)

Die Hauptstadt Frankens

Über eine halbe Million Menschen leben in der Frankenmetropole, rechnet man den Großraum mit Fürth, Erlangen und Schwabach, kommt man sogar auf weit mehr als eine Million Einwohner. Und auch in Sachen Historie setzt die ehemalige Reichsstadt Maßstäbe. Als fester Veranstaltungsort der ersten Reichstage neuer Kaiser des Heiligen Römischen Reiches und zentraler Handelspunkt für Süddeutschland war Nürnberg immer eine der wichtigsten deutschen Städte. Ein dunkleres Kapitel schlug die NS-Zeit auf. Hitler hatte große Pläne mit der Stadt der Reichsparteitage und bereitete ein umfassendes Bauprogramm vor, von dem allerdings nur Bruchteile umgesetzt wurden.

Kaiserburg (S. 504)

Christkindlesmarkt (S. 515)

DB **Bahnhöfe:** Nürnberg, Schweinau, Stein, Sandreuth, Eibach, Reichelsdorf, Reichelsdorfer Keller, Katzwang, Rothenburgerstraße, Nürnberg Ost, Nürnberg Nord-Ost, Erlenstegen, Behringersdorf; (Liniennetz siehe Seite 18)

Nürnberger Rostbratwurst (S. 516)

Tiergarten Nürnberg (S. 502)

Turm der Sinne (S. 511)

Altstadthof (S. 507)

Wer die Geschichte der Stadt zu Fuß nachvollziehen möchte, kann sich auf die Historische Meile begeben. Dieser Stadtrundgang verknüpft die wichtigsten Sehenswürdigkeiten der Stadt. Infos finden Sie auf der Internetseite www.historische-meile.nuernberg.de. Ein wichtiger Bestandteil des modernen Nürnberg ist der 1. FCN, der seinen letzten großen Triumph mit dem Pokalsieg 2007 feiern konnte. Damals stand ganz Nürnberg Kopf – und das Frankenstadion ist regelmäßig ausverkauft. Eine wichtige Funktion für ganz Franken erfüllt der Flughafen, der zu den Top 10 der deutschen Flughäfen gehört. Ein nicht minder zentrales Drehkreuz ist auch der Bahnhof der Stadt, von dem aus sich auch der Verkehrsverbund VGN über fast ganz Franken ausdehnt.

Tiergarten Nürnberg

WWW.TIERGARTEN.NUERNBERG.DE

Öffnungszeiten

Täglich 8-19.30 Uhr

Eintrittspreise

Erw. 13,50 Euro / Erm. 6,50 Euro

Anschrift

Am Tiergarten 30
90480 Nürnberg
Tel.: 0911-54546

Unser Tipp

Die Präsentationen in der Delphinlagune starten stündlich von 11 bis 16 Uhr (14 Uhr nur bei Bedarf, aber der ist da ...)

WO DELPHINE FLIEGEN

Seit Juli 2011 ist der berühmte Nürnberger Tiergarten um eine Attraktion reicher: Rund um das alte Delphinarium ist eine Lagune entstanden, mit einer Art Amphitheater, wo die Besucher die Vorführungen mit den schlauen Meeressäugern und Seelöwen bewundern können. Hier sollte man sich sein Plätzchen rechtzeitig sichern und kann die Wartezeit gut mit einem Getränk oder einem Brotzeitbissen überbrücken. Doch auch ansonsten gibt es kaum etwas Schöneres, als durch den 67 Hektar großen Landschaftszoo (einer der größten Europas) zu flanieren und die über 250 verschiedenen Tierarten zu bewundern. In den letzten Jahren wurden zudem die alten Anlagen mustergültig umgebaut, so dass Tier und Mensch sich nun gleichermaßen wohlfühlen können.

ENTDECKERPASS.COM
FREIZEIT ERLEBNIS KULTUR

NürnbergMesse

WWW.NUERNBERGMESSE.DE

Anschrift

Messezentrum
90471 Nürnberg

Unser Tipp

Auf der Consumenta hat die Metropolregion Nürnberg traditionell einen großen Stand mit breitem kulinarischem Angebot, darunter auch jede Menge Bier aus dem Bierland Oberfranken – und dem Stand von uns Autoren.

ENTDECKER PASS.COM
FREIZEIT ERLEBNIS KULTUR

VON BRAU BEVIALE BIS SPIELZEUG

Als einer der zehn größten Messeplätze Europas hat sich die Nürnberger Messe vor allem mit hochspezialisierten Fachmessen einen Namen gemacht. Die wohl bekannteste dürfte die Spielwarenmesse sein, die alljährlich Anfang Februar startet. Ein weiteres Highlight stellt die Brau Beviale im November dar, die rund um die Getränkebranche informiert, allem voran natürlich die Brauereien. Kurz davor, Ende Oktober, startet die wohl beliebteste Verbrauchermesse, die Consumenta, in den Nürnberger Messehallen. Allein in diesen sieben Tagen kommen über 160.000 Besucher auf das Gelände. Insgesamt finden pro Jahr etwa 120 Messen mit ca. 1,5 Millionen Besuchern statt.

Kaiserburg

WWW.TOURISMUS.NUERNBERG.DE

ÜBER 1.000 JAHRE WÄCHTER DER STADT

Zwischen 1105 (erste Erwähnung) und 1571 hielten sich alle Kaiser und Könige des Heiligen Römischen Reichs zeitweilig auf der Nürnberger Burg auf. Als Nürnberg im 13. Jahrhundert eigenständig wurde, gingen die Kaiserburg und wenig später auch die Burggrafenburg auf der anderen Seite des Burgberges in den Besitz der Stadt über. Nach dem Dreißigjährigen Krieg, in dem Stadt und Burg nicht erobert werden konnten, verlor die Burg ihre militärische Bedeutung, wurde aber zum Wahrzeichen der Stadt. Nach dem Zweiten Weltkrieg konnte die Burg umfangreich restauriert werden und beherbergt heute unter anderem das Kaiserburg-Museum mit einer umfangreichen Ausstellung zur Baugeschichte.

Öffnungszeiten

Museum täglich 9-18 Uhr
(Oktober-März 10-16 Uhr)

Eintrittspreise

Erw. 7,- Euro/Erm. 6,- Euro
(inkl. Burg/Brunnen/Sinnwellturm)

Anschrift

Auf der Burg
90403 Nürnberg
Tel.: 0911-2009540

Unser Tipp

Schauen Sie auf jeden Fall in den Rosengarten der Burg, von hier aus hat man die schönsten Fotomotive von Burg, Graben und Stadt.

Schöner Brunnen

WWW.TOURISMUS.NUERNBERG.DE

Anschrift
Hauptmarkt
90403 Nürnberg

Unser Tipp
Den besten Blick auf den Schönen Brunnen hat man von der Terrasse gegenüber des Rathauses.

BEI JEDEM WETTER SCHÖN

Der 19 Meter hohe „Schöne Brunnen" befindet sich am Rande des Hauptmarkts direkt neben dem Nürnberger Rathaus und hat die Form einer gotischen Kirchturmspitze. Er wurde 1385–1396 von Heinrich Beheim erbaut, heute sehen Sie allerdings nur eine 1903 angefertigte Kopie des mittlerweile verwitterten Originals, dessen Reste sich im Germanischen Nationalmuseum befinden. Im Jahr 1650 plante man die Aufstellung eines zweiten Brunnens schräg gegenüber. Aus Geldnot konnte dieser jedoch nie aufgestellt werden und wurde 1797 an den russischen Zaren verkauft. Die Kopie des Originals, die 1902 endlich am Hauptmarkt aufgestellt werden konnte, steht heute im Nürnberger Stadtpark, weil er den Nationalsozialisten in vielerlei Hinsicht im Wege stand und 1934 vom Hauptmarkt entfernt wurde. Die Rückversetzung dieser größten barocken Brunnenanlage nördlich der Alpen steht noch aus und wird heftig diskutiert.

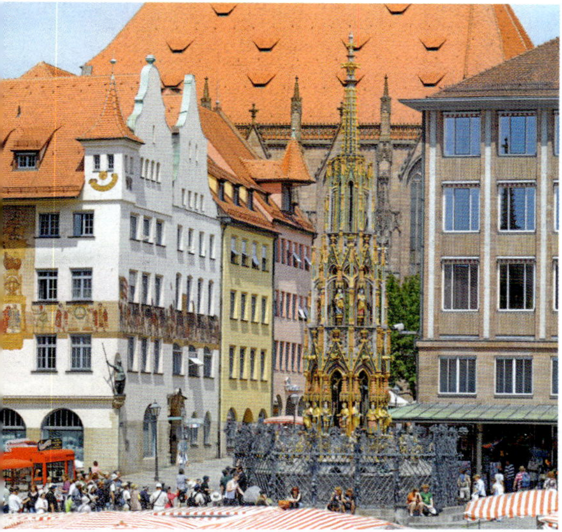

Historische Felsengänge

WWW.HISTORISCHE-FELSENGAENGE.DE

Öffnungszeiten

Führungen tägl. jede Stunde
11-17 Uhr (Mo-Fr alle zwei Stunden)

Eintrittspreise

Erw. 4,50 Euro / Erm. 3,50 Euro

Anschrift

Bergstraße 19
(Brauerei Altstadthof)
90403 Nürnberg
Tel.: 0911-2305592

Unser Tipp

Samstag Abend um 19.30 und 21 Uhr können Sie das Labyrinth mit der Führung „Nürnbergs vergessene Kellergeister" erleben, mit Schatzsuche und Geisterparcours (Erw. 16,50/Erm. 14,50).

DIE UNTERIRDISCHE BURG

Schon seit 1380 nutzten die Nürnberger eine Vielzahl von Gewölben im Untergrund des Burgberges zur Lagerung und Herstellung von Bier. Die vielen Gänge darum herum hingegen dienten zur Wassergewinnung und -weiterleitung. Im Zweiten Weltkrieg waren die Anlagen ein wichtiger Schutzraum für die Bevölkerung der häufig bombardierten Stadt. Heute nutzt die Hausbrauerei Altstadthof die Gänge wieder zur Lagerung von Bier. Im Anschluss an die Führung durch die Felsengänge besichtigen Sie auch die Brauerei und können das dort gebraute Bier und die Spezialitäten aus der Küche probieren.

Altstadthof

WWW.HAUSBRAUEREI-ALTSTADTHOF.DE

Öffnungszeiten
Täglich ab 11 Uhr

Anschrift
Bergstraße 19
90403 Nürnberg
Tel.: 0911-227217

Unser Tipp
Bringen Sie auch Hunger mit, es lohnt sich!!

EIN KULT(UR)IGES ENSEMBLE

Neben dem Bräustüberl, in dem man üblicherweise die guten Biere des Altstadthofes verkostet, findet man (im Sommer) auch einen wunderschönen Biergarten vor, dazu noch den Musikkeller Schmelztiegel und die Bühne Altstadthof. In der Küche zeigt das Team von Reinhard Engel, dass man Bier nicht nur trinken kann – kaum eine Speise, die sich mit gutem Bier nicht noch verbessern lässt. Ein weiteres Highlight sind die Schnäpse aus der hauseigenen Brennerei, die den Bio-Bieren das Beste entlockt. Heraus kommt unter anderem ein unglaublicher SchwarzBierBrand, der zum Bierbrand des Jahres 2008 gewählt wurde. Im Folgejahr schafften es auch der MaiBock-, RotBier- und WeissBierbrand aufs Treppchen.

Albrecht-Dürer-Haus

WWW.MUSEEN.NUERNBERG.DE

Öffnungszeiten

Di-Fr 10-17 Uhr, Do 10-20 Uhr,
Sa/So 10-18 Uhr
Juli-Sept. und während des Christkindlesmarktes auch Mo 10-17 Uhr

Eintrittspreise

Erw. 5,- Euro / Erm. 3,- Euro

Anschrift

Albrecht-Dürer-Straße 39
90403 Nürnberg
Tel.: 0911-2312568

Unser Tipp

Gegenüber liegt das Café Wanderer – ein perfekter Ort zum Zwischenstopp vor oder nach dem Museumsbesuch.

ZURÜCK ZU DÜRER

Das Dürer-Haus ist das einzige, weitestgehend original erhaltene Künstlerhaus der Renaissance in Nordeuropa. Mit viel Liebe haben die Nürnberger das Wohn- und Arbeitshaus des Künstlers Albrecht Dürer, der hier von 1509 bis 1528 lebte, in ein vierstöckiges Museum verwandelt. In der Maler- und Druckwerkstatt aus der Dürer-Zeit können Sie selbst erleben, wie damals die Drucke hergestellt wurden. Durchs Haus führt die Hausherrin Agnes Dürer höchstpersönlich – entweder als Audio-Guide oder in Gestalt einer historisch gewandeten Schauspielerin (Do 18 Uhr, Di/Mi/Sa 15 Uhr, So 11 Uhr).

Dokumentationszentrum Reichsparteitagsgelände

WWW.MUSEEN.NUERNBERG.DE

Öffnungszeiten
Mo-Fr 9-18 Uhr, Sa/So 10-18 Uhr

Eintrittspreise
Erw. 5,- Euro / Erm. 3,- Euro

Anschrift
Bayernstraße 110
90478 Nürnberg
Tel.: 0911-2315666

Unser Tipp
Beachten Sie auch die Architektur, einerseits des modernen Museums, dessen „Pfeil aus Glas und Stahl" sich durch den Nordflügel bohrt, andererseits aber auch die Dimensionen der NS-Bauten, sowohl im Innenhof der Halle, als auch im Inneren, beispielsweise bei der Säulenhalle, in der Hitler mit seinen Getreuen wandeln wollte.

EINE HALLE FÜR 50.000 MENSCHEN

Das wären die Dimensionen gewesen, wenn die Kongresshalle wie geplant beendet worden wäre. Doch selbst im teilfertigen Zustand ist sie das größte erhaltene Zeugnis der nationalsozialistischen Architektur. Während der Besichtigung lernen die Besucher viel über die Parteiarbeit, die hinter dem Regime steckte. Unter dem Motto „Faszination und Gewalt" sind alle Aspekte der NS-Zeit in Nürnberg ausführlich beleuchtet, von den Aufmärschen der Reichsparteitage über die Nürnberger Prozesse und die Bombennächte bis hin zu den Nürnberger Prozessen und dem Umgang mit dem Architekturerbe nach 1945.

Spielzeugmuseum

WWW.MUSEEN.NUERNBERG.DE

Öffnungszeiten

Mo-Fr 10-17 Uhr, Sa/So 10-18 Uhr
Während des Christkindlesmarktes auch Mo 10-17 Uhr
Während der Spielwarenmesse tägl. 10-20 Uhr

Eintrittspreise

Erw. 5,- Euro / Erm. 3,- Euro

Anschrift

Karlstraße 13-15
90403 Nürnberg
Tel.: 0911-2313164

Unser Tipp

Wenn Sie Ihren Kindern etwas Gutes tun wollen, lassen Sie sie einfach ihren Kindergeburtstag hier feiern, viel näher am Paradies geht nicht ...

FÜR KLEINE UND GROSSE KINDER

Die vier Stockwerke hinter der Renaissance-Fassade des Spielzeugmuseums sind prall mit einer großen Sammlung aus den Bereichen Holz-, Blech- und Puppen-Spielzeug gefüllt. Darüber hinaus gibt es regelmäßig Sonderausstellungen und auch die Gelegenheit, selbst Hand anzulegen, beispielsweise bei den Mitmachaktionen und Bastelangeboten des Museums. Nachdem selbst das große Gebäude nur fünf Prozent der über 70.000 Objekte umfassenden Sammlung darstellen kann, gibt es ein virtuelles Depot, in dem man online nach den verschiedensten Spielgeräten suchen kann (Link auf der Website).

Turm der Sinne

WWW.TURMDERSINNE.DE

Öffnungszeiten
Mo-Fr 13-17 Uhr, Sa/So 11-17 Uhr
Während der Ferien tägl. 10-18 Uhr

Eintrittspreise
Erw. 6,- Euro / Erm. 4,- Euro

Anschrift
Spittlertorgraben/Ecke Mohrengasse
90402 Nürnberg
Tel.: 0911-9443281

Unser Tipp
Eine interessante Ergänzung ist der Besuch des Erfahrungsfeldes zur Entfaltung der Sinne auf der Wöhrder Wiese (www.erfahrungsfeld.nuernberg.de, Mai-Sept. tägl. 10-18, Sa 13-18 Uhr, Erw. 5,80/Erm. 4,30).

REALITÄT EINMAL ANDERS

In einem historischen Nürnberger Stadtmauerturm werden Sie auf fünf Stockwerken immer wieder in die Irre geführt. Doch optische Täuschungen sind nur ein Teil der Attraktionen, auch die Nase und die Hände kommen an die Reihe. Am besten veranschaulicht das Be-Greifen der Gefühle der Homunkulus im vierten Stock, der eine Menschengestalt zeigt, bei der die Körperteile in den Proportionen ihrer sensorischen Empfindlichkeit dargestellt sind.

ENTDECKER PASS.COM
FREIZEIT ERLEBNIS KULTUR

Memorium Nürnberger Prozesse

WWW.MEMORIUM-NUERNBERG.DE

Öffnungszeiten
Mi-Mo 10-18 Uhr

Eintrittspreise
Erw. 5,- Euro / Erm. 3,- Euro

Anschrift
Bärenschanzstraße 72
90429 Nürnberg
Tel.: 0911-2315666

Unser Tipp
Samstag und Sonntag startet jeweils um 14 Uhr eine öffentliche Führung, bei der man viele interessante Details erfährt.

DER LETZTE AKT

Schon 1943 hatten die Alliierten in der Moskauer Erklärung ihre Absicht erklärt, nach dem Krieg die Verbrechen der Nationalsozialisten zu verfolgen. Im Viermächte-Abkommen wurde dann 1945 der Militärgerichtshof geregelt. Nachdem der Gerichtssaal in Nürnberg nahezu unversehrt geblieben war, verlegte man den Schauplatz des Prozesses in die ehemalige Stadt der Reichsparteitage. Als Besatzungsmacht waren die USA für die Organisation verantwortlich. Der Saal 600 wird auch heute noch von der Justiz genutzt, allerdings befindet sich seit 2010 auch das Memorium in dem Gerichtsgebäude. Die sehr sehenswerte Ausstellung behandelt die Prozesse und ihren Verlauf, unter anderem mit vielen Originaldokumenten. Wenn er nicht gerade benutzt wird, kann auch der Saal besichtigt werden.

Germanisches Nationalmuseum

WWW.GNM.DE

Öffnungszeiten
Di-So 10-18 Uhr, Mi 10-20 Uhr

Eintrittspreise
Erw. 8,- Euro / Erm. 5,- Euro

Anschrift
Kartäusergasse 1
90402 Nürnberg
Tel.: 0911-13310

Unser Tipp
Um die Ecke liegt mit dem Sushi Glas das beste Sushi-Lokal der Stadt, in dem es aber auch eine prämierte „Bratwurst Roll" zu verkosten gibt. Kornmarkt 5-7, 90402 Nürnberg, Tel.: 0911-205-9901, www.sushi-glas.de, tägl. ab 12, So ab 18 Uhr.

DAS NATIONALMUSEUM DER BUNDESREPUBLIK DEUTSCHLAND

Seit 1852 werden im Germanischen Nationalmuseum Zeugnisse deutscher Kultur und Geschichte ausgestellt. Die Sammlung umfasst heute über 1,2 Millionen Objekte, darunter auch viele bedeutende Kunstwerke von Dürer, Veit Stoß und Riemenschneider. Den Kern des Gebäudes bildet das ehemalige Kartäuserkloster mit Kreuzgang, Kirche und Mönchshäusern, die neueste architektonische Ergänzung ist das Museumsforum mit der „Straße der Menschenrechte" davor. Das Germanische Nationalmuseum ist übrigens nicht nur das größte kulturhistorische Museum in Deutschland, sondern zugleich ein Forschungsmuseum, in dem immer wieder neue Erkenntnisse gewonnen werden.

Altstadtfest

WWW.ALTSTADTFEST-NUERNBERG.DE

Unser Tipp

In der Ruine des Katharinen-Klosters gibt es jedes Jahr eine breite Palette interessanter Konzerte und Theateraufführungen während des Altstadtfestes.

DAS SCHÖNSTE FEST DER STADT

Die traditionellen Volksfeste in Nürnberg sind zwar auch schön, aber das Flair eines Festes mitten in der Altstadt ist natürlich unübertroffen. Nach einigem Hin und Her hat das Altstadtfest seinen Platz auf der Insel Schütt zwischen den beiden Pegnitzarmen und dem Hans-Sachs-Platz gefunden. Mit auf dem Programm steht in den letzten beiden Septemberwochen natürlich auch ein Fischerstechen mit den Lokalmatadoren namens „Pengertzratzn". Diese Tradition ist in Nürnberg schon seit dem 16. Jahrhundert belegt. Gegner der Pengertzratzn sind unter anderem die Bamberger Schiffer- und Fischerzünfte, die wiederum die Nürnberger auf ihrer Sandkerwa empfangen.

Nürnberger Christkindlesmarkt

WWW.CHRISTKINDLESMARKT.DE

Unser Tipp
Im Innenhof des Rathaus veranstaltet die Stadt parallel einen Weihnachtsmarkt der Partnerstädte. An 20 Ständen finden sich dabei tolle Dinge aus der ganzen Welt – eine zauberhafte Sache!

ECHTES WEIHNACHTSGEFÜHL

Mit über zwei Millionen Besuchern kann der Nürnberger Christkindlesmarkt mit Stolz behaupten, mit der größte Weihnachtsmarkt in Deutschland zu sein. Er beginnt immer am Freitag vor dem ersten Adventssonntag und endet am 24. Dezember, außer dieser fällt auf einen Sonntag. Der älteste Hinweis auf den Christkindlesmarkt datiert aus dem Jahr 1628 und steht auf einer Holzschachtel, die im Germanischen Nationalmuseum ausgestellt ist. In seiner Geschichte zog der Markt schon dreimal um (1898-1917 auf die Insel Schütt, danach an die Fleischbrücke, ab 1933 wieder auf dem Hauptmarkt), während des Zweiten Weltkrieges fand er nicht statt. Heute finden die Besucher in den knapp 200 Buden jede Menge Weihnachtsgeschenke, aber auch vielerlei kulinarische Köstlichkeiten um die Nürnberger Bratwurst und den Christkindlesmarkt-Glühwein.

Nürnberger Rostbratwurst

DREI IM WEGGLA

Unser Tipp
Probieren Sie die Bratwurst auch einmal als Blaue Zipfel (im Essigsud gegart). Beispiele für typische Gastronomien finden Sie im Text.

Die Nürnberger Rostbratwurst zählt zu den großen Exportschlagern der Mittelfranken. Nur etwa acht Zentimeter lang und eineinhalb Zentimeter dick wiegt die Wurst im rohen Zustand zwischen 20 und 25 Gramm. Die feine Bratwurst steckt dabei in einem Schafsdarm und ist intensiv mit Majoran gewürzt. Der Grund für die Kürze liegt einer Sage nach darin, dass sie nur so durch ein Loch gepasst hat – entweder das der Lochgefängnisse, wenn die Angehörigen die Häftlinge versorgen wollten, oder das der Wirtshaustür, wenn Hungrige nach der Sperrstunde noch versorgt werden wollten. Die Wahrheit liegt wohl eher darin, dass man der Teuerung mit geringerem Gewicht begegnen wollte. In Nürnberg gibt es mehrere Lokalitäten, die sich der kleinen Wurst verschrieben haben, die es sonst im Brötchen als „Drei im Weggla" gibt, beispielsweise Bratwursthäusle (Rathausplatz 1), Bratwurst-Glöcklein (Waffenhof 5) und Bratwurst-Röslein (Rathausplatz 6), das größte Bratwurst-Restaurant der Welt.

Weitere Tipps

Fränkisches Bierfest im Burggraben
Mit ca. 40 fränkischen Brauereien und über 110 Sorten Bier. Auf der Burg 13, 90403 Nürnberg, www.huettn-nuernberg.de

Bardentreffen
Größtes Weltmusik-Festival Deutschlands mit über 200.000 Gästen. www.bardentreffen.de

Klassik Open Air
Gratis-Konzert der Nürnberger Philharmoniker und Symphoniker mit 50.000 Picknick-Gästen. www.nuernbergkultur.de

Blaue Nacht
Deutschlands größte Kulturnacht, alljährlich im Mai. www.blauenacht.nuernberg.de

Volkspark Dutzendteich
Ehemaliges Reichsparteitagsgelände, heute Naherholungsgebiet im Südosten der Stadt mit zwei Seen, dem großen und dem kleinen Dutzendteich.

Staatstheater
Über 500 Personen aus mehr als 30 Nationen arbeiten in dem 1905 errichteten Opernhaus, zu dem 1959 ein Schauspielhaus und vor Kurzem noch eine Bühne namens „Blue Box" gekommen sind. Richard-Wagner-Platz 2-10, 90443 Nürnberg, Tel. 0911/2313575, www.staatstheater-nuernberg.de

Weinrestaurant Steichele
Edles Hotel und Weinrestaurant mit uriger Atmosphäre, Ensemble aus mehreren Häusern. Mo-Sa 11-24, So 11-15 Uhr. Knorrstraße 2-8, 90402 Nürnberg, Tel. 0911/202280, www.steichele.de

Ballonfahren im Frankenland
Der Flugpionier Ulrich Heidenreich aus Eibach bietet sensationelle Rundfahrten ohne kommerziellen Hintergrund. Tel. 0157-76034575 oder 0911-6494470

Lederer Kulturbrauerei
Wirtshaus und Biergarten auf dem Gelände der ältesten Brauerei Nürnbergs. Tägl. ab 10 Uhr. Sielstraße 12, 90429 Nürnberg, Tel. 0911-80100, www.l-kb.de

Mittelalterliche Lochgefängnisse
Keller des Rathauses mit zwölf erhaltenen Zellen. Tägl. 10-16.30. Erw. 3,50/Erm. 1,50. Rathausplatz 2, 90403 Nürnberg, Tel. 0911-2312690, www.museen.nuernberg.de

DB-Museum
Ältestes Eisenbahnmuseum Deutschlands, u.a. mit dem „Adler". Di-Fr 9-17, Sa/So 10-18 Uhr. www.dbmuseum.de, Lessingstrasse 6, 90443 Nürnberg, 01804/442233, Erw. 5,-/Erm. 4,-

Neues Museum für Kunst und Design
Freie und Gegenwartskunst in einem spektakulären Gebäude. Di-So 10-18 Uhr. www.dbmuseum.de, Klarissenplatz, 90402 Nürnberg, 0911/240200, Erw. 4,-/Erm. 3,-

Handwerkerhof
Kunsthandwerkermarkt im „Waffenhof" des Frauentors. Tägl. 9-22 Uhr. Königstor, 90402 Nürnberg. www.handwerkerhof.de

Johannisfriedhof
Weltbekannter Friedhof, u.a. mit den Gräbern von Dürer, Feuerbach und Hans Sachs. Am Johannisfriedhof, 90419 Nürnberg

St. Sebald
Älteste evangelisch-lutherische Pfarrkirche. Interessante Führungen. Albrecht-Dürer-Platz 1, 90403 Nürnberg, www.sebalduskirche.de

Weizenbierglasmuseum
Liebenswertes Museum mit Mini-Brauerei. Eintritt frei, Besuch bitte telefonisch vereinbaren. Schupfer Straße 39, 90482 Nürnberg, Tel. 0911/5047560, www.weizenglasmuseum-nuernberg.de

Touristinfo:

Mo-Sa 9-18 Uhr, Mai-Okt So 10-16 Uhr
Hauptmarkt 18
90403 Nürnberg
Tel.: 0911-23360
www.tourismus.nuernberg.de

Bildquellen (Seite): Stadt/CTZ Nürnberg (504,507,510,514-516) Förderverein Nürnberger Felsengänge e.V. (506), NürnbergMesse (503)

Top-Tipp

Die Legende lebt

WWW.FCN.DE

Viele Jahre war der 1. FC Nürnberg deutscher Rekordmeister, bis Bayern München diese Rolle übernahm. Die meisten der Titel entstammen den „Goldenen Zwanziger Jahren" des Vereins, als der „Club" fünfmal Deutscher Meister wurde (1920, 1921, 1924, 1925, 1927).

Vier weitere Meisterschaften (1936,1948,1961,1968) und drei Pokalsiege (1935,1939,1962) folgten, bis der Traditionsverein zur Fahrstuhlmannschaft mutierte und zeitweise bis in die Regionalliga abstieg. 2007 gelang unter Hans Meyer der letzte große Triumph mit dem Pokalsieg gegen den VfB Stuttgart. Ein Tag, den die Nürnberger so schnell nicht vergessen werden (Fotos auf dieser Doppelseite). Im selben Jahr gelang das für die Fans denkwürdige 3:0 im Frankenstadion gegen Bayern München. Es folgte aber auch das Kunststück, als amtierender Pokalsieger in die Zweite Bundesliga ab- und im Folgejahr wieder aufzusteigen. Dies zementierte den Ruf als „Fahrstuhlmannschaft" im deutschen Fußball. Unbeschreiblich ist das Gefühl, wenn vor den Heimspielen im Stadion die Vereinshymne „Die Legende lebt" gespielt wird und knapp 50.000 Kehlen lauthals mitsingen.

FACTS

Der 1. FC Nürnberg wurde am 4. Mai 1900 gegründet und zählte viele Jahre zu den Spitzenteams des deutschen Fußballs. Der einzige deutsche Spieler, der während seiner Zeit beim „Club" auch in der Nationalmannschaft spielte, ist zugleich die Ikone des Vereines: Max Morlock, einer der „Helden von Bern". In rund 900 Spielen für den Club schoss der Mittelfeldspieler etwa 700 Tore für seinen Verein. Neben Morlocks Konterfei ziert das folgende berühmte Zitat des ehemaligen Torwarts Heinrich Stuhlfauth Stadion und Fantrikots: „Es ist eine Ehre für diese Stadt, diesen Verein und die Bewohner Nürnbergs zu spielen.
Möge all dies immer bewahrt werden und der großartige 1. FC Nürnberg niemals untergehen." Bekannte Trainer der letzten Jahre waren Felix Magath, Hans Meyer und der zumindest bei Erscheinen des Buches aktuelle Teamchef Dieter Hecking. Zu den Spielerlegenden gehören neben dem schon erwähnten Max Morlock auch Andreas Köpke und der Bundesliga-Torschützenkönig von 2005, Marek Mintál. Das heutige Easycredit-Stadion, besser bekannt als Frankenstadion, war Schauplatz von sechs Spielen des Olympiaturniers von 1972 sowie fünf Spielen der Fußball-WM 2006 und ist bis heute das einzige achteckige deutsche Fußballstadion.

Mehr Informationen unter:
www.fcn.de, www.easycredit-stadion.de

Rund um die Reichsstadt

Das Gebiet des heutigen Landkreises Nürnberger Land gehörte früher überwiegend zur freien Reichsstadt Nürnberg. Die imposante Enklave des Bayerischen Kurfürstentums um Schnaittach stellte hier eine Ausnahme dar, die deshalb mit einer gigantischen Wehranlage befestigt wurde. Dementsprechend bestimmte die Nürnberger Entwicklung auch die des Umlandes vorwiegend mit, beispielsweise bei der Einrichtung der Akademie und späteren Universität in Altdorf.

Treidelschiff „Elfriede" (S. 523)

Bahnhöfe: Feucht, Altdorf, Ochenbruck, Mimberg, Burgthann, Oberferrieden, Behringersdorf, Rückersdorf, Ludwigshöhe, Lauf, Neunkirchen am Sand, Speikern, Rollhofen, Schnaittach, Simmelsdorf-Hüttenbach, Reichenschwand, Hersbruck, Hohenstadt, Vorra, Rupprechtstegen, Velden, Neuhaus, Ottensoos, Henfenfeld, Pommelsbrunn, Hartmannshof; (Liniennetz siehe Seite 18)

Ein weiteres wichtiges Thema im Landkreis ist natürlich das Bier. Es gibt noch viele Kommunbrauhäuser. In und um Pegnitz hat sich die Flinderertradition entwickelt, bei der – analog zum Zoigl in der Oberpfalz – ein flatterndes Band (Flinder) den Ausschank frischen Bieres im (Gast-)Haus anzeigte. Heute brauen auch die großen Brauereien ein süffiges Flindererbier, das dann mit den Gästen durch die verschiedenen Wirtshäuser wandert (www.flinderer.info). Dazu gibt es Schlachtschüssel und Schweinebraten, womit wir bei einer anderen Spezialität der Region wären, dem Schäuferla, aber sehen Sie selbst ...

Maximiliansgrotte

WWW.MAXIMILIANSGROTTE.DE

Öffnungszeiten

April-Oktober
Führungen stündlich 10-17 Uhr

Eintrittspreise

Erw. 2,80 Euro / Erm. 1,90 Euro

Anschrift

Krottensee
91284 Neuhaus
Tel.: 09156-434

Unser Tipp

Danach lohnt die Stärkung im Gasthof Grottenhof, der unter anderem mit Holzofenbrot und Grottenkäse aufwarten kann.

SCHIESSPULVER AUS STALAKTITEN?

Kurfürst Friedrich IV. von der Pfalz war ständig pleite und dachte, dass er sich mit seiner Höhle wieder sanieren könne. Zuerst versuchte er, aus dem gelblichen Lehm der Höhle Gold zu gewinnen, dann ließ er viele Stalaktiten abschlagen, um Salpeter für Schießpulver zu extrahieren. Als auch dies fehlschlug, verkaufte er mit mäßigem Erfolg das Höhlenwasser als Heilgetränk. Nach dieser Episode aus dem Jahr 1596 wurde es still um die Höhle, bis 1833 eine vermisste Frau darin wiedergefunden wurde, nach deren angeblicher Heilung von Geisteskrankenheit die Erschließung und ein Tourismusboom folgten, der heute wieder etwas abgeebbt ist. Dennoch sollten Sie unbedingt eine Besichtigung der 1.200 Meter langen Grotte mit dem größten Tropfstein Deutschlands einplanen.

Treidelschiff „Elfriede"

WWW.LUDWIGSKANAL.DE

Öffnungszeiten

Fahrten immer sonntags,
Daten siehe Internet

Eintrittspreise

Erw. 3,- Euro / Erm. 1,- Euro

Anschrift

Gasthof Zum Ludwigskanal
Termine und Startpunkt:
Dammweg 8
90559 Burgthann
Tel.: 09183-250
Allgemeine Anfragen: 09183-40116 / www.burgthann.de

Unser Tipp

Der Treideltrip kann auch als Einlage für Geburtstage, Hochzeiten etc. gebucht werden, Infos bei der Stadt.

EIN PFERD, EIN SCHIFF, EIN KANAL

Warum nicht einmal ein paar Kilometer dem alten Ludwig-Donau-Main-Kanal folgen, mit dem Ludwig I. zwischen 1836 und 1843 Kelheim und Bamberg und damit die Fluss-Systeme der Donau und des Mains verband? Hier in Burgthann können Sie das ganz gemütlich, mit dem Treidelschiff „Elfriede". Das legt im Ortsteil Schwarzenbach am Gasthaus Zum Ludwigskanal ab und wird von Kaltblüter Max erst zwei Kilometer aufwärts bis zum Dörlbacher Einschnitt und dann wieder zurück gezogen. Diese Art der Fortbewegung nennt man Treideln, und es war die übliche Art, Güter auf dem Wasser zu transportieren. Aber das erklärt Ihnen das Personal während der ca. 45-minütigen Fahrt alles ganz genau ...

Lamatrekking Hersbruck

WWW.LAMATREKKING-HERSBRUCKERALB.DE

Öffnungszeiten
Termine nach Absprache

Eintrittspreise
Pro Stunde
Erw. 6,- Euro / Erm. 3,- Euro

Anschrift
Dorfplatz 11
91249 Weigendorf-Haunritz
Tel.: 09154-946546

Unser Tipp
Buchen Sie eine längere Tour mit Picknick, das macht am meisten Spaß!

SIE KÖNNTEN SICH VERLIEBEN

Bei Ulli und Klaus Meier finden Sie eine Art Mini-Mitmach-Zoo, und das mitten in der Hersbrucker Schweiz. Neben Hunden, Katzen, Zwergkaninchen, Meerschweinchen, Seidenhühnern, Gold- und Diamantfasanen sind vor allem die Lamas und Alpakas die Stars des Haunritzer Bauernhofes, direkt gegenüber dem Kletterfelsen „Alter Fritz". In Sachen Lamas können Sie auch gleich die Naherfahrung buchen, nämlich den spannenden Ritt in die Natur, bei Touren ab drei Stunden sogar mit Picknick im Wald bzw. auf der Wiese. Eine klasse Sache, wie wir finden, und noch dazu supersympathisch, von Ulli über Klaus bis zum Lama ...

Fackelmann Therme

WWW.FACKELMANNTHERME.DE

Öffnungszeiten

Tägl. 10-22 Uhr (Manchmal auch früher und länger, siehe Website)

Eintrittspreise

Tageskarte
Erw. 11,50 Euro / Erm. 8,50 Euro

Anschrift

Badstr. 16
91217 Hersbruck
Tel.: 09151-83930

Unser Tipp

Montags ab 17 Uhr ist Thermentag, jeder erhält zwei Euro Nachlass.

RUTSCHE, STRUDEL UND LÖYLY

In der Fackelmanntherme (vormals Frankenalbtherme) kommen wirklich alle Familienmitglieder auf ihre Kosten. Die Kinder haben Spaß im großen Erlebnisbad, das unter anderem mit einer Riesenrutsche und einem Strömungskanal aufwarten kann. Für die älteren bietet sich vielleicht auch ein Besuch in der Sauna an, die mit drei Innen- und drei Außensaunen sowie regelmäßigen Aufgüssen den Löyly garantiert. Für alle, die das Wort nicht kennen: So bezeichnen die Finnen den Wasserdampf, der durch den Aufguss entsteht und die gefühlte Temperatur deutlich nach oben treibt. Im Sauna-Mutterland übrigens ohne ätherische Öle, das ist ein eher deutsches Add-On, das Freaks aber nicht missen mögen ...

Altdorf, Universität und Wallenstein-Festspiele

WWW.ALTDORF.DE

Öffnungszeiten

Sa/So 14-17 und nach Vereinbarung (Tel.: 09187-8071241)

Eintrittspreise

Erw. 2,- Euro / Erm. 1,- Euro

Anschrift Museum

Neubaugasse 5
90518 Altdorf

Unser Tipp

Seit 1894 finden alle drei Jahre an fünf Sommerwochenenden die Wallenstein-Festspiele mit knapp 1.000 beteiligten Laienschauspielern und Musikern statt. Nächster Termin: 23. bis 22.Juli 2012! Mehr Infos: www.wallenstein-festspiele.de

WO WALLENSTEIN LERNTE

Die Schul- und Hochschulstadt Altdorf gehörte die meiste Zeit ihrer langen Geschichte zur Reichsstadt Nürnberg. Seit 1622 war der Ort Universitätsstadt und kann auf so berühmte Schüler wie den Komponisten Johann Pachelbel oder den Philosophen Gottfried Wilhelm Leibniz zurückblicken. Ein anderer berühmter Schüler war Albrecht von Wallenstein, der im Dreißigjährigen Krieg zweimal Oberbefehlshaber der kaiserlichen Streitkräfte war. Das Ende der Universitätszeit kam mit der Übernahme durch das Königreich Bayern 1806, als die Universitäten Altdorf und Dillingen zugunsten der Landesuniversitäten aufgelöst wurden. Viel zu dieser Geschichte lässt sich im Universitätsmuseum nachvollziehen. Natürlich lohnt auch ein Rundgang durch die Stadt mit ihren vielen Sehenswürdigkeiten.

Festungsruine Rothenberg

WWW.FESTUNG-ROTHENBERG.DE

Öffnungszeiten
Von April bis Oktober Di-So stündlich Führungen von 10-17 Uhr

Eintrittspreise
Erw. 2,50 Euro / Erm. 1,- Euro

Anschrift
Anfahrt zum Parkplatz:
Fürstenweg
91220 Schnaittach
Tel.: 0171-6889886

Unser Tipp
Nehmen Sie sich ein bisschen Verpflegung mit auf den gut 15-minütigen Aufstieg vom Parkplatz. Nicht verzagen, wenn oben am Häuschen niemand ist – dann läuft wahrscheinlich gerade eine Führung.

EIN MORDS-DING

Mit dieser gewaltigen Festungsanlage wollten die Bayern ihre Enklave Schnaittach gegen das nur 25 Kilometer entfernte Nürnberg schützen. Der Kurfürst ließ 1729 dazu französische Spezialisten kommen, die ihm in 21 Jahren Bauzeit den gigantischen Rokoko-Festungsbau auf den Rothenberg setzten. 1838 verkaufte das Kriegsministerium die Anlage. Sie diente unter anderem als Steinbruch für den Nürnberger Hauptbahnhof. Heute kann man die immer noch eindrucksvollen Überreste bei einer interessanten Führung besichtigen und erfährt dabei auch allerlei über das Schlachtengeschehen und das Schicksal der Bewohner.

Burgthann, Burg und Museen

WWW.BURGVEREIN-BURGTHANN.DE

BURG AM NACHTGRABEN

Öffnungszeiten

Jeden 1. und 3. Sonntag im Monat
13.30-16.30 Uhr
(Nov-März nur jeden 1. Sonntag)

Eintrittspreise

Eintritt frei!

Anschrift

Burgstraße 1
90559 Burgthann

Unser Tipp

In der Burg werden alle drei Jahre die Eppelein-Festspiele veranstaltet, nächstes Mal leider erst wieder im Juli 2014 (www.eppelein-festspiel.de).

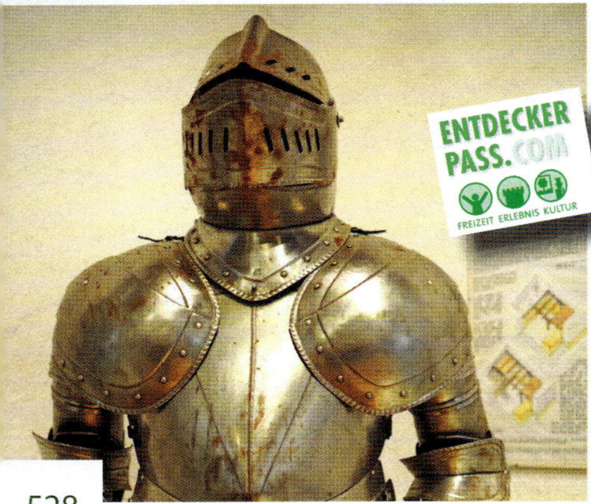

Um 1160 trieben viele Raubritter im Nürnberger Land ihr Unwesen, weswegen sich auch die begüterten Herren von Thann genötigt sahen, eine Schutzburg zu errichten. Das Ergebnis kann sich auch heute noch sehen lassen und ist Namensgeber der ganzen Gemeinde geworden. In den Gemäuern sind heute ein Heimatmuseum und das Bayerische Ludwig-Donau-Main-Kanal-Museum eingerichtet. Zu sehen gibt es unter anderem die Kopien des berühmten Goldblechkegels von Ezelsdorf-Buch und eines Dinosaurier-Schädels, der beim Kanalbau gefunden wurde, sowie viele Exponate zur Kanalgeschichte, von den ersten Aktien bis zu Modellen der verschiedenen Lastenschiffe.

Raumfahrtmuseum Feucht

WWW.OBERTH-MUSEUM.ORG

Öffnungszeiten
Sa/So 14-17 Uhr

Eintrittspreise
Erw. 3,50 Euro / Erm. 2,50 Euro

Anschrift
Pfinzingstraße 12-14
90537 Feucht
Tel.: 09128-3502

Unser Tipp
Insbesondere für Kinder sollten Sie diesen Abstecher unbedingt einplanen. Für die haben sich die Museumsmacher kleine Spiele und ein Quiz rund um die Raumfahrt einfallen lassen.

DER VATER DER RAKETE

Der 1894 in Herrmannstadt (Siebenbürgen) geborene Hermann Oberth legte die Grundlagen für die heutige Raumfahrt. Er war der „erste, der in Verbindung mit dem Gedanken einer wirklichen Weltraumfahrt zum Rechenschieber griff und zahlenmäßig durchgearbeitete Konzepte und Konstruktionsentwürfe vorlegte", so Wernher von Braun in seinen Memoiren. „Ich selbst verdanke ihm nicht nur den Leitstern meines Lebens, sondern darüber hinaus meine erste Berührung mit den theoretischen und praktischen Seiten der Raketentechnik und Raumfahrt." Von Braun war einer der Techniker, die Oberth bei den ersten „Gehversuchen" mit der Raketentechnologie halfen. Das Museum in seinem letzten Wohnort Feucht ist dem Leben und Wirken des Schriftstellers und Forschers gewidmet und mit vielen interessanten Ausstellungsstücken rund um die amerikanische, aber auch die russische Raumfahrt garniert.

Zeidelmuseum

WWW.ZEIDEL-MUSEUM.DE

Öffnungszeiten
So 13.30-17.30 Uhr

Eintrittspreise
Erw. 2,- Euro / Erm. 1,- Euro

Anschrift
Pfinzingstraße 6
90537 Feucht
Tel.: 09128-12184

Unser Tipp
Werfen Sie auch einmal einen Blick auf das Gebäude. Das historische Hutzlerhaus gehörte früher als Zinshäuslein zum benachbarten Pfinzingschloss.

SÜSSES AUS DEM REICHSWALD

Mit seinen nektarreichen Tannen, Fichten, Linden und Weiden und seinen ausgedehnten Heidekraut- und Heidelbeer- bzw. Preiselbeerflächen bildete der Nürnberger Reichswald für Hunderte von wilden Bienenvölkern die Lebensgrundlage. Deswegen entwickelte sich hier im Südosten der Großstadt ein Zentrum der Imkerei bzw. des Zeidelwesens. Zeideln bedeutete im Mittelalter, die gesamte Honigwabe aus einem Bienenstock zu entnehmen. Nicht gut für das Bienenvolk, dafür aber einfach in der Weiterverarbeitung für den Zeidler. Im Zeidelmuseum, das der örtliche Imkerverein betreibt, finden Sie zahlreiche Ausstellungsstücke aus ganz Europa und auch Erklärungen zum Wandel in der Imkerei in den letzten Jahrhunderten.

ENTDECKERPASS.COM
FREIZEIT ERLEBNIS KULTUR

Industriemuseum Lauf

WWW.INDUSTRIEMUSEUM-LAUF.DE

Öffnungszeiten
Mi-So 11-17 Uhr

Eintrittspreise
Erw. 5,- Euro / Erm. 2,50 Euro

Anschrift
Sichartstraße 5-25
91207 Lauf an der Pegnitz
Tel.: 09123-99030

Unser Tipp
Erleben Sie die Vorführung im Eisenhammer!

ECHTE ZEITREISE

Im Industriemuseum Lauf kombiniert man auf sehr liebenswerte Weise den Charme echter Industrieanlagen mit den Möglichkeiten moderner Museumspädagogik. So können Sie durch original erhaltene Gebäude wie eine Roggenmühle oder einen Eisenhammer sowie die Fabrikationshallen der Ventilfabrik Dietz & Pfriem schweifen, als hätte jemand damals einfach die Zeit angehalten. Vom historischen Zigarettenautomaten bis zum Ersatzteillager wirkt alles so, als könnte morgen der Betrieb wieder weitergehen. Immerhin erblickten hier bis 1991 hochpräzise Autoventile das Licht der Welt. Wirklich lebendig werden die Räume bei den regelmäßigen Vorführungen, wenn man Schmiede, Mühle und Dampfmaschinen live erleben kann.

Fränkische Hopfenscheune

WWW.FRAENKISCHES-HOPFENMUSEUM.DE

Öffnungszeiten
Mai-Okt So 13-16.30 Uhr

Eintrittspreise
Eintritt frei!

Anschrift
Kersbacher Str. 18
91233 Neunkirchen-Speikern
Tel.: 09123-75640

Unser Tipp
Nach dem Museumsbesuch schmeckt ein Bier gleich doppelt so gut, beispielsweise im Wolfshöher Bräustüberl (Wolfshöhe 14).

DIE WÜRZE DES BIERES

Dieses Synonym trägt der Echte Hopfen (Humulus lupulus), dank des Reinheitsgebots Sieger der im Mittelalter noch vielfältigen Würzpflanzen, die beim Brauen zugegeben wurden, um den Geschmack in eine gewünschte Richtung zu lenken. Hier in Neunkirchen hat man in einer fränkischen Hopfenscheune ein Museum für des Bierfreundes liebste Pflanze eingerichtet. Neben den vielen Gerätschaften, die die Hopfenbauern und -pflücker benutzten, finden sich hier auch moderne und historische Versionen des Nonnengartens. So heißt der Hopfengarten im Volksmund, weil nur die weiblichen, unbefruchteten Blüten zu den aromareichen Dolden reifen und deswegen männliche Pflanzen im weiten Umkreis verboten sind. Im ersten Stock ergänzen Hopfendarren, -waagen und seltene Werkzeuge wie der Hopfenstempfl die sehenswerte Sammlung. Prunkstück ist übrigens die älteste Hopfenpflückmaschine Deutschlands aus dem Jahre 1900.

Jüdisches Museum Schnaittach

WWW.JUEDISCHES-MUSEUM.ORG

Öffnungszeiten
Sa/So 11-17 Uhr

Eintrittspreise
Erw. 3,- Euro / Erm. 2,- Euro

Anschrift
Museumsgasse 12-16
91220 Schnaittach
Tel.: 0911-770577

Unser Tipp
Regelmäßig finden auch thematisch passende Veranstaltungen wie beispielsweise Vorträge und Lesungen in den Räumlichkeiten statt, Infos auf der Website.

SYNAGOGE, MÄNNERSCHULE UND RABBINERHAUS

Schnaittach hatte seit dem 15. Jahrhundert eine große jüdische Gemeinde und bald einen eigenen jüdischen Friedhof. In den Gebäuden um die ehemalige Synagoge finden Sie heute eine Zweigstelle des Jüdischen Museums in Franken (Fürth, Schnaittach und Schwabach). Neben der beeindruckenden Synagoge selbst zeigt die Ausstellung in Schnaittach viele Alltagsgegenstände und bringt auch das Leben in einer jüdischen Familie näher.

ENTDECKER PASS.COM
FREIZEIT ERLEBNIS KULTUR

Blumenfest Röthenbach

WWW.ROETHENBACH.DE

Termine

2012: Sonntag, 26. August

Unser Tipp

Der Umzug ist eine gute Stunde unterwegs und macht dabei eine Schleife, so dass Sie ihn theoretisch mindestens zweimal sehen können.

DIE KÖNIGIN DES HERBSTES

Die Dahlie, benannt nach dem schwedischen Botaniker Andreas Dahl, gelangte erst 300 Jahre nach der Entdeckung Amerikas von Mexiko nach Europa, trat aber sofort einen großen Siegeszug an. In den 1920er Jahren fanden die Röthenbacher Andreas Patutschnik und Georg Zimmermann ebenfalls Gefallen an der Blume, kreierten eigene Züchtungen und gründeten 1927 den Kleingartenverein „Flora". Schon ein Jahr später kam es zur ersten Blumen-Ausstellung, 1929 schließlich zum ersten Umzug. Heute gehört das Blumenfest am letzten Augustsonntag mit einer halben Million (importierter) Dahlien zu den schönsten Veranstaltungen in Franken. Die Wagen bleiben meist noch eine gute Woche stehen, damit sie weiter bewundert werden können.

Heimat auf'm Teller

WWW.HEIMAT-AUFM-TELLER.DE

Unser Tipp

Sie können auch einfach den aktuellen Flyer herunterladen und ins Auto packen. Ein Zwischenstopp bei einem der Hofläden lohnt eigentlich immer!

REGIONALES BEWUSSTSEIN BEIM ESSEN UND TRINKEN

Für die Mitglieder des Vereines Heimat auf'm Teller stehen die Produkte aus der Region im Vordergrund. Sie wollen die Menschen dazu animieren, das Gute von daheim wieder erkennen und wertschätzen zu lernen. Schließlich ist klar: „Wer sich Heimat schmecken lässt, schützt Heimat." Und das in vielerlei Hinsicht. Weitere Schlagworte sind „Bauernmarkt statt Supermarkt" oder „Karpfen statt Sushi". Selbst wenn man es nicht ganz so radikal sehen will, der Geschmack der Frankenschmankerl überzeugt! Auf der Internetseite finden Sie eine Übersicht zu den ca. 50 Mitgliedsbetrieben und ihren verschiedenen Erzeugnissen. Dazu gehören auch 13 Gastwirtschaften, bei denen Sie sich sogar das Kochen sparen ...

Blaues Haus Hersbruck

WWW.BLAUES-HAUS-HERSBRUCK.DE

Öffnungszeiten

Mi-Mo 11.30-14 Uhr
Mi-So auch 17.30-22.30 Uhr

Anschrift

Prager Straße 27
91217 Hersbruck
Tel.: 09151-8659898

Unser Tipp

Jeden ersten Sonntag im Monat gibt es von 10-14 Uhr Brunch, vorher reservieren!

AUS LIEBE KÖSTLICH

Christina Vogt und Sebastian Zemczak haben liebevoll eine wahre kulinarische Oase in der ansonsten relativ klar strukturierten Gastronomielandschaft der cittaslow Hersbruck geschaffen. Wie es sich für solche Kleinodien gehört, muss man auch dieses Juwel erst finden, schließlich liegt es weitab vom Verkehr in einem Hinterhof. Der Weg lohnt sich in jeder Hinsicht! Im Sommer einer der schönsten Biergärten der Stadt, weil eben nicht auf dem Präsentierteller, und drinnen sowieso heimelig und stilvoll. In der Küche setzt der gelernte Koch spannende Akzente und schafft immer wieder neue Kreationen aus regionalen, frischen Zutaten aller Art. Darüber wacht Haushund Paul, der anfänglich auch der Archäologin Christina Vogt die nötige Sicherheit verliehen hat, als sie beschloss, der Liebe wegen Doktorarbeit gegen Serviertuch zu tauschen und bei ihrem zukünftigen Mann den Service zu übernehmen.

Weitere Tipps

Deutsches Hirtenmuseum Hersbruck
Drei Etagen mit allerlei Informativem zu Hersbruck und den Hirten. Eisenhüttlein 7, 91217 Hersbruck, Tel. 09151-2161, Mi-So 10-16 Uhr, Erw. 3,-/Erm. 1,-

Gasthaus Scharrer
„Ranch" in Altensittenbach, imposanter Wild-West-Biergarten. Do-Di ab 9 Uhr, Nürnberger Straße 114, 91217 Hersbruck-Altensittenbach, Tel. 09151-6134

Fuchsau
Wunderschön gelegene Idylle, besonders für Familien. Mi-So ab 11 Uhr, Fuchsau 1, 91217 Hersbruck, Tel. 09151-6130

Burg Hartenstein
Erstmals in ihrer Geschichte ist die Burg seit 2004 öffentlich zugänglich und beherbergt unter anderem ein Museum (Erw. 4,-/Erm. 2,-) und ein Restaurant. Schöner Weihnachtsmarkt am ersten Advent! Burg 1, 91235 Hartenstein, Tel. 09152-9282197, www.ritterhartenstein.de. Sa/So 10-17. Erw. 4,-/Erm. 2,-

Michelmühle
Geheimtipp am Fluss, Metzgerei und Biergarten. Mo-Fr ab 9, Sa 10-15, So ab 17 Uhr. Mittwoch Ruhetag. Obermühlweg 30, 91217 Hersbruck, Tel. 09151-1500, www.michelmuehle.de

Kratzers Biergarten
Slow-Food-Biergarten in der Innenstadt. Tägl. ab 8.30 Uhr. Unterer Markt 9, 91217 Hersbruck, Tel. 09151-2723, www.kratzers-biergarten.de

Happurger Stausee
Wunderschön gelegen bietet der See mit Pumpspeicherkraftwerk allerlei Freizeitaktivitäten, Schwimmen nur im kleinen Bruder, dem Baggersee nebenan.

Berggasthof Igelwirt
Traditionsgasthof auf dem Schlossberg über Osternohe mit Traumblick. Di-So ab 6.30 Uhr. Igelweg 6, 91220 Schnaittach-Osternohe, Tel. 09153-4060, www.igelwirt.de

Birkensee bei Röthenbach
Wunderschöner Badesee mit FKK-Bereich, Sandstrand und vielen Bäumen. Röthenbachtal, 90552 Röthenbach an der Pegnitz.

Wolfshöher Bräustüber'l
Brauereigaststätte mit zünftigem Biergarten. Tägl. ab 10.30. Wolfshöhe 14, 91233 Neunkirchen am Sand, Tel. 09153-920778, www.wolfshoeher.de

Edelweißhütte
Traumterrasse mitten im Wald, mit großem Spielplatz und vielen Wandergelegenheiten. Tägl. ab 10 Uhr (Umbau bis Ende März 2011). Deckersberg 34, 91230 Happurg, Tel. 09151-8398804

Burg Veldenstein
Gut erhaltene Wehranlage mit Ferienwohnung im Nordost-Turm. 91284 Neuhaus an der Pegnitz. www.burg-veldenstein.de

Hersbrucker Eselrennen
Beliebter Publikumsspaß am ersten Sonntag im August (Gleichzeitig Altstadtfest) www.hersbruck.de

Wenzelschloss Lauf
Ehemalige Kaiserresidenz auf einer Pegnitzinsel in Lauf. Wappensaal mit über 120 eingehauenen Wappen. Schloßinsel 1, 91207 Lauf, Tel. 09123-1842113

Naturschutzzentrum Wengleinpark
Ein ehemals privat gegründetes Refugium, das heute offizielle Umweltstation des Bundes Naturschutz in Bayern ist. Am Schloß 14, 91239 Henfenfeld, Tel. 09151-70200, www.naturschutzzentrum-wengleinpark.de

Touristinfo:

Waldluststraße 1
91207 Lauf a. d. Pegnitz
Tel.: 09123-9506061
www.nuernberger-land.de

Bildquellen (Seite): Gemeinde Burgthann (523), Fackelmann Therme (525), Stadt Altdorf (526), Hans-Peter Eberhard (535)

Frankens Bierkultur von A bis Z

WWW.BIER.BY

„Bier ist der überzeugendste Beweis dafür, dass Gott den Menschen liebt und ihn glücklich sehen will."

Benjamin Franklin

Bier fasziniert – nicht nur amerikanische Gründerväter wie Benjamin Franklin, sondern auch die Einwohner und Gäste des Landes mit der größten Brauereidichte der Welt: Franken. Da liegt es nahe, diese einzigartige Kultur genau unter die Lupe zu nehmen und die insgesamt knapp 300 Brauereien zu portraitieren.

Dieser Mammutaufgabe, lange Zeit ungelöst, haben wir uns gestellt. Wir starteten bereits 2008 die Recherche für „Frankens Brauereien und Brauereigaststätten – Die fränkische Bierkultur auf 672 Seiten". Am Tag des Bieres, dem 23. April 2010 wurde das Werk dann der Öffentlichkeit präsentiert, in dem alle fränkischen Braustätten, Brauereimuseen, Bierfeste und viele weitere Informationen rund um das Thema Bier gesammelt sind.

Jede Brauerei wird auf einer Doppelseite dargestellt, mit allen wichtigen Fakten wie Gründungsdatum, Bierausstoß, den Biersorten etc. Lebendige Fotos aus Brauerei und Brauereigaststätte geben einen Einblick in den jeweiligen Betrieb, eine kurze Beschreibung vermittelt Hintergründe zu Geschichte und Besonderheiten. Dazu kommt der nächstgelegene Halt der öffentlichen Verkehrsmittel, damit die Besucher auch ohne Auto unkompliziert anreisen können. Außerdem geben die für unsere Bücher typischen Symbole einen schnellen Überblick, beispielsweise, ob eine Gaststätte leicht zugänglich ist oder Übernachtungsgelegenheiten bietet, oder ob eine Brauerei Führungen oder Bierversand bietet. Natürlich geben wir Autoren auch eine Übersicht zum jeweiligen kulinarischen Angebot und passende Tipps. Zum Buch gehört auch eine große Brauereienkarte mit allen Brauereien und – auf der Rückseite – den zugehörigen Kontaktdaten.

Sie sehen: An dieser Bierbibel kommt kein Franken- oder Bierliebhaber vorbei!

Buchdaten:

Autoren: Markus Raupach / Bastian Böttner
Titel: Frankens Brauereien und Brauereigaststätten
Verlag: Fränkischer Tag Buchverlag
672 Seiten, ISBN: 978-3936897807
Preis: 19,90

Jetzt erhältlich im Buchhandel und in allen Geschäftsstellen vom Fränkischen Tag, Coburger Tageblatt, Saale-Zeitung, Die Kitzinger und der Bayerischern Rundschau sowie unter Tel.: 09221/949-311 oder online auf www.ft-buchverlag.de

Die Drei-Flüsse-Stadt

Hier in Roth fließen Roth und Aurach in die Rednitz, die sich später nordwestlich von Fürth mit der Pegnitz zur Regnitz vereint. Sein Stadtrecht besitzt die heute knapp 25.000 Einwohner zählende Stadt schon seit der Mitte des 14. Jahrhunderts. Kaiser und Reich erkannten den Ort als Asyl an, weswegen viele Verfolgte hier Zuflucht fanden. Sichtbarstes Zeichen der Vergangenheit ist das Schloss Ratibor, das die Ansbacher Markgrafen bis 1535 errichten ließen. Zu den historischen Sehenswürdigkeiten kam der 1993 fertiggestellte Rothsee als Wasserspeicher, Stromquelle und Naherholungsgebiet.

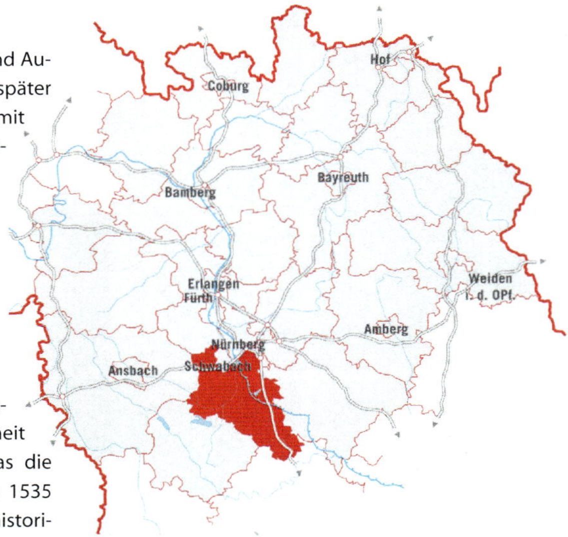

metropolregion **nürnberg**

Rothsee (S. 548)

DB **Bahnhöfe:** Mühlstetten, Georgensgmünd, Unterheckenhofen, Roth, Lohgarten, Eckersmühlen, Hilpoltstein, Rednitzhembach, Büchenbach; (Liniennetz siehe Seite 18)

Eisenhammer Eckersmühlen (S. 550)

Schlosshofspiele Ratibor (S. 554)

Pflugsmühle (S. 546)

Das Land um Roth bildet den geografischen Mittelpunkt des Freistaates Bayern und beinhaltet unter anderem die Hopfenmetropole Spalt. Das dortige Hopfen- und Brauereimuseum wird leider immer noch umgebaut, aber vielleicht haben Sie ja Glück, und in 2012 kann wieder geöffnet werden. Das Bier kann freilich trotzdem genossen werden, unter anderem direkt in der Brauerei, die ihr Bier schon seit Ewigkeiten mit folgendem Spruch bewirbt: „In Spalt, in Spalt, dou wern die Leit gor alt; sie kenna nix dafier, dös macht dös goute Bier!"

Brauereiführungen in Spalt

WWW.SPALTER-BIER.DE

Anschrift

Brauereigasse 3
91174 Spalt
Tel.: 09175-796111

Unser Tipp

Machen Sie einen Ausflug mit dem Pferdegespann der Brauerei (www.planwagen-hofmann.de).

DEUTSCHLANDS EINZIGE STADTEIGENE BRAUEREI

Nicht nur der Hopfen, sondern auch das Bier selbst tragen den Ruf der kleinen Stadt in alle Welt hinaus. Selbst in den USA wird mit Spalter Hopfen gebraut, der auch den Geschmack des Bieres der Brauerei maßgeblich bestimmt. Bei einer Brauereiführung erleben Sie den gesamten Brauprozess von den Maisch- und Läuterbottichen über Gär- und Lagerkeller bis zur Füllerei. Eine anschließende Verkostung versteht sich natürlich von selbst. Preise und Termine bitte telefonisch erfragen.

Fallschirmspringen in Thalmässing

WWW.FREIFALLEN.DE

Anschrift

Flugplatz Waizenhofen 40
91177 Thalmässing
Tel.: 09173-794771

Preise

Tandemsprung ab 129,- Euro

Unser Tipp

Begleiter können währenddessen einen Rundflug unternehmen – ohne Ausstieg, versteht sich...

GANZ SCHNELL AUF 4.000 METER HÖHE

„Der ultimative Kick" – so bezeichnen die Fans einen Fallschrimsprung. Wer es nicht ganz alleine angehen will, kann einen Tandemsprung mit einem erfahrenen Tandemmaster wagen, auf jeden Fall steigt man mit bis zu neun anderen Wagemutigen in die Pilatus Porter von skydive colibri. Eine Viertelstunde später kann man in vier Kilometern Höhe aussteigen und eine knappe Minute freien Fall erleben. Anschließend schwebt man noch etwa fünf Minuten am Schirm zurück zum Fluggelände.

Langstreckentriathlon „Challenge"

WWW.CHALLENGE-ROTH.COM

Unser Tipp

Das umfangreiche Rahmenprogramm bietet gerade für Familien ein Komplettpaket, den Abschluss bildet ein großes Hochfeuerwerk um 22.30 Uhr.

FASZINATION TRIATHLON

Jedes Jahr im Juli befällt die gesamte Region ein großes Triathlon-Fieber. Dann starten nämlich über 2.500 Einzelstarter und mehr als 500 Staffeln zum großen Wettkampf: 3,8 km Schwimmen im Main-Donau-Kanal, 180 km Radrennen – unter anderem durch Greding und Thalmässing – und abschließend 42 km Laufen mit Zieleinlauf im Rother Triathlon-Stadion. Manche schaffen diese Distanz in ihrem ganzen Leben nicht, andere brauchen weniger als acht Stunden dafür. Erstere gehören dann auch zu den über 120.000 Zuschauern, die die Strecken säumen. Nicht verpassen! Termin 2012 ist der 8. Juli.

BarfußWonnenWeg und AbenteuerWald

WWW.SPALT.DE | WWW.ABENTEUER-WALD.COM

Anschrift

Zum Igelsbachsee 1
91174 Enderndorf am See
Tel.: 09175-907257

Preise

AbenteuerWald:
Erw. ab 15,- Euro / Erm. ab 10,- Euro
BarfußWonnenWeg Eintritt frei

Unser Tipp

Um Wartezeiten zu vermeiden, sollten Sie sich vorher telefonisch anmelden. Die Ausrüstung kann komplett geliehen werden.

WANDELN IN BAUMWIPFELN

Möchte man auf dem Boden bleiben, sollte man den etwa zwei Kilomter langen Barfuß-WonnenWeg beschreiten, der als Rundweg zwischen Stockheim und Enderndorf durch die Bäume führt (Start und Ende neben dem Campingplatz, Schließfächer vorhanden). Will man dagegen in die Lüfte steigen und seinen Mut erproben, sollte man den AbenteuerWald erkunden. Auf zwei verschiedenen Parcours können Erwachsene und Kinder Stationen zwischen Baumpodesten meistern. Dazu gehören auch ein spektakulärer Lianensprung und zahlreiche Seilabfahrten.

Erlebnis Pflugsmühle

WWW.PFLUGSMUEHLE.DE | WWW.PFLUGSMUEHLE.COM

Öffnungszeiten

Freizeiteinrichtung tägl. ab 10 Uhr
Biergarten: im Sommer tägl. ab 13.30, Sa ab 11, So ab 10 Uhr, im Winter Do/Fr ab 17, Sa ab 14 und So ab 12 Uhr

Eintrittspreise

Swingolf 18 Loch Erw. 10,- / Erm. 9,-
Minigolf Erw. 4,50 / Erm. 3,50
Buggy Erw. 8,- / Erm. 7,-
Pony 30 Min. 7,-

Unser Tipp

Hier sollte man wirklich ganz viel Zeit mitbringen, um möglichst viele Attraktionen genießen zu können!

ESSEN, RACEN UND STREICHELN

Die Pflugsmühle bietet alles, was das Urlauberherz begehrt. Angefangen von der spaßigen Buggyracing-Bahn (nicht nur für Kinder!) über Mini- und Swin-Golf (eine vereinfachte Golfvariante) bis Ponyreiten und Streichelzoo – hier kann man erstmal richtig viel erleben. Anschließend lockt der Biergarten der ehemaligen Mühle zur gemütlichen Rast und mit einem der schönsten Sonnenuntergänge des Seenlandes. Wer möchte, kann sich die Spezialitäten rund um das selbstgebackene Steinofenbrot auch im Mühlenladen für zuhause mitnehmen.

Anschrift

Pflugsmühle 1
91183 Abenberg

Tel.: 0172-8471832 (Freizeiteinrichtungen)
Tel.: 09873-97980 (Biergarten)

Gredinger Sport- und Freizeitbad

WWW.GREDING.DE

Öffnungszeiten

Werktags ab 10 Uhr
Sa/So/Ft ab 9 Uhr
Genaue Öffnungszeiten siehe www.greding.de

Eintrittspreise

Tageskarte (ohne Sauna):
Erw. 3,80 Euro / Jugendliche 2,80 Euro

Anschrift

Am Hallenbad 1
91171 Greding
Tel.: 08463-1265

Unser Tipp

Die Extra-Temperatur gibt's auch am (Senioren-)Montag von Oktober bis Mai, unter anderem mit Wassergymnastik von 10 bis 11 Uhr.

SONNTAGS GANZ WARM

Jeden Sonntag von Oktober bis Mai herrscht hier Familien-Warmbadetag – das Wasser ist auf 31 Grad aufgeheizt – so macht das Baden richtig Spaß! Doch auch an den anderen Tagen lohnt der Besuch für Schwimm- und Saunafreunde. Wer mag, kann sich sogar eine Massage oder Fußpflege gönnen. Zwischendurch kann man sich entweder beim Beachvolleyball oder Tischtennis austoben oder im eigenen Restaurant und Biergarten auch etwas gegen den Hunger tun.

Rothsee

WWW.ROTHSEE.DE

Anschrift

Erholungszentren:
Birkach, Grashof, Heuberg

Unser Tipp

Den besten Eindruck bekommt man auf dem Damm zwischen Vor- und Hauptsperre, wer mag, kann auch eine Rikscha mieten...

DAS SEEN-WUNDER

Der zweigeteilte Rothsee bietet nicht nur die perfekte Kulisse für Wassersport aller Art, auch darum herum hat der See einiges zu bieten. In der neuen Umweltstation des Landesbund für Vogelschutz (liegt direkt neben dem Segelzentrum am Großen Rothsee, auf dem Fischlehrpfad am Südostufer und im Rothseepavillon) kann man einiges lernen. Drei Erholungszentren (Birkach, Grashof und Heuberg) locken zum Baden, Spielen und natürlich auch Essen. Streckenbeschreibungen zu Wanderwegen finden Sie unter www.urlaub-roth.de.

Altstadt Greding

WWW.GREDING.DE

Anschrift

Amt für Kultur und Tourismus
Marktplatz 11 + 13
91171 Greding
Tel.: 08463-90420

Unser Tipp

Jedes Jahr findet am ersten Wochenende im September auf dem Marktplatz der Gredinger Trachtenmarkt statt. Mit rund 10.000 Besuchern ist er der wichtigste Markt seiner Art in Deutschland.

3.000 SCHRITTE

So heißt ein neuer Spazierweg, der das Tagespensum der Aktion „Deutschland wird fit" direkt in die Gredinger Altstadt verlegt. Viele denken vielleicht, dass die Sehenswürdigkeit des Ortes in der Autobahnausfahrt liegt, aber die wahre Schönheit finden Sie mitten in dem historischen Städtchen: Markplatz, Rathaus, Schloss, Pfarr- und Martinskirche, Karner (Beinhaus), Stadtmauer, Friedhof und vier Stadttore. Dazu natürlich noch viele Bürgerhäuser und das Museum Natur & Mensch (im Umbau) mit bedeutenden prähistorischen Funden.

Museum Historischer Eisenhammer Eckersmühlen

WWW.EISENHAMMER-ECKERSMUEHLEN.DE

Öffnungszeiten

März Sa/So 13-17 Uhr
April-Oktober auch Mi-Fr

Eintrittspreise

Erw. 3,- Euro / Erm. 1,- Euro

Anschrift

Eckersmühlen 1
91154 Roth
Tel.: 09171-81329

Unser Tipp

Unbedingt zur Schmiedevorführung kommen!

DER HAMMER

Bis 1974 arbeitete der Eisenhammer bei Eckersmühlen, zuletzt 200 Jahre im Besitz der Familie Schäff. Das Museum ermöglicht heute die eindrucksvolle Zeitreise zurück in die Jahre der mit Wasserkraft betriebenen wuchtigen Hämmer. Bei einer Live-Vorführung erleben Sie wie das Leben in die vorindustrielle Anlage zurückkehrt: Eine Turbine setzt die Hauptwelle in Bewegung. Von dort erfolgt die Kraftübertragung auf die einzelnen Hämmer mithilfe lederner Transmissionsriemen. In einem gesonderten kleinen Museumsraum können Sie auch die Herstellung dieser so wichtigen Kraftüberträger kennen lernen.

ENTDECKER PASS.COM
FREIZEIT ERLEBNIS KULTUR

Museen auf Burg Abenberg

WWW.MUSEEN-ABENBERG.DE

Öffnungszeiten
März-Dezember Do-So 11-17,
April-Oktober auch Di+Mi

Eintrittspreise
Erw. 3,- Euro / Erm. 2,- Euro

Anschrift
Burgstr. 16
91183 Abenberg
Tel.: 09178-90618

Unser Tipp
Auf der Turnierwiese finden regelmäßig Veranstaltungen statt, eine einmalige Kulisse!

WENN FRANKEN KLÖPPELN ...

... dann kommen oft ganz besonders prächtige Kunstwerke dabei heraus. Zu sehen im Klöppelmuseum auf der zwischen 1130 und 1140 erbauten Burg Abenberg, der Krone des Rangaues. Auf einer Fläche von 40 x 40 Metern präsentiert sich die 2001 renovierte Steinburg mit zwei Museen, Gastronomie und einem Anbau für Sonderausstellungen. Den historischen Anger südlich der Hauptburg beschreibt Wolfram von Eschenbach im Parzifal als Turnierwiese, womit es der einzige in Bayern sicher dokumentierte Turnierort auf einer Burg ist. Im schon erwähnten Klöppelmuseum gibt es viel zu erkunden; sogar selbst Hand anlegen können die Besucher. Als zweites findet sich in der Burg das Haus fränkischer Geschichte.

Markgräfliches Jagdschloss Ratibor

WWW.LANDRATSAMT-ROTH.DE

Öffnungszeiten
Frühling-Oktober Di-So 13-17 Uhr

Eintrittspreise
Erw. 1,50 Euro / Erm. 0,50 Euro

Anschrift
Hauptstraße 1
91154 Roth
Tel.: 09171-848532

Unser Tipp
Jeden ersten Samstag im Monat startet um 14 Uhr eine Schlossführung (Museumseintritt plus 1,- Euro)

EIN GROSSES GESCHENK FÜR ROTH

Das 1535 erbaute Jagdschloss mitten in Roth ist ein doppeltes Geschenk an die Stadt. Einerseits vom Erbauer, Georg dem Frommen, Markgraf von Brandenburg-Ansbach, andererseits aber auch von der Fabrikantenfamilie Stieber, die es 1942 der Stadt schenkte. Heute beherbergt es neben dem sehenswerten Museum auch die Stadtbücherei. Der Bau wurde im 16. Jahrhundert hauptsächlich durch Einnahmen aus den schlesischen Besitzungen des Markgrafen, den Fürstentümern Oppeln und Ratibor, finanziert, woraus sich die Benennung „Schloss Ratibor an der Retzet (Rednitz)" erklärt.

Vor- und frühgeschichtliches Museum

WWW.URLAUB-ROTH.DE | WWW.THALMAESSING.DE

Öffnungszeiten
April-Oktober
Di-So 10-12 und 13-16 Uhr

Eintrittspreise
Erw. 1,50 Euro / Erm. 1,- Euro

Anschrift
Marktplatz 1
91177 Thalmässing
Tel.: 09173-9134

Unser Tipp
Nebenan steht das Gasthaus zur Krone, das nicht nur einen schönen Anblick, sondern auch eine sehr gute bodenständige Küche bietet (Tel.: 09173-9791).

IN DIE ZEIT DER KELTEN REISEN

In diesem sehenswerten Museum geht es um die Zeit von der Steinzeit bis zur Völkerwanderung. Zu den Ausstellungsstücken gehören ein vollständig geborgenes, ca. 4000 Jahre altes Hockergrab und der Nachbau einer hallstattzeitlichen Grabkammer mit Funden aus dem Landersdorfer Gräberfeld. Im Erdgeschoss lernen die Besucher, vor allem auch Kinder, viel über das Handwerk in der Frühzeit. Sie können selbst Hand anlegen und unter anderem Schmuck herstellen, Tuch weben, Holz drechseln, Stoff bedrucken und Getreide mahlen. Der ans Haus angeschlossen archäologische Wanderweg führt zu den Fundplätzen am Jurarand.

Schlosshofspiele im Schloss Ratibor in Roth

WWW.SCHLOSSHOFSPIELE-ROTH.DE

Termine

Stücke und Termine siehe Website

Preise

9,- Euro pro Karte, bestellbar unter Tel.: 09171-848-522 bzw. 09171-1096

Unser Tipp

Ein besonderes Erlebnis ist der Besuch an den Kerwatagen, dann zeigt sich Roth von seinen beiden schönsten Seiten.

BÜRGER SPIELEN FÜR BÜRGER

Die Schlosshofspiele haben sich in den letzten Jahrzehnten zu einem festen Bestandteil der Kulturszene der Stadt entwickelt. Etwa vier Wochen lang wird ein Stück von den Mitgliedern des Trägervereins Schlosshofspiele Roth e.V. auf die Beine gestellt, dessen letzte Aufführungen zur Kirchweih stattfinden. Auf dem Spielplan standen schon Stücke von Hans Sachs, Moliere, Goldoni, Shakespeare, Gryphius und Kleist. Zur Belohnung gibt es jedes Jahr Blumen für die weiblichen Mitwirkenden und Biermarken für die Herren der Schöpfung (übrigens hat auch schon der Bürgermeister mitgespielt).

Direktvermarkterdorf Gustenfelden

WWW.GUSTENFELDEN.COM

Anschrift

Hofläden Gustenfelden
Dorfstraße 1
Schwabach
91189 Gustenfelden
Tel.: 09122-81557

Unser Tipp

Die Landwirte können Ihnen eine Menge über ihre Erzeugnisse und auch interessante Zubereitungsvarianten erzählen.

REICHLICH UND REICHHALTIG

Fünf Direktvermarkter haben sich hier in Gustenfelden „Original Regionalen" Produkten verschrieben. Neben der Winkler Mühle mit Mehl, Müsli, Samen und Tiernahrung sowie dem Geflügelhof Wagner mit Eiern, Nudeln und bratfertigem Geflügel bietet die Metzgerei Rosskopf eine breite Palette von Wurst- und Fleischwaren an. Zwei Obstbauern, Winkler und Bub, komplettieren das Sortiment mit Äpfeln, Birnen, Erdbeeren, Zwetschgen, Säften und Bränden.

Landgasthof Zum Schnapsbrenner

WWW.SCHNAPSBRENNEREI.COM

WENN AUS HOPFEN SCHNAPS WIRD ...

... dann ist man beim Schnapsbrenner gelandet. Und damit im Paradies – zumindest wenn man auf die kleinen hochprozentigen Genüsse steht. Womit wir der Küche des Hauses natürlich nicht unrecht tun wollen, die hat uns nicht minder geschmeckt, das Highlight bleibt aber logischerweise die Schnapspalette von Familie Walther, die in einem speziellen Verkostungs- und Verkaufsraum auch ganz professionell ausprobiert und mit nach Hause genommen werden kann.

Öffnungszeiten

Tägl. Mo bis Sa ab 17 Uhr
So ab 11 Uhr
(im Winter Mo Ruhetag)

Speisen & Getränke

Spezialitäten: Steaks vom fränkischen Weiderind, Sauerbraten vom Weiderind, Hitzplootz. Biere: Felsenbräu/Thalmannsfeld: Pils, Bier (beides vom Fass), komplettes Flaschenbier-Sortiment. Spalter: Nr. 1 (Pils). Riedenburger: Emmer-Bier (Bio), alkoholfreies Dinkelbier (Bio).

Unser Tipp

Genießen Sie ein Steak vom fränkischen Weiderind und danach einen oder mehrere Schnäpse.

Anschrift

Dorfstraße 67
91174 Spalt-Großweingarten
Tel.: 09175-79780

Weitere Tipps

Kuhstallcafé in Mäbenberg
Kaffee und Kuchen genießen mit Blick auf den Kuhstall. Krumme Leiste 2, 91166 Mäbenberg, Tel. 09172 72 97, www.kuhcafe-maebenberg.de, So/Ft ab 13.30 Uhr

Spaßwanderweg für Familien in Thalmässing
„Beweech dein Oarsch und lach die krumm!" Ein Wanderweg nach völlig neuem Konzept. www.spasswanderweg.de

Saazer Heimatmuseum
Sammlung von Hermann Wurdinger mit zahlreichen Andenken an die Sudetenzeit in Saaz, zu sehen im Markgräflichen Schlösslein, Bahnhofstraße 1, 91166 Georgensgmünd. Besichtigung nach Vereinb. Tel. 09172-4749362 / 0172–6320102 / 0171–6229163.

New Orleans Music Festival Wendelstein
Die Jegelscheune aus dem frühen 18. Jahrhundert wird nur bei Konzerten bewirtschaftet. Anfang Mai steigt das beliebte New Orleans Music Festival. www.wendelstein-jegelscheune.de

Jüdisches Museum mit Friedhof
Seit dem 16. Jahrhundert befand sich in Georgensgmünd bis zur NS-Zeit eine große jüdische Gemeinde. Synagoge, Taharahaus und Friedhof können besichtigt werden (09172-70372). 2,- pro Person. Museum und Friedhof (frei zugänglich) sind im Ort ausgeschildert.

Landgasthof-Pension Fuchsmühle
Traumhafte Idylle im Wald mit Wild und Karpfen aus eigener Zucht. Fuchsmühle 1, 91161 Hilpoltstein, Tel. 09174-9385, www.fuchsmühle.de. Tägl. ab 10 Uhr (Im Winter Mo/Di Ruhetag).

Fabrikmuseum Roth
Museum zur Geschichte der leonischen Industrie mit voll funktionsfähigen Anlagen. Obere Mühle 4, 91154 Roth, Tel. 09171-60564. www.fabrikmuseum-roth.de. März-Oktober Sa/So 13.30-16.30 Uhr. Erw. 3,-/Erm. 2,-

Burg Hilpoltstein
Ruine der bald 1.000jährigen Burganlage mit toller Aussicht vom Bergfried. Maria-Dorothea-Straße 8, 91161 Hilpoltstein, www.hilpoltstein.de. April-Oktober Sa/So/Ft 10.30-17 Uhr. Erw. 1,50/Erm. 1,-

Freizeitbad Roth
Freibad mit Sprungturm und Eltern-Kind-Bereich. Friedrich-Wambsganz-Str. 2, 91154 Roth, Tel. 09171-989110. www.stadtwerke-roth.de. Erw. 3,80/Erm. 2,-

Gasthaus „Zur frischen Quelle"
Schönster Panoramablick weit und breit. Gute fränkische Küche mit Spezialitäten. Unteres Dorf 6, 91174 Spalt-Hagsbronn, Tel. 09175-591, www.gasthaus-zur-frischen-quelle.de. Tägl. ab 9 Uhr, Di Ruhetag.

Landgasthof Stache
Liebevoll geführtes Gasthaus mit Wohlfühlgarantie und schönem Biergarten. Mosbach 10, 91174 Spalt, Tel. 09172-8151, www.landgasthofstache.de. Tägl. ab 11 Uhr, Mo Ruhetag.

Campingplatz Wallesau
Der Waldsee oder auch Steiner Weiher ist perfekt für Camper, kann aber auch „nur so" besucht werden, mit Gastronomie. Badstraße 37, 91154 Roth, Tel. 09171-5570, www.camping-waldsee.de

Hans-Gruber-Keller
Wunderschöner Bierkeller oberhalb von Spalt, mit Blick auf die Hopfengärten. Hans-Gruber-Keller 1, 91174 Spalt, Tel. 09175-340, www.hansgruberkeller.de. Tägl. ab 9 Uhr, Do Ruhetag.

Burg Wernfels
Die romantische Burganlage wurde im 17. Jahrhundert neu aufgebaut und beherbergt heute eine Freizeiteinrichtung des CVJM. Burgweg 7-9, 91174 Spalt, Tel. 09873/976120.

Gasthof Blumenthal
Oase für Genießer, bei Familie Kocher gibt es auch sehr feines Außergewöhnliches. Stiegelmühle 42, 91174 Spalt, Tel. 09873-332, www.gasthof-blumenthal.de. Tägl. ab 10.30 Uhr, Mo/Di Ruhetag.

Touristinfo:

Weinbergweg 1
91152 Roth
Tel.: 09171-81329
www.urlaub-roth.de

Bildquellen (Seite): Landratsamt Roth (542-543,545,547,550,554,555), TEAMChallenge GmbH (544)

Die kleine, goldene Stadt

Die kleinste kreisfreie Stadt Bayerns kann auf eine lange, erfolgreiche Geschichte zurückblicken. Das Städtchen an der Schwabach, die unweit in die Rednitz mündet, basiert auf einem fränkischen Königshof aus dem achten Jahrhundert. Die erste urkundliche Erwähnung stammt aus dem Jahr 1117. Kurz darauf gehörte „suabach" zu den Besitzungen des Klosters Ebrach im Steigerwald, später dem Grafen Emicho von Nassau, Verteter des späteren Königsgeschlechtes der Niederlande.

Goldschlägernacht (S. 570)

DB **Bahnhöfe:** Schwabach, Limbach; (Liniennetz siehe Seite 18)

Rathaus (S. 561)

Marionettenbühne (S. 560)

Goldschlägervorführung (S. 567)

Stadtmuseum (S. 566)

Nun erfolgte der Aufschwung, auch unter den späteren Herren aus Nürnberg bzw. Brandenburg-Ansbach, 1371 sprechen die Quellen das erste Mal von der Stadt Schwabach. Das Goldschlägerwesen hielt seinen Ein- und Siegeszug (u. a. trägt der Buckingham Palace Schwabacher Blattgold). Nach großen Zerstörungen im Dreißigjährigen Krieg waren es die Hugenotten, die den Ort wiederbevölkerten und lange Zeit eine wesentliche Rolle spielten. Bis in die Neuzeit entwickelte sich eine blühende Handels- und Industriestadt, dessen Bausubstanz im Zweiten Weltkrieg kaum in Mitleidenschaft gezogen wurde. Die Sanierung der Altstadt wurde im Jahr 1979 mit der Verleihung der Europa-Nostra-Medaille gewürdigt.

Schwabacher Marionettenbühne

WWW.SCHWABACHER-MARIONETTEN.DE

Öffnungszeiten
Spielzeit September bis April

Eintrittspreise
5,- Euro

Anschrift
Wittelsbacherstraße 1
91126 Schwabach
Tel.: 09122-16551

Unser Tipp
Kinder unter drei Jahren können umsonst auf den Schoß gesetzt werden.

AUF WUNSCH AUCH MOBIL

Die 1945 von Ruth Bloss gegründete Schwabacher Marionettenbühne hat schon über 60 Inszenierungen auf die Bühne gebracht. Für diese langjährige Initiative haben die Puppenspieler unter anderem den Wolfram-von-Eschenbach-Preis und die Umweltmedaille des Bayrischen Umweltministeriums erhalten. Seit 1979 spielen sie in einer festen Bühne in der Wittelsbacher Straße, kommen aber nach wie vor auch gerne zu Festen, Veranstaltungen oder sogar nach Hause.

Rathaus

WWW.SCHWABACH.DE

Anschrift

Königsplatz
91126 Schwabach
Tel.: 09122-8600

Unser Tipp

Das beste Licht ist gegen Abend, wenn die untergehende Sonne den gesamten Königsplatz in goldenes Licht taucht.

14.000 BLATT GOLD

So viel Schwabacher Blattgold verziert den Goldenen Saal im Rathaus der Stadt, das gemeinsam mit dem Brunnen zu ihrem Wahrzeichen geworden ist. Das Gebäude wurde 1528 im Auftrag des Rates der Goldschlägerstadt erbaut. Seit seiner Komplettsanierung 2002 glänzt das Gebäude an allen Ecken und Enden. Besonders hervorstechend ist das goldene Dach auf dem kleinen Turm in der Nordwestecke.

Stadtkirche St. Johannes und St. Martin

Anschrift

Südliche Mauerstraße
91126 Schwabach

Unser Tipp

Die Schwabacher lassen sich viel einfallen, um die geschätzten fünf Millionen Renovierungskosten beizubringen, helfen Sie doch mit einer Spende mit!

NOCH BIS 2014 GESPERRT

Die Stadtkirche St. Johannes und St. Martin, evangelische Stadtkirche von Schwabach, wurde zwischen 1469 und 1495 in gotischem Stil als dreischiffige Staffelhalle errichtet. Die größte Sehenswürdigkeit stellt der mit reichlich Gold verzierte Schwabacher Altar dar, der aus der Werkstatt von Michael Wolgemut, dem Lehrer von Albrecht Dürer, stammt. Nach der Goldschlägernacht 2010 startete eine vierjährige Sanierung, die eine Komplettsperrung der Kirche mit sich brachte. Bis 2014 können Besucher Fotos ansehen und eine Baustellenkapelle besuchen. Neben Johannes dem Täufer ist die Stadtkirche übrigens dem Schutzpatron Frankens, Martin von Tours, geweiht. Auf ihn gehen auch die weit verbreiteten Martinsumzüge zurück.

Franzosenkirche

Anschrift

Reichswaisenhausstraße 8a
91126 Schwabach
Tel.: 09122-5240

Unser Tipp

Hier finden regelmäßig Konzerte statt, eine der besten Gelegenheiten, die Kirche kennen zu lernen.

EIN SCHLICHTER BAROCKBAU

Französische Hugenotten errichteten 1686 das Gotteshaus als erste ihrer Kirchen in Franken. Statt eines Altars steht nur ein großer Tisch mit einer Bibel an der Stirnseite, die Gobelins rechts und links neben der Kanzel tragen französische Bibelzitate. Ein weiteres Schmuckstück ist die 1729 vom Markgrafen Carl Wilhelm Friedrich gestiftete Fahne. Sie zeigt das markgräfliche Wappen und eine Darstellung der Huldigung. Bis in die Mitte des 19. Jahrhunderts fanden die Gottesdienste der evangelisch-reformierten Gemeinde noch in französischer Sprache statt.

St. Jakobus Unterreichenbach

Anschrift

Stromerstraße
91126 Schwabach-Unterreichenbach
Tel.: 09122-3271

Unser Tipp

Die unweit stehende Gedenktafel erinnert an das Unterreichenbacher Schloss, dessen letzte Reste 1967 abgerissen wurden. Es diente lange Zeit als Jagdsitz der markgräflichen Familie.

EINGEMEINDETES SCHMUCKSTÜCK

Der Weiler Unterreichenbach datiert zurück bis ins 9. Jahrhundert. 1960 wurde der Ort mit seinen knapp 1.500 Einwohnern auf eigenen Wunsch nach Schwabach eingemeindet. Die heutige Jakobuskirche ist ein 1496 vollendeter gotischer Neubau der romanischen Vorgängerkirche. Auf dem Friedhof des Schmuckstückes liegt unter anderem der Maler Alfred Kohler begraben, einer der letzten Vertreter der „Klassischen Moderne" in Deutschland. Der Sohn eines Goldschlägereibesitzers wurde zwischen 1938 und 1945 mit Verkaufsverbot belegt und kehrte nach einer Zeit in Paris 1980 wieder nach Schwabach zurück, wo er 1984 starb.

Schöner Brunnen

WWW.SCHWABACH.DE

Anschrift
Königsplatz
91126 Schwabach
Tel.: 09122-8600

Unser Tipp
Die Stufen des Brunnens bieten eine gute Gelegenheit, mit einem Becher Eis in Ruhe die Schönheit des Marktplatzes zu genießen.

DELPHINE UND NAJADEN

Um den Obelisken in der Mitte des 1716 entstandenen „Schönen Brunnens" befinden sich große geschwungene Brunnenbecken. Dazwischen sitzen vier lebensgroße Najaden und umrahmen gemeinsam mit vier Tritonen die Porträts der markgräflichen Familie. Darüber finden Sie Delphine und ovale Bleireliefs mit Darstellungen aus der griechischen Mythologie. In seiner Geschichte wurde der Brunnen bereits fünfmal komplett restauriert, darunter 1976 wegen des Baus einer Tiefgarage vollständig ab- und wieder aufgebaut.

Stadtmuseum

WWW.SCHWABACH.DE

ENTDECKERPASS.COM

FREIZEIT ERLEBNIS KULTUR

Öffnungszeiten

Mi-So 10-18 Uhr

Eintrittspreise

Erw. 4,- Euro / Erm. 2,50 Euro

Anschrift

Museumsstraße 1
(Eingang: Dr.-Haas-Straße!)
91126 Schwabach
Tel.: 09122-833933

Unser Tipp

Vor der Goldbox, in der die Goldschlägervorführungen stattfinden, steht ein Kasten, bei dem sehr anschaulich die Gewichtsunterschiede verschiedener Stoffe dargestellt sind.

MIT EIERN UND MODELLEISENBAHN

Das Stadtmuseum verfügt seit 2009 über einen großzügigen Erweiterungsbau mit einem neu angelegten Museumspark. Darin finden Sie neben der Dauerausstellung zu den metallverarbeitenden Handwerks- und Industriezweigen Schwabachs mit Schwerpunkt Goldschlägerei einen Überblick zur Stadtgeschichte und eine Sammlung von Blechspielwaren. Die Eiersammlung thematisiert die Rolle des Eis in der Kulturgeschichte der Menschheit. Besonders sehenswert ist das Werksexemplar des Gorbatschow-Friedens-Eies von Fabergé.

Goldschlägervorführung im Stadtmuseum

WWW.SCHWABACH.DE

Eintrittspreise
Erw. 5,- Euro / Erm. 2,50 Euro

Anschrift
Museumsstraße 1
(Eingang: Dr.-Haas-Straße!)
91126 Schwabach
Tel.: 09122-833933

Unser Tipp
Jeden ersten Samstag im Monat finden jeweils um 10, 14 und 16 Uhr Führungen statt. Sonst auf Anfrage für Gruppen ab zehn Personen.

ENTDECKER PASS.com
FREIZEIT ERLEBNIS KULTUR

SCHON MAL GOLD GEGESSEN?

Wenn Sie mal einen der letzten echten Goldschläger live erleben möchten, sollten Sie zu der Goldschlägervorführung ins Stadtmuseum kommen. Dann erleben Sie den Prozess vom Nugget bis zum hauchdünnen Blattgold Stück für Stück persönlich mit. Der Goldschläger erklärt sämtliche Details rund um den Beruf und lässt Sie auch mal selber ran – bis zum Verkosten eines Stückchens Blattgold. Besser schmeckt es allerdings mit Schokolade – erhältlich an der Museumskasse.

Goldene Meile

WWW.SCHWABACH.DE

Unser Tipp
In der Goldschlägerwerkstatt gibt es immer wieder Vorführungen, Infos im Rathaus.

ZEHNMAL GOLD IN SCHWABACH

Zehn Orte in der Stadt gehören zur goldenen Meile, weil sie in mehr oder weniger direktem Zusammenhang mit Blattgold stehen. An jedem steht eine fast zwei Meter hohe Säule mit einem goldenen Band und Erklärungen zu der jeweiligen Station. Zu den Stationen gehören der Goldschläger von Andreas Teuchert (umgebauter Brunnen), die Stadtkirche mit dem Schwabacher Altar, das Rathaus und die Goldschlägerwerkstatt. Eine genaue Wegbeschreibung finden Sie auf der Internetseite der Stadt.

Städtische Galerie

WWW.KUENSTLERBUND-SCHWABACH.DE

Öffnungszeiten
Do/Fr 11-18 Uhr
Sa/So 11-14 Uhr

Anschrift
Königsplatz 29a
91126 Schwabach
Tel.: 09122-875857

Unser Tipp
Der Innenhof des Bürgerhauses ist ein beliebter Treffpunkt in Schwabach und hat auch einige schöne Geschäfte zu bieten.

ZEITGENÖSSISCHE KUNST IM BÜRGERHAUS

Der Künstlerbund Schwabach e.V. betreibt die städtische Galerie in Eigenregie und veranstaltet im Jahr etwa zwölf Ausstellungen unterschiedlicher Künstler, zwei davon Mitglieder des Vereins. Alle zwei Jahre erhält auch der Preisträger der „Ortung" eine Einzelausstellung in der Galerie. Der Ursprung des Vereins geht übrigens auf einen Zusammenschluss überwiegend heimatvertriebener Künstler zurück, die sich ab 1947 alle zwei Wochen trafen und den Verein am 3. Januar 1948 gründeten.

Goldschlägernacht

WWW.SCHWABACH.DE

Termine

In geraden Jahren, genaue Termine siehe www.schwabach.de

Unser Tipp

Parken Sie im kostenlosen Parkhaus am Bahnhof, Shuttle-Busse bringen Sie für kleines Geld ins Zentrum des Geschehens.

NACHT IM ZEICHEN DES GOLDES

In den geraden Jahren macht sich die Stadt Schwabach immer für eine Nacht besonders hübsch. Dann steigt mit der Goldschlägernacht das schillerndste Straßenfest in Franken. Live-Musik, Vorführungen und Aktionen sind über die ganze Innenstadt verteilt, und die Gastronomen bieten eine breite Speisen- und Getränkepalette, jeweils mit der Zutat Blattgold. Den Höhepunkt bildet ein Abschlussfeuerwerk, das den Himmel in verschiedenen Goldtönen erstrahlen lässt.

Ortung – im Zeichen des Goldes

WWW.SCHWABACH.DE

Termine

Genaue Termine siehe Website www.schwabach.de

Unser Tipp

Auch wenn so manches Kunstwerk auf den ersten Blick etwas gewöhnungsbedürftig erscheint – lassen Sie sich darauf ein und Sie werden die Stadt von einer ganz neuen Seite entdecken.

DIE SCHWABACHER KUNSTTAGE

Seit 1999 verwandeln alle zwei Jahre etwa 25 Künstlerinnen und Künstler Alltagsräume in Schwabach in Kunsträume mit Bezug zum Thema Gold. Heraus kommt ein riesiger, begehbarer Kunstparcours, der quer durch die Kirchen, Gewölbe, Parks und auch Privaträume von Schwabach führt. Eine Jury zeichnet jedes Mal die beste künstlerische Gestaltung mit dem Schwabacher Kunstpreis (5000,- Euro) aus.

LesArt - Literaturtage Schwabach

WWW.LESART-SCHWABACH.DE

Termine

Meist im November, genaue Termine und Örtlichkeiten siehe Website www.lesart-schwabach.de.

Unser Tipp

Schon mal einen Poetry Slam erlebt? Nein - dann sollten Sie auf jeden Fall zum Finale des Nachwuchswettbewerbes gehen!

WENN DER OBERBÜRGERMEISTER MODERIERT

Hochwertige zeitgenössische Literatur landet auf den Lesepulten, wenn die Autoren aus dem In- und Ausland ihre aktuellen Werke vorstellen. Während der LesArt-Woche runden spezielle Veranstaltungen wie kulinarische Lesungen und Lesungen renommierter Schauspielerinnen und Schauspieler oder auch Jugendlicher das Programm ab. Regelmäßig begleitet auch ein Nachwuchswettbewerb die LesArt, bei dem ein Nachwuchs- und ein Publikumspreis vergeben werden. (Foto: Sabine Weigand)

Privat-Brauerei Leitner

WWW.LEITNER-BRAUEREI.DE

Öffnungszeiten

Tägl. ab 9 Uhr, Mo Ruhetag

Speisen & Getränke

Spezialität: Schäuferla mit Kloß.
Biersorten: Lager, Pils, Hefeweizen hell, Zwick´l, Prinz-Albrecht-Dunkel, Festbier, Schwabacher Weisse dunkel.

Anschrift

Nürnberger Straße 19
91126 Schwabach
Tel.: 09122-875685

Unser Tipp

Das Bier verkosten Sie am besten in den Leitner Bräu Stub'n. Dort gibt es auch ein hervorragendes Schäuferla.

ZWEI SCHWESTERN AM RUDER

Elke Leitner-Eberle und Ulla Leitner-Pilny sind beide Diplomkauffrauen und leiten die Geschicke der Brauerei, die sie von ihrem Vater Hanskarl Leitner übernommen haben. Mitten in Schwabach gelegen, gehört die 480-jährige Brauerei zum Inventar der Goldschlägerstadt. Und wie zu alten Zeiten wird das Bier auch heute noch in den Felsenkellern unter dem Anwesen gelagert. Die waren übrigens auch der Grund, warum 1649 der Umzug vom alten Standort Friedrichstraße erfolgte.

Weitere Tipps

Gaststätte Döllinger
Uriger Biergarten mit vielen Spezialitäten. Di ab 17, Mi-So ab 11. Schaftnacher Straße 20, 91126 Schwabach, Tel. 09122-71037, www.schaftnach.de

Parkbad
Freibad im Südwesten des Stadtparkes. Angerstraße 10, 91126 Schwabach, Tel. 09122-81772, www.stadtwerke-schwabach.de. Geöffnet tägl. 7.30-20 Uhr. Erw. 3,80/Erm. 2,-

Das Limbacher
Oase unter einem Riesenbaum, schon etwas in die Jahre gekommen. Mo-Do ab 17, Fr/Sa ab 14, So ab 11. Limbacher Straße 104, 91126 Schwabach, Tel. 09122-8941856, www.daslimbacher.de

Spitalkirche
1375 von Hermann Glockengießer und seiner Frau Elisabeth zusammen mit dem Spital gestiftete Kirche. Spitalberg, 91126 Schwabach

Gartenlaube
Traditionsgasthaus mit heimeligem Biergarten. Täglich 11.30-14 und 17 Uhr, Montag Ruhetag. Rittersbacher Straße 1, 91126 Schwabach, Tel. 09122-839454, www.gartenlaube-schwabach.de

Stadtpark
Grüne Lunge Schwabachs mit Schwanenweiher und Musikpavillon. Lindenstraße, 91126 Schwabach.

Gasthof Goldener Stern
Beliebtes Gasthaus am Marktplatz mit Blattgoldgerichten und Sonnenterrasse. Täglich ab 11 Uhr. Königsplatz 12, 91126 Schwabach, Tel. 09122-2335, www.trutschel-goldstern.de

Katholische Pfarrkirche
Die Katholische Stadtkirche St. Sebald wurde erst um 1850 erbaut, als die Zahl der Katholiken in der Stadt 300 erreichte. Ludwigstraße, 91126 Schwabach

Hotel-Gasthof-Metzgerei Drexler
Traditionsmetzgerei mit schönem Biergarten. Mo-Do ab 11, Fr 11-14 Uhr. Wolkersdorfer Hauptstraße 42, 91126 Schwabach-Wolkersdorf, Tel. 0911-630099, www.gasthof-drexler.de

Hallenbad
Dienstag und Mittwoch Warmbadetag mit 28 Grad Wassertemperatur. Bismarckstraße 8, Tel. 09122-82282, www.stadtwerke-schwabach.de. Geöffnet Di-Fr 6.45-7.45 und 15.30-20.30, Sa 7.30-18, So 8.30-11.30 Uhr. Erw. 2,30/Erm. 1,30

Synagoge und Laubhütte
In der Synagogengasse können die ehemalige Synagoge und die Laubhütte besichtigt werden. Info im Jüdischen Museum Franken (0911-770577), jeden ersten Sonntag im Monat offene Führung um 14 Uhr.

Bürgerfest
Altstadtfest am letzten Wochenende vor den Sommerferien. www.schwabach.de

Weihnachtsmarkt
Einer der schönsten Weihnachtsmärkte Frankens mit Lichterschiffchenfahrt und Trachtenkrippenhaus. Am zweiten und dritten Adventswochenende. www.schwabach.de

Griechische Sommernacht im Stadtpark
Open-Air-Picknick mit jeder Menge griechischem Wein. www.schwabach.de

Kinos
Es gibt das bald 100jährige Luna Theater (Neutorstraße 1, 91126 Schwabach, Tel. 09122-5200, www.lunatheater-schwabach.de) und das Scala Filmtheater mit drei Sälen (Bahnhofstraße 21, 91126 Schwabach, Tel. 09122-13330, www.scala-kinos.de)

Touristinfo:

Königsplatz 1 (Rathaus)
91126 Schwabach
Tel.: 09122-860-241
www.schwabach.de

Bildquellen (Seite): Schwabacher Marionetten (560), Stadt Schwabach (564,573)

Das Land der 1.000 Seen

Der nördliche Zipfel der Oberpfalz steht im Zeichen des Wassers. Fischteiche, die Naab und ihre Zuflüsse, Naturbäder und eine echte Karpfenkirchweih, bei der die Kinder die Teiche abfischen. Kein Wunder, dass auch jedes Jahr eine „Oberpfälzer Teichnixe" gekürt wird. Außerdem prägend für den heutigen Landkreis sind die Klöster, allen voran das Kloster Waldsassen, das den Großteil der Ländereien bis 1803 besaß. Zwischenzeitlich bestimmten die Porzellan-, Glas- und Knopfindustrie die Region, bevor die Grenzöffnung das Gebiet wieder in die Mitte Europas rückte.

Waldnaabaue (S. 582)

Bahnhöfe: Reuth, Wiesau, Pechbrunn, Waldershof, Neusorg, Immenreuth, Kemnath-Neustadt; (Liniennetz siehe Seite 18)

Waldnaabtal (S. 581)

Sibyllenbad (S. 583)

Waldnaabaue (S. 582)

Sommerrodelbahn (S. 578)

Heute gibt es wieder einen regen Grenzverkehr, Deutsche besuchen Ziele wie die faszinierende Brauerei in Chodová Planá, Tschechen wandern durch den Steinwald und besteigen den Oberpfalzturm. Auch der Grenzlandturm bei Neualbenreuth hat über Nacht seine ursprüngliche Bestimmung verloren, dafür steht er heute als Mahnmal für die künftigen Generationen, nie wieder solche dunklen Zeiten zuzulassen, wie sie seit dem Aufstieg der Nationalsozialisten und später in anderer Form während des Kalten Krieges herrschten.

Sommerrodelbahn Mitterteich

WWW.FREIZEITHUGL.DE

Öffnungszeiten
Tägl. 10-18 Uhr

Eintrittspreise
Einzelfahrt
Erw. 2,20 Euro / Erm. 1,70 Euro

Anschrift
Großbüchlberg 4
95666 Mitterteich
Tel.: 09633-3985

Unser Tipp
Und natürlich kann man auch bestens essen, in der Petersklause. Großbüchlberg 21, 95666 Mitterteich, Tel.: 09633-673, Mi-So 11-23 Uhr. www.freizeithugl.de.

AUF DEM FREIZEITHUGL

Hier erwartet Sie eine Spaßgarantie! Aushängeschild war für uns die Sommerrodelbahn mit einem legendären Konzept. Und zwar fährt man erst die 13 Riesenkurven herunter und wird dann wieder hochgeschleppt. Während der Hochfahrt kann man sich dann schon mal die richtige Strategie fürs nächste Mal überlegen. Des Weiteren lockt der Freizeithugl noch mit Bungee, Minigolf und Pit-Pat sowie der Bimmelbahn Petersklause-Express, der regelmäßige Rundfahrten aber auch Tagesfahrten (und als Geheimtipp: mobile Brautentführungen) unternimmt. Tel.: 0170-5286864

Geschichtspark Bärnau

WWW.GESCHICHTSPARK.DE

Öffnungszeiten
Tägl. 10-16, März-Oktober 9-18 Uhr

Eintrittspreise
2012: Erw. 4,50 / Erm. 2,50 Euro
2013: Erw. 6,- / Erm. 3,- Euro

Anschrift
Naaber Straße 5b
95671 Bärnau
Tel.: 09635-9249975

Unser Tipp
Jedes Jahr am 3. Oktober können die Gäste beim Aktionstag Fisch im Mittelalter die Bedeutung dieses Nahrungsmittels für unsere Vorfahren hatte.

GESCHICHTE ERLEBEN

An der tschechischen Grenze hat sich ein Verein der frühmittelalterlichen Geschichte verschrieben. In originalgetreuen Nachbauten entstehen ein slawisches Dorf, Wehranlagen und Befestigungen aus der Zeit Karls des Großen, eine Holzkirche und viele weitere wiedererweckte Zeugen aus längst vergangener Zeit. Der Ausbau wird auch in den folgenden Jahren noch weitergehen, man kann dem Freilandmuseum quasi beim Wachsen zuschauen. In und zwischen den Gebäuden können die Besucher bei Mitmach-Kursen dabei sein und sich im Biergarten davor bei einem Kniesenack entspannen. Das ist ein extra eingebrautes Mittelalterbier, das am besten aus dem hier erhältlichen handgemachten Tonkrug schmeckt.

Kultur- und Begegnungszentrum der Abtei Waldsassen

WWW.KUBZ.DE

Öffnungszeiten

Mai-September tägl. 14-18 Uhr

Eintrittspreise

Erw. 2,- Euro / Erm. 1,50 Euro

Anschrift

Brauhausstraße
95652 Waldsassen
Tel.: 09632-920044

Unser Tipp

Eine spirituelle Erfahrung ist das Wandern auf dem Besinnungspfad, der vier oder sechs Kilometer lang ist. Auf zehn Stationen lernt man die Bedeutung des Wassers in den verschiedenen Weltreligionen und für die Natur hat. Der Flyer mit der Wegstrecke kann auf der Website des KuBZ heruntergeladen werden.

UMWELTSTATION UND ERLEBNISGARTEN

Hinter der beeindruckenden Klosterfassade versteckt sich das Kultur- und Begegnungszentrum der Abtei. Im Naturerlebnisgarten können Besucher ihr Umweltbewusstsein mit Naturerfahrungsspielen stärken. Dabei geht es um die Themen Wasser, (Heil-)Pflanzen, Naturschutz, Wald und Boden. Während mehrtägiger Workshops kann man auch im Gästehaus St. Joseph übernachten. Das Angebot reicht vom Hildegard-Frühstück über Schnittkurse für Obstbäume oder Familienaufstellung bis zum Motorsägen- und Gitarrenkurs. Spannend in der Umweltstation ist auch der Wetter- und Klimaerlebnispark, der viele Probleme der heutigen Zeit und auch Lösungsansätze zeigt.

Naturschutzgebiet Waldnaabtal

Unser Tipp

Einstiegspunkte für eine Wanderung auf gut begehbaren Wegen sind Falkenberg, Windischeschenbach, die Jugendherberge Tannenlohe oder der Parkplatz oberhalb der Gaststätte Blockhütte. März-Oktober Di-So 9-20 Uhr, Tel.: 09637-415. 95685 Falkenberg

GLETSCHERMÜHLE, BUTTERFASS UND SAUERBRUNNEN

Das Naturschutzgebiet Waldnaabtal erstreckt sich über 180 Hektar. Darin umsäumen große Granitfelsen den „Canyon" des wildromantischen Flussbettes der Waldnaab. Viele Natursehenswürdigkeiten haben sagenhafte Namen, so findet man die Felsenschwelle des „Butterfasses" mit seinen imposanten Strudellöchern und oberhalb vom „Katarakt" am Butterfass einen eisenhaltigen „Sauerbrunnen", dessen Wasser man auch kosten kann. Wer den Aufstieg nicht scheut, kann unterwegs die Reste von drei mittelalterlichen Burgen (Altneuhaus, Herrenstein und Schwarzenschwal) suchen. Eine weitere Sehenswürdigkeit ist die „Gletschermühle", ein Strudelloch, das früher bei höherem Wasserstand entstanden ist. Neben einem bequem begehbaren, auch für Kinderwagen und Rollstuhlfahrer gut ausgebauten Wander- und Radweg gibt es südlich der Blockhütte einen Uferpfad für festes Schuhwerk.

Bundesnaturschutzgroßprojekt Waldnaabaue

WWW.KREIS-TIR.DE

EIN WASSER- & WALD-MOSAIK

Nördlich von Tirschenreuth im bayerischen Nordosten wechseln sich Feuchtwiesen, Teiche, Wälder und Moore miteinander ab. Auf mehr als 3.000 Hektar verläuft kein öffentlicher Verkehrsweg, weswegen das Gebiet auch nur gering erschlossen ist. Glücklicherweise zerschlugen sich Pläne in den 1970er Jahren, hier einen riesigen Speichersee namens Gumpenspeicher aufzustauen. Seit 1999 werden die Waldnaabauen über ein Bundesprojekt gefördert und so ihre Erhaltung gesichert. Den Zauber dieses Gebietes erleben Sie am besten mit einer geführten Wanderung oder Radtour (Thomas Beer, Tel.: 09633-1298, www.fischzucht-beer.de; Rudolf Ehstand Tel.: 09631-2979, www.nahkultour.de).

Infos/Kontakt

Landratsamt Tirschenreuth
Untere Naturschutzbehörde
Mähringer Straße 7
95643 Tirschenreuth
Tel.: 09631-88242

Unser Tipp

Den guten Fisch aus den vielen Teichen und den Friedenfelser Karpfentrunk gibt es in der Schlossschänke Friedenfels, Gemmingenstraße 31, 95688 Friedenfels, Tel.: 09683-929788, www.schlossbrauerei-friedenfels.de. Mo/Di 17-22, Mi-So 11-22 Uhr

Sibyllenbad

WWW.SIBYLLENBAD.DE

Öffnungszeiten
Tägl. 8-20 Uhr

Eintrittspreise
Tageskarte
Erw. 11,- Euro / Erm. 9,30 Euro

Anschrift
Kurallee 1
95698 Neualbenreuth
Tel.: 09638-9330

Unser Tipp
Nach dem Heilbad empfehlen wir einen Ausflug zu einem der schönsten Gasthöfe der Gegend, mit Philosophie und Hofladen. Adamhof, Hardeck 8, 95698 Neualbenreuth, Tel.: 09638-370, www.adamhof.de. Do-Di ab 9 (Hofladen) bzw. 11 (Küche) Uhr.

IM DRITTEN ANLAUF PERFEKT

Schon im 17. Jahrhundert füllten die Einwohner mehrere Tausend Krüge mit Heilwasser ab, es dauerte allerdings bis 1965, bis die ersten Pläne zu einem Heilbad konkretisiert wurden. Nach einer Investition von 16 Millionen DM scheiterte das Projekt. In einem zweiten Anlauf versuchte man sechs Jahre später das Bad zu bauen. Einen Grundstein und über 30 Millionen DM später musste jedoch auch dieser Versuch eingestellt werden. Erst der dritte Anlauf gelang dann schließlich, und nach mehreren Bauabschnitten existiert heute ein Heilbad mit Kurbetrieb und einer wunderschönen Sauna- und Wellness-Landschaft.

Egrensis-Bad

WWW.WALDSASSEN.DE

Öffnungszeiten

Di-So 9-20, Mo 10-20 Uhr

Eintrittspreise

Erw. 2,70 Euro / Erm. 1,40 Euro

Anschrift

Lämmerstraße 39
95652 Waldsassen
Tel.: 09632-916408

Unser Tipp

Danach sollten Sie auch dem Leib etwas gutes tun, z.B. im Malzer's Restaurant. Prinzregent-Luitpold-Straße 8, 95652 Waldsassen, Tel.: 09632-923222, www.malzers-restaurant.de. Di-So 11-14 und 17-23 Uhr.

BADESPASS FÜR DIE GANZE FAMILIE

Seit 2006 ist das große Badeerlebnis in Waldsassen angesagt. Ein 700 Quadratmeter großes Becken mit Wettkampfbahn, Nichtschwimmerbecken, Sprungbretter, Liegewiese und Sonnenterrasse, Wasserrutsche, Riesenschaukel, Beach-Volleyball und Tischtennis, Planschbecken und eigene Baby-Liegewiese, Cafeteria... Man könnte noch lange weitermachen, auf jeden Fall werden Sie hier jede Menge Spaß haben und sich pudelwohl fühlen!

Großer Weiher in Plößberg

WWW.CAMPINGPLATZ-PLOESSBERG.DE

Eintrittspreise
Erw. 1,50 Euro / Erm. 0,80 Euro

Anschrift
Campingplatz:
Großer Weiher Straße 22
95703 Plößberg
Tel.: 09636-91248

Unser Tipp
Wer hier gleich einziehen möchte, kann dies auf dem Campingplatz tun. Der bietet auch Indoor-Spiele, Kinderspielplatz, Minigolf und Kanuverleih. Im Winter locken Eisstockschießen und Langlaufloipen.

DAS WALDSTRANDBAD

Den meisten ist das Bad unter dem Namen Plößberger Weiher bekannt. Hier kann man im Sommer bei jeder Menge Platz den ganzen Tag entspannen. Der flache Weiher wird schnell warm, die hohen Kiefern bieten immer ein schattiges Eckchen. Für mehr Action sorgen ein Beach-Volleyballfeld, Ruder- und Treboote sowie eine schwimmende Insel. Hungrige Mäuler werden im schönen Biergarten des Kiosk-Restaurants zu günstigen Preisen gestopft, so dass man hier im Prinzip einfach nur ankommen muss.

Naherholungsgebiet Wiesauer Waldseen

WWW.WIESAU.DE

AUCH FÜR ANGLER UND PILZSAMMLER

Rund um Wiesau, vor allem im Süden und Richtung Tirschenreuth erstreckt sich eine Teichlandschaft mit über 200 Fischteichen, in denen überwiegend Nebenerwerbs-Fischzüchter den bekannten Oberpfälzer Karpfen züchten. Bei den Wiesauer Waldseen handelt es sich um aufgelassene Tongruben, die heute der staatlichen Forstverwaltung gehören. Angler können über den Fischereiverein Wiesau an den drei größten dieser ehemaligen Gruben – Perlsee, Silbersee und Kipp – ihr Glück versuchen. Die Angelkarten gibt es an den Tankstellen Schönberger (Schönhaider Straße 24, 95676 Wiesau, Tel.: 09634-9211240) und Strobl (Turnersloher Weg 1, 95676 Wiesau, Tel.: 09634-458) sowie beim Fox-Pro-Shop (Johannisplatz 6, 95666 Mitterteich, Tel.: 09633-918985). Die Kipp fungiert zudem als Badesee mit Insel, Steg, Kiosk und weiteren Freizeiteinrichtungen.

Eintrittspreise

Angel-Tageskarte 9,- Euro

Anschrift

Apelweg Richtung Schönhaid
95676 Wiesau
Tel.: 09634-92000

Unser Tipp

Zu Fuß kann zwischen dem Trimm-Dich-Pfad und dem Fischlehrpfad wählen oder eine geführte Tour unternehmen (Klaus Bächer Tel.: 09634-536, weitere Führer unter www.nahkultour.de)

Kloster und Bibliothek Waldsassen

WWW.ABTEI-WALDSASSEN.DE

Öffnungszeiten

Bibliothek: Palmsonntag bis Ende Oktober Di-So 11-16, sonst Mi-So 13-16 Uhr

Eintrittspreise

Erw. 3,- Euro / Erm. 1,50 Euro

Anschrift

Basilikaplatz 2
95652 Waldsassen
Tel.: 09632-92000

Unser Tipp

Durchaus lohnenswert ist auch ein Blick ins Stiftlandmuseum. Museumsstraße 1, 95652 Waldsassen, Tel.: 09632-91247. Mitte April bis Dreikönig Di-So 10-12 und 13-16 Uhr. Erw. 2,-/Erm. 1,- Euro

VON MÖNCHEN UND NONNEN

Ursprünglich lebten in dem 1133 gegründeten Marienkloster Zisterziensermönche, die innerhalb kürzester Zeit die gefürstete, reichsunmittelbare Abtei zu einer großen Blüte führten und viele Tochterklöster gründeten. Nach den Kriegen im 16. und 17. Jahrhundert verlor das geplünderte Kloster seine Reichsunmittelbarkeit und unterstand fortan dem bayerischen Kurfürsten. Trotzdem setzte eine zweite Blüte bis zur Säkularisation ein. Erst 1863 erfolgte die Wiedergründung, diesmal aber mit Zisterzienserinnen aus dem Kloster Seligenthal, die ab Mitte der 90er Jahre einen wahren Boom entfachten. Die Wirtschaftsbetriebe, darunter die eigene Schule und das Kultur- und Begegnungszentrum, und der Tourismus florieren, und auch neue Schwestern kommen in den Konvent. Sehenswert ist neben der Abtei vor allem die Stiftsbibliothek, die in regelmäßigen Führungen besichtigt werden kann.

Burg Falkenberg

WWW.MARKT-FALKENBERG.DE

BURG MIT BEWEGTER GESCHICHTE

Die Höhenburg über Falkenberg wird heute noch bewohnt und hat in ihrer über 850jährigen Geschichte schon viele Besitzer gesehen. Darunter waren die namensgebenden Falkenberger, später die Leuchtenberger und das Kloster Waldsassen und schließlich das Königreich Bayern. 1936 sorgte der deutsche Botschafter in Moskau, Friedrich Werner von der Schulenburg, für einen denkmalgerechten Aufbau, wurde allerdings nach dem Stauffenberg-Attentat als Widerständler hingerichtet. Heute gehört die Burg dem Markt Falkenberg und ist Schauplatz vieler Veranstaltungen.

Öffnungszeiten

Besuche nach Vereinbarung

Eintrittspreise

Erw. 2,- Euro / Erm. 1,- Euro

Anschrift

Burg 1
95685 Falkenberg
Tel.: 09634-92000 / 0170-5857701

Unser Tipp

Ein guter Ort für ein Abend- oder Mittagessen ist der Bayerische Hof. Bahnhofstraße 44, 95676 Wiesau, Tel.: 09634/1236, www.hotel-bayerischer-hof-wiesau.de. Mo/Di/Fr/Sa 9-22, So 9-14 Uhr.

Burgruine Weißenstein

WWW.NOTTHAFFT.DE | WWW.STEINWALDIA.DE

Anschrift
Zufahrt zum Parkplatz über den Harder Weg, 95679 Waldershof-Weißenstein

Unser Tipp
Der Aufstieg vom Parkplatz aus dauert in etwa eine halbe Stunde und erfordert schon eine gewisse Kondition. Oben angekommen, kann man sich an einem kleinen Pavillon über die Geschichte und die Renovierung der Burg informieren. Auf der Südseite der Burg steht zudem eine überlebensgroße Bronzestatue der Mutter Erde des Bildhauers Engelbert Süss aus Pfreimd.

DA MUSS MAN ERSTMAL HOCH

Die Steinwaldburg liegt 863 Meter hoch auf dem Weißenstein und wurde 1279 erstmal urkundlich erwähnt. Die heute noch erkennbaren Ausmaße erhielt die Burganlage wahrscheinlich unter Albrecht Notthafft XI. im 14. Jahrhundert. Schon 200 Jahre später gaben die Erben des Hauses die Burg endgültig als Wohnsitz auf und sie verfiel. Nach mehreren Privatleuten gehören die Weißensteiner Besitzungen heute Eberhard Freiherr von Gemmingen-Hornberg. Es ist allerdings einem Verein, der Steinwaldia Pullenreuth, zu verdanken, dass die erhaltenen Teile 1995-2000 konserviert und teils restauriert wurden, damit die Ruine heute einerseits schon selbst Touristenattraktion ist, und andererseits als Kulisse für Theateraufführungen dient.

Oberpfälzer Fischereimuseum

WWW.MUSEUMSQUARTIER-TIRSCHENREUTH.DE

Öffnungszeiten

Di-So 11-17 Uhr

Eintrittspreise

Erw. 3,- Euro / Erm. 1,50 Euro

Anschrift

Regensburger Straße 6
95643 Tirschenreuth
Tel.: 09631-6122

Unser Tipp

Zum Museumsquartier gehören noch weitere Ausstellungen, die man mit der Eintrittskarte besichtigen kann. Darin geht es um das Tirschenreuther Porzellan, die Stadtgeschichte, die Vertriebenen aus Plan-Weseritz, Krippen und den Tirschenreuther Sprachforscher Andreas Schmeller.

HAUS DER FISCHTRADITION

Die lange Tradition der Fischerzunft in der Oberpfalz lässt sich in der Ausstellung des Oberpfälzer Fischereimuseums gut nachvollziehen. Auf drei Etagen erfährt man viel zur Geschichte und Entwicklung des Handwerks in den Bereichen Flussfischerei, Teichwirtschaft und Angeln. In Aquarien schwimmen auch viele lebendige Fische die man in Augenhöhe unter die Lupe nehmen kann. Vor kurzem wurden in dem kleinen „Haus am Teich“ auf der anderen Seite der Straße weitere Schau-Aquarien eingerichtet, die ganztags kostenfrei zugänglich sind.

Deutsches Knopfmuseum Bärnau

WWW.BAERNAU.DE | WWW.VSBAERNAU.DE

Öffnungszeiten
April-Oktober Di/Do/So/Ft 14-17 Uhr

Eintrittspreise
Erw. 2,- Euro / Erm. 1,- Euro

Anschrift
Tachauer Straße 2
95671 Bärnau
Tel.: 09635-920319 oder -1830

Unser Tipp
Vor oder nach den Knöpfen knurrt sicher der Magen. Dafür gibt's den Schmankerlwirt im Landgasthof Schicker/Gasthof zum Kalt'n. Tachauer Straße 3, 95671 Bärnau, Tel.: 09635-924331, www.schmankerlwirt.de. Fr-Mi 11.30-13.30 und 17.30-20 Uhr.

VIER LÖCHER UND EIN KREIS

Die älteste Stadt im Landkreis Tirschenreuth entwickelte sich während der Industrialisierung zu einem Zentrum der Knopfherstellung. In den 1950er Jahren waren es über 70 Knopffabriken, die unterschiedlichste Knöpfe aus Perlmutt produzierten. Eine Knopffachschule und die internationale Fachmesse IKNOFA bezeugten die Bedeutung Bärnaus. Die Umstellung auf Kunststoff und die günstigeren Fertigungsmöglichkeiten in anderen Ländern sorgten zu einem Niedergang. Heute ist nur eine Knopffabrik geblieben. Im Museum sieht man auf zwei Etagen die Maschinen und den Ablauf der Knopfproduktion sowie viele kunstvolle Stücke. Im Eingangsbereich steht ein Resteschrank mit 165 Schüben voller Knöpfe, die man günstig erstehen kann. Falls Ihnen also mal einer abhanden gekommen ist...

Kornthaner Karpfenkirchweih

WWW.ERLEBNIS-FISCH.DE

Anschrift

Kornthan
95676 Wiesau

Unser Tipp

Auch wenn der Karpfen gemeinhin als fetter Fisch gilt, müssen wir hier mal mit diesem Vorurteil aufräumen. In den 5% Fett (Rind 4,5%, Schwein 12%) finden sich jede Menge dreifach gesättigter Fettsäuren (62% im Gegensatz zu 2% beim Rind), also quasi „gutes" Fett. Zudem ist der Fisch ansonsten praktisch schadstofffrei.

DAS SCHÖNSTE FISCHBAUERNDORF ALTBAYERNS LÄDT ZUR KIRWA

Der Höhepunkt der Oberpfälzer „Erlebniswochen Fisch" ist zweifelsohne die Karpfenkirchweih im Wiesauer Ortsteil Kornthan. Das ganze Dorf rüstet sich mit allen möglichen Karpfenvarianten und natürlich traditionellen Kirchweihgebäck, um gemeinsam mit ihren Gästen die zwei tollen Tage zu begehen. Dann wird geschlemmt, aber auch gelernt – alles über den Karpfen, von der Aufzucht bis zum Kochtopf. Dazu gehört auch das Abfischen der Teiche, zu dem die Kinder an beiden Tagen um 14 Uhr mit Keschern ausgerüstet ausrücken, um die letzten Fischlein aus dem Kornthaner Weiher an Land zu holen.

Weitere Tipps

Kappl
Die Dreifaltigkeitskirche feierte 2011 das 300jährige Weihejubiläum. Schnelle Käufer diese Buches schaffen noch den Winterzauber im Advent. 4. und 18. Dezember ab 14 Uhr. Gut essen kann man beim Kapplwirt. Kappl 1, 95652 Waldsassen. Tel.: 09632-688. Mi-Mo 9.30-18 Uhr

Erlebnis Fisch
Unter diesem Motto bietet die ARGE Fisch im Landkreis Tirschenreuth eine umfassende Infoplattform mit zahlreichen Kontaktadressen und einem umfassenden Terminkalender. www.erlebnis-fisch.de

Gerhard-Franz Volkssternwarte
Sternwarte mit angeschlossenem Planetenweg (6 km). Fr April-September ab 22, Oktober-März ab 20 Uhr, Führung (auch bei schlechtem Wetter) und Beobachtung. Erw. 4,-/Erm. 2,50. An der Sternwarte, 95643 Tirschenreuth, Tel.: 09631-600163 oder -4460, www.sternwarte-tirschenreuth.de

Stiftländer Karpfenradweg
Radeln Sie auf dem Stiftländer Karpfenradweg durch das Bundesnaturschutzgebiet Waldnaabaue und genießen Sie Zoiglbier. www.oberpfaelzerwald.de

Burg Wildenau
Durch Privatinitiative gerettete Burg in Ilsenbach, u.a. mit sehenswertem Gewölbesaal und Burgkapelle. Ilsenbach, 92715 Püchersreuth. Tel.: 09602-2900

Freibad Altglashütte
28-Meter-Rutsche und drei Schwimmbecken mit rund 800 qm Wasserfläche. Mai-September Mo-Sa 10-20, So 10-19 Uhr. Erw. 2,50/Erm. 1,50. Altglashütte, 95671 Baernau. www.altglashuette.de

Altbayerische Krystall-Glashütte
In der Schauglashütte können Sie live erleben, wie früher Glas gemacht wurde. Mo-Fr 9.30-18, Sa 9.30-14 Uhr. Judengraben 1, 92660 Neustadt/WN, Tel.: 09602-944090. www.krystallglashuette.de

Straußenhof Kotzenbach
Straußenfarm mit Hofladen. Bei einer Führung können Sie die Tieren und die Arbeit auf der Farm unter die Lupe nehmen. Kotzenbach 1a, 92715 Püchersreuth, Tel.: 09602-939582 / 0176-25253204, www.straussenhof-kotzenbach.de. ÖZ auf Anfrage, Führung pro Person 2,-

Bergbau- und Heimatmuseum Erbendorf
Museum in der alten Schule mit den Schwerpunkten Geologie, Mineralogie und Bergbau. Kirchgasse 4, 92681 Erbendorfwww.erbendorf.de. Zweiter So/Monat 14-16 Uhr und April-September Di/Do 14-16 Uhr. Tel.: 09682-921032 / -921032

Glasschmelzofenbau- und Glasmuseum in Plößberg
In der Glasschmelzofenbau-Hütte im Rathaus wird die Entwicklung des Handwerks von 1840 bis zur Gegenwart aufgezeigt. Mo/Fr 9-11.30. Jahnstraße 1, 95703 Plößberg, Tel.: 09636-92110, www.ploessberg.de

Brauerei Riedl
Brauereibesichtigung mit Bierprobe auf Anfrage. 3,-/Person. Tel. 09636/236. Kirchenstraße 2, 95703 Plößberg

Wandern mit den „Plößbergern"
Jeden Donnerstag um 13.15 Uhr Treffpunkt in der Glockengasse, kostenlos mit anschließender gemeinsamer Einkehr. Infos bei der Bäckerei Horn, Kirchenstraße 1, 95703 Plößberg, Tel.: 09636/281

Heimat- und Handfeuerwaffenmuseum Kemnath
Waffensammlung von der Steinzeit bis zur ersten Bayerischen Gewehrmanufaktur in Fortschau bei Kemnath. Trautenbergstraße 36, 95478 Kemnath, www.hakkem.de. Tel.: 09642-3366, So 14-16 (erster So/Monat auch 10-12)

Grenzlandturm Neualbenreuth
März-Dezember Do-Mo/Ft 10-22 Uhr. 1960 ehrenamtlich erbauter Turm an der tschechischen Grenze mit Biergarten und Turmstüberl. Turmstraße, 95698 Neualbenreuth, www.neualbenreuth.de

Hendlmühle
Bauernhof mit Wildgehege und Angelteichen. Hendlmühle/Wondreb, 95643 Tirschenreuth, Tel.: 09631-1328, www.hendlmuehle.de

Touristinfo:

Mähringer Straße 7
95643 Tirschenreuth
Tel.: 09631-88223
www.kreis-tir.de

An der alten Handelsstraße

Eigentlich heißt Weiden Platz bei der Weide(n), weshalb im örtlichen Dialekt nicht gesagt wird „nach Weiden" oder „aus Weidem", sondern „in d'Wei'n" bzw. „aus der Wei'n". Allerdings wird der Gebrauch dieser Form mit der Zeit weniger, und auch wir haben uns für die hochdeutsche Variante entschieden. Weiden liegt am Schnittpunkt zweier zentraler Handelsstraßen des Mittelalters. Die Goldene Straße von Nürnberg nach Prag und die Magdeburger Straße, die Regensburg mit Eger, Leipzig und Magdeburg verband. Deswegen entwickelte sich hier ein Umschlagplatz für die verschiedensten Güter.

Historische Altstadt (S. 598)

DB **Bahnhof:** Weiden; (Liniennetz siehe Seite 18)

Kunstgenuss bis Mitternacht (S. 606)

Bräuwirt (S. 610)

Sommerserenaden (S. 605)

Kirchen (S. 599)

Zwei Stadtbrände, der Dreißigjährige Krieg und die Pest setzten der Stadt schwer zu, mit dem Anschluss an das Eisenbahnnetz 1863 und der Ansiedlung der Glas- und Porzellanindustrie kam jedoch ein neuer Aufschwung. Während des Zweiten Weltkrieges befand sich neben der Kaserne ein Kriegsgefangenenlager. Bedingt durch die Aufnahme vieler Flüchtlinge nach dem Krieg stieg die Einwohnerzahl auf über 40.000. Seit der Grenzöffnung prosperiert Weiden erneut und ist das unumstrittene Zentrum der nördlichen Oberpfalz. Das Bruttoinlandsprodukt der Weidener stieg von 1990 auf 2005 um über 55 Prozent. Ein Grund für die hohe Lebensqualität sind sicherlich die vielen Feste und Veranstaltungen, von denen die meisten kostenlos sind. Wir stellen ihnen die wichtigsten auf den folgenden Seiten vor.

Freizeitzentrum Weiden

WWW.FREIZEITZENTRUM-WEIDEN.DE

Öffnungszeiten

Badewelt:
Mo 14-22, Di-Fr 9-22,
Sa/So/Ft 9-20 Uhr

Eintrittspreise

Tageskarte
Erw. 9,- Euro / Erm. 5,- Euro

Anschrift

Raiffeisenstraße 5 und 7
92637 Weiden
Tel.: 0961-67130

Unser Tipp

Die „Weidener Jungs", der EV Weiden, sind vor der Insolvenz gerettet und spielen in der Eishockey-Bayernliga. Schauen Sie sich doch mal ein Spiel an (www.evweiden.de)!

WELLNESS MIT EIS

Die Weidener haben ihr Spaß- und Wellnessbad an das Eisstadion angebaut und damit ein Freizeitareal der ganz besonderen Art geschaffen. Die Badewelt überrascht mit Extras wie Solegrotte, Gradierwerk und einem Verleih-Service für alles rund ums Badevergnügen. Saunafreunde locken sieben Schwitzräume mit bis zu 100 Grad und 10 Prozent Luftfeuchtigkeit. Im besagten Eisstadion kann man ab Mitte September jeden Tag für mehrere Stunden seine Runden drehen, die genauen Zeiten finden Sie auf der Internetseite.

Schätzlerbad

WWW.SCHAETZLERBAD.DE

Öffnungszeiten
Mitte Mai-Mitte August täql. 8-19.30, dann bis Mitte September 8-18.30 Uhr

Eintrittspreise
Erw. 3,- Euro / Erm. 2,- Euro

Anschrift
Mooslohstraße 9
92637 Weiden
Tel.: 0961-21239

Unser Tipp
Wer nach dem Baden immer noch ein bisschen Bewegung braucht, oder sich einen großen Burger reindrehen will, ist im Musikcafe Hemingway richtig aufgehoben, hier gibt es gutes Essen, Bowling und Cocktails. Regensburger Str. 55, 92637 Weiden, Tel.: 0961-7172, www.musikcafe-hemingway.de. Tägl. ab 8.30 Uhr.

Um einen Naturbadeweiher gruppieren sich Wellenbad und Sportbecken sowie ein Kinderbad. Die Böden sind aus Edelstahl, und auch Umkleiden, Toiletten und Wärmehalle befinden sich auf neuestem Stand. Die Sportplätze laden zu Volleyball, Tischtennis und Sommereisstockschießen ein, auf dem großen Gelände kann man locker eine gute Stunde spazieren gehen, dazwischen bieten drei Kioske und eine Gaststätte das, was Leib und Seele zusammenhält.

DAS FREIZEITAREAL

Historische Altstadt

WWW.WEIDEN.DE

Anschrift

Unterer/Oberer Markt
92637 Weiden

Unser Tipp

Im Rathaus sollten Sie unbedingt den Teeladen besuchen, ein wunderschönes Geschäft mit liebenswertem Personal und faszinierendem Angebot.

DAS RENAISSANCE-ENSEMBLE

Das Renaissance-Rathaus der Stadt war früher auch der Mittelpunkt des gesellschaftlichen Lebens, Theater- und Tanzveranstaltungen und natürlich die Stadtratssitzungen, von denen immer noch eine pro Jahr hier stattfindet. Die neueste Ergänzung ist das Glockenspiel, das die Stadt 1983 geschenkt bekam. Sehenswert sind natürlich auch die vielen Renaissance-Häuser rund um das Rathaus bzw. den Unteren und Oberen Markt. Hier finden mehrmals im Jahr große Märkte statt, mittwochs und samstags ist Wochenmarkt. Mittelalterfans finden auch die Weidener Doppel-Elle und den Weidener Schuh, sowie den Pranger, der noch bis 1805 Verwendung fand. Bis 1900 floss übrigens noch der offene Stadtbach durch das Rathaus, und heute kommt jedes Jahr ein Storchenpaar auf den Turm, das man dann auch mittels Webcam beobachten kann. Beachten Sie auch die beiden Brunnen, den klassischen Stadtbrunnen am Rande des Oberen Marktes und den anfangs umstrittenen modernen Mauermann-Brunnen am Unteren Markt. Zu bestimmten Zeiten fließt hier sogar Bier ...

St. Josef, St. Michael und St. Sebastian

WWW.WEIDEN.DE

Anschrift

St. Josef: Bürgermeister-Prechtl-Straße 15, 92637 Weiden, Tel.: 0961-390830, www.weiden-st-josef.de
St. Michael: Pfarrplatz 6, 92637 Weiden, Tel.: 0961-4701577, www.dekanat-weiden-evangelisch.de
St. Sebastian: Sebastianstraße, 92637 Weiden, Tel.: 0961-390830, www.weiden-st-josef.de

Unser Tipp

In St. Michael wird gerade für eine neue Max-Reger-Orgel gesammelt. Wir haben auch schon einen Ton gestiftet, machen Sie doch einfach mit: www.max-reger-orgel.de

DIE GROSSEN KIRCHEN WEIDENS

Die Kirche St. Josef entstand in nur eineinhalb Jahren Bauzeit 1900/1901 und ist der größte Kirchenbau des Bistums Regensburg seit dem Mittelalter. Der Innenraum besticht durch seine harmonische Jugendstil-Gestaltung. St. Michael dagegen hat eine längere Geschichte. Erst gotisch, dann bei der Rekatholisierung barockisiert und 1761 mit einem neuen Turm versehen, wurde sie zwischen 1653 und 1900 von beiden Konfessionen genutzt. Hier wurden viele Orgelwerke von Max Reger uraufgeführt. In der Sebastianskirche aus dem 17. Jahrhundert finden Sie den Renaissance-Grabstein der in Weiden 1590 gestorbenen Zwillingskinder des Pfalzgrafen Friedrich von Parkstein. Für 2013 ist eine Sanierung dieser ältesten Kirche Weidens geplant.

Unteres Tor

WWW.WEIDEN.DE

Anschrift

Unterer Markt/Schlörplatz
92637 Weiden

Unser Tipp

Das Klassik Hotel am Tor bietet nicht nur eine gute Gelegenheit zum Übernachten, sondern auch einen perfekten Platz für den Zwischenstopp auf Cappucino oder Bier. Schlörplatz 1a, 92637 Weiden, Tel.: 0961-47470, www.klassikhotel.de. Tägl. 8-22 Uhr.

EINGANGSTOR NACH WEIDEN

Das Untere Tor stammt aus dem 14. Jahrhundert und erhielt die heutige Form nach dem Beschuss des Jahres 1635. Amerikanische Panzer sorgten 1955 für neue Beschädigungen des nach den großen Zerstörungen des Zweiten Weltkrieges wiederaufgebauten Tores. Immerhin haben die Weidener deswegen heute einen kleinen Fußgängerdurchgang neben dem großen Tor. Im Torbogen finden Sie übrigens ein Nagelkreuz von 1915, das bei einer Sammelaktion für Lazarette entstand. In dem Gebäude sitzt mittlerweile der örtliche Jugendverband der Gemeinschaft Christlichen Lebens.

Stadtmuseum

WWW.WEIDEN.DE

Öffnungszeiten

Mo-Fr 9-12 Uhr und 14-16.30 Uhr
Eintritt frei!

Anschrift

Schulgasse 3a
92637 Weiden in der Oberpfalz
Tel.: 0961-814101

Unser Tipp

Wie wäre es im Anschluss mit einem Besuch in der „Villa"? Am Rande des Stadtparks, 50 Meter vom Museum entfernt, entstand in der ehemaligen Aichinger Villa eine stilvolle Osteria mit hervorragendem Wein-Angebot. Hinterm Zwinger 14, 92637 Weiden, Tel.: 0961-38818173, www.villa-weiden.de. Mo-Sa ab 18 Uhr.

IM ALTEN SCHULHAUS

Seit dem 16. Jahrhundert beherbergte das Gebäude die Deutsche und die Lateinschule, heute finden Sie hier das Stadtmuseum, die „Galerie im Alten Schulhaus" und das Stadtarchiv. Teil des Stadtmuseums, aber besonders hervorzuheben, ist die Max-Reger-Sammlung mit einem Flügel des Künstlers. Im Museum sehen Sie des Weiteren Stücke zu der großen Handwerkstradition der Stadt und Szenen aus dem damaligen Leben wie die Schlafstube mit Bettstatt, die Wohnstube mit Kachelofen oder die schwarze Küche.

Internationales Keramikmuseum

WWW.DIE-NEUE-SAMMLUNG.DE

IM WALDSASSENER KASTEN

Öffnungszeiten

Di-So 10-12.30 und 14-16.30 Uhr
Eintritt frei!

Anschrift

Luitpoldstr. 2
92637 Weiden
Tel.: 0961-32030

Unser Tipp

Damit Sie Porzellan nicht nur anschauen, sondern auch gleich im Einsatz genießen können, sollten Sie im Anschluss einen Besuch in der „Bayrischen Stub´n" des Hotels Stadtkrug um die Ecke einplanen. Dort serviert man Ihnen auf dem weißen Gold die Spezialitäten des Oberpfälzer Waldes. Wolframstraße 5, 92637 Weiden, Tel.: 0961-38890, www.hotel-stadtkrug.de. Tägl. 11.30-14 und ab 17.30 Uhr

Das Haus entstand von 1739 bis 1742 und beherbergt seit 1990 das Internationale Keramikmuseum. Dort stellen vier Staatsmuseen Exponate aus der heimischen Porzellanindustrie, sowie Keramik aus vier Jahrtausenden und verschiedensten Gegenden der Welt aus. So reisen Sie auf den Spuren von Porzellan und Keramik von Mesopotamien über Altägypten, Lateinamerika und China bis zu den modernen Tunnelöfen der Porzellanindustrie. Regelmäßige Sonderausstellungen ergänzen das Angebot, so dass Sie hier eigentlich immer mal vorbeischauen sollten.

Weidener Max-Reger-Tage

WWW.MAXREGERTAGE.DE

Unser Tipp

Ein besonderes Highlight für Kenner sind die Abschlusskonzerte der Meisterkurse. Die sollten Sie nicht verpassen!

WEIDENS GRÖSSTEN SOHN IM OHR

Jedes Jahr klingt und tönt es drei Wochen im September an allen möglichen und unmöglichen Veranstaltungsorten der Stadt. Die Werke des berühmten Komponisten Max Reger stehen natürlich im Mittelpunkt des Programmes und locken unzählige Musiker und Musikinteressierte in die Stadt. Parallel finden Meisterkurse mit hochkarätigen Dozenten statt. Die Stipendiaten können teils kostenlos bei Weidener Familien unterkommen.

Bayerisch-Böhmische Kultur- und Wirtschaftstage

WWW.BBK-WEIDEN.DE

WENN DIE GRENZEN VERSCHWINDEN

Für vier Wochen im Frühjahr rücken Bayern und Tschechien ganz eng zusammen. Schließlich haben Wirtschaft und Kultur viele Überschneidungen zu bieten, die seit Grenzöffnung und EU-Beitritt Tschechiens auch wieder erfahrbar geworden sind. Ausstellungen, Lesungen, Konzerte, Diskussionsabende, Messen und Bildungsfahrten rund um kulturelle und wirtschaftliche Themen beider Regionen stehen während der Bayerisch-Böhmischen Kultur-und Wirtschaftstage auf dem Programm und laden zum regen Grenz-Pendeln ein.

Termine

2012: 4. bis 30. März

Anschrift

Sedanstraße 13
92637 Weiden
Tel.: 0961-4817812

Unser Tipp

Lust auf regionale Küche bekommen? Wir empfehlen die Gaststätte Schinderhannes in Rothenstadt, Untere Hauptstraße 34, 92637 Weiden, Tel.: 0961-44423, www.schinderhannes-rothenstadt.de. Mo-Fr ab 16, Sa/So/Ft ab 10 Uhr

Weidener Sommerserenaden

Angebot

Max-Reger-Park
92637 Weiden

Unser Tipp

Im Park finden Sie auch die Nepomuk-Kapelle aus dem 18. Jahrhundert, das Max-Reger-Denkmal von 1957 und den Triton-Springbrunnen, der 1953 vom gleichen Künstler, dem Weidener Josef Gollwitzer gestaltet wurde.

KOSTENLOSER KULTURGENUSS

Von Mitte Juni bis Ende August wird der Max-Reger-Park zur riesigen Musikbühne, auf der die Stadt Weiden ihren Bürgern ein kostenloses Musikspektakel bietet. Jeweils mittwochabends um sieben und Sonntag nachmittags um vier starten die Sommerserenaden. Große, Schatten spendende Bäume sorgen für die richtige Atmosphäre. Einige der 18 Konzerte fallen zwar jedes Jahr wegen Regens ins Wasser, dennoch ist diese Reihe aus dem Weidener Leben nicht mehr wegzudenken und findet jedes Jahr etwa 25.000 Besucher.

Kunstgenuss bis Mitternacht

WWW.PROWEIDEN.DE

Termine

2012: 2. November

Unser Tipp

Nutzen sie diese Gelegenheit, um viele Räume Weidens kennen zu lernen, die sonst dem normalen Besucher verschlossen sind. Auch die Museen sind alle geöffnet, darunter das Eisenbahn- und das Tachauer Museum.

EIN GESCHENK DES STADTMARKETING

Eine ganz spezielle Kunstnacht bietet der Stadtmarketingverein PRO WEIDEN im November den Kunstfreunden der Stadt. Kostenlose Ausstellungen, Musik, Lesungen und vieles mehr werden an ungewöhnlichen Orten mit kulinarischen Köstlichkeiten kombiniert. Die insgesamt über 60 Stationen sind durch ein Bus-Shuttle namens Kul-Tour-Bus verbunden, so dass man sicher sein kann, in den sechs Stunden von 18 bis 24 Uhr auch alles gesehen – und gegessen – zu haben.

Live im Stadtbad

WWW.LIVE-IM-STADTBAD.DE

Termine

Beginn jeweils 20.30 Uhr,
Biergarten ab 19.30 Uhr

Anschrift

Friedrich-Ebert-Straße 7
92637 Weiden
Tel.: 0961-85253

Unser Tipp

Der Biergarten im Stadtbad hat im Sommer täglich ab 10 Uhr geöffnet (Tel.: 0961-37476 / 0172-8505005).

ROMANTISCHE BAD-KULISSE

Aus dem alten „Weberbad" entwickelte sich im 19. Jahrhundert das Stadtbad, in dem Damen, Herren und Schüler streng getrennt, ab Wassertemperaturen von 16 Grad unter der Aufsicht eines Badewärters ins Wasser stiegen. In den 1930er Jahren entstand das städtische Familienbad. Heute wird in der mäandrierenden Naab nur noch wenig und dann auf eigene Gefahr gebadet, viel gesonnt und gegrillt. Der Schiffsmodellbauverein stellt seine neuesten Werke zur Schau, und an den Samstagabenden im Juli bildet das Gelände eine romantische Kulisse für Konzerte, Shows und Kabarett unter dem Motto „Live im Stadtbad".

Weidener Literaturtage

WWW.WEIDENER-LITERATURTAGE.DE

EIN FESTIVAL DES BUCHES

Elf Festivaltage verwandeln Weiden jedes Jahr in das Mekka für Literaten und ihre Leser. Renommierte Autoren lesen aus ihren Werken und stellen sich dem anschließend zur Diskussion. Seit 2010 ist auch ein Poetry Slam im Programm, der in einer Tiefgarage die bekanntesten Vertreter der deutschen Szene präsentiert. Zahlreiche Lesungen von Kinder- und Jugendbuchautoren in allen Weidener Schulen, Lehrerfortbildung und der Lese-Triathlon der 4. Klassen runden das Programm der Weidener Literaturtage ab.

Termine

2012: 19. bis 29. April

Unser Tipp

Zwischendurch lohnt sicher ein Besuch der Tapas-Bar Bodega in der Altstadt: Fleischgasse 4, 92637 Weiden, Tel.: 0961-4016239, www.labodega-weiden.de. Mo-Sa ab 18 Uhr.

Traditionsgaststätte „Hennerloch“

Anschrift
Türlgasse 7
92637 Weiden
Tel.: 0961-44783

Unser Tipp
Im Sommer lockt auch der schöne Biergarten im Hinterhof.

URIG BIS ZUM ABWINKEN

Weidens wohl ältestes Lokal hat mindestens seit dem 16. Jahrhundert geöffnet. Heute steht der Chef selber hinterm Herd und bereitet die deftige bayerische Hausmannskost. Die verbriefte Geschichte der Brauerei erzählt von reichen Tagen im 17. Jahrhundert, als der Wirt dem Landgrafen 1.000 Gulden leihen konnte, aber auch verwaisten Zeiten im Dreißigjährigen Krieg. Der Name Hennerloch stammt wohl aus den Jahren 1873 bis 1892, als Karl Stich und seine Wirtschafterin Margarethe Stärzl, allgemein Hennerlochkarl und Hennerlochgretl genannt, hinter dem Tresen standen. Ab 1914 war sogar ein Kino im Haus, das dadurch zum Union-Theater wurde.

Gasthausbrauerei Bräuwirt

WWW.BRAEUWIRT.DE

Öffnungszeiten

Tägl. Mo-Fr ab 11, Sa/So ab 10 Uhr

Anschrift

Unterer Markt 9
92637 Weiden
Tel.: 0961-481330

Unser Tipp

Hier können sie auch eine Brauereiführung mit anschließender Bierprobe (8,70 Euro) oder sogar Brauerei-Diplom (12,80 Euro) erleben, oder sogar beim Brauen einen ganzen Tag live dabei sein (29,80 Euro). Rufen Sie einfach an und vereinbaren einen Termin.

URIG IN MEHREREN ETAGEN

Das Anwesen gehörte seit dem 16. Jahrhundert immer besonderen Bürgern der Stadt, vom Kaufmann über den Bürgermeister bis zum Abgeordneten. 1990 übernahm es die Familie Winkler und baute das Haus zur Hausbrauerei mit St. Georgs Zoigl Hell und Dunkel sowie einem Weizen im Angebot um. Dazu gibt es in dem urigen Ambiente auf mehreren Etagen Brotzeiten und Biergerichte von der deftigen Sorte, und auch ein Riesenschnitzel für den ganz großen Hunger.

Weitere Tipps

Max-Reger-Spezialitäten
Ob Bier, Torte, Pralinen oder Schnaps – überall in der Stadt bekommen Sie schöne Mitbringsel oder Spezialitäten mit dem Konterfei des berühmten Komponisten.

Weidener Musiktage
Alle drei Jahre veranstaltet der Förderkreis für Kammermusik, in Zusammenarbeit mit der Max-Reger-Stadt Weiden, die Weidener Musiktage mit Kammermusik, Matineen und namhaften Symphonieorchestern. Nächster Termin 2013, Programm dann unter www.maxreger-weidenermusiktage.de.

Volks- und Schützenfest
Um den 1. Mai und den 15. August laden Festwirt und Schausteller zum städtischen Frühlingsfest bzw. zum Volks- und Schützenfest der Feuerschützen auf dem Volksfestplatz ein. www.volksfest-weiden.de / www.weiden.de

Bürgerfest
Bürgerfest in der schönen Altstadt findet am letzten Sonntag im Juni statt. Mit dabei auch die Partnerstädte und die US-Army. www.weiden.de

Fest im Park
Familienfest im Max-Reger-Park am ersten Juli-Wochenende. Abends romantische Parkbeleuchtung. www.weiden.de

Kinderbürgerfest
Am dritten Sonntag im Juli jede Menge Kinderspaß in der Stadt mit Kinderbahn durch die Altstadt, Bungee, Bootfahren, Zirkus, Fischen, Streichelzoo, Entenrennen etc. www.kinderbuergerfest.de

Rundwanderweg um Weiden
Der Oberpfälzer Waldverein bietet eine 33 Kilometer lange Strecke (grün-roter Ring auf weißem Feld) an der Stadtgrenze um ganz Weiden herum. Ausgangspunkt: Wandertafel am Parkplatz beim ZOB. www.owv-hv.de

Weidener Zwickelbier der Brauerei Gambrinus
Johann Pfab gründete 1927 die Traditionsbrauerei Gambrinus, die neben zwölf anderen Biersorten auch das berühmte Weidener Zwickelbier braut. Das Bier finden Sie in vielen Gastronomien in der Stadt.

Flurerturm
Letzter erhaltener Teil der alten Vorstadtmauer (1575, 1694 wieder aufgebaut). Scheibenstr. 9, 92637 Weiden

Tachauer Heimatmuseum
Die Dauerausstellung erzählt vom Leben der Menschen vor der Vertreibung. Sonderausstellungen, umfangreiche Fotosammlung, historische Urkunden und Dokumente sowie Hand- und Präsenzbibliothek. Schulgasse 3a, 92637 Weiden, Tel.: 0961-4703900, www.tachau.de. Mo-Fr 9-12 und 14-16 Uhr

Weihnachtszeit
Zweitältester Weihnachtsmarkt Bayerns. Traditioneller Christkindlmarkt, Adventskonzerte, Weihnachtsausstellung und das Alte Rathaus als großer Adventskalender. 24. November 2011 bis 23. Dezember 2011 / 29. November 2012 bis 23. Dezember 2012, Mo-Fr 10-20, Sa 9-20, So 11-20 Uhr

Landestheater Oberpfalz
Nachdem Weiden über kein eigenes Theater verfügt, gastiert das Landestheater regelmäßig in der Regionalbibliothek (Scheibenstr. 7, 92637 Weiden) und der Max-Reger-Halle. www.landestheater-oberpfalz.de

Sale & Pepe
Schöne Trattoria mit klassisch italienischen Gerichten. Frauenrichterstraße 2, 92637 Weiden, Tel.: 0961-3917321, www.trattoria-sale-pepe.de. Di-Sa 11.30-14, Di-So 17-23 Uhr.

Eisenbahnmuseum
Weltweit größte Loksammlung im Maßstab 1:87 unweit des Bahnhofs in der ehemaligen Bahnmeisterei. Freitag ab 19.30 Uhr und zu besonderen Terminen. www.eisenbahnmuseum-weiden.de

Kinos
Es gibt drei Kinos in der Stadt: Capitol-Kino-Center (Bürgermeister-Prechtl-Str. 27, 92637 Weiden, Tel.: 0961-3814553, www.kino-weiden.de), Neue Welt Kino-Center (Fichtestr. 6, 92637 Weiden, Tel.: 0961-25544, www.neue-welt-kino.de) und Ring-Theater (Schillerstr. 5, 92637 Weiden, Tel.:0961-32662, www.kino-weiden.de)

Touristinfo:

Oberer Markt 1
92637 Weiden
Tel.: 0961-814131
www.weiden-tourismus.info

Bildquellen (Seite): Stadt Weiden (596,597,603-605,607,608), Pro Weiden (606)

Das Herz des Seenlandes

Wo die Römer mit dem Limes einst die Grenze zwischen Zivilisation und vermeintlicher Barbarei zogen, entstand in den letzten 40 Jahren eine in Deutschland einzigartige Freizeitregion mit kulturellen, kulinarischen aber eben auch Outdoor-Höhepunkten, wie man sie in dieser Konstellation und Dichte sonst nirgendwo antreffen kann. Reisen Sie 2.000 Jahre zurück und wandern Sie durch die Thermenanlagen in Weißenburg, entdecken Sie die erste Verbindung zwischen Rhein und Donau, den drei Kilometer langen Karlsgraben bei Treuchtlingen oder springen Sie hinein in das kühle Nass von Frankens größten Seen.

Mittelalterstadt Weißenburg (S. 627)

DB **Bahnhöfe:** Muhr am See, Gunzenhausen, Treuchtlingen, Pappenheim, Solnhofen, Langlau, Ramsberg, Pleinfeld, Ellingen, Weißenburg; (Liniennetz siehe Seite 18)

Fränkische Seen (S. 618)

Amigo Langlau (S. 617)

Burg Pappenheim (S. 620)

Das Spannende dabei ist, dass Sie hier die alten Zeiten auch wirklich live erleben können, ob beim Altstadtfest in Weißenburg oder beim Ritterturnier in Pappenheim – und auch selbst zu Lande, zu Wasser und in der Luft jede Menge Freizeitmöglichkeiten haben. Wer es etwas geruhsam angehen lassen möchte, kann sich auch per Boot auf die Altmühl begeben oder einfach in einem der urigen Bierkeller niederlassen. Sie sehen: Hier sind Sie eigentlich immer richtig, freuen Sie sich auf das Fränkische Seenland!

Sommerrodelbahn-Erlebnispark Pleinfeld

WWW.SOMMERRODELBAHN-PLEINFELD.DE

Öffnungszeiten

März-Oktober
Mo-Fr 13-18 Uhr
Sa/So/FT/Ferien 10-18 Uhr
Das Wildschaugehege ist ganzjährig geöffnet.

Eintrittspreise

Sommerrodelbahn/Minigolf
jew.: Erw. 2,50 / Erm 2,-
Bungee-Trampolin: Erw. 5,-/Erm. 4,-
Wildpark: Erw. 2,-/Erm. 1,- Euro

Unser Tipp

Damit es nicht langweilig wird, gibt es zwei verschiedene Abfahrten, unbedingt testen!

ALLES IN EINEM

Seit 1980 schon bauen die Pleinfelder an ihrem Erlebnispark, der sich mittlerweile wirklich sehen lassen kann. Angefangen mit der Sommerrodelbahn (von Olympiasieger Sylke Otto mit dem Prädikat „super" belegt) und einem Wildgehege mit Streichelzoo, kamen in den Folgejahren noch ein Minigolfplatz und ein Bungee-Trampolin mit vier Sprungplätzen hinzu. Wer nach dem ganzen Sport hungrig oder durstig ist, dem wird im Biergarten am Fuße der Rodelbahn geholfen. Die kommt übrigens noch nach dem alten Schlag daher, sprich mit einer Edelstahlrinne, in der der Schlitten gen Talstation rasen kann - echtes Racing-Gefühl garantiert.

Anschrift

Sommerrodelbahn
91785 Pleinfeld
Tel.: 09144-6300 / 09141-97860

(B2 Roth Richtung Ellingen, Ausfahrt Pleinfeld Süd, rechts nach 200 m)

Erlebnisschifffahrt Brombachsee

WWW.MS-BROMBACHSEE.COM

Eintrittspreise

Erw. 9,- Euro / Erm. 4,50 Euro (Rundfahrt mit beliebigen Unterbrechungen)

Anschrift

Die Anlegestellen sind rund um den See verteilt (91785 Pleinfeld)
Tel.: 09144-92705

Unser Tipp

Die beste Gelegenheit zur Rundfahrt ist der Sonntags-Brunch von 9.30 bis 12.30 Uhr ab Ramsberg.

HIGHTECH AUF DEM BROMBACHSEE

Der einzigartige Trimaran MS Brombachsee bietet echtes Kreuzfahrt-Flair mitten in Franken. Panorama-Galerie und Tanzfläche, verglaste Salons sowie separate Gesellschaftsräume, dazu ein komplettes Restaurant – Urlauberherz, was willst du mehr? Ist tagsüber eher der Transport der Passagiere von einem Strand zum nächsten im Vordergrund, verwandelt sich die MS Brombachsee am Abend öfters in ein echtes Partyboot. Live-Konzerte, kulinarische Hochgenüsse, Ü30-Parties usw. stehen dann nämlich auf dem Programm. Ein ganz besonderer Tipp ist das Krimi-Dinner auf See, das – kombiniert mit einem leckeren 4-Gänge-Menü echte Spannung auf dem Wasser garantiert. Freitags bis 12.30 Uhr ist übrigens Happy Hour: zwei fahren, einer zahlt!

Bergwaldtheater in Weißenburg i. Bay.

WWW.BERGWALDTHEATER.DE

Öffnungszeiten

Preise & Programm siehe Website

Eintrittspreise

Holzgasse
91781 Weissenburg
(Ausschilderung beachten!)
Tel.: 09141-907123

Unser Tipp

Am schönsten sitzt es sich auf den „Wurzelplätzen" – auf den großen Baumwurzel, Sitzkissen mitnehmen!

MIT BERGWALDDACKEL

Seit 1929 besuchen die Weißenburger ihr romantisches baumumsäumtes Bergwaldtheater, das Schauplatz so manch lustiger Begebenheit war. Schließlich ging es früher oft sehr bodenständig und volksnah zu, wie beispielsweise bei der Aufführung des Zigeunerbarons, bei dem echte Tiere mitspielten und mitten im Stück eine Sau nebst Ferkelschwarm ins Publikum ausbüchste. Prominentester Besucher dürfte der Bergwalddackel gewesen sein, der in den 1980er Jahren fast jede Vorstellung besuchte und einmal spontan bei Carmens Todesszene das Bein an der Bühnendekoration hob – die Schauspieler konnten das aufbrandende Gelächter der Zuschauer erst einmal gar nicht nachvollziehen.

Amigo Langlau

WWW.AMIGO-LANGLAU.DE

Öffnungszeiten
Ende März-Ende Okt. 10-22 Uhr

Eintrittspreise
Erw. 4,50 Euro / Erm. 3,- Euro

Anschrift
Seestraße 28
91738 Langlau
Tel. 09834-978230

Unser Tipp
Unbedingt ein lässiges Getränk nach dem Golf einplanen!

MINI-GOLF IM EIGENTLICHEN SINNE

Findet man normalerweise DIN-geformte Betonplatten auf den Minigolfplätzen der Republik, so hat man hier den Spaß ganz ohne Norm und dafür mit Kunstrasen und einem richtigen Park drumrum. Sogar echte Sandbunker sind eingebaut, so dass auch richtiges Golf-Feeling aufkommen kann. Spätestens beim Cocktail oder kühlen Bier danach fühlt man sich dann auch ein bisschen wie Bernhard Langer & Co. Nicht schlecht geschaut hat Inhaberin Karin Mehringer, als vor kurzem ein waschechter Cowboy auf seinem Gaul dahergeritten kam und Bier für sich und sein Reittier bestellte. Wundern Sie sich also nicht, wenn Ihnen der eine oder andere schräge Vogel im Seenland begegnet!

Fränkische Seen

WWW.FRAENKISCHES-SEENLAND.DE

Unser Tipp

In unserem Erlebniswegweiser Fränkisches Seenland finden Sie viele weitere Bade- und Freizeittipps rund um die großen Badewannen.

BADEN WIE GOTT IN FRANKEN

Die fünf großen Seen des Fränkischen Seenlandes bieten Badevergnügen für jedermann, von der Familie bis zum Kuschelfreak. Dabei bilden Großer und Kleiner Brombachsee und Igelsbachsee zusammen bei Pleinfeld einen großen See, während der Altmühlsee etwa sieben Kilometer westlich davon liegt (direkt bei Gunzenhausen). Der älteste, der als Wasserreservoir für Norbayern eingerichteten Seen ist der Hahnenkammsee, etwa 15 km südlich von Gunzenhausen bei Hechlingen am See.

Burg Pappenheim

WWW.GRAFSCHAFT-PAPPENHEIM.DE

Anschrift

91788 Pappenheim
(Burg ist ausgeschildert)
Tel.: 09143-83890

Öffnungszeiten

Mai-Sept 9-18 Uhr, sonst 10-17 Uhr

Eintrittspreise

Erw. 4,- Euro / Erm. 3,- Euro
Führungen zusätzlich 2,- Euro
Greifvogelvorführung 3,- Euro

Unser Tipp

Besonders spektakulär ist es beim Nachtturnier Ende Juni, dann bekämpfen sich die Ritter in jeder Hinsicht mit Feuer und Flamme!

DIE PAPPENHEIMER

Der Ausdruck „Ich kenne meine Pappenheimer“ war ursprünglich sehr positiv besetzt, schließlich bezeichnete Wallenstein damit eine tapfere Kürassierabteilung unter dem Befehl von Gottfried Heinrich Graf zu Pappenheim. Von der mächtigen Burganlage aus regierten die späteren Grafen von Pappenheim viele Jahrhunderte ihren Besitz. Der Verfall setzte erst nach dem spanischen Erbfolgekrieg ein, als die Franzosen Pappenheim besetzten. Zu Beginn des 19. Jahrhunderts wandelte man das Areal endgütlig in eine romantische Burgruine um, die heutzutage unter anderem Schauplatz eines jährlichen Ritterturnieres ist. Sehenswert sind die Ausstellung zum Dreißigjährigen Krieg, der historische Kräuter- & Botanikgarten mit über 2.000 verschiedenen Pflanzen und das Natur- und Jagdmuseum in der ehemaligen Kutschenhalle des gräflichen Marschstalls.

Deutschordensschloss Ellingen mit Museen und Park

WWW.SCHLOESSER.BAYERN.DE

Anschrift
Schloßstraße 9
91792 Ellingen

Eintrittspreise
Erw. 4,- Euro / Erm. 3,- Euro

Unser Tipp
Gegenüber liegt das fürstliche Brauhaus, wo man nicht nur essen und trinken, sondern auch die Brauerei besichtigen kann.

ALTE ORDENSRESIDENZ

Der Deutsche Orden, gegründet im Heiligen Land zur Zeit der Kreuzzüge, später dann im Baltikum eigenständiger Staat, hatte auch in Franken umfangreiche Besitzungen, deren Verwaltung ab 1216 von der Residenz in Ellingen aus geleitet wurde. Erst 1806 mit der Übergabe an Bayern und Feldmarschall Fürst von Wrede endete die lange Periode der Ordensherrschaft, die der Stadt sowohl baulich als auch wirtschaftlich viel hinterlassen hat. Mit im sehr sehenswerten Schloss untergebracht ist auch das Kulturzentrum Ostpreussen mit vielen Ausstellungsstücken aus dem Land zwischen Weichsel und Memel.

Römerstadt Weißenburg

WWW.WEISSENBURG.INFO

Eintrittspreise

Museumskarte für alles:
Erw. 4,- Euro / Erm.3,- Euro

Anschrift

91781 Weissenburg
Tel.: 09141-907124

Unser Tipp

Nach der trockenen Besichtigung lohnen ein Besuch in der modernen Mogetissa-Therme (An der Hagenau 22b) und abschließend bei der Brauerei Schneider (Bachgasse 15, mit kleinem Brauereimuseum).

ENTDECKER PASS.com

FREIZEIT ERLEBNIS KULTUR

ECHTE THERME UND VIEL GOLD

Die Römer haben viel hinterlassen, im alten Kastell Biriciana und seiner Siedlung am Limes. Einiges sieht man schon beim Spaziergang durch die Stadt, der Rest ist in den Museen am Martin-Luther-Platz und in der Therme am Römerbad zu sehen. Dazu gehört der sensationelle Römerschatz mit etwa 120 Stücken aus dem Leben im Römischen Reich. Besonders die 17 bestens erhaltenen kleinen Götterstatuen versetzen die Besucher in Staunen. Doch das kommt auch auf, wenn man in der römischen Therme, die durch Zufall bei Bauarbeiten gefunden wurde, die Finessen der Anlagen bewundern kann, die vor 2.000 Jahren Wellness für die Römer bedeuteten.

Museum und Steinbruch Solnhofen

WWW.SOLNHOFEN.DE

Öffnungszeiten
Ende März bis Ende Oktober
9-17 Uhr, sonst So 13-16 Uhr

Eintrittspreise
Kombi Museum/Steinbruch
Erw. 4,50 Euro / Erm. 4,- Euro

Anschrift
Bahnhofstraße 8
91807 Solnhofen
Tel.: 09145-832018

Unser Tipp
Nach dem Bahnübergang, an dem man zum Museum abzweigt, liegt auch die Zufahrt zur Klosterbäckerei an der St.-Sola-Basilika (eines der ältesten Baudenkmäler Deutschlands). Hier entsteht das beliebte Solnhofer Klosterbrot.

DIE HEIMAT DER URVÖGEL

Schon die Römer schlugen hier in der Region Kalkplatten als Badverkleidung, später war der Plattenkalk Grundlage der Lithografie und damit Ursprung der Drucktechnik. Die Platten enthalten manchmal gut erhaltene Versteinerungen. Zwei der zehn existierenden Exemplare des Archäopteryx sind hier im Solnhofener Bürgermeister-Müller-Museum zu finden. Es bietet im unteren Stockwerk die Fossilien und im oberen die Geschichte der Lithografie. Ein Riesenspaß ist es, hier die Werkzeuge auszuleihen, mit denen man dann im ca. 3,5 km entfernten Hobbysteinbruch selbst auf die Suche nach Versteinerungen gehen kann.

Karlsgraben bei Treuchtlingen

WWW.TREUCHTLINGEN.DE

Öffnungszeiten
Ausstellung geöffnet tägl. 13-17 Uhr

Eintrittspreise
Erw. 1,50 Euro / Erm. 1,- Euro

Anschrift
86836 Graben
Tel.: 09142-202180

Unser Tipp
Besonders interessant sind die Repliken von Teilen des Reichsschatzes Karls des Großen.

3.000 METER VERBANDEN DIE WELT

Auch wenn sich die Wissenschaft immer noch nicht einig ist, gilt es wohl als sicher, dass Karl der Große im Jahr 793 an dieser Stelle bei Treuchtlingen einen drei Kilometer langen Kanal anlegen ließ. Über ihn waren die Flusssysteme von Donau und Rhein miteinander verbunden. Wohl aufgrund der mangelnden Wirtschaftlichkeit gaben die damaligen Franken den Kanal jedoch bald wieder auf. Noch heute sind eine etwa 500 m lange Wasserfläche und angrenzende Erdwälle erhalten, entlang der Karlsgrabenstraße in Graben. Hier findet sich auch die sehenswerte kleine Ausstellung in der Hüttingerscheune im Haus Graben 15.

Apothekenmuseum Weißenburg

WWW.WEISSENBURG.INFO

Öffnungszeiten
Führung tägl. um 11 Uhr
Mo/Di/Do/Fr auch 14.30 Uhr

Eintrittspreise
Erw. 2,- Euro / Erm. 1,- Euro

Anschrift
Rosenstraße 3
91781 Weißenburg
Tel.: 09141-2307

Unser Tipp
Ein besonderes Erlebnis ist die Abendführung mit Kräuterlikör-aperitif, fragen Sie einfach mal nach den Terminen.

WIEDERGEFUNDENE TRADITION

Durch Zufall wurde die historische Einrichtung der Einhorn-Apotheke fast vollständig erhalten. So erhält man einen perfekten Einblick in die Zeit gegen Ende des 19. Jahrhunderts, als der berühmte Apotheker und Limesforscher Wilhelm Kohl hier lebte und arbeitete. Damals wurden die Zutaten zur Medizin noch in der komplett erhaltenen Kräuterkammer gelagert und anschließend Pillen und Zäpfchen mit kleinen Maschinen selbst hergestellt. Neben diesen Werkzeugen finden Sie hier auch viele weitere Stücke und auch Rezepte aus der damaligen Zeit, als man beispielsweise auch mal eine Flasche Rotwein verschrieben bekam.

Fränkische Kleinwagensammlung Bittner

Öffnungszeiten
Geöffnet nach tel. Vereinbarung

Eintrittspreise
Freiwillige Spende

Anschrift
In der Türkei 5
91792 Stopfenheim
Tel.: 09141-72383

Unser Tipp
Ihren Besuch sollten Sie auf jeden Fall vorher telefonisch absprechen, denn gemeinsam mit Helmut oder Franz-Josef macht der Rundgang einfach viel mehr Spaß – sie können zu jeder Schraube eine spannende Geschichte erzählen.

ZWEI BRÜDER HALTEN DIE ZEIT AN

Helmut und Franz-Josef Bittner erfüllen sich seit über 30 Jahren ihren Traum und bauen eine in Deutschland wohl einzigartige private Kleinwagensammlung auf. Momentan gehören über 100 Autos, Kleinmobile, Motorräder, Roller, Mopeds und legendäre Sondermodelle dazu, die alle in einem bunten, liebevollen, übersichtlichen Chaos präsentiert werden. Dazu zählen bekannte Vertreter wie die Isetta oder der Messerschmitt-Kabinenroller, aber auch Kleinodien wie die Mopetta oder das Goggo-Coupé. Der Besuch hier ist ein Muss für jeden Autofreund.

Mittelalterstadt Weißenburg mit Altstadtfest

WWW.ALTSTADTFEST-WEISSENBURG.DE

Termine

Aktuelle Termine siehe Website:
www.altstadtfest-weissenburg.de

Unser Tipp

Führungen auf der Wülzburg Mai-Okt Sa 13-17, So/Ft 11-17 Uhr, in den Pfingst- und Sommerferien auch Mo-Fr 13-17 Uhr (Erw. 2,-/ Erm. 1,-)

AM FUSSE DER WÜLZBURG

Nicht nur den Römern gefiel es an der Weißenburger Alb, im Mittelalter bildete sich eine Siedlung namens „Uuizinburc", die 867 erstmals urkundlich erwähnt wird. Etwa 200 Jahre später entstand die erste Stadtmauer, 1296 erhielt das nach vollständiger Zerstörung durch den Bayernkönig Ludwig den Strengen wiederaufgebaute Weißenburg die Reichsstadtwürde, allerdings als ärmste fränkische Reichsstadt. Einige Schenkungen, darunter die des Stadtwaldes 1338, woran der Kaiser-Ludwig-Brunnen auf dem Marktplatz erinnert, halfen auf die Beine, allerdings dauerte es bis ins 19. Jahrhundert, bis die Stadt über ihre alten Stadtmauern hinaus wachsen konnte. Über der Stadt thront die ab 1588 erbaute Festung Wülzburg, die ihre Anfänge als frühmittelalterliches Kloster hatte. Das beste Erlebnis bietet das Altstadtfest Mitte Juli, wenn unter anderem die Stadtmauer zum Ritterlager wird.

Waldgaststätte Araunerskeller

Öffnungszeiten
Sa/So ab 10 Uhr
Mo-Fr April-August ab 14 Uhr
sonst ab 17 Uhr

Anschrift
An den Sommerkellern 62
91781 Weißenburg
Tel.: 09141-9749996

Speisen & Getränke
Leckere fränkische Spezialitäten plus abwechslungsreiche Tagesangebote. Biere der Brauerei Schneider/Weißenburg.

Unser Tipp
Bei den Angeboten zahlt man immer eine kleine Grundgebühr für die Beilagen und kann dann selbst Grillgut etc. kombinieren. Sehr lobenswert!

TRAUMBIERKELLER UNTER NEUER LEITUNG

Uwe Sommer sattelte 2011 um von der Stadt auf den Berg und ist seitdem Wirt eines der schönsten Orte in der Stadt. Riesige Bäume beschatten den Biergarten mit seiner Holzveranda und den Spielplatz. An den urigen Tischen sitzen die Weißenburger und ihre Gäste und lassen es sich so richtig gut gehen. Neben einigen Klassikern rund um Bratwurst, Brotzeit und Kuchen gibt es jeden Tag ein anderes Angebot wie Schlachtplatte oder Grillteller. Der Grill dazu steht übrigens auch im Biergarten und Uwe dann auch selbst am Rost.

Weitere Tipps

Wettelsheimer Keller Treuchtlingen
Traumbierkeller am Wettelsheimer Waldrand. Treuchtlingerstr.26, 91757 Treuchtlingen, Tel. 09142/7740, www.wettelsheimer-keller.de

Juramare Gunzenhausen
Tolles Schwimmbad mit Saunadorf und Kinderbereich. Bahnhofplatz 16, 91710 Gunzenhausen, Tel. 09831/8004, www.juramare.de. Tägl. 10-18 Uhr, Tageskarte Erw. 8,50/Erm. 5,-

Waldbad am Limes Gunzenhausen
Kinderparadies am Wald, mit zahlreichen Rutschen und Familienangeboten. Leonhardsruhstraße 46, 91710 Gunzenhausen, Tel. 09831/3234, www.juramare.de. Mai-August tägl. 7-20 Uhr, September 7-19 Uhr, Tageskarte Erw. 4,-/Erm. 2,-

Altmühltherme Treuchlingen
Klassische Therme mit Salzgrotte, Sauna und Wellness, aber auch Wellenbad und Riesenrutsche. Bürgermeister-Döbler-Allee 12, 91757 Treuchtlingen, Tel. 09142/96020, www.altmuehltherme.de. Tägl. 9-20 Uhr, Di/Mi/Do 9-21 Uhr, Fr 9-22 Uhr, Tageskarte Erw. 14,50/Erm. 11,60

Bootsverleih und Biergarten Hollerstein
Ein Traum für Bootsfans auf der Altmühl - und Biergartenfreunde, die hier direkt am Ufer das Treiben beobachten wollen. Zimmern 32, 91788 Pappenheim, Tel. 09143-753, www.hollerstein.de.

SANShineCamp Absberg
Die Firma SAN-aktiv-TOURS hilft im gesamten Seenland Touristen weiter, wenn Sie ihre Freizeit gut verbringen möchten. Im SAN-shine-CAMP am Kleinen Brombachsee gibt's immer was zu tun. Tägl. Apr-Sep 11-18 Uhr, sonst 14-17 Uhr, www.san-aktiv-tours.de, Tel. 09831/4936.

Vogelinsel Altmühlsee
40 kleinere Inseln in der Nordwestecke des Altmühlsees bilden ein Naturschutzgebiet. Infos Dokumentationszentrum, Schloßstr. 2, 91735 Muhr am See, muhramse.lbv.de, Mo-Fr 9-17 Uhr.

Hochseilgarten Ramsberg
Ökologischer Hochseilgarten am Südufer des Brombachsees (mit Traumblick!). Beschilderung in Ramsberg folgen. Termine unter 09143/60443 bzw. www.hochseilgarten-ramsberg.de, Erw. 3 Std. 28,-/ Erm. 22,-

Miniaturland Treuchtlingen
Riesen-Modelleisenbahn mit zahlreichen Attraktionen. Elkan-Naumburg-Straße 35, 91757 Treuchtlingen, Tel 0170-4741840, www.miniatur-land-treuchtlingen.de, Erw. 5,-/Erm. 3,-

Hotel Gasthof Krone Gunzenhausen
Hotel mit tollem Restaurant und Palmenterrasse. Nürnbergerstraße 7, 91710 Gunzenhausen, Tel.: 09831-883395, www.hotel-krone.info. Tägl. ab 17.30, Do-So auch Mittagsküche. Mi Ruhetag.

Museum Schloss Treuchtlingen
Im sehenswerten Schloss befindet sich u.a. das Umweltzentrum Naturpark Altmühltal. Heinrich-Aurnhammer-Str. 3, 91757 Treuchtlingen, Tel. 09142-202180, www.treuchtlingen.de

Fossilien- & Steindruckmuseum Gunzenhausen
Mit Exponaten aus aller Welt. Sonnenstraße 4, 91710 Gunzenhausen, Tel. 09831-882655, www.fossilien-und-steindruck-museum.de Do-So 10-12 und 14-17 Uhr. Erw. 3,50/Erm. 3,-

Stadt und Stadtmuseum Gunzenhausen
Auch Gunzenhausen hat viele steinerne Zeugen aus seiner Geschichte. Stadtmuseum in der Rathausstraße 12, 91710 Gunzenhausen, Tel. 09831-508306. Infos und Öffnungszeiten www.gunzenhausen.de

Outdoor-Kartbahn Gunzenhausen
Hier war auch schon der Herzblatt-Hubschrauber. Im Hollerfeld 5, 91710 Gunzenhausen, Tel. 09831-4411, www.kartbahn-schneider.de. Zehn Minuten 10,-

Heimatmuseum Pleinfeld
Liebenswertes Museum mit Brauereiabteilung. Kirchenplatz 3, 91785 Pleinfeld, Tel. 09144-920070, www.pleinfeld-am-brombachsee.de, Mo-Fr 9-12, Di/Do/Fr auch 15-17, So 14-16 Uhr, Erw. 2,-/Erm. 1,-

Touristinfo:

Martin-Luther-Platz 3-5
91781 Weißenburg
Tel.: 09141-907124
www.weissenburg.de

Fränkisches Seenland in Vollendung

WWW.FT-BUCHVERLAG.DE

„Jedes Bad ist eine leibliche Wiedergeburt"

So beschrieb schon der griechische Philosoph Demokrit vor zweieinhalb Jahrtausenden die Freuden des Badevergnügens. Das Fränkische Seenland hatte er damals sicher noch nicht vor Augen, doch hier hat man mit Altmühl-, Roth- und Brombachsee ein wahres Bade-Paradies geschaffen.

Wir haben uns der Aufgabe gestellt, dieses Fränkische Ferienparadies genau unter die Lupe zu nehmen und für unsere Leser aufzubereiten. Im „Erlebniswegweiser Fränkisches Seenland" präsentieren wir das Ergebnis: 240 Seiten, prall gefüllt mit Tipps von den großen und kleinen Badeseen, Schwimmbädern und Thermen, über Freizeitspaß, Museen, Gastronomien und Sehenswürdigkeiten bis hin zu exklusiven, neuen Wanderungen zu Fuß oder mit dem Rad. Dabei werden immer alle wesentlichen Informationen auf einer Seite zusammengefasst, mit aktuellen Fotos, einem Infotext, den jeweiligen Kontakt- und GPS-Daten und der jeweils nächsten VGN-Haltestelle.

Mit diesem Buch können Sie getrost Baden gehen, danach noch eine der über 60 vorgestellten Gastronomien besuchen oder vielleicht auch in einem der interessanten Museen vorbeischauen. Immerhin kommen aus der Region die Pioniere der deutschen Luft- und Raumfahrt, Gustav Weißkopf und Hermann Oberth, oder auch der weltbekannte Wolfram von Eschenbach. Doch auch vermeintlich abgedrehte Museen wie die Fränkische Kleinwagensammlung in Ellingen oder das Landmaschinenmuseum in Muhr fi nden sich in dem Erlebniswegweiser. Natürlich kommt die Natur dabei nicht zu kurz, beispielsweise in Form der Vogelinsel oder auch der Steinformation 12 Apostel und der sie umgebenden Steinbrüche.

Buchdaten:

Autoren: Bastian Böttner / Markus Raupach / Frank Schneider
Titel: Fränkisches Seenland Erlebniswegweiser
Verlag: Fränkischer Tag Buchverlag
240 Seiten, ISBN: 978-3936897814
Preis: 9,90

Jetzt erhältlich im Buchhandel und in allen Geschäftsstellen von Fränkischer Tag, Coburger Tageblatt, Saale Zeitung, Die Kitzinger und Bayerischer Rundschau sowie unter Tel.: 09221/949-311 oder online auf www.ft-buchverlag.de

BASTIAN BÖTTNER | MARKUS RAUPACH | FRANK SCHNEIDER
FRÄNKISCHES SEENLAND
ERLEBNISWEGWEISER
Wirtshaus
AUSFLUGSZIELE FÜR FREIZEIT & URLAUB
BADESPASS, FREIZEITSPASS, SEHENSWÜRDIGKEITEN, KUNST & MUSEEN, ESSEN & TRINKEN, WANDERUNGEN & RADTOUREN FÜR JUNG UND ALT

Im Sechsämterland

Erst 1810 kamen die sechs Ämter Hohenberg, Kirchenlamitz, Selb, Thierstein, Weißenstadt und Wunsiedel zu Bayern. Heute erinnert noch der bekannte Sechsämtertropfen an diese Verwaltungsgliederung, der vom Wunsiedler Pharmazeuten und Destillateur Gottlieb Vetter Ende des 19. Jahrhunderts entwickelt wurde und heute noch in der Stadt hergestellt wird. Der Ruhm Wunsiedels in der Theaterszene rührt von den Luisenburg-Festspielen her, dem ältesten Freilichttheater Deutschlands. Das Felsenlabyrinth dient als Kulisse und ist das größte in Europa.

Felsenlabyrinth Luisenburg (S. 635)

Bahnhöfe: Selb Stadt, Selb Nord, Erkersreuth, Selb-Plößberg, Schönwald, Marktredwitz, Arzberg, Schirnding, Wunsiedel-Holenbrunn, Röslau, Marktleuthen, Kirchenlamitz Ost; (Liniennetz siehe Seite 18)

Luisenburg Festspiele (S. 647)

Greifvogelpark (S. 634)

Bad Alexandersbad (S. 639)

Neben dem Festspielort Wunsiedel finden sich im Landkreis auch die Porzellanstadt Selb und die große Kreisstadt Marktredwitz an der Grenze zur Oberpfalz. Für Wanderer ein Paradies sind das Gebiet um die Kösseine und natürlich die Höhen des Fichtelgebirges, im Winter ein richtiges Skigebiet. Hier verläuft auch die Europäische Wasserscheide, ein entsprechendes Hinweisschild steht am Parkplatz des Aufstiegs zum Seehaus.

Greifvogelpark Bürgerpark Katharinenberg

WWW.FALKNEREI-KATHARINENBERG.DE

ZOOLOGISCHER GARTEN UND ZUCHTSTATION

In der Falknerei Katharinenberg, die zu den modernsten und fortschrittlichsten Anlagen Europas zählt, leben über 50 Tag- und Nachtgreifvögel in artgerechten, großräumigen Volieren, die an die natürlichen Lebensräume angelehnt sind. Meistens sind es Pärchen, wodurch die Besucher je nach Zeitpunkt die unterschiedlichen Phasen von der Balz über die Brut bis zur Aufzucht der Jungen verfolgen können. Während der Flugführungen zeigen Falkner und Greife ihr Können, und Sie sind live dabei! Es erwartet Sie auch ein schöner Biergarten mit großem Spielplatz.

Öffnungszeiten

Karfreitag bis 1. November
tägl. 10-18 Uhr
Flugvorführung um 15 Uhr

Eintrittspreise

Mit Flugvorführung
Erw. 7,- Euro / Erm. 4,- Euro

Anschrift

Katharinenberg 1
95632 Wunsiedel
Tel.: 09232-8819999

Unser Tipp

Interessierte können hier für einen Tag Falkner sein. Sie sind dann von 9 bis 18 Uhr an der Seite der Profis und können selbst mit Vögeln arbeiten und beispielsweise auch die Fütterung übernehmen (80,- Euro).

Felsenlabyrinth Luisenburg

WWW.WUNSIEDEL.DE

Öffnungszeiten
April bis Mitte November 8.30-18 Uhr, Festspielzeit 8.30-19 Uhr

Eintrittspreise
Erw. 4,- Euro / Erm. 1,50 Euro

Anschrift
Luisenburg
Tel.: 09232-602116

Unser Tipp
Mai bis September finden mittwochs und sonntags um 14 Uhr interessante Führungen statt (Erw. 4,- Euro / Erm. 2,- Euro).

DAS GRÖSSTE FELSENLABYRINTH EUROPAS

Der Dichterfürst persönlich entdeckte Luisenburg und Felsenlabyrinth. Gemeinsam mit einem Forscherkollegen untersuchte er die Formationen „dieser Staunens würdigen Erscheinung" vom 29. Juni bis 3. Juli 1785. 1820 kam Goethe erneut, um anschließend seine Erkenntnisse zu publizieren. Schon 15 Jahre vorher hatten auch die Bürger die Schönheit des Ortes erkannt, einen Park eingerichtet und ihn nach der jungen Preußenkönigin Luise benannt. In einem Teil des Felsenmeeres finden auch die jährlichen Luisenburg-Festspiele statt (siehe Veranstaltungen).

Nordic-Parc Fichtelgebirge

WWW.NORDIC-PARC.DE

Unser Tipp

Damit auch Entspannung und Wellness nicht zu kurz kommen, hat die Region auch die Internetseite www.elements-5.de ins Leben gerufen. Hier werden vorhandene Angebote der Wohlfühlregion vorgestellt und verknüpft, unter dem Motto: Erhaltung der Gesundheit durch die gleichzeitige Forderung und Entspannung des Körpers und Geistes.

DAS NORDIC-WALKING UND LANGLAUF-ZENTRUM

15 Gemeinden, darunter fünf aus dem Landkreis Wunsiedel und zehn aus dem Landkreis Bayreuth, haben sich zusammengeschlossen, um die Angebote rund um das aktive nordische Sporterlebnis zu bündeln. Dazu gehören über 80 Nordic-Walking-Strecken, zahlreiche Lifte, Skipisten und Skischulen, neun große Langlaufloipen und viele schöne Winter-Wanderwege. Die Loipen sind in der Regel Rundloipen und sind mit Verbindungsloipen kombinierbar. An der Luisenburg in Wunsiedel finden Sie zum Beispiel ein großes Nordic-Walking und Langlaufzentrum. Ausführliche Informationen finden Sie auf der Internetseite.

Naturfreibad „An den Drei Bögen"

WWW.MARKTREDWITZ.DE

Öffnungszeiten
Tägl. 10-19.30 Uhr

Eintrittspreise
Erw. 2,50 Euro / Erm. 1,50 Euro

Anschrift
Schwimmbadweg 1
95615 Marktredwitz
Tel.: 09231-509522

Unser Tipp
Passend sollten Sie danach in der Brauereigaststätte am Strand das gute Essen und das Zoigl-Bier probieren. Dieser Strand liegt allerdings mitten in der Stadt. Ottostraße 32, 95615 Marktredwitz, Tel: 09231-2985, www.brauerei-nothhaft.de, Di-Fr ab 10, Sa 10-18 Uhr, So 10-14 und 17-21 Uhr

MIT WELLENBREITRUTSCHE

Ein Wellenbad kennt man, eine Wellenrutsche hingegen war uns neu. Es ist ein bisschen, als hätte man eine 30-Meter-Rutsche auf 24 Meter zusammengestaucht – und das macht Spaß! Wer's eher gemütlich angehen will, kann am Sandstrand mit Strandkörben abhängen und sich im Schatten der großen, alten Bäume erholen. Sogar Grillplätze sind vorhanden. Bewegungsfreaks drehen ihre Runden im Wettkampfbecken, springen vom Zehn-Meter-Turm oder nutzen eine der vielen Spielmöglichkeiten von Volleyball über Fußball bis Tischtennis.

Weißenstädter See

WWW.WEISSENSTADT.DE

Anschrift

95163 Weißenstadt
Tel.: 09253-95030

Unser Tipp

Ein Rundgang um den Weißenstädter See dient nicht nur der Erholung, sondern auch dem „Nachdenken". Am Uferweg finden Sie Stelen aus Fichtelgebirgsgranit und Wunsiedler Marmor mit Texten aus dem „Stundenbuch" des Schweizer Professors Eugen Gomringer.

POESIE UND BADESPASS

Schon im 14. Jahrhundert hat es hier einen Stausee gegeben, der alle zwei Jahre abgefischt wurde. Die Orte an der Eger wurden dann jeweils von einem Boten unterrichtet, dass durch das Ablassen des Sees mit größeren Wassermengen zu rechnen war. 1816 verkaufte der Staat das Gewässer, der Käufer ließ es trocken legen und verkaufte die Parzellen. Doch die wenig ertragreichen Grundstücke lagen bald brach, es dauerte trotzdem bis 1972, bis sich die Stadt der Sache annahm, das Land kaufte und den Stausee neu anlegte. Heute finden Sie hier ein perfektes Naherholungsgebiet, das keine Wünsche offen lässt (Baden, Campen, Segeln usw.).

Kurzentrum Weißenstadt und Heilbad Bad Alexandersbad

Infos / Kontakt

Im Quellenpark 1
95163 Weißenstadt am See
Tel.: 09253-95450
www.kurzentrum.com

Markgrafenstraße 26
95680 Bad Alexandersbad
Tel.: 09232-99730
www.alexandersbad-baederhaus.de

Unser Tipp

Bad Alexandersbad beherbergte 1838 die erste Kaltwasser-Heilanstalt in Bayern. Über 50 Jahre zuvor war von Markgraf Alexander schon das namensgebende Schloss Alexandersbad entstanden, das aber nie einem Fürsten als Wohnsitz diente, sondern von vornherein als Unterkunft für Badegäste gedacht war. Die kamen wegen des 1780 neu erschlossenen Sichersreuther Sauerbrunnens, dessen Wasser schon kurz nach der Entdeckung (1734) in Flaschen verkauft worden war. Das Areal bietet Gelegenheit zu schönen Spaziergängen.

ALLES FÜR IHRE GESUNDHEIT

Das Kurzentrum Weißenstadt ist ein Vier-Sterne-Hotel, das seit 2007 seine Gäste direkt am See mit vielen Wellness- und Therapieangeboten beglückt. Sauna, Baden, Massagen und natürlich das Angebot des Weißenstädter Sees sind ein hervorragendes Komplettpaket. Eine weitere gute Entspannungsmöglichkeit bietet Bad Alexandersbad mit seinen Kureinrichtungen. Hier ist man übrigens auf dem Weg zum Bioenergie Heilbad, was bedeutet, dass der gesamte Ort in naher Zukunft mit Energie aus Biogas, Hackschnitzeln, Geothermie und Photovoltaik versorgt werden kann.

Hammerschloss Tröstau-Leupoldsdorf

Öffnungszeiten

Fr-Mi ab 17.30, So ab 10 Uhr

Anschrift

Schlossweg 14
95709 Tröstau
Tel.: 09232-2325

Unser Tipp

Im Torhaus finden Sie eine Infostelle des Naturparks Fichtelgebirge mit einer Ausstellung zur Geschichte des Eisenhammers. Interessierte können sich auch auf den geologischen und historischen Lehrpfad machen, der am früheren Bahnhof beginnt und 28 Stationen beinhaltet (Tel.: 09232-992161 / -80423).

DAS REICH DER HAMMERHERREN

Das Leupoldsdorfer Schloss stammt aus dem 17. Jahrhundert und gehörte einst den Herren über den Eisenhammer. Der ist schon viele Jahrhunderte alt und wurde 1432 erstmals urkundlich erwähnt. In seiner Blütezeit unter den Herren von Müller verdienten viele Arbeiter aus der gesamten Umgebung in Blechhammer, Stabhammer und Zainhammer ihren Lohn. Köhler und Fuhrleute gehörten gleichfalls zum Hammerwerk. Heute befindet sich im Schloss ein schöner Biergarten, in dem Sie eine schöne Zeit an dieser historischen Stätte, die 2011 komplett neu gestaltet wurde, verbringen können.

Ruine und Granitlabyrinth Epprechtstein

WWW.KIRCHENLAMITZ.DE

Anschrift

95158 Kirchenlamitz

Unser Tipp

Eine kleine und schöne Verlängerung bietet der Steinbruchweg, der ab dem Luisentisch ca. eine Stunde Gehzeit erfordert und faszinierende Blicke auf sechs Steinbrüche eröffnet.

DIE RAUBRITTERBURG

Der Name der vor etwa 900 Jahren begonnenen Burg rührt vom Erbauer Eckprecht, der sein Haus auf einem Stein/Berg errichtete. Im 14. Jahrhundert wird die Burg der Eckebretsteiner zur Raubritterburg und von den Nürnberger Burggrafen erobert. Die kauften zu der Zeit nach und nach das gesamte Fichtelgebirge und schufen die sechs Ämter, die heute hauptsächlich durch den gleichnamigen Tropfen bekannt sind. Die Zerstörung der Burg erfolgt in den Kriegen des Markgrafen Alcibiades, in denen auch die Plassenburg zerstört und Hof belagert wurden. Heute kann die Ruine vom Wandererparkplatz am Buchhaus in Kirchenlamitz innerhalb von ca. zwei Stunden bequem zu Fuß erreicht werden (ca. drei Kilometer, Rundwanderweg zum Luisentisch, dann etwa 15 Minuten weiter zur Burgruine). An einem ehemaligen Werkplatz eines Steinmetzbetriebs, zwischen Kirchenlamitz und Weißenstadt, findet sich das sehr eindrucksvolle Granitlabyrinth Epprechtstein. Immerhin 400 Meter müssen hier zurückgelegt werden, bis das Ziel in der Mitte erreicht ist – genug Zeit, um zu entspannen und dieses einzigartige Kunstwerk zu genießen.

Burg Hohenberg

WWW.BURGHOHENBERG.DE

Anschrift

Burg 1
95691 Hohenberg an der Eger
Tel.: 09233-77260

Unser Tipp

Gute Gelegenheit zu einem kulinarischen Zwischenstopp mit Blick auf die Burg bietet der Gasthof zur Burg. Burgplatz 5, 95691 Hohenberg an der Eger, Tel.: 09233-9404, www.gasthofzurburg.de, Do-Di ab 10 Uhr

DIE SOZIALE BURG

Mitten im Ortskern von Hohenberg an der Eger, der kleinen Stadt direkt an der tschechischen Grenze, steht die mächtige Burg aus dem 15. Jahrhundert. Mit ihr sicherten die Markgrafen von Brandenburg-Kulmbach-Bayreuth ihre Besitzungen im Fichtelgebirge und den strategisch wichtigen Pass von Schirnding. Heute dient die Burg Hohenberg als Jugendherberge und Begegnungs- und Tagungsstätte des Sudetendeutschen Sozialwerks. Sie bietet auch Familien und Einzelreisenden verschiedene Angebote, u.a. zusammen mit dem Erlebnispädagogischen Zentrum Nordbayern. Dazu gehören Hochseilgarten, Kanutouren, Orientierungsrallyes und spannende Schatzsuchen (www.extratouren.com).

Bergbau-Infostelle „Kleiner Johannes“

WWW.ARZBERG.DE

Öffnungszeiten

April-Oktober tägl. 9-17 Uhr,
sonst tägl. 9-16 Uhr
Eintritt frei!

Anschrift

Altes Bergwerk 1
95659 Arzberg
Tel.: 09233-4040 / 09233-80424

Unser Tipp

Um die Ecke liegt das Freibad der Stadt. Mo 13-19, Di-Fr 9.30-19, Sa/So 9.30-18 Uhr. Erw. 2,50/Erm. 1,-

DIE ALTE ZECHE

Der Arzberger Bergbau hat eine jahrhundertelange Tradition, es gibt Belege aus dem 14. und 16. Jahrhundert. Im 20. Jahrhundert führten 80 Arbeiter der Maxhütte die Arbeit fort und förderten bis zu 1.500 Tonnen Erz pro Monat. Im April 2002 fuhr die letzte Schicht ein, und die Grube wurde aus Rentabilitätsgründen und wegen eines Wassereinbruchs geschlossen. Die fast verfallenen Bauten wurden nach und nach restauriert und bieten heute eine interessante Infostelle mit Förderturm, Gleisanlagen und einer kleinen Ausstellung.

Fichtelgebirgsmuseum in Wunsiedel

WWW.FICHTELGEBIRGSMUSEUM.DE

Öffnungszeiten
Di-So 10-17 Uhr

Eintrittspreise
Erw. 2,60 Euro / Erm. 1,80 Euro

Anschrift
Spitalhof
95632 Wunsiedel
Tel.: 09232-2032

Unser Tipp
Im Anschluss lohnt kulinarische Entspannung in der Barthmannsruh. Am Luxbach 49, 95632 Wunsiedel, Tel.: 09232-2162, täglich ab 8 Uhr

AUCH MAL SELBER MACHEN

Der Apotheker, Mineraloge und Heimatkundler Dr. Albert Schmidt gab 1907 den Anstoß zur Gründung eines Museums, das im Folgejahr auch im ehemaligen Lyzeum hinter der Stadtkirche eröffnet wurde. 1964 zog die Sammlung in die Gebäude des mittelalterlichen Sigmund-Wann-Spitals um und erweiterte sich ab 1985 in die Nachbarhäuser. Zu den behandelten Themen zählen die Spital-, Regional- und Kulturgeschichte sowie Mineralogie und Geologie. In Mitmach-Werkstätten können die Besucher selbst in verschiedenen Werkstätten Hand an Ton, Zinn, Stein und andere Werkstoffe legen.

Porzellanikon Selb und Hohenberg/Eger

WWW.PORZELLANIKON.ORG

Infos / Kontakt

Porzellanikon Selb
Di-So 10-17 Uhr, Erw. 5,-/Erm. 2,50
Werner Schürer-Platz 1
95100 Selb
Tel.: 09287-918000

Porzellanikon Hohenberg
Di-So 10-17 Uhr, Erw. 3,-/Erm. 1,50
Schirndinger Straße 48
95691 Hohenberg
Tel.: 09233-772211

Unser Tipp

Das Porzellanikon bietet auch Porzellanmalkurse und Modellierstunden an, Termine und Preise auf der Website.

VIER MUSEEN IN EINEM

Das Porzellanikon in seiner Gesamtheit beherbergt vier Museen, das Europäische Industrie-Museum für Porzellan, das Europäische Museum für Technische Keramik, das Rosenthal-Museum und das Deutsche Porzellan-Museum. In den vier Häusern finden Sie nun wirklich allle Informationen zum Weißen Gold, von der Herstellung bis zu den sensationellen Ausstellungsstücken der Porzellinerkunst. Regelmäßige Veranstaltungen und Sonderausstellungen runden das Angebot perfekt ab.

Egerland-Museum

WWW.EGERLANDMUSEUM.DE

NICHT NUR KARLSBADER OBLATEN

Seit 1946 sammelt das Egerland-Museum Exponate rund um das Egerland. Schwerpunkte sind dabei Volkskultur und Gewerbe, Porzellan, Glas, Schmuck, Zinn, Trachten und Hausindustrie. Mit der Erweiterung im Jahr 2000 kam auch eine Multimedia-Abteilung mit vielen digitalisierten Objekten hinzu. Eine schöne Erweiterung ist die Egerländer Kunstgalerie, die auf 300 Quadratmetern Kunstwerke aller Art aus dem alten Egerland ausstellt.

Öffnungszeiten

Di-So 14-17 Uhr

Eintrittspreise

Erw. 2,- Euro / 1,- Euro

Anschrift

Fikentscherstraße 24
95615 Marktredwitz
Tel.: 09231-3907

Unser Tipp

Im Anschluss bietet sich ein Besuch im Forsthaus an. Hier gibt es u.a. tolle Bratengerichte. Putzenreuthstraße 49, 95615 Marktredwitz, Tel.: 09231-82736, tägl. ab 11, So/Ft ab 9.30 Uhr

Luisenburg-Festspiele

WWW.LUISENBURG-AKTUELL.DE

Anschrift

Luisenburg
95632 Wunsiedel
Tel.: 09232-602162

Unser Tipp

Eine gute und nicht überfüllte Gelegenheit zum Zwischenstopp vor der Aufführung bietet das Bräustüberl Schönbrunn, gegenüber kann der Erotikbierkeller der Brauerei besichtigt werden. Brunnenstraße 10, 95632 Wunsiedel, Tel.: 09232-2813, www.lang-braeu.de, Fr-Mi ab 9 Uhr

DAS ÄLTESTE FREILICHT-THEATER DEUTSCHLANDS

Schon 1665 feierten die Wunsiedler Lateinschüler hier ihr Sommerfest mit selbstverfassten Stücken. Die Tradition lebte in unterschiedlichen Formen weiter, bis 1914 erstmals klassische Stücke mit Berufsschauspielern inszeniert wurden. Seitdem haben fast sieben Millionen Zuschauer die über 6.500 Vorstellungen besucht. In der Spielzeit 2010 erreichte man mit 150.300 Zuschauern bzw. 98 Prozent Auslastung sogar einen nationalen Spitzenwert. Auf dem Programm stehen neben Theater und Kindertheater auch Musical, Oper, Operette und Kabarett sowie zahlreiche Sonderveranstaltungen.

Fest der Porzelliner

WWW.SELB.DE

Termine

2012: 4./5. August

Anschrift

95100 Selb
Tel.: 09287-883118 / -883179

Unser Tipp

Natürlich können Sie auch selber verkaufen, Anmeldungen beim Forum „Selb erleben", Tel.: 09287-956383, www.forum-selberleben.de

EUROPAS GRÖSSTER PORZELLAN-FLOHMARKT

Jährlich am ersten Wochenende im August treffen sich die Porzellanfreaks aus der ganzen Welt in Selb und tauschen, handeln und kaufen, was der Riesenflohmarkt alles zu bieten hat. Neben dem eifrigen Handeln gibt es in der ganzen Stadt noch jede Menge Gelegenheit, dem Weißen Gold und seiner Geschichte zu begegnen. Sogar selbst Porzellanmalen ist möglich. Im Rosenthal-Theater zeigt eine Ausstellung der örtlichen Manufakturen einen Einblick in die kommenden Kollektionen.

Weitere Tipps

Brunnenfest in Wunsiedel
32 Brunnen sind bunt geschmückt, darum herum gibt es Stände und Bühnen. Am Wochenende vor Johanni (24. Juni). www.wunsiedel.de

Gartenschaugelände Auenpark
Gelungene Fortführung der Landesgartenschau 2006 Marktredwitz. Auenpark, 95604 Marktredwitz, www.marktredwitz.de

Festival-Mediaval
Jährlich im September steigt eines der größten Mittelalterfeste Europas in Selb. Mit umfangreichem Rahmenprogramm. www.festival-mediaval.com, Termin 2012: 7. bis 9. September

Historische Stadtrundgänge Marktredwitz
Rundgänge durch die Stadt, u.a. mit Turmbesteigung. Erw. 3,-/Erm. 1,50. Termine siehe Website. Tel.: 09231-501128, www.tourismus.marktredwitz.de

Volkskundliches Museum in Bergnersreuth
Volkskunde, Maislabyrinth und viele Gerätschaften. Arzberg-Bergnersreuth, Wunsiedler Straße 14, 95659 Arzberg, www.bergnersreuth.de, Tel.: 09233-5225, Di-So 10-17 Uhr, Erw. 2,10/Erm. 1,10

Marktredwitzer Krippenweg
Große Krippenschau, auch mit vielen Groß- und Porzellankrippen, jährlich von Dezember bis Januar. www.marktredwitz.de

Ritterschänke
Böhmischer Gasthof in Hohenberg, hervorragende Küche. Schirndinger Straße 1, 95691 Hohenberg an der Eger, Tel.: 09233-716545 / 0172-8619914, Fr-Mi ab 10 Uhr

Feisnitzspeicher
Stausee mit vielen schönen Wanderwegen, Sandstrand, Gastronomie und Campingplatz. Seespitz 3, 91720 Absberg, Tel.: 09175-9139

Waldgaststätte Steinhaus
Bio-Vorzeigegasthaus mit Liebhaber-Biergarten. Steinhaus 1, 95707 Thiersheim, Tel.: 09233-1633, www.steinhaus-gasthaus.de, Mi-Mo ab 14 Uhr

Freizeitland und Gasthaus Turm
Kleines Freizeitparadies mit vielen Fahrgeschäften. Grünhaid 4, 95173 Schönwald, Tel.: 09287-50364, www.gasthofturm.de, täglich ab 11 Uhr

Landgasthof Reichsadler
Echter Geheimtipp mit Edel-Biergarten. Hauptstraße 53, 95186 Höchstädt, Tel.: 09235-254, www.gasthof-reichsadler.de, Fr-Mi 11-14 und ab 17 Uhr

Brauhaus Ploß
Gasthausbrauerei mit Zoigl und bieriger Küche. Schillerstraße 23, 95100 Selb, Tel.: 09287-890341, www.brauhaus-ploss.de, Mo-Sa tägl. ab 10.30, Ft ab 17 Uhr

Wanderertreffpunkt Seehaus
Gasthaus auf 922 Metern Höhe, Wanderung vom Parkplatz aus ca. eine Stunde. Seehaus 1, 95709 Tröstau, Tel.: 09272-222, www.seehaus-fichtelgebirge.info, Di-So ab 9.30 Uhr

Kösseinehaus
Der Hausberg von Wunsiedel ist 939 Meter hoch, obendrauf steht das Kösseinehaus, Wanderung vom Parkplatz ca. eine Stunde. Kösseinehaus 1, 95632 Wunsiedel, Tel.: 09232-2061, Di-So ab 9 Uhr

Schades Schmankerl Stubn
Lecker-Schmecker-Paradies mit kultigem Ambiente. Vielitz 7, 95100 Selb, Tel.: 09287-3922, www.schades-schmankerl-stubn.de, Mi-Fr ab 17, Sa ab 15, So ab 11 Uhr

Touristinfo:

Rathaus
95686 Fichtelberg
Tel: 09272-969030
www.tz-fichtelgebirge.de

Bildquellen (Seite): Landkreis Wunsiedel (634,637,638,639,646,647), Tourismus & Marketing GmbH Ochsenkopf (636)

Winterspaß am Ochsenkopf

WWW.ERLEBNIS-OCHSENKOPF.DE

Wenn das Fichtelgebirge in schneeweiß getaucht ist, dann beginnt die große Saison der Wintersportler. Schneeschuhwandern, Skifahren, Langlaufen, Eisstockschießen, Snowboarden, Biathlon, Skispringen, Skaten, Rodeln und Schlittschuhlaufen stehen dann auf dem Programm der Einheimischen und Touristen, die sich rund um den zweithöchsten Berg des Fichtelgebirges tummeln.

Am Nord- und am Südhang verlaufen jeweils Seilbahnen, die die Gäste nach der Abfahrt unermüdlich immer wieder nach oben bringen. Auf dem Gipfel lockt zudem der Asenturm mit seiner Gaststätte. Die Abfahrtspisten bieten insgesamt ca. zehn Kilometer alpines Flair (viele beschneit, Flutlichtfahren möglich).
Langlaufloipen verbinden den Berg und die umliegenden Ortschaften Bischofsgrün, Fichtelberg und Warmensteinach. Die beiden Skischulen bieten mit ihren fast 200 Skilehrern ein breites Programm von Kinder- über Anfänger- bis zu Seniorenkursen, zudem kann das nötige Gerät auch an mehreren Stellen ausgeliehen werden. Sie sehen, man muss also nicht unbedingt den langen Weg in die Alpen antreten, das Ski-Vergnügen liegt so nah, mitten in der Metropolregion.

Info-Websites:

www.erlebnis-ochsenkopf.de
www.nordic-parc.de
www.seilbahn-ochsenkopf.de
www.ti-fichtelgebirge.de
www.bayernwetter.de
www.fichtelgebirge-aktiv.de

Panoramakarte Ochsenkopf siehe nächste Seite ▶

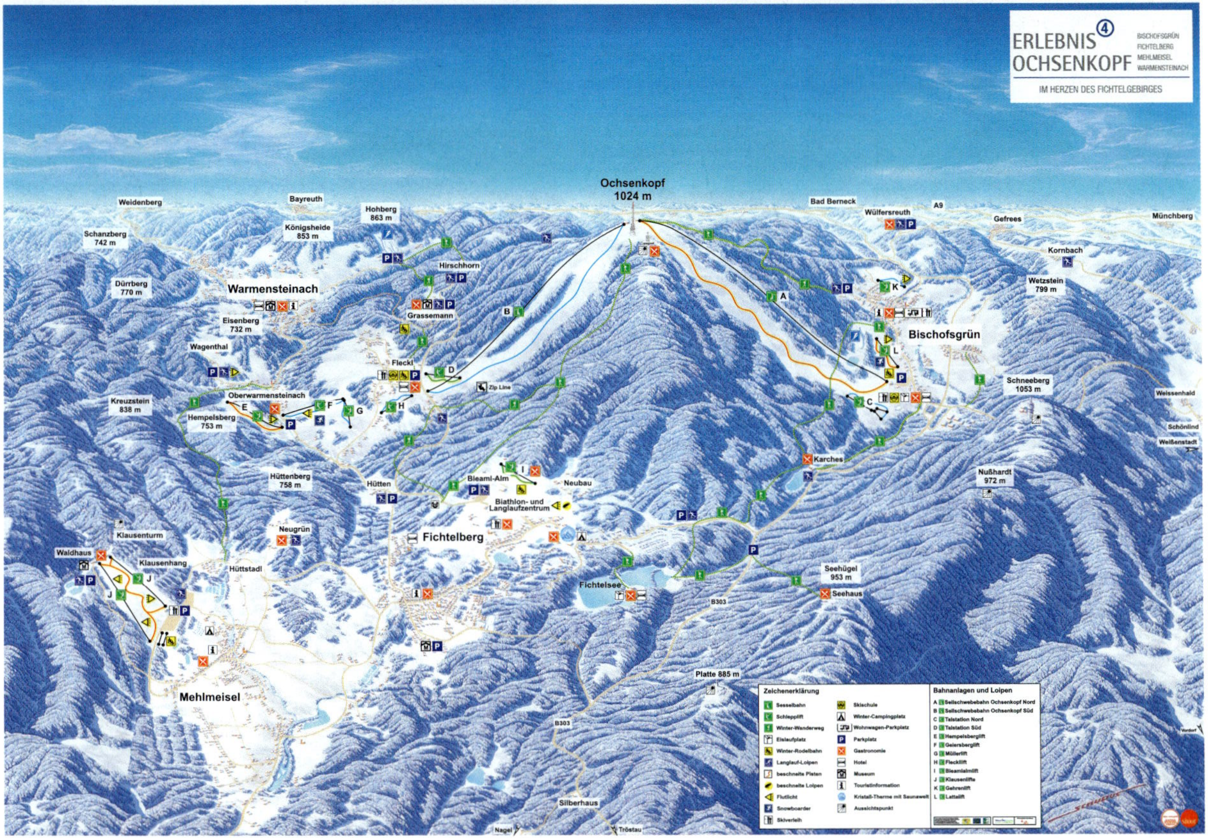

Quelle Fotos/Panorama Winter-Tipp: Tourismus & Marketing GmbH Ochsenkopf

Skilifte und Loipen in der Metropolregion

Burgbernheim (Kreis NEA)
Roßbergsteige, 700 Meter Abfahrt, werktags 15 bis 20 Uhr, Sa/So 10 bis 20 Uhr, Flutlicht, Zwei Loipen bzw. Rundwanderwege, Telefon 0175-1453266 oder 09843-445 bzw. -431, www.skilift-burgbernheim.de

Draisendorf bei Wüstenstein (Kreis FO)
Lift Schweinsleite, 200 Meter mittelschwere Abfahrt, Infotelefon 09196-1473

Entenberg zwischen Altdorf und Hersbruck
Zwei Lifte, Infotelefon 09120-9222 oder www.skilift-entenberg.de

Etzelwang zw. Hartmannshof und Neukirchen
Abfahrt und Familienabfahrt, Infotelefon 09663-456

Geiselwind-Langenberg
220 Meter lange Abfahrt, Skilift wochentags ab 14 Uhr, am Wochenende ab 11 Uhr, Tel. 09556-1413

Hasenleite in Ortlesbrunn (Kreis AS)
Schlepplift, 400 Meter Abfahrt, werktags 14 bis 21 Uhr, Sa/So 13 bis 21 Uhr (mit Flutlicht), Infotelefon 09643-8625

Heideck (Kreis RH)
Skilift im Ortsteil Rudletzholz, 300 Meter Piste, täglich ab 13 Uhr bis in den Abend

Herrieden (Kreis AN)
Lift bei Ortsteil Birkach, 250 Meter Abfahrt, täglich 13 bis 17.30 Uhr sowie 18 bis etwa 22 Uhr (Flutlicht), Infotelefon 09804-93111

Hesselberg
Lift auf der Nordseite des Hesselbergs, Fr/Sa/So 12.30 bis 16 Uhr in Betrieb, Infotelefon 09832-682245

Hohenstein südl. Hormersdorf an A9 (Kreis LAU)
Zwei Doppelbügel-Lifte, zwei Rodelbahnen, werktags ab 12 Uhr, Sa/So ab 10 Uhr (Flutlicht), Schneetelefon 09152-533 und www.hohensteinerhof.de

Laubendorf, Ortsteil von Langenzenn (Kreis FÜ)
Skilift, Infos siehe www.sf-laubendorf.de

Laubental bei Weißenburg
Langlaufloipen, Infotelefon 09141-73020 (Deutscher Alpenverein Weißenburg)

Lichtenegg
Loipen und Rodelhang, Infotelefon 09663-2686 oder www.lichtenegg.info

Mitteleschenbach (Kreis AN)
600 Meter Abfahrt, eigener Rodelbereich, Infotelefon 09871-9809

Muggendorf (Kreis FO)
Skilift am Schützenberg, wochentags ab 13 Uhr, am Sonntag ab 11 Uhr, Infotelefon 09191-458

Neunhof an der Zenn (Nähe Markt Erlbach)
280 Meter Schlepplift, 480 Meter Abfahrt, ab 13 Uhr, bei Bedarf mit Flutlicht, Infotelefon 09107-601

Osternohe bei Schnaittach (Kreis LAU)
Längste Piste Mittelfrankens (1 km), Flutlicht, Infotelefon 09153-8007 oder www.osternohe.de/skilift

Pottenstein
6 km lange Loipe am Golfplatz Pottenstein-Weidenloh, Einstieg am Golfrestaurant Barbarossa, Infotelefon 09243-70841

Rothenberg bei Schnaittach (Kreis LAU)
700 Meter Abfahrt, Rodeln und Skifahren, werktags 13 bis 17 Uhr, Wochenenden und Feiertage ab 9 Uhr, Infotelefon 09153-8480

Spies (Stadt Betzenstein)
Nördlich von Hormersdorf an der A9, Doppelbügellift, leichte Strecke, wochentags 13 bis 19.30 Uhr, Wochenende ab 9 Uhr, Flutlicht, Infotelefon 09244-98520 oder www.betzenstein.de

Sulzbürg (Kreis NM)
320 Meter Doppelbügellift, 400 Meter Abfahrt, wochentags ab 13 Uhr (ab Dreikönigstag), Sa/So ab 10 Uhr, www.sv-djk-sulzbuerg.de.

Tauchersreuth
Zwischen Großgeschaidt bei Eckental und Lauf, So und Feiertage ab 11 Uhr, werktags ab 12 Uhr, Infotelefon 09126-9201

Thalmässing
7 km Loipe, Zeltplatz Reinwarzhofen, Richtung Ohlangen, Dannhausen und zurück, skiclub.thalmaessing.net

Velburg (Kreis Neumarkt)
Lift am Sperlasberg, werktags ab 14 Uhr, Wochenende ab 10 Uhr, Infotelefon 0160-91326542 oder www.tv-velburg.de

Voggenthal bei Neumarkt
Schlepplift 250 Meter, täglich von 13 Uhr bis abends, Mittwoch und Sonntag ab 10 Uhr, Infotelefon 09181-509390

Bei dieser Übersicht handelt es sich um eine Auswahl ohne Anspruch auf Vollständigkeit. Betrieb je nach Schneelage, vor Anreise unbedingt aktuelle Situation erfragen!

Kategorie/ Entdeckerpass	Seite	Ort	Erlebnis-Station
EP	22	Amberg	Plättenfahrten auf der Vils
	23	Amberg	Stadttheater
EP	24	Amberg	Erlebnisstadtführungen/Turmführungen
EP	40	Hirschau	Monte Kaolino
	42	Auerbach/Königsstein	Felsenlabyrinthe Sackdilling und Königsteiner Steinberge
	58	Ansbach	Hörspielführung mit dem Audioguide
EP	76	Unterschwaningen	Schloss und Park Dennenlohe
	77	Steinsfeld	Faszination Gotthardbahn
	94	Bamberg	Stadtführungen des Tourismus & Kongress Service
	96	Bamberg	Shopping in der Inselstadt
	97	Bamberg	Kanufahrt auf der Regnitz
	110	Bamberg	Top-Tipp: Freak-City - Basketball in Bamberg
	116	Buttenheim	Georgiritt
EP	117	Rattelsdorf	Monsterbaggerpark
EP	136	Bayreuth	Stadtrundgang
	152	Bayreuth	Top-Tipp: Jean-Paul-Wanderweg
EP	156	Betzenstein	Abenteuerpark Betzenstein
	157	Warmensteinach	Dévalkartbahn Oberwarmensteinach
	158	Warmensteinach	Zipline-Park Ochsenkopf
	159	Bischofsgrün	Sommerrodelbahn Bischofsgrün
	160	Pottenstein	Sommerrodelbahn Pottenstein
	161	Bischofsgrün	Klettergarten Bischofsgrün
	172	Plech	Top-Tipp: Wunderland Plech
	178	Coburg	Landestheater Coburg
	179	Coburg	Kletterzentrum der DAV Sektion Coburg
	196	Weitramsdorf	Schloss Tambach
	197	Bad Rodach	Waldbühne Heldritt
	214	Erlangen	Walderlebniszentrum Tennenlohe/Przewalsky Wildpferde
	215	Erlangen	Botanischer Garten
	232	Vestenbergsgreuth	Sommerrodelbahn Vestenbergsgreuth / Greuther Keller
	233	Höchstadt	Eisstadion Höchstadt a.d. Aisch
	234	Herzogenaurach	Flugplatz Herzogenaurach
	250	Wiesenttal	Binghöhle
EP	251	Heroldsbach	Schloss Thurn
	252	Hundshaupten	Wildpark Hundshaupten mit Greifvogelshow
	253	Ebermannstadt	Dampfbahn Fränkische Schweiz
	272	Fürth	Stadttheater
	288	Fürth	Top-Tipp: Greuther Fürth
EP	292	Zirndorf	PLAYMOBIL-Funpark
	294	Zirndorf	Kletterwald Weiherhof
	295	Stein	Freilandaquarium und -Terrarium Stein
	296	Cadolzburg	Rundflüge Flugplatz Seckendorf
	297	Langenzenn	SwinGolf Horbach
	310	Haßberge	Abt-Degen-Weintal
	312	Goßmannsdorf	Lama-Trekking
	313	Haßfurt	Eissportstadion Haßfurt
	314	Ebelsbach	Stollenführung Sektkellerei Fischer
	315	Haßberge	Friedrich-Rückert Wanderweg
	326	Haßberge	Top-Tipp: Burgen & Schlösser Qualitätswanderweg
	330	Hof	Untreusee
	332	Hof	Kletterpark Untreusee
	333	Hof	Hofer Filmtage
EP	334	Hof	Stadtführungen Touristeninformation
EP	335	Hof	Zoologischer Garten Hof
	348	Zell	Großer Waldstein
	349	Schwarzenbach/Wald	Bike Trail Schwarzenbach am Wald
	350	Köditz	Campingplatz Auensee

Freizeitspaß

EP = Entdeckerpass (mehr S. 16)

Freizeitspaß

Baden & Wellness

Weiter auf der nächsten Seite ... ▶

Sehenswüdigkeiten

Weiter auf der nächsten Seite ... ▶

EP = Entdeckerpass (mehr S. 16)

Kunst & Museen

EP	147	Bayreuth	Jean-Paul-Museum
EP	148	Bayreuth	Urwelt-Museum
	165	Fichtelberg	Gold- und Silbereisenbergwerk „Gleißinger Fels"
	166	Goldkronach	Schmutzlerzeche und Mittlerer Name Gottes
	167	Goldkronach	Goldbergbaumuseum Goldkronach
EP	168	Mehlmeisel	Waldhaus Mehlmeisel
EP	169	Tüchersfeld	Fränkische Schweiz Museum Tüchersfeld
EP	170	Speichersdorf	La Statione
EP	183	Coburg	Veste Coburg mit Museen
	184	Coburg	Schloss Callenberg mit Schützenmuseum
	185	Coburg	Naturkundemuseum Coburg
	186	Coburg	Coburger Puppenmuseum
	206	Ahorn	Gerätemuseum des Coburger Landes
	207	Neustadt	Museum der Deutschen Spielzeugindustrie
	208	Rödental	Europäisches Museum für Modernes Glas
	217	Erlangen	Kunstpalais
EP	218	Erlangen	Stadtmuseum
	219	Erlangen	Heinrich-Kirchner-Skulpturengarten
	240	Bubenreuth	Geigenbaumuseum Bubenreuth
	241	Baiersdorf	Meerrettichmuseum
	242	Neuhaus	Jagd- und Fischereimuseum Neuhaus
	262	Neunkirchen am Brand	Felix-Müller-Museum
EP	277	Fürth	Jüdisches Museum Franken
	278	Fürth	Rundfunkmuseum
	279	Fürth	Stadtmuseum Ludwig-Erhard
	280	Fürth	Kriminalmuseum
	281	Fürth	kunst galerie fürth
EP	304	Zirndorf	Städtisches Museum Zirndorf
	319	Zeil	Zeiler Hexenturm
	320	Königsberg	Kunsthandwerkerhof Königsberg
	321	Untermerzbach	Ehemalige Synagoge Memmelsdorf
	339	Hof	Fernwehpark Hof
	340	Hof	Hofer Symphoniker
	356	Töpen	Deutsch-Deutsches Museum Mödlareuth
	357	Joditz	Jean-Paul-Museum Joditz
EP	358	Zell	Oberfränkisches Bauernhofmuseum
	359	Helmbrechts	Textilmuseum Helmbrechts
	360	Bad Steben	Grafik Museum Stiftung Schreiner
	361	Rehau	Kunsthaus Rehau
	374	Kitzingen	Deutsches Fastnachtmuseum
EP	375	Kitzingen	Städtisches Museum Kitzingen
	376	Kitzingen	Conditorei-Museum
	377	Mönchsondheim	Kirchenburgmuseum Mönchsondheim
	395	Kleintettau	Europäisches Flakonglasmuseum
	396	Kronach	Fränkische Galerie auf der Festung Rosenberg
	397	Marktrodach	Flößermuseum Unterrodach
	410	Kulmbach	Plassenburg Kulmbach mit Museen
EP	411	Neuenmarkt	Deutsches Dampflokomotiv-Museum
	412	Kulmbach	Bäcker- und Brauereimuseum
	413	Limmersdorf	Deutsches Tanzlindenmuseum Limmersdorf
	414	Kupferberg	Bergbaumuseum Kupferberg
EP	415	Thurnau	Töpfermuseum Thurnau
	416	Thurnau	Pfad der Kunsthandwerker Thurnau
	430	Michelau	Deutsches Korbmuseum
	431	Burgkunstadt	Deutsches Schustermuseum und Vogtei Burgkunstadt
	432	Weismain	NordJURA-Museum
	433	Lichtenfels	Stadtmuseum Lichtenfels
EP	434	Bad Staffelstein	Museum Bad Staffelstein
	435	Bad Staffelstein	Petrefaktensammmlung Kloster Banz
EP	454	Neumarkt	Museum für historische Maybach-Fahrzeuge

Weiter auf der nächsten Seite ... ▶

Kategorie/ Entdeckerpass	Seite	Ort	Erlebnis-Station
Kunst & Museen			
	455	Neumarkt	Weißwurstakademie und -museum
	456	Dietfurt	Altmühltaler Mühlenmuseum
EP	471	Bad Windsheim	Fränkisches Freilandmuseum
	472	Brunn	Rundfunkmuseum Schloß Brunn
	473	Sugenheim	Spielzeugmuseum im Alten Schloss
	474	Bad Windsheim	Reichsstadtmuseum im Ochsenhof
	494	Grafenwöhr	Oberpfälzer Kultur- und Militärmuseum
	495	Flossenbürg	KZ-Gedenkstätte Flossenbürg
	496	Neustadt a.d. Waldnaab	Stadt- und Glasmuseum
	497	Windischeschenbach	Geozentrum an der KTB
EP	508	Nürnberg	Albrecht-Dürer-Haus
EP	509	Nürnberg	Dokumentationszentrum Reichsparteitagsgelände
EP	510	Nürnberg	Spielzeugmuseum
EP	511	Nürnberg	Turm der Sinne
	512	Nürnberg	Memorium Nürnberger Prozesse
	513	Nürnberg	Germanisches Nationalmuseum
EP	528	Burgthann	Burgthann, Burg und Museen
EP	529	Feucht	Raumfahrtmuseum Feucht
EP	530	Feucht	Zeidelmuseum
EP	531	Lauf	Industriemuseum Lauf
	532	Neunkirchen	Fränkische Hopfenscheune
EP	533	Schnaittach	Jüdisches Museum Schnaittach
EP	550	Roth	Museum Historischer Eisenhammer Eckersmühlen
EP	551	Abenberg	Museen auf Burg Abenberg
EP	552	Roth	Markgräfliches Jagdschloss Ratibor
	553	Thalmässing	Vor- und frühgeschichtliches Museum Thalmässing
EP	566	Schwabach	Stadtmuseum
EP	567	Schwabach	Goldschlägervorführung im Stadtmuseum
	568	Schwabach	Goldene Meile
	569	Schwabach	Galerie Bürgerhaus
	590	Tirschenreuth	Oberpfälzer Fischereimuseum
	591	Bärnau	Deutsches Knopfmuseum Bärnau
	601	Weiden	Stadtmuseum
	602	Weiden	Internationales Keramikmuseum
EP	622	Weißenburg	Römerstadt Weißenburg
	623	Solnhofen	Museum und Steinbruch Solnhofen
	624	Treuchtlingen	Karlsgraben bei Treuchtlingen
	625	Weißenburg	Apothekenmuseum Weißenburg
	626	Stopfenheim	Fränkische Kleinwagensammlung Bittner
	643	Arzberg	Bergbau-Infostelle „Kleiner Johannes"
	644	Wunsiedel	Fichtelgebirgsmuseum in Wunsiedel
EP	645	Selb/Hohenberg	Porzellanikon Hohenberg/Eger und Selb
	646	Marktredwitz	Egerlandmuseum
Feste & Veranstaltungen			
	32	Amberg	Altstadtfest
	33	Amberg	Bergfest auf dem Mariahilfberg
	34	Amberg	Kindertheaterfestival
	35	Amberg	Amberger Luftnacht
	53	Amberg-Sulzbach	Kirwan und Bergfeste im Amberg-Sulzbacher Land
	66	Ansbach	Rokoko-Festspiele
	68	Ansbach	Kaspar-Hauser-Festspiele
	69	Ansbach	Bachwoche Ansbach
	70	Ansbach	Grüne Nacht
	90	Dinkelbühl	Kinderzeche Dinkelsbühl und Stadt
	105	Bamberg	Sandkerwa

Feste & Veranstaltungen

106	Bamberg	Weihnacht in Bamberg
149	Bayreuth	Sommernachtsfest
187	Coburg	Weihnachtsmarkt
188	Coburg	Samba-Festival
190	Coburg	Schlossplatzfest
191	Coburg	Designtage
209	Neustadt	Internationales Puppenfestival
220	Erlangen	Bergkirchweih
221	Erlangen	Poetenfest
222	Erlangen	Internationaler Comic-Salon
223	Erlangen	Figurentheater-Festival
263	Kirchehrenbach	Walberlafest
264	Forchheim	Annafest in Forchheim
282	Fürth	Michaeliskirchweih
283	Fürth	Grafflmarkt
284	Fürth	New Orleans Festival
285	Fürth	Fürth Festival
286	Fürth	Altstadtweihnacht
305	Zirndorf	Grüne Lust
322	Hofheim	Straßenkirchweih mit Trödelmarkt in Hofheim
323	Sand	Wein & Main
341	Hof	Hofer Schlappentag
378	Kitzingen	Promenadenweinfest
379	Weininsel	Die Weininsel und ihre Feste
398	Kronach	Kronach leuchtet
400	Kronach	Faust-Festspiele Kronach
417	Kulmbach	Kulmbacher Bierwoche
418	Kulmbach	Altstadtfest Kulmbach
436	Lichtenfels	Korbmarkt
437	Bad Staffelstein	Altstadtfest Bad Staffelstein
457	Breitenbrunn	Tillyfest Breitenbrunn
475	Neustadt	Kirchweih Neustadt
476	Bad Windsheim	Weinturm Open Air Bad Windsheim
477	Bad Windsheim	Kiliani-Altstadtfest
498	Tännesberg	Sankt Jodok-Ritt
514	Nürnberg	Altstadtfest
515	Nürnberg	Nürnberger Christkindlesmarkt
534	Röthenbach	Blumenfest Röthenbach
554	Roth	Schlosshofspiele im Schloß Ratibor in Roth
570	Schwabach	Goldschlägernacht
572	Schwabach	Ortung – Im Zeichen des Goldes
573	Schwabach	LesArt - Literaturtage Schwabach
592	Wiesau	Kornthaner Karpfenkirchweih
603	Weiden	Weidener Max-Reger-Tage
604	Weiden	Bayerisch-Böhmische Kultur-und Wirtschaftstage
605	Weiden	Weidener Sommerserenaden
606	Weiden	Kunstgenuss bis Mitternacht
607	Weiden	Live im Stadtbad
608	Weiden	Weidener Literaturtage
627	Weißenburg	Mittelalterstadt Weißenburg mit Altstadtfest
647	Wunsiedel	Luisenburg-Festspiele
648	Selb	Fest der Porzelliner

Essen & Trinken

36	Amberg	Casino
54	Oberpfälzer Jura	Juradistl-Lamm
71	Ansbach	Ansbacher Bratwurst
72	Ansbach	Grüner Pfad
107	Bamberg	Brauereien und Bierkeller

Weiter auf der nächsten Seite ... ▶

PARTNER ORIGINAL REGIONAL

original regional
aus der metropolregion nürnberg

EUROPAISCHE METROPOLREGION NÜRNBERG

Mit dem Kauf regionaler Produkte

- schaffen und sichern Sie Arbeitsplätze
- bewahren Sie Naturräume
- schonen Sie die Umwelt durch kurze Transportwege
- und erhalten Sie die Lebensqualität in unserer Region

original
regional
aus der
metropolregion
nürnberg

GENUSS DER ÜBERZEUGT

Die Regionalkampagne „Original Regional" aus der Europäischen Metropolregion Nürnberg

Ob schmackhaftes Brot, saftige Kirschen oder Möbel aus heimischem Holz: Unsere regionalen Produkte sind Ausdruck unserer Lebensqualität!

Die Regionalkampagne „Original Regional" fördert und stärkt die Vermarktung regionaler Produkte und Dienstleistungen. Sie vernetzt die Regionalinitiativen in den einzelnen Landkreisen und Städten, bündelt Fachkompetenzen und fördert gemeinsame Aktivitäten.

fernweh
ganz nah

in der
metropolregion
nürnberg

FERNWEH GANZ NAH

in der Metropolregion Nürnberg

Der größte Schatz der Europäischen Metropolregion Nürnberg ist die Nähe zur Natur. Unsere 14 Tourismusgebiete bieten ein nahezu unendliches Freizeitangebot: Wandern Sie durch unsere schier endlos scheinenden Wälder, erkunden Sie geheimnisvolle Höhlen oder erklettern Sie bizarre Schluchten und Felsformationen. Entdecken Sie idyllische Flusstäler mit dem Kanu oder Rad und entspannen Sie sich an einem unserer funkelnden Seen. Entdecken Sie außerdem romantische Fachwerk-Ensembles, geschichtsträchtige Burgen oder barocke Kirchen und Klöster, und genießen Sie unsere typischen Wein- und Bierspezialitäten in urig-kultivierter Gastlichkeit.

MARKETINGVEREIN METROPOLREGION

Vom Kirchturmdenken zum Leuchtturmdenken

Es gibt viel zu entdecken in der Europäischen Metropolregion Nürnberg. Mit unserem Slogan „Kommen. Staunen. Bleiben." werben wir für unsere Kernkompetenz und die vielen unbekannten Vorzüge, die die Metropolregion Nürnberg zu bieten hat. Als „Heimat für Kreative" stehen wir für Kreativität, Internationalität und Lebensqualität. Das ist die klare Positionierung unserer Marke „Metropolregion Nürnberg". Als Marketingverein der Europäischen Metropolregion Nürnberg e.V. ist es unsere Aufgabe, diese Stärken der Metropolregion Nürnberg national und international zu kommunizieren und die Attraktivität des Wirtschaftsraums herauszuarbeiten.

1996 gründeten Lokalpolitiker der Region zusammen mit der Wirtschaft den Verein mit dem Ziel, die Akteure in der Region zu vernetzen und gemeinsam Projekte zu realisieren. Finanziert wird die Arbeit des Marketingvereins aus Mitgliedsbeiträgen und dem Sponsoring namhafter Unternehmen und Organisationen aus der Region. Heute zählt der Verein 380 Mitglieder – Kommunen, Unternehmen, Kammern und Verbände – und blickt auf 15 Jahre erfolgreiches Standortmarketing zurück.

Mit der Ernennung zur Europäischen Metropolregion im Jahr 2005 kamen weitere Gremien mit vielen Akteuren hinzu, die alle gemeinsam an einem Ziel arbeiten: nämlich die Metropolregion Nürnberg von innen heraus zu stärken und weiter nach vorne zu bringen. In der Zwischenzeit hat sich gezeigt, dass die enge Kooperation zwischen Politik, Wissenschaft und Wirtschaft einen nicht zu unterschätzenden Standortfaktor darstellt. Dem Marketingverein kommt hierbei eine besondere Rolle zu. Er ist das Sprachrohr der Metropolregion, das die Welt einlädt, zu kommen, zu staunen und zu bleiben.

metropolregion nürnberg
KOMMEN. STAUNEN. BLEIBEN.

Der Erlebniswegweiser Metropolregion Nürnberg wird unterstützt vom Marketingverein der Europäischen Metropolregion Nürnberg e.V. in Kooperation mit dem Forum Tourismus der Europäischen Metropolregion Nürnberg. Der Marketingverein der Europäischen Metropolregion Nürnberg e.V. dankt an dieser Stelle seinen Sponsoren für die Unterstützung im Jahr 2011.

Global Partner

IHK Industrie- und Handelskammer Nürnberg für Mittelfranken | NÜRNBERGER VERSICHERUNGSGRUPPE | SIEMENS | NÜRNBERG MESSE

Premium Partner

DATEV | FABER-CASTELL | GfK | MÜLLER MEDIEN | Rödl & Partner | Sparkasse Gut für die Metropolregion.

Agentur Partner

triebwerk | KonzeptQuartier

Freizeitführer neu erfunden!

Wie Sie am vorliegenden Buch und der Tatsache, dass es sich um das dritte Werk der Erlebniswegweiser-Serie handelt, sehen: Wir kümmern uns intensiv um die Fränkische Freizeitkultur!

Das tun wir mittlerweile seit vielen Jahren und haben uns – so wurde uns zumindest gesagt – auch einen Namen gemacht. Unsere Bücher stehen für eine authentische, nicht durch Werbung und Kommerz verzerrte Recherche und Präsentation. Wir konzentrieren die zentralen Informationen auf einer oder maximal zwei Seiten und bringen damit alles Wesentliche auf den Punkt. Dabei sind Text, Bild und Layout in einer Hand, ohne Hin und Her zwischen verschiedenen Ansprechpartnern.

Das bedeutet für Sie als Leser eine verlässliche Informationsquelle mit hohem Engagement und Eigeninteresse, die Ihnen kurzweilig ein komplexes Thema erschließt. Wenn Sie selbst eine Region oder Stadt betreuen bzw. vertreten, dann kann das für Sie auch ein perfektes Instrument bedeuten, die Stärken und Besonderheiten für eine breite Leserschaft aufzubereiten. Deswegen arbeiten wir gerne mit Partnern zusammen, die uns Anregungen für die Erschließung eines bestimmten Themas geben – und damit den Startschuss für ein neues Buchprojekt.
So sind zum Beispiel die Genusswegweiser für Haßfurt und Bamberg entstanden, oder auch der Erlebniswegweiser für das Fränkische Seenland bzw. der Führer zu den fränkischen Brauereien.

Zögern Sie also nicht, uns zu kontaktieren, wenn Sie ein attraktives Gebiet oder Thema an den Leser bringen wollen – wir prüfen Ihr Anliegen und setzen es auch gerne um, wenn es die nötigen Voraussetzungen erfüllt. Die Unabhängigkeit in der Recherche lassen wir uns natürlich dabei nicht nehmen, aber das ist ja auch in Ihrem Sinne, denn Anzeigenblätter gibt es genug ...

Frankens Brauereien und Brauereigaststätten

ISBN: 978-3936897647
672 Seiten – 19,90 Euro
Jetzt erhältlich!

Frankens schönste Bierkeller und Biergärten

ISBN: 978-3936897821
672 Seiten – 19,90 Euro
Jetzt erhältlich!

Frankens schönste Weinstuben und Heckenwirtschaften

ISBN: 978-3936897838
384 Seiten – 14,90 Euro
Jetzt erhältlich!

Kontakt u. weitere Infos: **www.guidemedia.de** oder **Tel.: 0951-5194166**

ERLEBNISWEGWEISER

Erlebniswegweiser Fränkische Schweiz
ISBN: 978-3936897845
240 Seiten – 12,80 Euro
Im Handel!

Erlebniswegweiser Fränkisches Seenland
ISBN: 978-3936897814
240 Seiten – 9,90 Euro
Im Handel!

GENUSSWEGWEISER

Genusswegweiser Bamberg Stadt & Land
ISBN: 978-3981269314
264 Seiten – 9,90 Euro
Im Handel!

Genusswegweiser Landkreis Haßberge
ISBN: 978-3981269352
264 Seiten – 9,90 Euro
Im Handel!

Weitere Werke bereits in Arbeit:

2012: Frankens Brauereien und Brauereigaststätten, 2. Auflage, 672 Seiten, Die Bierkultur der Oberpfalz, Erlebniswegweiser Romantisches Franken

2013: Genusswegweiser Nürnberg, Erlebniswegweiser Altmühltal & Fr. Seenland, Erlebniswegweiser Sylt
2014: Bayerns Brauereien

Thank you for travelling ...

GUIDEMEDIA

... das müsste man eigentlich am Ende eines solchen Buches sagen. Denn wir denken, Sie waren und sind sicherlich noch viel unterwegs in der Metropolregion Nürnberg, haben einige der 3,5 Millionen Einwohner kennen gelernt und die vielfältige Natur vom Seenland bis zum Fichtelgebirge mit allen Sinnen genossen. Wir fanden es während der 18monatigen Recherchetouren ein eindrucksvolles Erlebnis, welche Bandbreite unsere Heimat bietet, im Grunde fehlt nur noch eine Meeresküste, dann wäre das Angebot komplett. Bis die Metropolregion an die Küsten reicht, wird es wohl noch ein bisschen dauern, aber wer weiß, vielleicht behandeln wir ja in einem unserer nächsten Bücher einen Küstenstreifen ...

Genug der Zukunftsvisionen, wir möchten uns bei Ihnen für das Vertrauen bedanken, das Sie mit dem Kauf des vorliegenden Buches in uns gesteckt haben, und hoffen, dass wir es nicht enttäuscht haben. **Natürlich freuen wir uns über alle Anregungen und konstruktive Kritik (mail: info@guidemedia.de)**, mit denen auch Leser der vorangegangenen Bücher schon dazu beigetragen haben, dass wir ein immer vollständigeres Bild mit vielen Geheimtipps und Insider-Informationen bieten können. Wir wünschen auf jeden Fall noch viel Spaß und freuen uns auf ein Wiedersehen, entweder irgendwo beim Freizeitspaß in der Metropolregion oder in einem unserer anderen Werke (mehr siehe Seite 670)!